ΚΑΝΘΑΡΟΣ

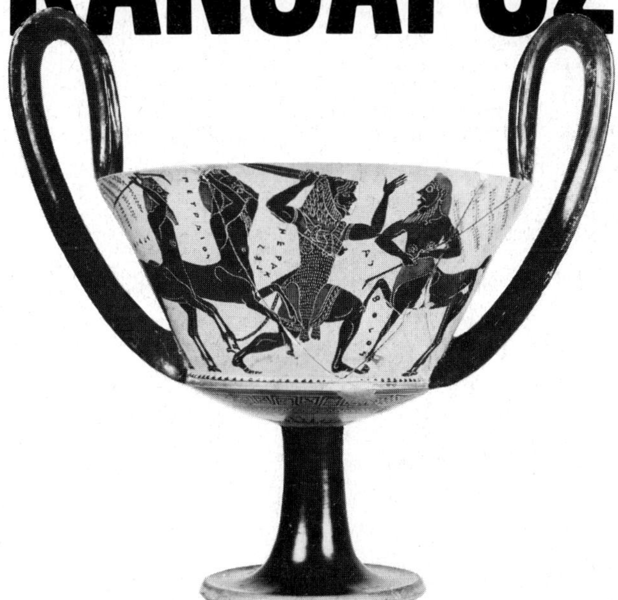

ELLIGER, FINK,
HEIL, MEYER

GRIECHISCHES UNTERRICHTSWERK

LESE- UND ARBEITSBUCH

ERNST KLETT VERLAG

Kantharos

Griechisches Unterrichtswerk
Lese- und Arbeitsbuch

Der Lehrgang wurde erarbeitet von
Dr. Winfried Elliger, Tübingen
Dr. Gerhard Fink, Nürnberg
Dr. Günter Heil, Offenbach
Prof. Dr. Thomas Meyer, Tübingen
unter Mitarbeit und Leitung der Verlagsredaktion Alte Sprachen.
Mitarbeit an diesem Buch:
Dr. Helmut Schareika, Verlagsredakteur

An der Entwicklung der Konzeption haben beratend mitgewirkt:
Dr. Rainer Nickel, Hermannsburg
Dr. Fritz Vomhof, Düsseldorf

Das Unterrichtswerk besteht aus:
Lese- und Arbeitsbuch (Klettbuch 6701)
Schülerarbeitsheft (Klettbuch 67011)
Lehrerband (Klettbuch 67013)

Zu diesem Lehrwerk erscheint:
Grammateion
Griechische Lerngrammatik – kurzgefaßt
Von Karl Lahmer (Klettbuch 67017)

1. Auflage 1 8 7 6 5 4 | 1994 93 92 91 90

Alle Drucke dieser Auflage können im Unterricht nebeneinander benutzt werden, sie sind untereinander unverändert. Die letzte Zahl bezeichnet das Jahr dieses Druckes.

Einbandgestaltung: M. Muraro
Zeichnungen: Rudolf Hungreder
Satz: Setzerei Lihs, Ludwigsburg
Druck: KLETT DRUCK H. S. GmbH, Korb
ISBN 3-12-670100-0

Bildnachweise

Die hervorgehobenen Ziffern bezeichnen die Seitenzahlen in diesem Buch.

Hirmer Fotoarchiv: **21, 24, 36, 65, 121, 137** / Scala, Florenz: **59** / Alinari, Florenz: **70** / Sheridan Photo Library: **40, 104, 105** / Staatliche Museen Preußischer Kulturbesitz, Berlin (West), Antikenmuseum: **62, 67, 100, 101** / Martin von Wagner-Museum Würzburg: **117** / Aus: MERIAN, Rhodos und der Dodekanes, Heft 11/XX, S. 49: **11** / Aus: Boardman u. a., Die griechische Kunst. München: Hirmer 1966: **13** (Tf. 79), **24–25** (S. 132), **66** (Tf. 182), **118** (S. 143) / Aus: Großer Historischer Weltatlas, Teil I. München: BSV 1953, S. 8: **14** / Aus: M. B. Hatzopulos u. a., Philip of Macedon, Athen 1980: **19** (S. 225) / Aus: Antike Welt, Sondernr. 1978, S. 21: **25** / Aus: Antike Welt, Sondernr. 1977: **66** (S. 17), **82** (S. 25) / Aus: Richter/Hornbostel, Unser tägliches Griechisch. Mainz: v. Zabern 1981, S. 236 (Athen, Kerameikos Museum): **35** / Aus: J. Travlos, Bildlexikon zur Topographie des antiken Athen. Tübingen: Wasmuth 1971, S. 468: **35** / Aus: American School of Classical Studies at Athens, The Athenian Citizen, 1960, Abb. 24 (Rek. S. Dow): **34** / dies., Pots and Pans of Classical Athens, ³1964, Abb. 5: **153** / dies., The Athenian Agora, A Short Guide, 1980, Abb. 31: **83** / Aus: I bronzi di Riace, Novara: De Agostini 1981: **31** / Aus: B. Cunliffe, Die Kelten. Berg. Gladbach: Lübbe 1980, S. 81: **42** / Deutsches Archäologisches Institut Athen: **57** / Aus: S. Karouzou, Nationalmuseum Athen, Illustr. Führer, Athen 1980, S. 67: **56** / Aus: M. Andronicos, Olympia, Athen 1980, S. 9: **57** / Aus: V. Zinserling, Die Frau in Hellas und Rom. Stuttgart: Kohlhammer 1972: **82** (Tf. 27), **101** (Tf. 32) / Aus: H. Walter, Griechische Götter. München: Piper 1971, S. 34: **113** / Aus: E. Pfuhl, Malerei und Zeichnung der Griechen, Bd. 3. München: Bruckmann 1923, S. 63: **145** / Aus: I. Hutter, Frühchristliche Kunst. Byzantinische Kunst. Stuttgart: Belser 1968, Abb. 157: **151** / B. Teigeler, Freiburg: **10, 16, 53 (6), 70, 87 (4), 108, 120, 121, 122 (2), 130, 147, 149** / W. Elliger, Tübingen: **34** / G. Fink, Nürnberg: **51, 87 (1)** / Willi Saeger, Berlin: **73** / Bildarchiv Preußischer Kulturbesitz: **32, 111** / Bildarchiv Herder, aus: W. Braunfels (Hg.), Lexikon der christl. Ikonographie, Bd. 2, Freiburg: Herder 1980: **91** / Aus: Charbonneaux, Die Griech. Kunst IV, München: Beck, S. 358: **83** / Aus: Godard, Iran. Berlin: Herbig: **141** / Staatl. Antikensammlung und Glyptothek, München: **157** / Verlagsarchiv: **46, 49, 60, 69, 71, 83, 144, 157** / Staatliche Museen zu Berlin/DDR: **145**

Das ***Umschlagbild*** *zeigt einen attisch-schwarzfigurigen Kantharos (Trinkbecher) von etwa 550 v. Chr. Dargestellt ist Herakles im Kampf gegen drei Kentauren, deren beigeschriebene Namen Asbolos, Petraios und Ylaios lauten.*

Foto: Staatliche Museen Preußischer Kulturbesitz, Berlin (West), Antikenmuseum

Inhaltsverzeichnis

F: Formenlehre S: Satzlehre

Textanhang

In eckigen Klammern [ ]: Nach der angegebenen Lektion kann der Text vom Pensum her bewältigt werden; runde Klammern ( ) weisen darauf hin, daß der Text bei Einsatz an dieser Stelle einzelne grammatische Vorwegnahmen enthält, die jedoch leicht aufgefangen werden können.

Im Beiheft:

Tägliches Griechisch

θήκη: **Theke**
„Ablage"

μέταλλον: **Metall**

κυριακή: **Kirche**
(Haus des) „Herrn"

θέατρον: **Theater**
„Ort zum Schauen"

Misanthrop
μῖσος: Haß
ἄνθρωπος: Mensch

δρᾶμα: **Drama**

γίγαντες: **Giganten**

Monopol
μόνος: allein
πωλεῖν: verkaufen

κίστη: **Kiste**

σίναπι: **Senf**

δίαιτα: **Diät**
„Lebensweise"

Demokratie
δῆμος: Volk
κρατεῖν: herrschen

κομήτης: **Komet**
„behaart"

ζώνη: **Zone**
„Gürtel"

φιλοσοφία: **Philosophie**
φίλος: Freund
σοφία: Weisheit

θεραπεία: **Therapie**

Astronaut
ἄστρον: Stern
ναύτης: Seefahrer

Kosmopolit
κόσμος: Welt
πολίτης: Bürger

ὠκεανός: **Ozean**

ἅλμα: **Halma**
„Sprung"

Tachometer
τάχος: Schnelligkeit
μέτρον: Maß

Stereophonie
στερεός: räumlich
φωνή: Klang, Stimme

σχολή: (Muße) **Schule**

Pause
παύομαι: ich höre auf

Idiot: ἰδιώτης
„Privatmann, Eigenbrötler"

Banause: βάναυσος
„niederer Handwerker"

ὠτορινολαρυγγολόγος:
Otorhinolaryngologe
„Ohren-, Nasen-, Hals-Spezialist"

Ichthyosaurier
ἰχθύς: Fisch
σαῦρος: Echse

ὁρίζων: **Horizont**
„begrenzend"

Zur Geschichte der griechischen Schrift

Die ältesten Schriftzeichen, die wir kennen, sind Bilder: von Menschen, Tieren, Körperteilen, Gebäuden, Schiffen, Waffen, Geräten und dergleichen mehr. Die *altägyptischen Hieroglyphen,* die *Keilschrift der Sumerer und Babylonier,* aber auch die *chinesische Schrift* sind zu Beginn und von der Idee her reine *Bilderschriften,* in denen ein Bildzeichen für das betreffende Wort steht. Wie die folgenden Hieroglyphen zeigen, können diese Bilder fast naturalistisch, aber auch recht abstrakt sein:

Durch Variation oder Kombination mehrerer Zeichen wurden zusätzliche Ausdrucksmöglichkeiten, auch für Tätigkeiten und Eigenschaften, gewonnen:

Nacht (Himmel und Stern) 

Monat (Mond und Stern) 

bauen (Mauer und Mensch) 

So bahnbrechend die Erfindung dieser Zeichen im Prinzip war, die Schwächen der durch sie gebildeten Schrift liegen auf der Hand. Zum einen bedurfte es einer langwierigen Ausbildung, bis man es zum – dann allerdings hoch angesehenen – Schreiber gebracht hatte, zum anderen reichte auch die größte Fantasie nicht aus, für alles, was man schriftlich fixieren wollte, genügend viele und vor allem eindeutige Bilder zu finden. Trotzdem wurden die Zeichen im Lauf der Zeit eher abstrakter als genauer. Die Entwicklung der Keilschrift von der sumerischen Bilderschrift bis zur Standardschrift der Assyrer bildet dafür das beste Beispiel. Die ursprünglichen Bilder wurden allmählich durch ein System von Keilen ersetzt, die mit Rohrgriffeln in weiche Tontäfelchen gedrückt wurden:

Sumerisch		Assyrisch	Bedeutung
			Kopf
			Fisch
			Pfeil
			Rind
			Pflug pflügen
			Korn
			Erde Land
			Himmel Gott

Gleichzeitig löste sich das Bildzeichen immer mehr vom dargestellten Inhalt. Schon in der alten Bilderschrift konnte dasselbe Zeichen für bedeutungsverschiedene Wörter verwendet werden, wenn sie gleich lauteten. Da es zudem im Sumerischen viele einsilbige Wörter gibt, war die weitere Entwicklung geradezu vorprogrammiert. Sie führte zur *Silbenschrift,* dem späteren Stadium der Keilschrift. Die verwendeten Zeichen repräsentieren jetzt nicht mehr ein ganzes Wort, sondern nur noch eine Silbe, also die Verbindung eines Vokals mit einem oder mehreren Konsonanten. Dadurch waren reiche Kombinationsmöglichkeiten gegeben, die eine erhebliche Reduzierung der erforderlichen Zeichen gestattete. Die 2000 Zeichen der alten sumerischen Bilderschrift schrumpften auf 500 zusammen.

Eine neue Epoche in der Entwicklung der Schrift begann, als das Sach- oder Silbenzeichen endgültig zum *Lautzeichen* wurde und damit an die Stelle der Wort-Silben-Schrift eine *Buchstabenschrift* trat. Diese Erfindung machten die *Semiten.* In der *phönikischen, hebräischen und aramäischen Schrift* ist der „Buchstabe" nicht mehr Darstellung einer Sache, sondern Zeichen für einen Laut. Dabei nahm man gerne den anlautenden Konsonanten eines als besonders einprägsam empfundenen Worts, also zum Beispiel für den Lautwert g das alte Wortzeichen *gimel* (𐤂) = *Kamel*(höcker), für k das *kaf* (𐤊) = *offene Hand,* für r das *rosch* (𐤓) = *Kopf.* Da die Vokale in den semitischen Sprachen eine untergeordnete Rolle spielen, weisen die semitischen Alphabete nur Konsonantenzeichen auf; die vokalische Füllung ergibt sich aus dem Zusammenhang oder wird durch eigene Vokalisationszeichen festgelegt.

Den entscheidenden Schritt in der Entwicklung der Schrift vollzogen die Griechen. Um 900 v. Chr. machten sie im östlichen Mittelmeer, vielleicht auf Rhodos, die Bekanntschaft mit der phönikischen Schrift und übernahmen mit den Zeichen zumeist auch deren Namen, wenn auch in gräzisierter Form. Aus *aleph, beth, gamal, delt* wurden *alpha, beta, gamma, delta:* So entstand das *„Alphabet".* Zwar hatten die Griechen auch früher schon eine Schrift, die sogenannte *Linear B:* eine Silben-

SCHRIFT Entstehung und Entwicklung des Alphabets									
Semitisch			Griechisch						
Phönik. Zeichen	Laut-wert	Semit. Name	„Ur“-Alphabet	Laut-wert	Ost-griech.	Klass. Alphabet	Laut-wert	Griech. Name	West-griech.
K ⊀	ʾ	Alef	A	a	Δ Δ A	A α	a, a:	Alpha	Δ Δ A
ᕋ	b	Bet	B	b	ᛒ B	B β	b	Beta	ᛒ B
∧ 1	g	Gimel	Γ	g	∧ ∧ ‹ Γ	Γ γ	g	Gamma	∕ < C
◁ △	d	Dalet	Δ	d	△ ▷ D	Δ δ	d	Delta	△ ▷ D
Ǝ Ǝ	h	He	E	e	ᚶ ᚶ ᚶ	E ε	ε	Epsilon	ᚶ F E
Y Y	w	Waw	F	u̯	ᚩ F	–	–	Digamma	ᚩ F
I	z	Sajin	Z	z	I Ɨ	Z ζ	zd	Zeta	I
⊟	ḥ	Chet	H	h	𐌇 H	H η	ε:	Eta	𐌇 H
⊕ ⊗	ṭ	Tet	Θ	t	⊕ ⊗	Θ ϑ	t	Theta	⊕ ⊗ ⊙
ʑ Z	j	Jod	I	i	ϟ I	I ι	i, i:	Iota	I
Ψ Ỿ	k	Kaf	K	k	ᛕ K	K κ	k	Kappa	K
ᒪ	l	Lamed	Λ	l	⅃ ∧ Λ	Λ λ	l	Lambda	⅃ ∧ Λ
ϟ ϟ	m	Mem	M	m	Ϻ M	M μ	m	My	Ϻ M

schrift, die sie von den Minoern auf Kreta übernommen hatten; doch diese Schrift war für griechische Zwecke nur bedingt geeignet. Allerdings mußte auch das phönikische System geändert werden, um es den Bedürfnissen der eigenen Sprache anzupassen. Ein Schriftsystem, in dem die Vokale, also die eigentlichen Klangträger, fehlten, reichte zur Wiedergabe einer außerordentlich klangvollen Sprache nicht aus. Also mußten Vokalzeichen geschaffen werden. Die Griechen lösten diese Aufgabe einfach dadurch, daß sie phönizische Zeichen für Laute, die in ihrer Sprache nicht vorkamen, zu Vokalzeichen umfunktionierten, etwa Zeichen für verschiedene Arten des Stimmeinsatzes: z. B. wurde das phönikische *he* (Ǝ : Zeichen für Anlaut ohne Hauch) zum Zeichen für kurzes, offenes *e*, das *chet* (𐌇 : Zeichen für Anlaut mit Hauch) zum Zeichen für langes, offenes *ē*. Diese Umwandlung des *chet* war möglich, weil die Griechen an der kleinasiatischen Westküste den Hauchlaut schon früh nicht mehr sprachen, das Zeichen dafür (**H**) ihnen also zur freien Verfügung stand.

Anders war es im griechischen Kernland, etwa in Attika und Athen, wo der Hauch am Anfang eines Wortes noch gesprochen wurde. Dort benutzte man anfangs das *chet*-Zeichen für den Laut *h*, langes und kurzes *e* wurden mit **E** bezeichnet. Später diente aber auch in Athen **H** als Zeichen für das lange *ē*.

Als schließlich das Griechische Weltsprache geworden war und viele Ausländer die Sprache lernten, wurde in Form des ʽ *(„Spiritus asper“)* das Hauchzeichen wieder eingeführt. Dieses ʽ kann man als die linke Hälfte des **H** *(Eta)* deuten, das man in der Schreibung vereinfachte: ⊢ → ʽ. Die rechte Hälfte (⊣ → ʼ) wurde in noch späterer Zeit bei vokalisch, aber ohne Hauch anlautenden Wörtern gesetzt *(„Spiritus lenis“)*. Dieses für uns überflüssige Zeichen diente offenbar zur Kennzeichnung des leisen Knacklauts, der beim Sprechen eines vokalisch anlautenden Wortes zu hören ist. – Aus der Tatsache, daß die Griechen die Reihenfolge des phönikischen Alphabets beibehielten, erklärt sich die Streulage der Vokale. Die Griechen haben also das *Prinzip der Lautschrift* zu Ende entwickelt.

Jedoch existierten in Griechenland lange Zeit verschiedene Alphabete nebeneinander. Im Süden hielt sich das griechische Mutteralphabet fast unverändert. In ihm fehlen noch die Buchstaben **Ξ, Ψ, Φ, X** und **Ω**, also Zeichen für die Doppelkonsonanten *ks* und *ps,* für die behauchten Verschlußlaute *ph* und *kh* sowie für langes *ō*. Dafür haben sich hier zwei andere Zeichen länger als im übrigen Griechenland gehalten, das Koppa (Ϙ) mit dem Lautwert *k* vor *o* und *u* (also etwa unserem *q* entsprechend) und das Digamma (**F**) mit dem Lautwert w. Letzter Buchstabe dieses ältesten Alphabets war das **Y**, das phönikische *waw (w),* das zum Zeichen für *u* wurde. Von den anderen Alphabeten sind das westgriechische und das ostgriechische (ionische) die wichtigsten. Sie unterscheiden sich vor allem in der Verwendung der später ins Alphabet aufgenommenen Zusatzbuchstaben (s. o.). Zum Beispiel war im Westgriechischen das **X** Zeichen für *ks,* im Ostgriechischen für *kh;* ferner hat das Westgriechische am **F** *(w)* und am Hauchlaut (**H**) wenigstens teilweise festgehalten. Da die Römer von den Griechen in Unteritalien das Alphabet in seiner westgriechischen Form übernommen haben, hat auch im römischen Alphabet **X** den Lautwert *ks* und gibt es ein **F** sowie ein **H**. Insgesamt jedoch setzte sich das ostgriechische Alphabet, auf das das kyrillische und damit das russische Alpha-

bet zurückgehen, in Griechenland durch, nachdem es 403 v. Chr. offiziell in Athen eingeführt worden war.
In Inschriften auf hartem Material erscheinen die griechischen Großbuchstaben in einem klaren Bild aus vorherrschenden Senkrechten, Waagerechten und Diagonalen. Aus diesem „Inschriftenstil", der ähnlich auch noch in den ältesten Papyri (4. Jh. v. Chr.) verwendet wurde, entwickelte sich eine ganze Reihe von Schriftformen. Weicheres Schreibmaterial und verfeinertes Schreibgerät ermöglichten auch Schleifen und Häkchen, und für den praktischen Gebrauch des Alltags gab es schon bald eine *„Kursivschrift"*, die mehrere Buchstaben miteinander verband und viel mit Abkürzungen arbeitete. Die Kleinbuchstaben („Minuskeln") hingegen setzten sich erst spät, nämlich im 9. Jahrhundert n. Chr., durch. Sie entstanden durch Vereinfachen und Verschleifen der einzelnen Striche des betreffenden Großbuchstabens.
Im Unterschied zu den östlichen Ländern war die Kunst des Schreibens und Lesens in Griechenland nicht Sache einer kleinen Gruppe von Spezialisten. Wenn etwa in Athen neue Gesetze oder Verordnungen oder auch Ehrungen von Bürgern auf weißgetünchten Tafeln auf der Agora bekanntgemacht wurden, setzte das die Lesefähigkeit eines großen Teils der Bevölkerung voraus. Auch mußte der Athener gelegentlich bei Abstimmungen in der Volksversammlung sein Votum schriftlich auf einer Tonscherbe abgeben. So ist es verständlich, daß auf das Erlernen von Lesen und Schreiben größter Wert gelegt wurde. Anders wäre das öffentliche und private Leben in den griechischen Städten nicht denkbar gewesen.

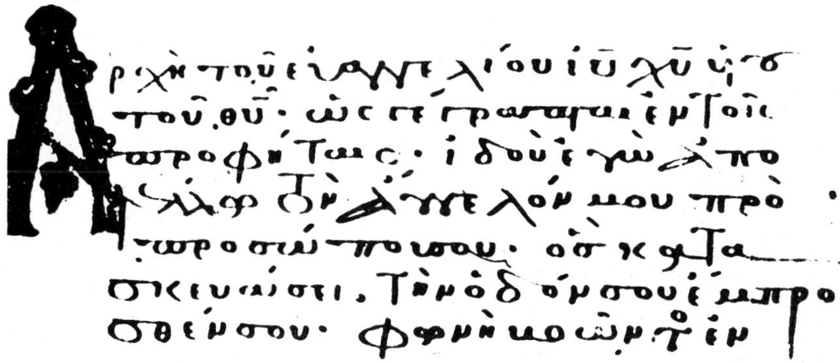

△ Beginn des Markusevangeliums in einer Handschrift des 13. Jahrhunderts

◁ Inschrift auf dem Schatzhaus der Athener in Delphi

Die Akzente

Um anzuzeigen, auf welcher Silbe ein Wort betont wird, benutzten die griechischen Philologen seit dem 3. Jh. v. Chr. Akzente, und zwar drei verschiedene, um zugleich auch die Art der Betonung anzugeben. Im Gegensatz zum Deutschen betonte nämlich das Griechische nicht durch unterschiedliche Tonstärke („expiratorischer Akzent"), sondern durch unterschiedliche Tonhöhe („musikalischer Akzent"). Das heißt, die betonte Silbe wurde – etwa eine Quinte – höher gesprochen als die restlichen, die bei den alexandrinischen Philologen zunächst alle einen Nebenton bekamen. Für den „Hochton" setzten sie einen **Akut** (´), für einen „Tiefton" einen **Gravis** (`). Da nun aber lange Silben beide Akzentarten vereinigen konnten, addierte man in solchen Fällen Akut und Gravis. Das Ergebnis war der **Zirkumflex:** ^ → ~, der insofern die graphische Entsprechung zum Heben und Senken der Stimme bei der Betonung einer (langen) Silbe durch „Schleifton" bildet. Diese feinen Unterscheidungen erscheinen uns überflüssig, zumal wir das Altgriechische nicht „musikalisch" betonen. Jedoch sind gelegentlich Art und Stellung des Akzents für die Wortbedeutung ausschlaggebend, z. B. φώς *„Mann"* – φῶς *„Licht"* (vgl. „Photographie"), ἄλλα *„anderes"* – ἀλλά *„aber"*, ὅμως *„dennoch"* – ὁμῶς *„auf gleiche Weise"*.
Eine besondere Anmerkung verlangt noch der Gravis. Die byzantinischen Gelehrten verwendeten ihn, etwa seit dem 4. Jh. n. Chr., regelmäßig als Ersatz für einen Akut auf der letzten Silbe eines Wortes, sofern noch ein oder mehrere Wörter folgten, so daß der Hauptton dadurch abgeschwächt wurde. Diese Betonungsweise ist heute üblich, also Σωκράτης σοφός: *„Sokrates ist weise."* Aber: ὁ σοφὸς Σωκράτης: *„der weise Sokrates"* (auch das *„weise"* im zweiten Fall ist weniger stark betont).
Schließlich gibt es noch eine Reihe von Wörtern, die entweder überhaupt keinen Ton tragen („Atona") oder die ihn auf das vorhergehende Wort abwerfen („Enklitika", → R 4). Zu den Atona gehören z. B. einzelne Formen des Artikels (ὁ, ἡ), zu den Enklitika ganz verschiedene Wörter wie ἐστι *(ist)*, με *(mich)*, γε *(wenigstens)*.

Die Diphthonge

Das Griechische kennt mit ι und mit υ gebildete Diphthonge:
αι – ει – [ηι] – οι – υι – [ωι]
αυ – ευ – ηυ – ου – [ωυ]
ει war teils echter Diphthong *(e-i)*, teils bezeichnete es langes geschlossenes ē (wie in *„See")*.
ου bezeichnete ursprünglich den Diphthong o-u sowie langes geschlossenes ō (wie in *„Ofen"*), später bezeichnete es nur noch langes *ū*.
Diese „Monophthongisierung" erfaßte besonders die Diphthonge aus langem Vokal + ι (ᾱι, ηι, ωι). Zuerst nur noch ganz schwach, später gar nicht mehr gesprochen, wurde das Iota teils „untergeschrieben" (*„Iota subscriptum":* ᾳ, ῃ, ῳ), teils – bei Großbuchstaben – „daneben geschrieben" (*„Iota adscriptum"*, z. B. Ὠιδεῖον = Odeon).

1 Vom Wesen der Welt

Stobaios

Im 7. Jh. v. Chr. setzte bei den Griechen eine Neuorientierung in der Art der Weltbeschreibung und Welterklärung ein, mit der die Entwicklung des *europäischen Denkens* begann. Sie nahmen nicht mehr göttliche Mächte als Ursache für die Entstehung der Welt und der Naturerscheinungen an, sondern suchten nach einer „wissenschaftlichen“ Erklärung. Zu diesem Zweck beobachteten sie die Natur, kombinierten die dabei gemachten Entdeckungen und gelangten so zu eigenen, teilweise recht kühnen Theorien.
Nicht zufällig entstand diese neue Art des Denkens dort, wo die Griechen auf dem Wege des Handels oder im Zuge einer breiten Kolonisationsbewegung mit fremden Völkern und Ländern in Berührung kamen: in den griechischen Kolonien Kleinasiens und Unteritaliens. Die Begründer dieser Denkrichtung wurden zuerst *„Sachverständige“* (σοφοί) genannt, später zurückhaltender *„Freunde des Wissens“* (φιλόσοφοι). Der erste dieser „Philosophen“ war **Thales von Milet** in Kleinasien (um 600 v. Chr.).

Zu den Problemen, mit denen sich die ionischen Naturphilosophen ganz besonders beschäftigten, gehörte, wie unser Text zeigt, die Frage nach den Elementen und wirkenden Kräften dieser Welt. Zwar haben wir weder von Thales noch von seinem Landsmann und Zeitgenossen **Anaximandros** genaue Kenntnis. Überlieferungen aus späterer Zeit jedoch deuten die Richtung an, in der sie eine Antwort gesucht haben.

Θαλῆς ὁ φιλόσοφος, εἷς τῶν ἑπτὰ σοφῶν, περὶ τοῦ κόσμου ὧδέ πως λέγει.
Ὁ κόσμος νόον ἔχει, ὥσπερ καὶ οἱ ἄνθρωποι νόον ἔχουσιν. Ὁ δὲ τοῦ κόσμου νόος θεός ἐστιν.
Ἀναξίμανδρος δὲ λέγει, ὅτι πολλοὶ κόσμοι εἰσὶν ἐν τῷ ἀπείρῳ καὶ πολλοὶ οὐρανοί.
Τοὺς δὲ οὐρανοὺς ὁ Ἀναξίμανδρος νομίζει θεούς.

εἷς einer *(Zahlwort)*
ὧδέ πως „so irgendwie“, ungefähr folgendermaßen
τὸ ἄπειρον das Unbegrenzte, Unendliche

Impulse und Übungen

W

Führen Sie die folgenden Fremdwörter auf ihre griechischen Bestandteile zurück und suchen Sie nach dem Beispiel φιλό-σοφος (→ Einleitung) ihre Bedeutung zu erschließen:
Philanthrop – Anthroposoph – Theosophie

G 1

Vergleichen Sie:
ὁ θεός *der Gott* – θεός *(ein) Gott*

Übersetzen Sie entsprechend (ὁ) κόσμος, (ὁ) ἄνθρωπος, (ὁ) φιλόσοφος.

G 2

ὁ τοῦ κόσμου νόος *der Verstand des Kosmos*
Was für ein **Satzglied** ist τοῦ κόσμου? Vergleichen Sie die **Wortstellung.**

G 3

Bestimmen Sie die **Kasus** der folgenden Formen, ergänzen Sie den **Artikel** und übersetzen Sie:
... θεῷ – ... σοφοῦ – ... κόσμοι – ... ἀνθρώποις
... οὐρανός – περὶ ... νόου – ἐν ... κόσμῳ

G 4

Θαλῆς φιλόσοφός ἐστιν.
Thales ist ein Philosoph.
Θαλῆς ὁ φιλόσοφος λέγει ...
Der Philosoph Thales sagt ...

Mit welchem Wort ist (ὁ) φιλόσοφος jeweils enger verbunden? Grenzen Sie den Bereich des **Subjekts** von dem des **Prädikats** ab. Wo liegt der Einschnitt in den folgenden Sätzen?

Θαλῆς εἷς τῶν ἑπτὰ σοφῶν ἐστιν.
Πολλοὶ κόσμοι, ὥσπερ ὁ Ἀναξίμανδρος λέγει, καὶ πολλοὶ οὐρανοὶ ἐν τῷ ἀπείρῳ εἰσίν.
Ὁ τοῦ οὐρανοῦ θεὸς Ζεύς ἐστιν.

G 5

Ἀναξίμανδρος τοὺς οὐρανοὺς θεοὺς νομίζει.
Beschreiben Sie die deutsche Ausdrucksweise, die dem **„doppelten Akkusativ"** in diesem Satz entspricht.

B

Ermitteln Sie im folgenden Text die **Genitive** und stellen Sie fest, von welchem Wort sie jeweils abhängen:

Εἷς τῶν ἑπτὰ σοφῶν περὶ τοῦ κόσμου ὧδέ πως λέγει·
Ὁ τοῦ κόσμου νόος θεός ἐστιν.

K

Bilden Sie entsprechend G 2 sinnvolle Ausdrücke mit jeweils einem **Genitivattribut** aus:
ὁ νόος – οἱ ἄνθρωποι
οἱ θεοί – ὁ κόσμος

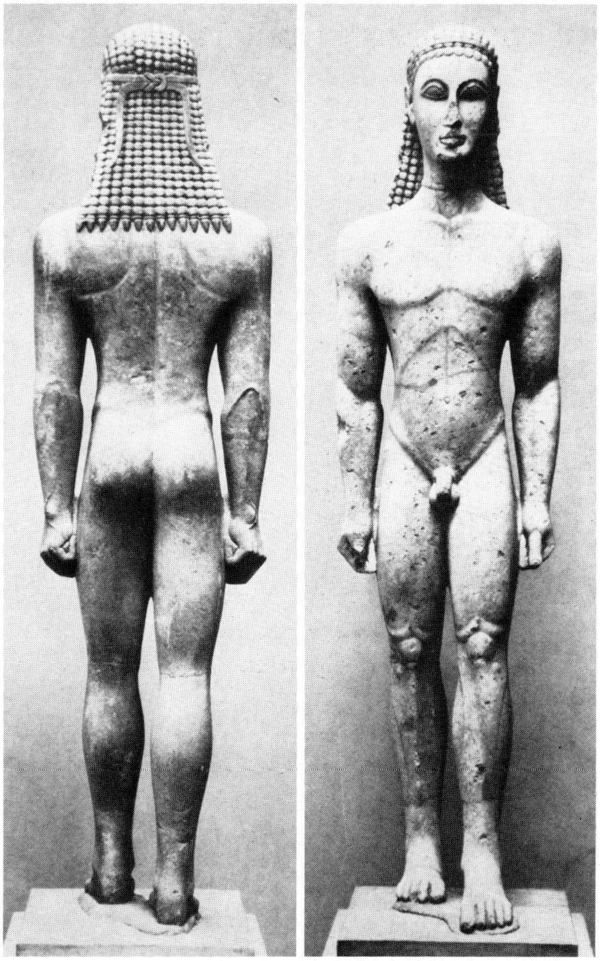

△ *Stehender Jüngling aus Attika.* Marmor. Höhe 1,84 m. Gegen 620 v. Chr. New York

A

Wählen Sie von den in Klammern angebotenen Möglichkeiten die sprachlich und sachlich passende aus:

Θαλῆς καὶ Ἀναξίμανδρος (σοφός/θεοί/φιλόσοφοί/ἀνθρώπους) εἰσιν.
Οἱ σοφοὶ τὸ πᾶν[1]) κόσμον (νομίζει/λέγουσιν/ἔχουσιν).
Ἀναξίμανδρος τὸν οὐρανὸν (θεὸν/θεὸς/θεοὺς) νομίζει.

[1]) τὸ πᾶν das Weltall

2 Die Welt - ein Organismus

Diogenes Laertios/Plutarch

Die Frage nach den gestaltenden Kräften der Natur beschäftigte auch die **Stoiker,** eine Philosophenschule, die **Zenon von Kition**/Zypern um 300 v. Chr. in Athen gegründet hatte. Bei ihnen spielt der Gedanke an eine die Materie beseelende Kraft eine zentrale Rolle. Der Kosmos ist danach von einer göttlichen, universalen Vernunft durchwaltet, die auch im kleinsten Teilchen wirkt und so Sinn und Ordnung der Welt garantiert.
Die Stoiker wurden nach dem Ort benannt, an dem sie sich in Athen trafen, einer Säulenhalle (griechisch: *στοά).*

Chrysippos aus Soloi im südöstlichen Kleinasien übernahm um 230 v. Chr. die Leitung der stoischen Schule. In zahllosen Schriften hat er die stoische Lehre systematisch geordnet und vervollständigt.

Apollodoros leitete die Schule in Athen um 100 v. Chr. Sein Zeitgenosse **Poseidonios** aus dem syrischen Apameia war nicht nur Philosoph, sondern auch Naturforscher und Historiker (→ L 14); er versuchte, Philosophie und Einzelwissenschaften zu verbinden.

Χρύσιππος καὶ Ἀπολλόδωρος καὶ Ποσειδώνιος λέγουσιν, ὅτι ὁ κόσμος ζῷόν ἐστι καὶ ψυχὴν ἔχει. Πάντα γὰρ τὰ ζῷα ψυχὰς ἔχει, καὶ τὰ φυτά.

Ὁ δὲ τῶν Στωικῶν λόγος ἐστίν·

Τὸ ζῷον τοῦ μὴ ζῴου κρεῖττον·
οὐδὲν δὲ τοῦ κόσμου κρεῖττον·
ζῷον ἄρα ὁ κόσμος.

Αἱ δὲ τῶν ἀνθρώπων ψυχαὶ ἐκ τῆς τοῦ κόσμου ψυχῆς ἥκουσιν. Ἀλλὰ καὶ τοῖς ἄστροις, τῷ ἡλίῳ, τῇ σελήνῃ ψυχαί εἰσιν.

πάντα alle(s)

τὸ μὴ ζῷον das Nicht-Lebewesen
κρεῖττον *mit Gen.* stärker als, *jd.* überlegen

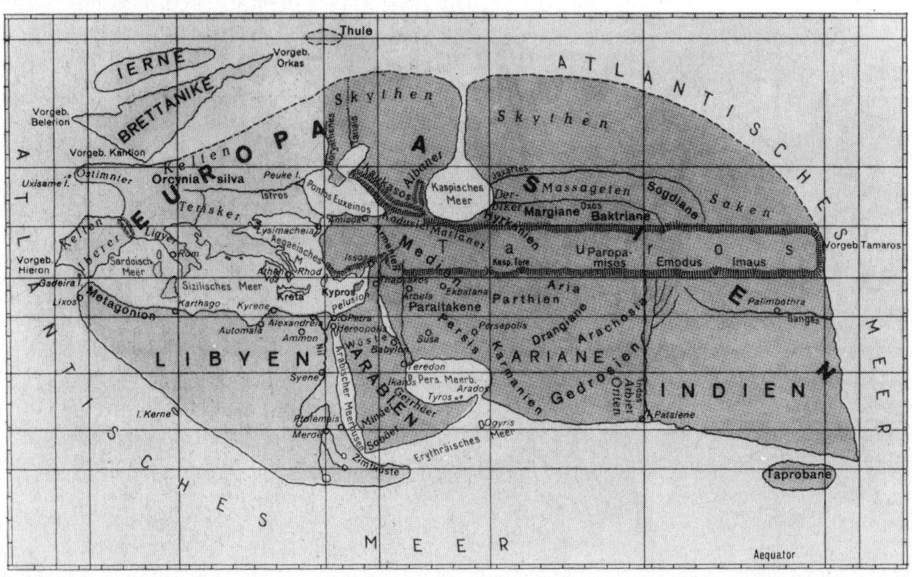

Die Welt nach Hekataios (um 500 v. Chr.) ▷

◁ *Die Welt nach Eratosthenes von Kyrene* (ca. 285–205 v. Chr.)

Impulse und Übungen

I

① Die Zeilen 5–7 enthalten eine logische Schlußfolgerung.
a) Welches sind die einzelnen Schritte?
b) Ist die Argumentation stichhaltig?
② Vergleichen Sie die stoischen Ansichten vom Wesen der Welt mit den in L 1 vorgetragenen. Worin besteht die Gemeinsamkeit?

St

Auf welches Satzglied ist in den Zeilen 5–7 jeweils verzichtet? Warum wohl? Vergleichen Sie damit: *„Kleine Kinder, kleine Sorgen; große Kinder, große Sorgen."*

G 1

Bilden Sie sämtliche Kasus des **Singulars** und **Plurals** von ὁ ἄνθρωπος, ἡ ψυχή, τὸ ζῷον und vergleichen Sie die Ausgänge.

G 2

Achten Sie bei den folgenden Sätzen auf **Subjekt** und **Prädikat.** Was fällt auf?
Οἱ ἄνθρωποι ψυχὰς ἔχουσιν.
Καὶ τὰ ζῷα ψυχὰς ἔχει.
Τὰ ἄστρα ἐν τῷ οὐρανῷ ἐστιν.

G 3

Ὁ κόσμος νόον ἔχει ≈ Τῷ κόσμῳ νόος ἐστίν.

Beschreiben Sie, welche Aufgabe der **Dativ** im zweiten Satz erfüllt, und formen Sie entsprechend um:

Ὁ ἄνθρωπος ψυχὴν ἔχει.
Οἱ σοφοὶ νόον ἔχουσιν.
Τὰ ζῷα ψυχὰς ἔχει.

E

Ergänzen Sie die fehlenden Ausgänge und übersetzen Sie:
Οἱ Στωικ... λέγ..., ὅτι αἱ τ... ἀνθρώπ... ψυχ... ἐκ τ... τ... κόσμ... ψυχ... ἥκ...·
Τῷ γὰρ κόσμ..., ὥσπερ πολλ... φιλόσοφ... λέγ..., ψυχ... ἐστιν.

K

Bilden Sie aus dem vorgegebenen „Rohmaterial" richtige Wortformen:

ψυχ-	+	-ουσιν
λόγ-		-ά
ἔχ-		-ει
φυτ-		-ῳ
λέγ-		-αῖς
θε-		-ούς

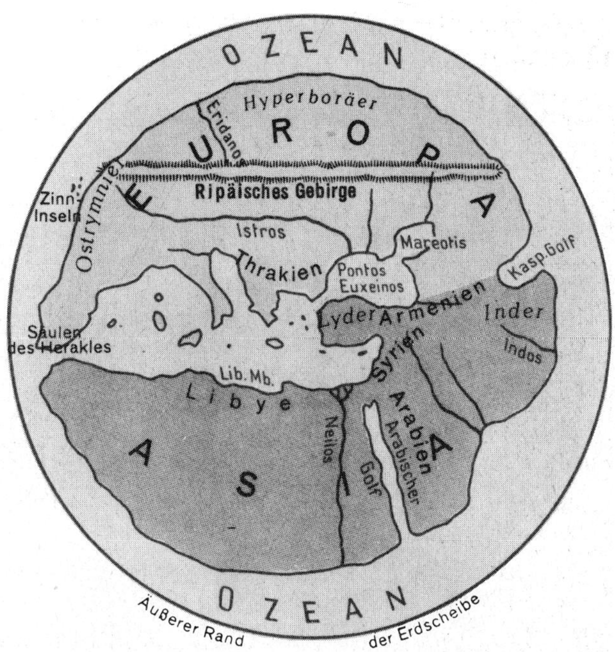

3 Ein Begriff wird zerlegt

Stobaios

Wichtiger als die Naturwissenschaft war für die **Stoiker** (→ L 2) die Frage nach dem richtigen Verhalten und Handeln des Menschen, die Ethik. Leitgedanke war dabei die Bestimmung der Werte (τὰ ἀγαθά), vor allem des obersten Wertes (τὸ ἀγαθόν). Damit hing die weitere Frage nach der optimalen Verfassung und Leistungsfähigkeit des Menschen zusammen. Im Griechischen steht dafür ἀρετή. Mit „Tugend" ist das Wort nur unvollkommen wiedergegeben; es meint ganz allgemein die Tauglichkeit auf einem bestimmten Gebiet, geistig, seelisch und körperlich; auch Tiere und Dinge haben ihre jeweilige ἀρετή.

Die Stoiker sahen eine ihrer wichtigsten Aufgaben darin, die einzelnen menschlichen Tugenden wie Tapferkeit, Gerechtigkeit, Besonnenheit, Einsicht neu zu definieren und in ihr System der Weltbetrachtung einzubeziehen.

Πολλοὶ φιλόσοφοι, μάλιστα δὲ οἱ Στωικοί, λέγουσι

τῶν ἀγαθῶν

τὰ μὲν εἶναι ἀρετάς, **τὰ δ᾽** οὔ.

Σωφροσύνην μὲν οὖν καὶ δικαιοσύνην καὶ ἀνδρείαν καὶ μεγαλοψυχίαν καὶ ῥώμην καὶ ἰσχὺν ψυχῆς ἀρετὰς εἶναι νομίζουσιν, χαρὰν δὲ καὶ εὐφροσύνην καὶ τὰ παραπλήσια ἀγαθὰ οὐκ εἶναι ἀρετάς·

τῶν δ᾽ ἀρετῶν

τὰς μὲν εἶναι ἐπιστήμας καὶ τέχνας, **τὰς δ᾽** οὔ.

Σωφροσύνη μὲν οὖν καὶ δικαιοσύνη καὶ ἀνδρεία κατὰ τοὺς Στωικοὺς ἐπιστῆμαί εἰσι καὶ τέχναι, μεγαλοψυχία δὲ καὶ ῥώμη οὔτ᾽ ἐπιστῆμαι οὔτε τέχναι.

► G 3

...λέγουσιν, ὅτι τὰ μὲν τῶν ἀγαθῶν ἀρεταί ἐστι, τὰ δ᾽ οὔ.

► G 2

ἡ μεγαλοψυχία seelische Größe
ἡ ἰσχύς, *Akk.* ἰσχύν Stärke, Festigkeit
ἡ εὐφροσύνη Fröhlichkeit
παραπλήσιος ähnlich

Die Stoa des Attalos auf der Agora von Athen, 2. Jh. v. Chr. Rekonstruiert 1953–1956. ▽

Impulse und Übungen

I

Typisch für griechisches Denken ist ein deutlicher Hang zur Abstraktion, zur Systematisierung und Problemerfassung mit Hilfe einer sich zunehmend verfeinernden Logik.
Während L 2 das Modell eines Schlußverfahrens bot, enthält L 3 ein gutes Beispiel für die analytische Aufgliederung eines allgemeinen Begriffs, die sog. **Dihairesis.** Versuchen Sie, den zugrunde liegenden Gedankengang nachzuvollziehen, indem Sie in eine Grafik mit folgendem Aufbau die passenden Begriffe eintragen:

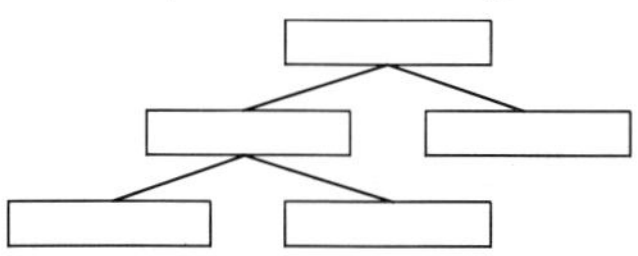

G 1

Vergleichen Sie die Deklination:
ῥώμη καὶ ἀνδρεία
ῥώμης καὶ ἀνδρείας
ῥώμῃ καὶ ἀνδρείᾳ
ῥώμην καὶ ἀνδρείαν
Welche Merkmale erlauben (trotz Vokalwechsel im Ausgang) auch bei den **Feminina auf – α** die Bestimmung der einzelnen Kasus? Im Plural besteht kein Unterschied in der Deklination der Substantive auf **– η** und **– α**. In welcher Gruppe findet sich somit *ein* Ausgang für zwei verschiedene Kasus?

G 2

Πολλοὶ φιλόσοφοι τῶν ἀγαθῶν τὰ μὲν ἀρετὰς νομίζουσιν, τὰ δ᾽ οὔ.
Was wird in diesem Satz durch den **Genitiv** ausgedrückt?
Die folgende Skizze erleichtert die Lösung der Aufgabe:

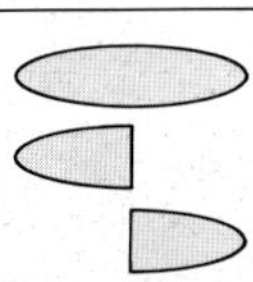

= die Gesamtheit der ἀγαθά
= **τὰ μὲν** τῶν ἀγαθῶν
= **τὰ δὲ** τῶν ἀγαθῶν

G 3

Die folgenden Satzpaare enthalten jeweils die gleiche Information, doch bestehen Unterschiede in der Konstruktion; beschreiben Sie diese.

1.1 Ἀναξίμανδρος τοὺς οὐρανοὺς θεοὺς νομίζει.
1.2 Ἀναξίμανδρος τοὺς οὐρανοὺς θεοὺς εἶναι νομίζει.

2.1 Οἱ Στωικοὶ λέγουσιν, **ὅτι αἱ** τῶν ἀνθρώπων ψυχ**αὶ** ἐκ τῆς τοῦ κόσμου ψυχῆς ἥκ**ουσιν.**
2.2 Οἱ Στωικοὶ λέγουσιν **τὰς** τῶν ἀνθρώπων ψυχ**ὰς** ἐκ τῆς τοῦ κόσμου ψυχῆς ἥκ**ειν.**

T 1

Bilden Sie die **Infinitive** des **Präsens Aktiv** zu folgenden Indikativformen: λέγομεν, νομίζει, ἔχουσιν, ἐστίν, εἰσίν.

T 2

Verwandeln Sie die folgenden Gliedsätze mit ὅτι in **AcI**-Konstruktionen:

Εἷς τῶν ἑπτὰ σοφῶν λέγει, ὅτι ὁ τοῦ κόσμου νόος θεός ἐστιν.
Ἀναξίμανδρος δὲ νομίζει, ὅτι πολλοὶ κόσμοι εἰσίν.
Τῶν δὲ Στωικῶν λόγος ἐστίν, ὅτι ὁ κόσμος ψυχὴν ἔχει.
Νομίζουσιν γάρ, ὅτι ὁ κόσμος ζῷόν ἐστιν.

W

Ordnen Sie die folgenden Wörter einander so zu, daß nach ihrer Bedeutung zusammenpassende Paare oder Gruppen entstehen:
ἥλιος – ἄνθρωπος – ἄστρα – θεός – ζῷον – δικαιοσύνη – φυτόν – σελήνη – ἐπιστήμη – οὐρανός – σωφροσύνη – ῥώμη – ψυχή – ἀνδρεία – τέχνη

4 Erzieher gesucht

Diogenes Laertios

Die Ethik der **Stoiker** (→ L 3) hat zu allen Zeiten Politiker fasziniert, weil sie den Staat als Glied eines vernunfterfüllten Kosmos auffaßt und von daher dem einzelnen eine jeweils klar bestimmte Rolle im Staat zuweist.
Daß der Mensch nur dann richtig und vernunftgemäß handelt, wenn er das ihm „Zukommende" (so das im Griechischen gebrauchte Wort für Pflicht) erkennt und tut, war ein Kernsatz der stoischen Ethik.

Der *Makedonenkönig Antigonos II.* (gest. 239 v. Chr.) war zeit seines Lebens in hartnäckige Kämpfe um die Erhaltung seiner Herrschaft verwickelt. Trotzdem interessierte er sich auch für Philosophie, Dichtung und Wissenschaft. Es wird berichtet, daß er **Zenon,** den Gründer der stoischen Schule (→ L 2), als Sachverständigen für Bildungsfragen an seinen Hof eingeladen, dieser aber mit dem Hinweis auf sein hohes Alter von achtzig Jahren abgelehnt habe.

Βασιλεὺς Ἀντίγονος Ζήνωνι φιλοσόφῳ χαίρειν.
Ἐγὼ τύχῃ μὲν καὶ δόξῃ νομίζω προέχειν σοῦ, λόγῳ δὲ καὶ παιδείᾳ καθυστερεῖν καὶ τῇ τελείᾳ εὐδαιμονίᾳ, ἣν σὺ ἔχεις.
Διὸ γράφω σοι ἥκειν πρὸς ἐμέ· ἐλπίζω γάρ σε μὴ ἀντιλέγειν. Νῦν μὲν γὰρ ὀλίγους παιδεύεις, ἐν δὲ τῇ Μακεδονίᾳ πολλούς. Ἧκε πρὸς ἡμᾶς· παίδευε καὶ ἄγε τὸν βασιλέα ἐπὶ τὴν ἀρετήν. Οὕτω καὶ τὸν δῆμον παρασκευάζεις πρὸς ἀνδρείαν.

Ζήνων, *Dat.* Ζήνωνι Zenon
► Z
προέχω δόξῃ an Ruhm überlegen sein
καθυστερέω unterlegen sein, *in etw.* nachstehen
ἥν *(Relativpron.)* die, welche *(Akk.)*

ἡ Μακεδονία Makedonien

Impulse und Übungen

I

① Mit welchen Begriffen werden im Lektionstext die Vorzüge des Herrschers und des Philosophen umschrieben?
Worin unterscheiden sich die beiden Lebensformen?

② Wie sieht Antigonos das Verhältnis von Herrscher und Untertanen?

W

Nennen Sie vom gleichen Stamm gebildete Substantive zu χαίρειν und λέγειν.

G 1

Ergänzen Sie die fehlenden Deklinationsformen und vergleichen Sie:

τύχη	δόξα	ἀνδρεία
τύχης	δόξης	ἀνδρείας
…	δόξῃ	…
…	δόξαν	…

G 2

Hätte König Antigonos einen Mitregenten gehabt oder, wie spätere Herrscher, von sich im Plural gesprochen, und hätte er außerdem zugleich mit Zenon dessen Schüler eingeladen, dann lautete sein Brief folgendermaßen:

Ἡμεῖς τύχῃ μὲν καὶ δόξῃ νομίζομεν προέχειν ὑμῶν, λόγῳ δὲ καὶ παιδείᾳ καθυστερεῖν καὶ τῇ τελείᾳ εὐδαιμονίᾳ, ἣν ὑμεῖς ἔχετε.
Διὸ γράφομεν ὑμῖν ἥκειν πρὸς ἡμᾶς· ἐλπίζομεν γὰρ ὑμᾶς μὴ ἀντιλέγειν. Νῦν μὲν γὰρ ὀλίγους παιδεύετε, ἐν δὲ τῇ Μακεδονίᾳ πολλούς.
Ἥκετε πρὸς ἡμᾶς· παιδεύετε καὶ ἄγετε τὸν βασιλέα ἐπὶ τὴν ἀρετήν. Οὕτω καὶ τὸν δῆμον παρασκευάζετε πρὸς ἀνδρείαν.

Zusammen mit dem Lektionstext erlaubt diese Fassung des Briefs die Anlage von zwei Übersichten:
① Formen der **Personalpronomina der 1. und 2. Person** im Singular und Plural;
② Formen der Verben im **Indikativ** und **Imperativ Präsens Aktiv.**

G 3

Vergleichen Sie:
Οὐ γράφετε. *Ihr schreibt nicht.*
Μὴ γράφετε. *Schreibt nicht!*

Begründen Sie die **Verneinung** mit μή im Lektionstext Z. 6 f.: Ἐλπίζω σε **μὴ** ἀντιλέγειν

B

Bestimmen Sie die folgenden Formen nach Kasus, Numerus und Genus:
τύχῃ – χαρᾶς – δόξαν – ἀρεταῖς – φυτά – τέχνας – ῥώμη – ἀνδρείας – ψυχῆς – ἐπιστήμην – εὐδαιμονίᾳ

T 1

Setzen Sie die Singularformen in den Plural, die Pluralformen in den Singular:
λέγεις – γράφε – νομίζομεν – ἔχουσιν – ἄγω – ἐλπίζετε (2) – παίδευε – ἥκει – ἔχετε (2)

E

Fügen Sie die vorgegebenen Pronominalformen passend in den Text ein:
ἐγὼ – σὺ – σοι – με – σέ

... μὲν ἐλπίζεις ... ἥκειν πρὸς ...,
... δὲ οὐκ ἀντιλέγω ...

T 2

Setzen Sie den Text von E in den Plural.

Z

Der folgenden Gegenüberstellung läßt sich entnehmen, welche Aufgabe die **Infinitive** jeweils erfüllen:

1.1 Ἀντίγονος Ζήνωνι χαίρειν.
1.2 Ἀντίγονος Ζήνωνι γράφει· Χαῖρε.

2.1 Γράφω σοι ἥκειν πρὸς ἡμᾶς.
2.2 Γράφω σοι· Ἧκε πρὸς ἡμᾶς.

3.1 Ἐλπίζω σε μὴ ἀντιλέγειν.
3.2 Ἐλπίζω· Μὴ ἀντίλεγε.

Makedonischer Brustpanzer, 4. Jh. v. Chr. Thessaloniki ▷

5 Die in sich ruhende Persönlichkeit

Stobaios

Das sich seit dem 6. Jahrhundert immer stärker entwickelnde wissenschaftliche Denken (→ L 1) führte auf religiösem und moralischem Gebiet zu einer erheblichen Verunsicherung. Traditionelle Normen lockerten sich, der Glaube an die Götter geriet ins Wanken. Wenn jetzt z. B. die Sonne als „feurige Masse“, also physikalisch erklärt wurde, war es da noch sinnvoll, zu ihr zu beten? Darüber hinaus ließ der mit großer Erbitterung geführte fast dreißigjährige Krieg zwischen Athen und Sparta (Peloponnesischer Krieg 431–404 v. Chr.) verstärkt an den überkommenen politischen und ethischen Wertvorstellungen zweifeln.
In dieser Lage gewann die Philosophie eine neue Bedeutung, indem sie sich *dem Menschen* zuwandte. *Sokrates* rief im Gespräch mit dem einzelnen zur kritischen Prüfung der alten Normen auf und appellierte an die Eigenverantwortlichkeit des Menschen. *Platon* und *Aristoteles* versuchten, die Polis insgesamt mit einer umfassenden, rational begründeten Ethik und Politik auf ein neues Fundament zu stellen.

Später dann entwickelten die **Stoiker** (→ L 2–4) ihr (über die Grenzen der Polis hinausreichendes) kosmopolitisches Ideal des „Weisen“ (σοφός), der die Weltordnung als natürlich und vernünftig erkannt hat und deshalb von sich aus *„in Übereinstimmung mit der Natur zu leben“* sucht (ὁμολογουμένως τῇ φύσει ζῆν). Alles, was gegen diese Ordnung revoltiert, also auch persönliche Gefühle, Wünsche und Leidenschaften, hat er zu beherrschen gelernt. Darin besteht seine ἀρετή, die ihn frei und glücklich macht.

Ὁ σοφὸς οὔτε ἀναγκάζεται ὑπό τινος οὔτε ἀναγκάζει, οὔτε κωλύεται οὔτε κωλύει, οὔτε βιάζεται ὑπό τινος οὔτ᾽ αὐτὸς βιάζει, οὔτε δεσπόζει οὔτε δεσπόζεται. Οὔτε γὰρ κακὰ πράττουσιν οἱ σοφοὶ οὔτε κακοῖς περιπίπτουσιν οὔτε βλάπτονται οὔτε βλάπτουσιν.
Καὶ μόνον ἐν τοῖς σοφοῖς γίγνεται φιλία, ἐν δὲ τοῖς φαύλοις φιλίαν γίγνεσθαι οὐκ ἔξεστιν. Τὰ γὰρ ἀγαθὰ κοινά ἐστι τῶν σοφῶν, τῶν δὲ φαύλων τὰ κακά.

βιάζω nötigen, Gewalt anwenden
δεσπόζω (unumschränkt) gebieten
περιπίπτω *mit Dat. in etw.* hineingeraten

Impulse und Übungen

I

① Worin findet das von den Stoikern geforderte innere Gleichgewicht der Seele seinen sprachlichen Ausdruck?
② Wie ist die befremdliche Aussage οἱ σοφοὶ κακοῖς οὐ περιπίπτουσιν wohl zu verstehen? Inwiefern trägt sie zur Erklärung des vorausgehenden Satzes bei?
③ Im zweiten Textabschnitt werden zwei Personengruppen gegenübergestellt.
a) Was fällt an der begrifflichen Formulierung dieses Gegensatzpaares auf?
b) Welcher Schluß läßt sich daraus ziehen?

G 1

Stobaios über die stoischen Philosophen:
Οἱ σοφοὶ οὔτε ἀναγκάζουσιν οὔτε ἀναγκάζονται.

... und diese über sich selbst:
Οὔτε ἀναγκάζομεν οὔτε ἀναγκαζόμεθα.

Ein Bewunderer zu seinen Vorbildern:
Ὑμεῖς οὔτε ἀναγκάζετε οὔτε ἀναγκάζεσθε.

... und ein Meister zu seinem Schüler:
Οὔτ' ἐγὼ ἀναγκάζομαι οὔτε σὺ ἀναγκάζῃ·
οὐ γὰρ ἔξεστιν ἀναγκάζεσθαι τοὺς σοφούς.
Διὸ γίγνου σοφός (γίγνεσθε σοφοί).
Μὴ ἀναγκάζου (μὴ ἀναγκάζεσθε) ὑπὸ τῶν κακῶν.

Verschaffen Sie sich anhand des Lektionstexts und dieser Sätze einen Überblick über die Formenbildung im Indikativ, Infinitiv und Imperativ **Präsens Passiv.**
Zur Übersetzung der Imperative des Passivs → R 18.

△ *Bronzekopf eines Philosophen,* um 240 v. Chr. Athen

T

Verwandeln Sie die folgenden Formen ins Passiv und übersetzen Sie:
γράφει – παιδεύεις – ἄγετε – νομίζω – ἔχουσιν – λέγειν – βλάπτομεν – κωλύεις – πράττει

G 2

Welcher formale Unterschied besteht zwischen den beiden Übersetzungen von γίγνεται?

Φιλία γίγνεται. *Freundschaft* { *wird geschlossen.* / *entsteht.* }

Übersetzen Sie auf verschiedene Weise:
Πολλὰ κακὰ γίγνεται.

G 3

Vergleichen Sie die folgenden Sätze:
① Οἱ ἄνθρωποι τὸν Ἀναξίμανδρον σοφὸν εἶναι νομίζουσιν.
② Ὁ Ἀναξίμανδρος (ὑπὸ τῶν ἀνθρώπων) σοφὸς εἶναι νομίζεται.
Welche Probleme ergeben sich bei der Übersetzung von Satz 2?

Ü

Οὐκ ἀναγκάζομαι – *ich werde nicht gezwungen/man zwingt mich nicht/ich lasse mich nicht zwingen*
νομίζεται – *es wird geglaubt/man nimmt an/es soll*

Übersetzen Sie in ähnlicher Weise:
Τὸ πᾶν [1]) κόσμος λέγεται.
Ἡ σωφροσύνη ἀρετὴ εἶναι νομίζεται. (→ R 21 b)
Οἱ μὲν φαῦλοι βλάπτονται, οἱ δὲ σοφοὶ οὔ.
Οὔτε κωλύῃ οὔτε ἀναγκάζῃ· σοφὸς γὰρ εἶ.[2])

B

Ordnen Sie die folgenden Formen nach Nomina und Verben und bestimmen Sie sie:
ῥώμῃ – γίγνῃ – γράφεις – δήμοις – λέγω – λόγῳ – χαράν – χαίρειν – εἶναι – ἀρεταί – φαῦλοι – σοι – ζῷα – φιλίᾳ – βλαπτόμεθα – βλάπτου – κακοῦ – γίγνου – ἤκουσιν – κακά – πράττετε (2) – ἄστρων – κωλύεσθε (2)

[1]) das All [2]) du bist

6 Die Göttin Areté stellt sich vor

Xenophon

Prodikos, ein Zeitgenosse des Sokrates, erzählt in einer seiner Schriften, die sich mit ethischen Fragen befaßte, die folgende, von ihm selbst erfundene Geschichte:
Der junge **Herakles** hat sich in die Einsamkeit zurückgezogen, um sich über seinen zukünftigen Lebensweg klarzuwerden. Da begegnen ihm zwei Frauen, die eine schlicht und schön, die andere üppig aufgemacht und geschminkt. In einem Rededuell versuchen beide, ihn für sich zu gewinnen. Die Κακία (Schlechtigkeit, Laster) verspricht ihm Genuß und Bequemlichkeit, die Ἀρετή erinnert daran, daß ohne Anstrengung nichts zu erreichen sei und das Leben unerfüllt bleibe.

Die Geschichte ging unter dem Titel *„Herakles am Scheideweg“* in die Literatur ein.

Ἐγὼ δὲ σύνειμι μὲν θεοῖς, σύνειμι δὲ ἀνθρώποις τοῖς ἀγαθοῖς· ἔργον δὲ καλὸν οὔτε θεῖον οὔτ' ἀνθρώπειον χωρὶς ἐμοῦ γίγνεται. Τιμῶμαι δὲ καὶ παρὰ θεοῖς καὶ παρὰ ἀνθρώποις, ἀγαθὴ μὲν συλλήπτρια τῶν ἐν εἰρήνῃ πόνων, βεβαία δὲ τῶν ἐν πολέμῳ σύμμαχος ἔργων, ἀρίστη δὲ φιλίας κοινωνός.
Καὶ οἱ μὲν νέοι τοῖς τῶν πρεσβυτέρων ἐπαίνοις χαίρουσιν, οἱ δὲ πρεσβύτεροι ταῖς τῶν νέων τιμαῖς ἀγάλλονται. Δι' ἐμὲ φίλοι μὲν θεοῖς εἰσιν, ἀγαπητοὶ δὲ φίλοις, τίμιοι δὲ δήμῳ. Μετὰ δὲ τὴν τοῦ βίου τελευτὴν οὐ μετὰ λήθης ἄτιμοι κεῖνται, ἀλλὰ μετὰ μνήμης τὸν ἀεὶ χρόνον ὑμνοῦνται.

► W
τιμῶμαι < τιμάομαι
ἡ συλλήπτρια Helferin
ἡ κοινωνός Gefährtin, Teilhaberin
ἀγάλλομαι stolz sein
εἰσίν: οἱ ἀγαθοί ἀγαπητός geliebt τίμιος geehrt
ἡ λήθη Vergessenheit
ὑμνοῦνται < ὑμνέονται

Impulse und Übungen

I

Was fällt an den Formulierungen οἱ ἐν εἰρήνῃ πόνοι – τὰ ἐν πολέμῳ ἔργα auf?
Welche Einstellung zur Arbeit könnte dahinter stehen?

St

Im Vergleich zu den schlichten, nüchternen Texten L 1–5 ist die Rede der Areté stilistisch durchgeformt.
Die folgenden Kurzcharakteristiken erlauben Ihnen die Identifikation der wichtigsten Wort- und Sinnfiguren. Beschreiben Sie deren Wirkung auf den Hörer oder Leser *(gleiche Buchstaben bezeichnen gleiche Satzglieder)*.

A...B...C
A...B...C

völlig gleichlaufender Aufbau von Sätzen oder Satzteilen: **Parallelismus**

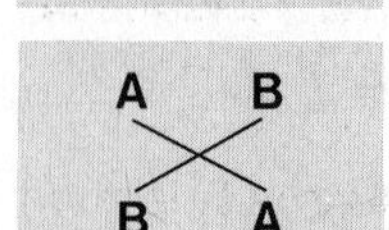

„Überkreuzstellung“ einander entsprechender Satzglieder: **Chiasmus** *(nach dem Buchstaben X)*

τιμῶμαι παρὰ θεοῖς, **τιμῶμαι** παρ' ἀνθρώποις.	Wiederholung desselben Worts zu Beginn aufeinanderfolgender Sätze oder Satzteile: **Anapher** (ἀναφέρω *wiederbringen*)
σὺν σοί χωρὶς ἐμοῦ	Betonung von Gegensätzen: **Antithese**

W

Erschließen Sie die Bedeutung der **Adjektive** ἀνθρώπειος und θεῖος durch Rückführung auf die zugrunde liegenden Substantive.

G 1

Lösen Sie aus der folgenden Zusammenstellung die Adjektive heraus:
οὐρανός – σοφός – ἄνθρωπος – ψυχή – ἀγαθή – λόγος – ζῷον – κακόν – λόγοι – πολλοί – ὀλίγοι – φυτόν – τέχνη

G 2

Was läßt sich an den folgenden Wendungen zur Formenbildung der Adjektive feststellen?
τοῖς κακοῖς ἀνθρώποις – τῶν ἀγαθῶν λόγων – ὁ καλὸς ἥλιος – πολλὰ φυτά – ἀγαθὴν ψυχήν

G 3

① τὸ καλὸν ἔργον	*die gute Arbeit*
② τὸ ἔργον καλόν ἐστιν	*die Arbeit ist gut*
③ τὸ καλόν	*das Gute*

Auf welche Weise können Adjektive syntaktisch verwendet werden?

Bestimmen Sie die jeweilige Verwendungsweise in den folgenden Sätzen:
① Οἱ θεοὶ τοῖς καλοῖς τῶν ἀνθρώπων ἔργοις χαίρουσιν.
② Φιλόσοφός τις λέγει, ὅτι οἱ πολλοὶ τῶν ἀνθρώπων κακοί εἰσιν.
③ Φίλοι οὐκ ἀεὶ βέβαιοί εἰσιν.
④ Οἱ Στωικοὶ νομίζουσι μόνον ἐν τοῖς σοφοῖς φιλίαν γίγνεσθαι.

G 4

τὸν ἀεὶ χρόνον *die ganze Zeit (hindurch)*
Welche Aufgabe erfüllt ἀεί in diesem Ausdruck?
Übersetzen Sie entsprechend: οἱ νῦν ἄνθρωποι.
Im Deutschen gibt es ähnliche Ausdrucksweisen, doch mit welchem Unterschied in der Wortstellung?

K

Bilden Sie aus dem vorgegebenen „Rohmaterial“ zwei sinnvolle Sätze:
ἡ – οἱ – τήν – τοῖς – ἀρετή – ἀρετήν – ἄνθρωποι – θεοῖς – πολέμοις – σύμμαχός – φίλοι – βεβαία – ἀγαθοί – ἐστιν – γίγνονται – διά – ἐν

E

Fügen Sie die Adjektive κακός, καλός, σοφός an passender Stelle und im richtigen Kasus/Numerus/Genus in die folgenden Sätze ein:

Παρὰ τοῖς ἀνθρώποις φιλία οὐ γίγνεται.
Τὰ γὰρ ἔργα μόνον οἱ ἄνθρωποι πράττουσιν.

Z

Aus den folgenden Beispielsätzen läßt sich eine erste Übersicht über die **Bedeutungsbreite des** griechischen **Dativs** gewinnen:

① Τοῖς φίλοις τὰ ἀγαθὰ καὶ τὰ κακὰ κοινά ἐστιν.
② Οἱ Στωικοὶ λέγουσιν τῷ κόσμῳ ψυχὴν εἶναι.
(→ L 2, 9 f.)
③ Οἱ ἄνθρωποι νόῳ καὶ λόγῳ τῶν ζῴων προέχουσιν.
(→ L 4, 3)
④ Τὰ ἄστρα ἐν τῷ οὐρανῷ ἐστιν.
⑤ Οἱ νέοι τοῖς τῶν πρεσβυτέρων ἐπαίνοις χαίρουσιν.
(→ L 6, 8 f.)
⑥ Διὰ τὴν ἀρετὴν τοῖς θεοῖς φίλοι γιγνόμεθα.
(→ L 6, 10 f.)
⑦ Ἡ ἀρετὴ τοῖς θεοῖς σύνεστιν.
(→ L 6, 1 f.)
⑧ Τιμῶμαι παρὰ θεοῖς καὶ παρὰ ἀνθρώποις.
(→ L 6, 4)

Herakles

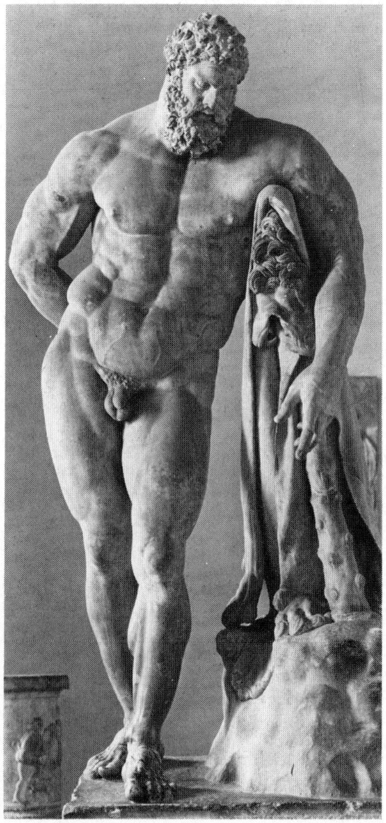

△ Sog. *„Herakles Farnese".* Marmorkopie nach einem Bronzeoriginal des *Lysipp* (um 320 v. Chr.). Höhe 3,17 m. – Neapel, Museo Nazionale Archeologico

Aufgrund der vielfältigen Zeugnisse in Literatur und Kunst können wir annehmen, daß Herakles die beliebteste Sagengestalt der Griechen war. Von diesem Urbild eines Übermenschen erzählte man sich zahlreiche Abenteuer, die der Held im Kampf gegen alle möglichen feindlichen Mächte siegreich bestanden hatte.

Am bekanntesten sind die *Zwölf Taten,* die Herakles im Auftrag des mykenischen Königs Eurystheus zu vollbringen hatte. Diese Fronarbeit verdankte er Hera, der Gattin des Zeus. Sie war auf ihn, den Sohn des Zeus und der Alkmene, eifersüchtig, weil sie in ihm eine Konkurrenz für die eigenen Söhne witterte. So inszenierte sie eine Intrige nach der anderen. Zunächst bewirkte sie, daß Eurystheus vor Herakles geboren wurde, damit er, nicht Herakles Herr von Mykene werde. Und als Herakles noch nicht ein Jahr alt war, ließ sie zwei Schlangen auf ihn los, die das Kind allerdings lässig erledigte. Schließlich ging auch der Wahnsinnsanfall, in dem der Held seine eigene Familie erschlug, auf Heras Konto. Ohne den Haß der Göttin wäre er also nie „Herakles" geworden: der *„Ruhm der Hera"* oder *„der durch Hera Berühmte".* Andererseits hatte er in Athene eine zuverlässige Helferin, die ihm mit Rat und Tat zur Seite stand. Diese enge Verbindung zwischen Götter- und Heldensage ist ein Kennzeichen der griechischen Sagenwelt.

Am Anfang der *Zwölf Taten,* die zum Teil wohl auch erst nachträglich von anderen Helden auf Herakles übertragen worden sind, stehen – in der meist überlieferten Reihenfolge – sechs aus dem peloponnesischen Umfeld von Argos; die Abenteuer 7–10 spielen in fernen Gegenden; die beiden letzten Abenteuer schließlich haben mythische Schauplätze: Der Sieg über die Unterwelt und die Beschaffung der Hesperidenäpfel mit der Symbolik des Lebensbaums haben die Unsterblichkeit des Helden zum Ziel, die ihm als Lob für seine Taten schließlich zuteil wird. Sein Einzug in den Olymp, wo er mit Hebe, der Göttin der Jugend, vermählt wurde, war eine in der griechischen Malerei beliebte Szene.

Wie andere Heroen genoß auch Herakles in späterer Zeit göttliche Ehren. Sein Kult war nicht nur in Attika verbreitet, er drang bis nach Italien und zu den romanisierten Kelten vor.

So beliebt die Gestalt des Herakles bei den Griechen war, so unterschiedlich ist sie doch im Lauf der Jahrhunderte von ihnen beurteilt worden. Stoiker und Kyniker machten ihn zu ihrem Heiligen,

Olympia, Zeus-Tempel. Die sechs Metopen von der Ostseite der Cella mit den *Taten des Herakles.* Von links nach rechts: Herakles mit dem Erymantischen Eber vor Eurystheus; Herakles und eines der menschenfressenden Rosse des Diomedes; Herakles kämpft gegen Geryoneus; Herakles bringt Athena die Goldenen Äpfel der Hesperiden; Herakles und Kerberos; Herakles reinigt den Stall des Augias ▽

indem sie ihn zum Tugendhelden emporstilisierten (→ L 6); mit seinem durch Verzicht, Entbehrungen und Ausdauer geprägten Leben außerhalb der Konvention konnte er sehr wohl stoisch-kynische Tugenden verkörpern.

Andererseits wird Herakles zur komischen Figur. In der attischen Komödie erscheint er als Naturbursche und Kraftmeier, als Muskel- und Sexprotz, als Fresser und Säufer. So wurde die komplexe Sagenfigur in zwei Seiten aufgespalten, behielt aber ihre Popularität. Sie reichte sogar so weit, daß Herakles im christlichen Bereich als Heiler und Nothelfer erscheinen konnte und als solcher gelegentlich in christlichen Katakomben dargestellt wurde.

Die unterschiedliche Beurteilung der Heraklesgestalt in der griechischen Literatur ist ein Musterbeispiel für die Abhängigkeit solcher Gestalten von geschichtlich-gesellschaftlichen Faktoren. Wenn Herakles bei *Homer* so gut wie keine Rolle spielt, dann wohl deswegen, weil er dem homerischen Heldenideal und damit den Vorstellungen der damaligen Adelsgesellschaft nicht entsprach. Als Held des kleinen Mannes war Herakles sozusagen nicht hoffähig. Er führte Befehle eines anderen aus und kämpfte auf sich allein gestellt. Der homerische Held aber ist unabhängig und kann sich auf sein Gefolge stützen.

Anders bei *Pindar,* in dessen Siegesgesängen (→ Kapitel „Spiel und Sport") Herakles immer wieder zum Leitbild einer ganzen sozialen Gruppe wird. Die Taten des Herakles bildeten eine mythische Parallele zur eigenen sportlichen Leistung; der aristokratische Sieger konnte sich leicht mit dem Helden identifizieren.

Kritische Töne dagegen werden in der Tragödie laut. Wenn in den *„Trachinierinnen"* das *Sophokles* eindringlich geschildert wird, wie Deianeira, die zweite Gattin des Herakles, unter der ständigen Abwesenheit und den Liebesabenteuern ihres Gatten zu leiden hat, wird dieser Ausnahmemensch plötzlich fragwürdig; der Zuschauer weiß nicht mehr so recht, wo die Grenze zwischen heroischer Größe und maßloser Ichbezogenheit verläuft.

In der Komödie hingegen ist Herakles ganz der Typ des „starken Hans", oft geistig unbedarft und plump, oft aber auch von elementarer Vitalität und Bauernschläue, jedenfalls auf den Geschmack des Volkes hin gestaltet.

Eine letzte Stufe in der Auseinandersetzung mit dem Heroen Herakles ist im Hellenismus erreicht. Theokrit (1. H. 3. Jh. v. Chr.), allem Heroischen abhold, behandelt das Schlangenabenteuer des jungen Herakles in einer seiner *„Idyllen".* Von der Mutter gebadet und gestillt, wird das Kind zusammen mit dem Zwillingsbruder im ehernen Schild des Vaters zu Bett gebracht und mit einem Lied in Schlaf gewiegt. Als die Schlangen erscheinen, macht der Bruder das Nächstliegende: Er läuft schreiend davon. Herakles aber nimmt den Kampf auf, zum Äußersten entschlossen. Und nachdem er dem Vater stolz die erwürgten Tiere vorgezeigt hat, deckt dieser ihn wieder zu und geht zu Bett. So ist das Abenteuer nicht mehr als eine wenig aufregende Unterbrechung der Nachtruhe. Wohl ist das Heroische noch da, aber es wird verfremdet durch die Kontrastierung mit der kleinbürgerlichen Welt. Damit hat es seine beängstigende Größe verloren. Es ist nicht mehr Norm, an der man sich messen könnte oder sollte, sondern Gegenstand eines literarischen Spiels und ästhetischen Vergnügens.

△ Katakombe an der Via Latina in Rom. Christl. Darstellung: *Herakles holt die Äpfel der Hesperiden.*

Olympia, Zeus-Tempel. Die sechs Metopen von der Westseite der Cella mit den *Taten des Herakles.* Von links nach rechts: Herakles bezwingt den Nemeischen Löwen; Herakles im Kampf mit der Lernäischen Hydra; Herakles bringt Athena die Stymphalischen Vögel; Herakles fängt den Kretischen Stier; Herakles zähmt die Kerynitische Hirschkuh; Herakles bezwingt die Amazonenkönigin Hippolyte, um ihren Gürtel für Admete, die Tochter des Eurystheus, zu gewinnen ▽

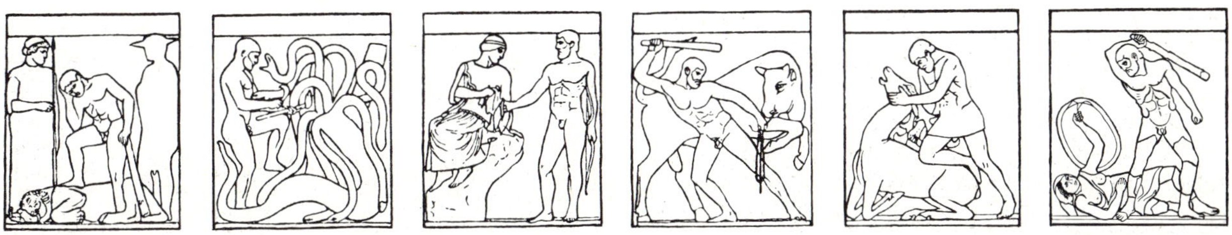

7 Liebeskummer im Winter

Longos

Eine Romanliteratur gibt es bei den Griechen erst seit dem letzten vorchristlichen Jahrhundert. Autoren und Leser begeistern sich für das Fremdartige ferner Länder, erbauen sich am Schicksal eines liebenden Paares: Fast alle griechischen Romane sind Liebes- und Abenteuergeschichten.
Der Liebesroman *„Daphnis und Chloe"* ist insofern eine Ausnahme, als sein Autor **Longos** (wohl 2. Jh. n. Chr.) ihn ausschließlich auf Lesbos, vielleicht der Heimatinsel des Dichters, spielen läßt. Um so stärker zeigt sich in ihm, wenn auch in einer fast raffinierten Form der Darstellung, das Verlangen nach einem einfachen Leben in der Natur.

Daphnis und Chloe, ein Hirtenjunge und ein Hirtenmädchen, hüten in den Bergen die Herden ihrer Eltern. Dabei entdecken sie, in einem Spiel zwischen Naivität und Leidenschaft, die Liebe. Schlimm wird es für die beiden im Winter, den sie daheim bei ihren Eltern verbringen müssen, getrennt voneinander und ohne die Möglichkeit, sich zu sehen.

Οὔτε οὖν ἀγέλην τις εἰς νομὴν ἦγεν οὔτε αὐτὸς προέβαινε τῶν θυρῶν, ἀλλ᾽ οἱ μὲν λίνον ἔστρεφον, οἱ δὲ πάγας ὀρνίθων ἐσοφίζοντο. Οἱ μὲν ἄλλοι γεωργοὶ καὶ αἰπόλοι ἔχαιρον, ὅτι πόνων ἀπηλλάττοντο ὀλίγον χρόνον· Χλόη δὲ καὶ Δάφνις ἐμιμνήσκοντο, ὡς ἐφίλουν, ὡς περιέβαλλον, ὡς ἅμα τὴν τροφὴν προσέφερον. Νύκτας δὲ λυπηρὰς διῆγον καὶ τὴν ἠρινὴν ὥραν ἀνέμενον ὡς ἐκ θανάτου παλιγγενεσίαν. Λύπην δὲ παρεῖχε ἣ πήρα, ἐξ ἧς συνήσθιον, ἢ γαυλός, ἐξ οὗ συνέπινον. Ηὔχοντο δὴ ταῖς Νύμφαις αὐτοὺς ἐκλύειν τῶν κακῶν καὶ ἀναφαίνειν ποτὲ ἥλιον.

ἡ νομή Weide
λίνον στρέφω Flachs spinnen
πάγαι ὀρνίθων Vogelnetze   σοφίζομαι sich ausdenken
ὁ αἰπόλος (Ziegen-)Hirte
ἐφίλουν < ἐφίλεον
νύξ, *Akk. Pl.* νύκτας Nacht
ἠρινός frühlingshaft, Frühlings-
ἡ παλιγγενεσία Wiedergeburt   ἡ πήρα Ranzen
ὁ γαυλός Melkeimer
αὐτούς sie *(Akk. Pl.)*

Impulse und Übungen

W

Stellen Sie aus dem bisher gelernten Vokabular Wortgruppen folgender Bedeutung zusammen:

1. Bezeichnungen für positive charakterliche Eigenschaften
2. Bezeichnungen für intellektuelle Fähigkeiten
3. Verben des Bereichs „sprachliche Äußerung"

G 1

Vergleichen Sie die Formen des **Indikativ Präsens Aktiv** mit den entsprechenden des **Imperfekts** und achten Sie darauf, wo sich Unterschiede ergeben:

λέγω:	ἔ-λεγ-ον	λέγομεν:	ἐ-λέγ-ομεν
λέγεις:	ἔ-λεγ-ες	λέγετε:	ἐ-λέγ-ετε
λέγει:	ἔ-λεγ-ε(ν)	λέγουσιν:	ἔ-λεγ-ον

G 2

Zwischen den Endungen des Indikativ Präsens **Passiv** und den entsprechenden des Imperfekts besteht eine gewisse Ähnlichkeit, die eine Zuordnung der regellos aufgeführten Imperfektformen zu denen des Präsens erlaubt:

ἐκωλύετο – ἐκωλύοντο – ἐκωλύεσθε – ἐκωλυόμην – ἐκωλυόμεθα – ἐκωλύου

Singular		Plural	
Präsens	**Imperfekt**	**Präsens**	**Imperfekt**
κωλύομαι	…	κωλυόμεθα	…
κωλύῃ	…	κωλύεσθε	…
κωλύεται	…	κωλύονται	…

G 3

In G 1 und G 2 zeigte sich, daß bei konsonantisch anlautenden Verben im Imperfekt eine *Erweiterung,* das sog. **Augment,** *vor den Stamm* tritt:

πράττω: **ἔ**πραττον γράφεις: **ἔ**γραφες

Bei zusammengesetzten Verben tritt das Augment zwischen Stamm und Vorsilbe(n); diese wird dabei häufig verändert:

περι-πίπτει: περι-έ-πιπτε
παρ**α**σκευάζω: παρ-ε-σκεύαζον
ἐ**κ**-λύουσι: ἐ**ξ**-έ-λυον
συ**μ**πίνετε: συ**ν**-ε-πίνετε

Bei Verben, deren Stamm mit einem Vokal beginnt, bewirkt das Augment eine Dehnung dieses Vokals:

ἄγω: **ἦ**γον ἀπ-**α**λλάττομαι: ἀπ-**η**λλαττόμην

ἐσθίω: **ἤ**σθιον *aber:* **ἔ**χω: **εἶ**χον < ἔσεχον

εὔχομαι: **ηὐ**χόμην

ὀνομάζω (nenne): **ὠ**νόμαζον

ἥκω: **ἧ**κον

α > η	**ε > η**	**ῐ > ῑ**	**ο > ω**	**ῠ > ῡ**
αι > ῃ	**ει > ῃ**		**οι > ῳ**	
ᾳ > ῃ				
αυ > ηυ	**ευ > ηυ**			

G 4

Vergleichen Sie die in den folgenden Sätzen hervorgehobenen Wörter, worin unterscheidet sich das **Relativpronomen** im Griechischen vom Artikel?

Δάφνις καὶ Χλόη ἐκ **τῆς** πήρας συνήσθιον.	Λύπην παρεῖχε ἡ πήρα, ἐξ **ἧς** συνήσθιον.
Ηὔχοντο οὖν **ταῖς** Νύμφαις αὐτοὺς ἐκλύειν τῶν κακῶν.	Αἱ Νύμφαι, **αἷς** ηὔχοντο, ἐξέλυον αὐτοὺς τῶν κακῶν.

Bilden Sie aus der folgenden Materialsammlung passende Paare (Artikel und Relativpronomen):
ἡ – αἱ – τῶν – τούς – ἧς – αἵ – ὅς – οὗ – ὧν – τοῖς – ἥ – οὕς – οἷς – ἅ – τάς – οἱ – ᾗ – ἅς – τῇ – τῆς – οἵ – τά – ὁ – τοῦ

T

Bilden Sie zu den folgenden Formen die entsprechenden des Imperfekts und übersetzen Sie:
νομίζεις – γράφετε – βλάπτουσιν – ἥκει – γίγνονται – ἐλπίζουσιν – παρα-σκευάζομεν – πράττουσιν – ἔχετε – ἀναγκάζῃ – χαίρεις – ἀνα-μένω – ἀπ-αλλάττεσθε – εὐχόμεθα

B

Bestimmen Sie die folgenden mehrdeutigen Formen:
ἥκετε (3) – διῆγον (2) – ἐξέλυον (2)

K

Geben Sie zu folgenden Imperfektformen die 1. Person Singular Indikativ Präsens (die *„Wörterbuchform"!*) an:
ἠναγκάζετο – προσέφερε – κατεσκευάζοντο – ἤγομεν – ἀντέλεγες – εἶχε – ηὔχου – ἀνέμενεν – ἐξελύομεν – συνέπινον

Ü

Alleinsein ist schlimm
Δάφνις οὐκ ἔχαιρεν ὥσπερ οἱ ἄλλοι γεωργοί.
Ἐμιμνήσκετο γὰρ τοῦ καλοῦ χρόνου,
ἐμιμνήσκετο, ὡς περιέβαλλε τὴν Χλόην,
ὡς τὴν τροφὴν προσέφερεν.
Ηὔχετο δ᾽ ἀεὶ τοῖς θεοῖς ἀπαλλάττεσθαι τῶν κακῶν καὶ ἀνέμενε τὴν ἠρινὴν ὥραν.

8 Ein „Bauernfresser“

Dion Chrysostomos

Läßt sich der psychologische Hintergrund von *„Daphnis und Chloe“* durchaus als Flucht in die idyllische Hirtenwelt verstehen, so ist das bei dem thematisch verwandten und etwa aus der gleichen Zeit stammenden *„Euboiikós“* des Dion Chrysostomos nicht möglich. Zwar ist dieses Werk als *„Euboiische Idylle“* bekannt, aber stimmig ist nur die erste Hälfte des Titels: Die Geschichte spielt auf der Insel Euboia vor der Ostküste Griechenlands. Dagegen ist das harte Leben der beiden Bauernfamilien, das Dion schildert, alles andere als idyllisch, wie ja überhaupt die Idyllik des Landlebens eher dem Wunschdenken des Städters als der Realität entspricht. Trotzdem beurteilt Dion diese Lebensform positiv und stellt sie dem Wohlstand, der Hektik und den Gefahren des Stadtlebens gegenüber: als eine Art alternatives Leben, das allein Glück und Zufriedenheit verspricht. Dions „Idylle“ hat also eher sozial-kritischen als utopischen Charakter.
In der folgenden Episode erzählt der eine der beiden Familienväter, wie er einmal in die Stadt kam und während einer Volksversammlung im Theater von einem gehässigen Städter angegriffen wurde.

Πρῶτον μὲν οὖν ἄλλα ἔπραττεν ὁ ὄχλος. Ἔνιοι δὲ διελέγοντο πρὸς τὸν ὄχλον, οἱ μὲν ὀλίγους, οἱ δὲ πολλοὺς λόγους. Καὶ τῶν μὲν ἤκουον μακρὸν χρόνον, τοῖς δὲ ἐχαλέπαινον καὶ οὐδὲ γρύζειν ἐπέτρεπον.
Ἐπεὶ δὲ ἡσυχία ἐγίγνετο, παράγουσι καὶ ἐμέ. Καὶ λέγει τις·
„Ὅδε ὁ ἄνθρωπος καρποῦται τὴν δημοσίαν γῆν πολλοὺς ἤδη ἐνιαυτούς· ἔχει γὰρ οἰκίας καὶ ἀμπέλους καὶ ἄλλα πολλὰ ἀγαθά. Πυνθάνομαι δὲ δύο εἶναι τοὺς κορυφαίους. Κατανέμονται οὖν σχεδὸν ὅλην τὴν ἐν τοῖς ὄρεσι χώραν. Οἶμαι γὰρ μηδὲ τῶν ναυαγίων ἀπέχεσθαι τούσδε τοὺς ἀνθρώπους. Πόθεν γὰρ οὕτως πολλοὺς ἀγρούς, μᾶλλον δὲ ὅλας κώμας κατεσκευάζοντο; Καὶ ὑμεῖς δὲ ἴσως βλέπετε εἰς τὸ φαῦλον δέρμα αὐτοῦ. Ἔστι δὲ τῆς ἀπάτης ἕνεκα, ὡς φαίνεται.“
Ἐπεὶ δὲ ἐπαύετο τοῦ λόγου, ὁ μὲν ὄχλος ὠργίζετο· ἐγὼ δὲ ἄπορος ἦν, ὅτι με κακόν τι ἐργάζεσθαι ἐβούλοντο.

γρύζω grunzen, *hier?*
παράγω *jd.* vorführen
ὅδε *(+ Art.)* dieser καρπόομαι *mit Akk.* abernten, *aus etw.* Nutzen ziehen
ἡ ἄμπελος Weinstock
ὁ κορυφαῖος Anführer *(gemeint sind die Familienväter)*
ἐν τοῖς ὄρεσι in den Bergen
τὸ ναυάγιον Strandgut τούσδε *s. o.*
τὸ δέρμα αὐτοῦ sein Fell(umhang)

Impulse und Übungen

W 1

Das Substantiv λόγος und das Verbum λέγω haben den gleichen Stamm; es liegt die Erscheinung des **Ablauts** vor (vgl. auch deutsch: singen – Gesang; fahren – Fuhre).
Führen Sie so das Fremdwort *Nomade* auf einen griechischen Verbstamm zurück.

W 2

Am 6. Januar feiern die Christen das Fest *Epi-phanias.* Ermitteln Sie die Bedeutung des Worts und beachten Sie dabei auch den Ausgang -ας.

G 1

Vergleichen Sie die folgenden Sätze mit der beigegebenen Übersetzung. Was stellen Sie fest?

Οἱ ἀγροὶ κατασκευάζονται.
Die Felder werden bestellt.

Οἱ γεωργοὶ ἐν τῇ νέᾳ κώμῃ κατασκευάζονται.
Die Bauern richten sich in dem neuen Dorf häuslich ein.

Πολλοὺς ἀγροὺς κατασκευάζονται.
Sie verschaffen sich viele Äcker.

G 2

Ordnen Sie die folgenden Ausdrücke nach zwei Hauptgesichtspunkten:

a) **Das handelnde Subjekt ist zugleich Objekt seines Tuns** (z. B.: *ich wasche mich*)
b) **Das Subjekt handelt im eigenen Interesse** (z. B.: *ich verschaffe mir Geld*)

ὅλην τὴν χώραν κατανέμονται
τῶν πόνων οὐκ ἀπέχομαι
πολλοὺς ἀγροὺς παρασκευάζῃ
τροφὴν προσφερόμεθα

K

στρέφω *ich drehe, wende*
στρέφομαι *ich wende mich (um)*

Übersetzen Sie entsprechend:
ἀπέχω – ἀπέχομαι   φαίνω – φαίνομαι
παύω – παύομαι   ἀπαλλάττω – ἀπαλλάττομαι
νέμω – νέμομαι

Ü

Achten Sie bei der Übersetzung der folgenden Sätze darauf, ob die Prädikate **medial oder passivisch** aufzufassen sind.

① Ἐν πολέμῳ πολλὰ κακὰ γίγνεται.
② Οὐκ ᾠόμην τοὺς συμμάχους οὕτω κακοὺς εἶναι.
③ Πυνθανόμεθα τοὺς φίλους λύπην παρέχειν ὑμῖν.
④ Οἱ γεωργοὶ τῶν πόνων ἀπαλλάττονται.
⑤ Ὁ δῆμος κακῶν ἔργων οὐκ ἀπείχετο.
⑥ Οἱ οὐρανοὶ ὑπὸ Ἀναξιμάνδρου θεοὶ ἐνομίζοντο εἶναι.
⑦ Ἡμεῖς βουλόμεθα εἰρήνην ἔχειν.
⑧ Μή μοι ὀργίζου, ὦ φίλε.

Z

In welcher der folgenden Wendungen bezeichnet der **Genitiv**
a) das Ganze, von dem etwas als Teil genommen wird,
b) den Bereich, von dem etwas fern, getrennt oder frei ist,
c) den Gegenstand einer Wahrnehmung oder Erinnerung?

Παύομαι τοῦ λόγου (→ L 8, 19).
πολλοὶ τῶν γεωργῶν
Μιμνησκόμεθα τοῦ καλοῦ χρόνου.
Ἀπέχεσθε κακῶν λόγων (→ L 8, 13).

9 Lob des Agesilaos

Xenophon

Die Niederlage Athens im Peloponnesischen Krieg 404 v. Chr. wurde von vielen auf die Funktionsunfähigkeit der Demokratie zurückgeführt. Alte Kritik von seiten der Aristokraten meldete sich lauter zu Wort und war der Ausgangspunkt für den Entwurf neuer Staatsmodelle (→ L 10 und 29), oder aber man verlegte sich auch auf die Verherrlichung adliger Führerpersönlichkeiten. So zeichnete der Athener **Xenophon** (430–354) in seinem Nachruf auf den von ihm verehrten Spartanerkönig Agesilaos das Idealbild eines edlen Menschen und weisen Königs. Diese Lobrede (ἐγκώμιον) ist die erste ihrer Art in der griechischen Prosaliteratur (→ auch L 12 und 38, zu Agesilaos L 40).

Ἐγκωμίων δὲ τί ἀξιώτερόν ἐστι ἢ νῖκαί τε αἱ λαμπρόταται καὶ ἔργα τὰ ἐνδοξότατα; Ἀγησίλαος γὰρ τὰ θεῖα οὕτως ἐσέβετο, ὥστε καὶ οἱ πολέμιοι τοὺς ἐκείνου ὅρκους πιστοτέρους ἐνόμιζον ἢ τὴν ἑαυτῶν φιλίαν. Τῶν δὲ φίλων οὐ τοὺς δυνατωτάτους, ἀλλὰ τοὺς προθυμοτάτους μάλιστα ἠσπάζετο. Ἔχαιρε δὲ τοὺς δικαίους πλουσιωτέρους ποιῶν· ἐβούλετο γὰρ τὴν δικαιοσύνην τῆς ἀδικίας ὠφελιμωτέραν εἶναι.

Καὶ τοῖς μὲν φίλοις πραότατος ἦν, τοῖς δὲ ἐχθροῖς φοβερώτατος. Τῶν μὲν ὑπεραύχων κατεφρόνει, τῶν δὲ μετρίων ταπεινότερος ἦν.

ἡ ἑαυτῶν φιλία die Freundschaft mit den eigenen Leuten

χαίρω ποιῶν „ich freue mich als Machender“: ich mache *etw.* gern

► G 2

ὑπέραυχος eingebildet

κατεφρόνει < κατεφρόνεε

Impulse und Übungen

I

① Welche Eigenschaften lassen sich aus den geschilderten Verhaltensweisen des Agesilaos ablesen? Versuchen Sie, die gefundenen Eigenschaften in das Schema von L 3 I einzutragen.

② An welcher Stelle der Charakteristik ist Moral mit politischer Berechnung gemischt?

G 1

Vervollständigen Sie, ggf. mit Hilfe der Grammatik, die folgende Übersicht:

Komparation griechischer Adjektive

Positiv	Komparativ	Superlativ
...	δικαι**ό**τερος	...
...	...	ἀξι**ώ**ταται
...	σοφ**ώ**τερος	...
...	...	λαμπρ**ο**τάτη
φοβερᾶς	...	...
...	...	μετρι**ω**τάτων

Welche Endungen bezeichnen also die Komparationsstufen? Unter welcher Voraussetzung wird das stammauslautende -o- gedehnt?

G 2

Die beiden folgenden Sätze besagen inhaltlich dasselbe. Welche Aufgabe erfüllt also der **Genitiv** in Satz 2?

① Κροῖσος πλουσιώτερος ἦν ἢ οἱ ἄλλοι ἄνθρωποι.
② Κροῖσος πλουσιώτερος ἦν τῶν ἄλλων ἀνθρώπων.

G 3

Der **Superlativ** bezeichnet im Griechischen nicht nur den höchsten, sondern – als sog. **Elativ** (Hervorhebungsstufe) – auch einen sehr hohen Grad:

① οἱ πιστότατοι τῶν φίλων
die treuesten von den Freunden **(Superlativ)**
② πιστότατοι φίλοι
sehr/überaus/äußerst treue Freunde **(Elativ)**

Stellen Sie fest, ob in den folgenden Sätzen Superlativ oder Elativ vorliegt; suchen Sie nach entsprechenden Signalen:

Τῶν φίλων Ἀγησίλαος οὐ τοὺς δυνατωτάτους, ἀλλὰ τοὺς προθυμοτάτους μάλιστα ἠσπάζετο.
Καὶ τοῖς μὲν φίλοις πραότατος ἦν, τοῖς δὲ ἐχθροῖς φοβερώτατος.
Δάφνις καὶ Χλόη νύκτας λυπηροτάτας διῆγον.

T

Stellen Sie den Imperfektformen die entsprechenden des Präsens gegenüber:
ἀπείχετο – ἔβλεπε – ἐσέβου – ἠσπαζόμεθα – ᾤεσθε – παρεῖχον (2) – ἠσθίετε – ἀνέφαινε

△ *Krieger von Riace.* 1. H. 5. Jh. v. Chr. Reggio di Calabria

K

Verbinden Sie die folgenden Satzhälften zu sinnvollen Aussagen und übersetzen Sie:

1) Ἡ ἀρετὴ σύνεστιν ...
2) Ὁ βεβαιότατος ἐν πολέμῳ σύμμαχος ...
3) Οἱ πρεσβύτεροι χαίρουσι ...
4) Ἔργον οὔτε καλὸν οὔτε λαμπρὸν ...

a) ... ταῖς τῶν νεωτέρων τιμαῖς.
b) ... χωρὶς τῆς ἀρετῆς γίγνεται.
c) ... τοῖς θεοῖς καὶ τοῖς ἀγαθοῖς ἀνθρώποις.
d) ... ἐπαίνου ἀξιώτατός ἐστιν.

10 Staatliche „Wachhunde“ *Platon*

Auch Xenophons Zeitgenosse **Platon (427–347)** gehörte zu den die Demokratie kritisierenden Aristokraten. Besonders die Hinrichtung seines Lehrers Sokrates hatte ihn erbittert. Er antwortete mit dem Entwurf eines Staatsmodells, das von seinem Standpunkt aus ein Höchstmaß an Gerechtigkeit ermöglichen und dem Glück aller dienlich sein sollte. Dieser Staat ist streng nach Ständen gegliedert. Die politische Leitung liegt ausschließlich in den Händen der Philosophen; nur sie verfügen über das zur Herrschaft nötige Wissen. Die „Wächter“ (φύλακες) haben militärische und polizeiliche Aufgaben wahrzunehmen. Alle übrigen, also Gewerbetreibende und Bauern, sind von jeglicher Teilnahme an der Politik ausgeschlossen (→ L 29).
Das Werk mit dem Titel **Πολιτεία ἢ Περὶ δικαίου** ist in Dialogform geschrieben. Gesprächspartner des Sokrates ist Platons Bruder Glaukon.

Σωκράτης Βουλόμεθα νῦν σκέπτεσθαι, ποῖον δεῖ τὸν φύλακα εἶναι καὶ τί ἐστι τὸ τῶν φυλάκων ἔργον.
Πρὸς μὲν τοὺς οἰκείους πράους δεῖ τοὺς φύλακας εἶναι, πρὸς δὲ τοὺς πολεμίους χαλεπούς. Ἄλλως οὐκ ἔστιν ἀγαθὸς φύλαξ.
Γλαύκων Δυνάμεθα ἄρα τοῖς φύλαξι παραβάλλειν τοὺς κύνας· καὶ γὰρ τῶν κυνῶν οἱ γενναῖοι πρὸς μὲν τοὺς γνωρίμους πραότατοί εἰσιν, πρὸς δὲ τοὺς ἀγνῶτας τοὐναντίον.
Σωκράτης Πάνυ μὲν οὖν. Καὶ μεθύειν οὐκ ἔξεστι τῷ φύλακι, ὥστε οὐκ οἶδεν, ποῦ γῆς ἐστιν.
Γλαύκων Γελοῖον γὰρ τόν γε φύλακα φύλακος δεῖσθαι.

► AT

γνώριμος bekannt
ἀγνώς, -ῶτος unbekannt
μεθύω betrunken sein
οἶδεν er weiß
δεῖσθαι < δέεσθαι

Aus einem Brief Platons

Θεὸς ἀνθρώποις σώφροσιν νόμος, ἄφροσιν δὲ ἡδονή.

Bildnis des Platon, 427–347 v. Chr. Berlin-Ost ▷

Impulse und Übungen

AT

Vergleichen Sie:

① Δεῖ τὸν φύλακα ἀγαθὸν εἶναι.

② Ποῖον δεῖ τὸν φύλακα εἶναι; (→ Text Z. 2)

Wie muß das unpersönliche δεῖ im Deutschen wiedergegeben werden, wenn es – wie in Satz 2 – einen AcI in Gestalt eines Fragesatzes regiert?

I

Worin liegt der Bezugspunkt des Vergleichs zwischen Wächtern und Hunden?

W 1

Stellen Sie Verben zusammen, die menschliches Verhalten der Gottheit gegenüber bezeichnen.

W 2

Das Wort ἔργον ist mit dem deutschen *„Werk"* verwandt; es hatte ursprünglich einen dem W ähnlichen Anlaut, der als F (**Digamma,** Doppel-Gamma) geschrieben wurde. Das lateinische Alphabet übernahm dieses Zeichen für den Laut F.

B

Bestimmen Sie die in den folgenden Sätzen vorkommenden Eigennamen nach Kasus und Numerus und übersetzen Sie:

① Ἀντίγονος Ζήνωνι τῷ φιλοσόφῳ γράφει· ἐλπίζει γὰρ ὑπὸ Ζήνωνος τὸν δῆμον πρὸς ἀνδρείαν παρασκευάζεσθαι.

② Ὁ μὲν Ζήνων τοῦ Ἀντιγόνου προεῖχε παιδείᾳ καὶ εὐδαιμονίᾳ· ἐνόμιζε δ' ὁ βασιλεὺς τὸν Ζήνωνα καθυστερεῖν (→ L 4) τύχῃ καὶ δόξῃ.

③ Οἱ Ἕλληνες πολλοὺς μὲν θεοὺς ἐσέβοντο, μάλιστα δὲ τὸν Δία,[1] τὸν Ἀπόλλωνα, τὸν Ποσειδῶνα· ἐνόμιζον γὰρ τούτους[2] δυνατωτάτους τῶν θεῶν εἶναι.

G

Suchen Sie aus dem Lektionstext sämtliche dort vorkommenden Formen von φύλαξ heraus und erstellen Sie nach Bestimmung der Kasus eine Deklinationsübersicht. Bilden Sie dann in Analogie dazu die in den folgenden Reihen fehlenden Formen:

Singular					
N	κύων	ῥήτωρ	Ἕλλην	Πλάτων	σώφρων
G	κυνός	ῥήτορος	Ἕλληνος	Πλάτωνος	σώφρονος
D	___´___	___´___	῞______	___´___	___´___
A	´______	___´___	῞______	___´___	___´___
Plural					
N	´______	___´___	῞______		___´___
G	___˜___	____´__	____´__		_____´_
D	κυσίν	ῥήτορσιν	Ἕλλησιν		σώφροσιν
A	´______	___´___	῞______		___´___

Z

Fassen Sie mit Hilfe des Wörterverzeichnisses die bisher gelernten **Präpositionen** zusammen und stellen Sie dabei auch fest, welche Zusammenhänge zwischen den Kasus, mit denen die Präpositionen verbunden werden, und der Angabe von Ort (wo?), Herkunft (woher?) und Ziel (wohin?) bestehen.

E

Überprüfen Sie, welche **Präpositionen** sich in den folgenden Text einsetzen lassen, und übersetzen Sie:

Σωκράτης πολλὰ ... τῶν τοῦ φύλακος ἔργων λέγει. Δεῖ τοὺς φύλακας πράους εἶναι ... τοὺς οἰκείους, ... δὲ πολέμῳ χαλεπωτάτους. Οἱ δὲ φύλακες ... τὴν ἀνδρείαν ... τοῖς ἀνθρώποις τιμὰς ἔχουσιν.

[1]) Ζεύς, Διός Zeus [2]) τούτους diese *(Akk.)*

Die attische Demokratie

Den Begriff *Demokratie* prägten ionische Griechen; sie bezeichneten damit eine Staatsform, die im Idealfall alle in die Bürgerlisten eingetragenen erwachsenen Männer völlig gleichberechtigt am politischen Leben beteiligte.

Von einer modernen Demokratie unterscheidet sich die antike, die in Athen ihre klarsten Konturen gewann, in wesentlichen Punkten:

1. Sie ist eine direkte, keine repräsentative Demokratie – dank der Überschaubarkeit der Polis.
2. Eine Gewaltenteilung zwischen Exekutive, Legislative und Judikative ist nicht vorhanden.
3. Es fehlt das, was uns heute als „der Staat" entgegentritt: ein für Spezialaufgaben qualifizierter Beamten- und Behördenapparat.
4. Nur ein Teil der Bevölkerung einer Polis, eben die erwachsenen männlichen Vollbürger, ist im Besitz der Bürgerrechte, während Frauen und Sklaven ebenso davon ausgeschlossen sind wie die in der Polis ansässigen freien Fremden, die man in Athen Metöken (μέτοικοι) nannte und denen man gegen Zahlung eines „Schutzgeldes" die Ansiedlung und Berufsausübung erlaubte (vgl. die „Nebenbürger" in den deutschen Städten bis ins 19. Jh.).

Für einen Athener des 5. Jahrhunderts v. Chr. gehörten zum Wesen der Demokratie drei Prinzipien:

1. Gleiches Recht für alle (ἰσονομία);
2. volle Freiheit der politischen Meinungsäußerung (ἰσηγορία);
3. gleiche Chancen bei der Besetzung von Staatsämtern (ἰσοτιμία).

Diese Zielvorstellungen bildeten sich in einem jahrhundertelangen Prozeß heraus, an dessen Beginn auch in Athen das Königtum stand, das allerdings schon sehr früh von einer Herrschaft des Adels abgelöst wurde.

Neun *„Archonten"*, die seit 683 v. Chr. jahrweise gewählt wurden, übten nun in der Weise die Macht aus, daß der ἄρχων ἐπώνυμος als Vorsitzender des Gremiums und Repräsentant des Staates fungierte; sein Name bezeichnete hinfort das Jahr seiner Amtsführung („unter dem Archonten X"). Der ἄρχων βασιλεύς war für den Kult zuständig; daß er den alten Königstitel βασιλεύς behielt, zeugt von der Macht der Tradition gerade im kultischen Bereich. Oberbefehlshaber im Krieg war der ἄρχων πολέμαρχος. Die sechs restlichen Archonten waren für die Gerichtsbarkeit zuständig.

Ehemalige Archonten bildeten eine Art obersten Gerichtshof, der auf dem *Areopag* (Areshügel) zusammentrat und auch nach ihm benannt wurde.

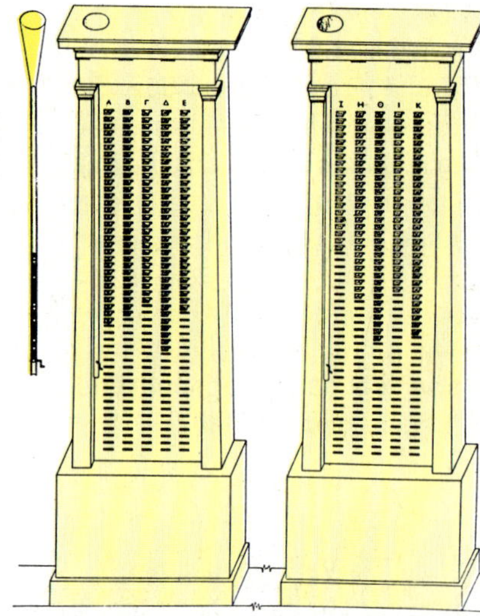

△ *Kleroteria* (Losmaschinen; Rekonstruktion) *von der Athener Agora.* Mit ihrer Hilfe wurden die Geschworenen der Gerichtshöfe ausgelost.

Die Konzentration wirtschaftlicher und politischer Macht beim Adel und deren rücksichtslose Ausnützung führten zu sozialen Spannungen, denen man durch eine Aufzeichnung des geltenden Rechts zu begegnen suchte. Allerdings waren die von *Drakon* zusammengestellten Gesetze so streng, daß man sagte, sie seien mit Blut geschrieben.

Dem 594 v. Chr. zum Archon gewählten Adligen *Solon* gelang durch eine maßvolle Verfassungsreform (→ L 53) die Aussöhnung der streitenden Gruppen. Maßgeblich für den Umfang von Rechten und Pflichten der Bürger war nun deren Einkommen:

Wer mindestens *500 Scheffel* Getreide produzierte, hatte Zugang zum Archontenamt, einen Ertrag von *300 Scheffeln* mußte nachweisen, wer im Krieg als Reiter dienen wollte; mit *150 bzw.*

▽ *Das Rathaus* (βουλευτήριον) *von Priene/Kleinasien*

200 Scheffeln qualifizierte man sich als schwerbewaffneter Fußsoldat.
Die sogenannten *Theten* (θῆτες: Tagelöhner) kämpften als Leichtbewaffnete und waren von den Staatsämtern ausgeschlossen, hatten aber Zugang zur Volksversammlung (ἐκκλησία) und zum Geschworenengericht (ἡλιαία), vor dem auch Berufung gegen Entscheidungen von Staatsbeamten möglich war. Solons Verfassung blieb auch bestehen, als sich 560 v. Chr. *Peisistratos* als Tyrann der Alleinherrschaft bemächtigte, die er auf seine Söhne vererbte.
Nachdem der eine von diesen ermordet, der andere vertrieben worden war, suchte *Kleisthenes* um 508 v. Chr. durch neue Reformen die Wiederkehr einer Tyrannis zu verhindern.
Wer durch besonderen politischen Ehrgeiz auffiel, konnte durch das sogenannte *Scherbengericht* (ὀστρακισμός: man ritzte den jeweiligen Namen auf eine Tonscherbe) für zehn Jahre aus Athen verbannt werden. Sein Vermögen blieb dabei unangetastet.

▽ Ὄστρακα (Stimm-„scherben") aus Athen

△ *Blick auf die „Pnyx", den Volksversammlungsplatz von Athen*

Um das Prinzip der Isotimie zu verwirklichen, ließ man (ab 487/86) bis auf das Feldherrnamt alle Staatsämter nicht mehr durch Wahl, sondern durch das Los besetzen.
In der Folge wurden die alten Institutionen Areopag und Archontat zunehmend entmachtet; umgekehrt wurde es den lohn- und erwerbsabhängigen Bürgern ermöglicht, ihre Rechte in der *Volksversammlung* auch tatsächlich wahrzunehmen: *Perikles* setzte in der 2. Hälfte des 5. Jahrhunderts die Zahlung einer Tagespauschale für jeden Teilnehmer durch, um den Verdienstausfall der „kleinen Leute" auszugleichen.
Bald wurde auch für die Geschworenen der Gerichtshöfe eine entsprechende Entschädigung eingeführt und schließlich sogar für die Archonten und die Mitglieder des *Rats der 500,* der die Tagesordnung von Volksversammlungen festlegte und für die Ausführung gefaßter Beschlüsse zuständig war.
Mag auch die attische Demokratie infolge solcher Maßnahmen Züge eines Versorgungsstaats angenommen haben, so steht doch außer Zweifel, daß die eindrucksvollen kulturellen Leistungen während der „klassischen Zeit" unter Perikles nicht möglich gewesen wären, wenn nicht die gesamte Bevölkerung aktiv dabei mitgewirkt hätte.
Zudem verfügte sie über die entsprechenden Bildungsvoraussetzungen. Lesen und schreiben konnte nahezu jeder Bürger Athens; die Zuschauer bei der Aufführung von Tragödien und Komödien erwiesen sich als fähig, sich mit anspruchsvollen Problemen auseinanderzusetzen und literarische Anspielungen zu erfassen; auch die Entscheidungen, die die Volksversammlung als oberste Baubehörde traf, zeugen von breiter Sachkenntnis.
Die Mittel allerdings, die der Bau der Propyläen oder des Parthenon erforderte, kamen zu einem beträchtlichen Teil von den Verbündeten Athens aus der Zeit der Perserkriege; später in Wahrheit mehr die Rolle tributpflichtiger Untertanen erfüllend, hatten sie erhebliche Beträge an die athenische Staatskasse abzuführen.
Eine direkte Besteuerung der eigenen Bürger suchte man in Athen zu vermeiden; man erhob nur – relativ bescheidene – Ein- und Ausfuhrzölle. Von den Wohlhabenden erwartete man jedoch freiwillige Leistungen für den Staat, ihnen wurden sog. „Liturgien" (λειτουργίαι) auferlegt: zum Beispiel die Ausrüstung von Kriegsschiffen, die der Staat im Rohbau bereitstellte, oder die Finanzierung von Theateraufführungen und sportlichen Veranstaltungen.

11 Warnung *Herodot*

Kyros der Ältere ist der Begründer des persischen Weltreichs. Ein erster Schritt auf diesem Weg war die Eroberung Lydiens im westlichen Kleinasien, dessen Hauptstadt Sardeis im Jahr 547 v. Chr. von den Persern eingenommen wurde (→ L 35).
Über das Schicksal des besiegten Lyderkönigs **Kroisos** wird Unterschiedliches berichtet. **Herodot,** der in seinem umfangreichen Werk über die Perserkriege auch auf die Vorgeschichte des Zusammenstoßes zwischen Griechen und Persern eingeht, erzählt von mehreren Gesprächen zwischen Sieger und Besiegtem. Dieser stand schon auf dem Scheiterhaufen, aber durch eine menschliche Regung des Kyros entging er dem Flammentod. Kyros soll den Besiegten später als Ratgeber hoch geschätzt haben.
Der folgende Text bezieht sich auf einen Kronrat, in dem Kyros weitere Eroberungspläne bekanntgegeben hatte; Kroisos aber warnt den Perserkönig vor einer überheblichen Eroberungspolitik.

Τὰ παθήματά μοι μαθήματά ἐστιν.
Εἰ μὲν ἀθάνατος δοκέεις εἶναι καὶ στρατοῦ ἀθανάτου ἄρχειν,
οὐδέν ἐστι πρᾶγμα γνώμην ἐμὲ σοὶ ἀποφαίνεσθαι·
εἰ δ' ἔγνωκας, ὅτι ἄνθρωπος καὶ σὺ εἶ καὶ ἑτέρων τοιῶνδε ἄρχεις,
ἐκεῖνο πρῶτον μάνθανε, ὡς ἔστι κύκλος τῶν ἀνθρωπείων πραγμάτων, ὃς οὐκ ἐᾷ ἀεὶ τοὺς αὐτοὺς εὐτυχέειν.
Ἔχω οὖν γνώμην περὶ τοῦ προκειμένου πράγματος ἐναντίαν ἢ τῶν Περσῶν οἱ πρῶτοι.

οὐδέν ἐστι πρᾶγμα es lohnt sich nicht
ἔγνωκας *Perf. zu* γιγνώσκεις
ἐᾷ < ἐάει

Wissen ist Macht *Philemon*

Μαθημάτων φρόντιζε μᾶλλον χρημάτων·
τὰ γὰρ μαθήματ' εὐπορεῖ τὰ χρήματα.

εὐπορέω herbeischaffen εὐπορεῖ < εὐπορέει

Kroisos auf dem Scheiterhaufen. Rotfigurige Amphora, ca. 500 v. Chr. Paris ▷

Impulse und Übungen

I

① Welche Ansicht vom Gang der Geschichte läßt Herodot den Kroisos vertreten, und welche Folgerungen ergeben sich daraus für das menschliche Handeln?

② Kroisos hatte auf seine Anfrage beim Orakel von Delphi, ob er gegen die Perser zu Felde ziehen solle, folgende Antwort erhalten:

„Wenn du den Halys *(östlicher Grenzfluß Lydiens)* überschreitest, wirst du ein großes Reich zerstören."

In der voreiligen Annahme, damit sei das Perserreich gemeint, begann Kroisos den Krieg, der zu seinem eigenen Sturz führte.

Gibt es eine gedankliche Verbindung zwischen der Aufnahme dieses Orakelspruchs durch Kroisos und dessen Ratschlag an Kyros?

St

Der Lektionstext wird von einem **Satzgefüge** beherrscht, in dem sich um zwei Hauptsätze mehrere Gliedsätze in verschiedenen Graden der Unterordnung gruppieren.

Wir stellen den Aufbau der Periode grafisch dar, indem wir für Haupt- und Gliedsätze leere Rechtecke und für die darin eingebetteten Infinitivkonstruktionen offene runde Klammern setzen. Auf der höchsten Ebene dieser Anordnung stehen die Hauptsätze, darunter die von ihnen unmittelbar abhängigen Gliedsätze und auf der dritten Ebene diesen zugeordnete weitere Gliedsätze. Ordnen Sie den Rechtecken und Klammern die entsprechenden Teile des Gefüges zu und berücksichtigen Sie dabei, daß die gliedernden Partikeln μέν und δέ ebenso wie die Konjunktion καί Gleichartiges, also auf gleicher Ebene stehende Satzglieder, verbinden.

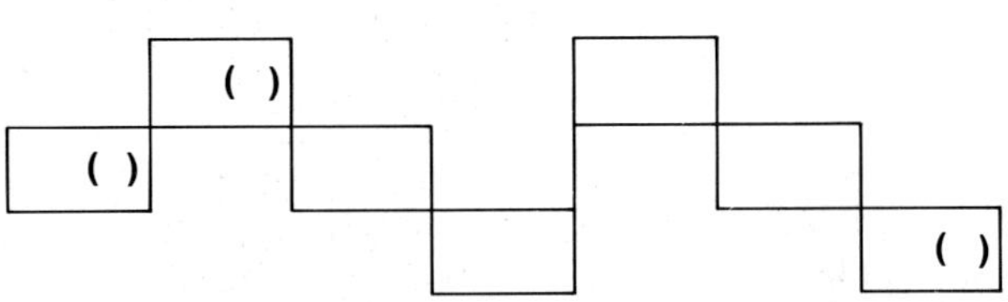

W

Ordnen Sie die folgenden Adjektive unter dem Gesichtspunkt, ob sie positive oder negative Eigenschaften bezeichnen:

μέτριος – σώφρων – φοβερός – πρᾶος – δίκαιος – κακός – πρόθυμος – σοφός – ἐχθρός – λαμπρός – ἀγαθός – φαῦλος – βέβαιος

G 1

Nennen Sie nach dem Beispiel τὸ πρᾶγμα – τὰ πράγματα den Nominativ Singular zu τὰ παθήματα – τὰ μαθήματα.

Trennen Sie bei den folgenden Formen die Endung vom Stamm und bestimmen Sie Kasus und Numerus:

πράγματος – παθημάτων – μαθήματι – πράγμασιν – παθήματα

Wie muß die Form des Nominativs Singular ursprünglich gelautet haben?

G 2

① Mit den folgenden Formen läßt sich das Konjugationsschema des Hilfszeitworts **εἶναι** *(sein)* im Indikativ Präsens vervollständigen: ἐστέ – ἐσμέν

② Die folgenden Sätze enthalten Imperativformen von εἶναι; welches muß die Singularform sein?

Ἔστε πρᾶοι πρὸς τοὺς οἰκείους.

Σώφρων ἴσθι καὶ ἧκε πρὸς ἐμέ.

G 3

Vergleichen Sie die Konjugation des **Imperfekts von εἶναι** mit der von ἔλεγον; welche Unterschiede fallen auf?

ἔλεγον	ἦν
ἔλεγες	ἦσθα
ἔλεγε(ν)	ἦν
ἐλέγομεν	ἦμεν
ἐλέγετε	ἦτε
ἔλεγον	ἦσαν

12 Die Erziehung des jüngeren Kyros

Xenophon

Etwa 150 Jahre nach dem Untergang des Lyderreiches verwaltete **Kyros der Jüngere** als Satrap die kleinasiatischen Provinzen des persischen Großreichs.

Wegen Gebietsstreitigkeiten mit Tissaphernes, einem anderen Satrapen (→ L 13), wurde er von diesem bei seinem Bruder, dem regierenden Perserkönig, revolutionärer Umtriebe bezichtigt und gefangengesetzt. Von seiner Mutter freigekauft und in seine Satrapie zurückgekehrt, sinnt er auf Rache.

Im Jahr 401 v. Chr. bricht er mit einem gewaltigen Heer von Sardeis auf, um den Bruder vom Thron zu stoßen. Bei Kunaxa am Euphrat kommt es zur Entscheidungsschlacht, in der Kyros fällt.

Im Heer des Kyros zogen viele griechische Söldner mit; es sollen 10 000 gewesen sein. Unter ihnen war auch **Xenophon,** der das Unternehmen allerdings nicht als Soldat, sondern aus Neugier mitmachte (→ L 22). In seiner *„Anabasis“ („Hinaufmarsch“,* nämlich des Heeres ins Innere Kleinasiens) schreibt er über diese Expedition. Dabei schildert er Kyros als den Typ des ritterlichen Fürsten, der durch sein Naturtalent und durch die Schule der persischen Adelserziehung zum Herrscher geradezu vorherbestimmt zu sein schien.

Κῦρος ἦν βασιλικώτατος καὶ ἄρχειν ἀξιώτατος, ὡς παρὰ πάντων ὁμολογεῖται. Πρῶτον μὲν γάρ, ὅτε παῖς ἦν, παιδευόμενος καὶ σὺν τῷ ἀδελφῷ καὶ σὺν τοῖς ἄλλοις παισὶ πάντων πάντα κράτιστος ἐνομίζετο. Πάντες γὰρ οἱ τῶν ἀρίστων Περσῶν παῖδες ἐπὶ ταῖς βασιλέως θύραις παιδεύονται· ἔνθα πολλὴν σωφροσύνην μανθάνουσιν. Θεῶνται δ' οἱ παῖδες ἐνίους ὑπὸ τοῦ βασιλέως τιμωμένους καὶ ἀκούουσι, καὶ ἄλλους ἀτιμαζομένους, ὥστε ἐκ παίδων μανθάνουσιν ἄρχειν τε καὶ ἄρχεσθαι.

Ἔνθα Κῦρος φιλιππότατος μὲν πᾶσιν ἐδόκει εἶναι. Ἐπεὶ δὲ τῇ ἡλικίᾳ ἔπρεπε, καὶ φιλοθηρότατος ἦν καὶ πρὸς τὰ θηρία φιλοκινδυνότατος. Καὶ ἄρκτον ποτὲ ἐπιφερομένην οὐκ ἐφοβεῖτο, ἀλλ' ἀπέκτεινε. Τῷ δὲ πρώτῳ συλλαμβανομένῳ πολλὴν χάριν ἔφερεν.

ὁμολογεῖται < ὁμολογέεται

ἐπὶ ταῖς βασιλέως θύραις am Hof des Großkönigs

θεῶνται < θεάονται

► R 39 τιμωμένους < τιμαομένους

ἐδόκει < ἐδόκεε

ἐφοβεῖτο < ἐφοβέετο

Impulse und Übungen

I

① Zweimal hatten die Perser im 5. Jh. v. Chr. die Freiheit Griechenlands ernsthaft bedroht, und auch noch zu Xenophons Zeit beobachtete man sie mit erheblichem Mißtrauen. Was könnte einen Griechen veranlaßt haben, persische Verhältnisse so positiv darzustellen, wie es hier geschieht (→ L 9)?

② Stellen Sie die Merkmale zusammen, durch die Kyros als zum Herrschen qualifiziert dargestellt wird. Welche uns geläufigen Qualifikationen für Führungsämter fehlen?

W 1

Erläutern Sie nach dem Vorbild φιλό-σοφος die Bedeutung von φιλο-κίνδυνος, φίλ-ιππος, φιλό-θηρος.

W 2

Was wollte der Quäkerführer William Penn ausdrücken, als er die von ihm gegründete Hauptstadt Pennsylvaniens (USA) „Philadelphia“ nannte?

G 1

Ordnen Sie die folgenden Formen von **παῖς** und **πᾶς** nach Kasus und Numerus und berücksichtigen Sie dabei, daß das Femininum von πᾶς, πᾶσα, wie δόξα dekliniert wird:
παιδί, παῖδες, παῖδα, πάντα, πᾶσα, πάσας, πάντας, πάσης, παιδός, πάντων, πᾶν, πασῶν, πᾶσι, παισίν, πάσαις, πάσῃ, πᾶσαι, παντός

G 2

Achten Sie bei den folgenden Sätzen und Formen auf die Diathesen **Medium** und **Passiv** sowie auf die verschiedenen **Übersetzungsmöglichkeiten des Partizips Präsens:**

οἱ ἀρχόμενοι
die Beherrschten
diejenigen, die beherrscht werden
die Untertanen

Παῖδες ὑπὸ φιλοσόφων παιδευόμενοι πολλὴν σωφροσύνην μανθάνουσιν.
Kinder, soweit sie von Philosophen erzogen werden, ...
Wenn Kinder von Philosophen erzogen werden, ...
Kinder, die von Philosophen erzogen werden, ...

Δάφνις καὶ Χλόη τῆς καλῆς ὥρας ἀναμιμνησκόμενοι λύπην εἶχον.
Wenn/Weil Daphnis und Chloe sich an die schöne Jahreszeit erinnerten ...

Ἀγησίλαον τοὺς θεοὺς οὕτω σεβόμενον καὶ οἱ πολέμιοι πιστὸν ἐνόμιζον.
Da Agesilaos die Götter so verehrte, hielten ***ihn*** *auch die Feinde für zuverlässig.*

Ü

Übersetzen sie die folgenden Sätze entsprechend G 2 zuerst möglichst wörtlich und suchen Sie dann eine Lösung, die den jeweiligen **Sinn der Partizipialkonstruktion** angemessen erfaßt.

① Βουλόμενος τὴν δικαιοσύνην τῆς ἀδικίας κερδαλεωτέραν[1]) εἶναι Ἀγησίλαος τοῖς δικαίοις πλοῦτον παρεῖχε.
② Οὐκ ἀπαλλαττόμενοι τῆς λύπης Δάφνις καὶ Χλόη τὴν καλὴν ὥραν ἀνέμενον.
③ Οἱ θεοὶ τοῖς παισὶν εὐχομένοις χαρὰν παρεῖχον.
④ Κροῖσος Κύρῳ πυνθανομένῳ τὴν γνώμην ἀποφαίνεται.

Z

An die Stelle einer **griechischen Partizipialkonstruktion** kann **im Deutschen** statt eines Gliedsatzes auch ein Präpositionalausdruck treten:

Μιμνησκόμενοι τῆς καλῆς ὥρας ...
Bei der Erinnerung an die schöne Jahreszeit ...

Ferner ist die Verwandlung der Partizipialkonstruktion in einen deutschen Hauptsatz möglich, wenn man den gedanklichen Zusammenhang durch eine Konjunktion verdeutlicht:

Δάφνις καὶ Χλόη τῆς καλῆς ὥρας μιμνησκόμενοι λύπην εἶχον.
Daphnis und Chloe erinnerten sich an die schöne Jahreszeit; ***daher*** *waren sie traurig.*

Prüfen Sie, bei welchen Sätzen von Ü sich die hier gezeigten Wege beschreiten lassen.

[1]) κερδαλέος vorteilhaft, gewinnbringend

13 Ausgeliefert *Xenophon*

Nach dem Tod des Kyros in der Schlacht von Kunaxa (→ L 12) verhandelt Klearchos, der Sprecher der griechischen Söldner, mit dem Bevollmächtigten des Perserkönigs, Tissaphernes. In erster Linie geht es in dieser für die Griechen fast aussichtslosen Lage darum, das Mißtrauen auf beiden Seiten abzubauen. Klearchos glaubt, Tissaphernes am ehesten durch Offenheit gewinnen zu können, und verweist auf die völlige Abhängigkeit der Griechen von ihm.

Σὺν μὲν γὰρ σοὶ πᾶσα μὲν ὁδὸς εὔπορος, πᾶς δὲ ποταμὸς διαβατός, τῶν τε ἐπιτηδείων οὐκ ἀπορία· ἄνευ δὲ σοῦ πᾶσα μὲν διὰ σκότου ἡ ὁδός· οὐδὲν γὰρ αὐτῆς ἐπιστάμεθα· πᾶς δὲ ποταμὸς δύσπορος, πᾶς δὲ ὄχλος φοβερός, φοβερώτατον δ' ἐρημία· μεστὴ γὰρ πολλῆς ἀπορίας ἐστίν.

διαβατός überquerbar

ὁ σκότος Finsternis

αὐτῆς: τῆς ὁδοῦ

Glück und Glas *Demokrit*

Τύχη μεγαλόδωρος, ἀλλ' ἀβέβαιος.

Dienst am Staat

Ein Ausspruch des Königs Antigonos (→ L 4)

Βασιλεία ἔνδοξος δουλεία.

Persepolis. Palast Dareios' I. Treppenaufgang. Anf. 5. Jh. v. Chr. ▽

Impulse und Übungen

St

Welche Besonderheiten in Aufbau und Wortstellung fallen in der Rede des Klearchos auf (→ L 6 St)?

W 1

Welches Tier bezeichneten die alten Griechen wohl als ἱπποπόταμος?

W 2

Erläutern Sie mit Hilfe Ihrer Kenntnis griechischer Wortwurzeln die in folgenden Sätzen hervorgehobenen Fremdwörter unter Berücksichtigung des Sinnzusammenhangs:

① Hinsichtlich der Lösung dieses Problems befinden wir uns ohne Zweifel in einer *Aporie.*

② Nach Ansicht antiker Staatsdenker ist in jeder Demokratie die Möglichkeit der Entartung zur *Ochlokratie* angelegt.

③ Läßt sich die altrömische Religion, die überall in der Natur und in allen Lebensbereichen göttliche Kräfte wirken fühlte, als *Pantheismus* bezeichnen?

④ *Eremiten* zogen sich aus religiöser Überzeugung in Wälder oder Wüsten zurück.

W 3

Vergleichen Sie εὐ-πορία *(Wohlstand)* – ἀ-πορία *(Mangel)* und suchen Sie die Bedeutungen der folgenden Gegensatzpaare zu erschließen, von denen Ihnen zumindest die Stämme bekannt sind:

εὐ|δοξία:	ἀ|δοξία	δίκαιος:	ἄ|δικος
εὔ|λογος:	ἄ|λογος	βέβαιος:	ἀ|βέβαιος
εὔ|παις:	ἄ|παις	πιστός:	ἄ|πιστος
εὐ|νομία:	ἀ|νομία	λυπηρός:	ἄ|λυπος

G 1

Was bedingt im folgenden den Bedeutungsunterschied?

πᾶσα ἡ κώμη — *das ganze Dorf*
πᾶσα κώμη — *jedes Dorf*

Übersetzen Sie entsprechend:
πᾶς ὁ κόσμος – πᾶσα τέχνη – πᾶσα ἡ ῥώμη – πάντα τὰ ζῷα – πᾶν ζῷον – πάντα τὰ καλὰ ἔργα – πᾶν καλὸν ἔργον – πᾶς ὁ ἄνθρωπος

G 2

Die folgenden Adjektive haben keine eigenen Formen für das Femininum. Welche weitere Gemeinsamkeit weisen sie auf?
ἄ-δικος – φίλ-ιππος – ἄ-κοσμος – εὔ-πορος – ὀλιγό-πιστος („*kleingläubig*“: Neues Testament) – πάν-σοφος – φιλο-κίνδυνος – πάν-αρχος – ἔν-δοξος

G 3

ὁδός *(Weg)* ist im Griechischen Femininum; deshalb sind auch die davon abgeleiteten Fremdwörter Feminina, z. B. *die* Synode, *die* Anode, *die* Kathode, *die* Methode.
Ordnen Sie den folgenden Formen von ὁδός den passenden Artikel und die Adjektive καλός bzw. ἄπορος zu:
ὁδοῖς – ὁδούς – ὁδῷ – ὁδοῦ – ὁδοί

Ü

In Zeile 6 f. des Lektionstexts lesen Sie: φοβερώτατον δ' ἐρημία (ἐστίν). Welche Übersetzungsmöglichkeit gibt es, um das auf den ersten Blick ungewöhnliche Neutrum φοβερώτατον zu erfassen?
Übersetzen Sie zum Vergleich: ἡ δ' ἐρημία φοβερωτάτη ἐστίν.

A

In den folgenden Vierergruppen paßt jeweils *eine* Form nicht zu den anderen dreien:
πολλοί – καλοί – γεωργοί – ἀγαθοί
νομίζεται – βούλεται – λέγεται – ἀναγκάζεται
προέβαινε – ἔχε – χαῖρε – φέρε
τιμῇ – νύμφῃ – παύῃ – ἀρετῇ

14 Tischsitten bei den Kelten

Poseidonios/Athenaios

Der Stoiker **Poseidonios** (→ L 2) hat sich auch als Historiker und Geograph einen Namen gemacht. Er bereiste fast das ganze Mittelmeergebiet; vor allem in Gallien, Spanien und Nordafrika unternahm er ausgedehnte Forschungsreisen, da er nur berichten wollte, was er mit eigenen Augen gesehen hatte.
Sein besonderes Interesse galt dabei der vergleichenden Völkerkunde.

Ποσειδώνιος ὁ ἀπὸ τῆς Στοᾶς ἐν ταῖς Ἱστορίαις πολλὰ παρὰ πολλοῖς ἔθη καὶ νόμους ἀναγράφων

Κέλται, φησί, τὰς τροφὰς προτίθενται χόρτον ὑποβάλλοντες ἐπὶ τραπεζῶν ξυλίνων μικρὸν ἀπὸ τῆς γῆς ἐπηρμένων. Ἡ τροφὴ δ' ἐστὶν ἄρτος μὲν ὀλίγος, κρέα δὲ πολλά. Προσφέρονται δὲ ταῦτα ὥσπερ οἱ λέοντες ταῖς χερσὶν ἀμφοτέραις αἴροντες ὅλα κρέα καὶ ἀποδάκνοντες, τὰ δὲ δυσαπόσπαστα μαχαίρᾳ μικρᾷ παρατέμνοντες.

Κάθηνται μὲν ἐν κύκλῳ, μέσος δὲ ὁ κράτιστος, διαφέρων τῶν ἄλλων ἢ κατὰ τὴν ἐν πολέμῳ ἀνδρείαν ἢ κατὰ πλοῦτον.

ἀναγράφω aufschreiben
προτίθενται sie legen sich vor, servieren ὁ χόρτος Gras, Heu
ἐπηρμένος erhöht
ὁ ἄρτος Brot τὰ κρέα Fleisch(brocken)
προσφέρομαι zum Munde führen
δυσαπόσπαστος schwer abzubeißen

◁ *Keltischer Eber aus Neuvy-en-Sullias.* Bronze. 1. Jh. n. Chr. Orléans

Impulse und Übungen

AT

Grenzen Sie in Z. 1–6 die Wortgruppen ab, die Satzteilfunktion haben.

G 1

Vergleichen Sie die Endungen und führen Sie die Deklination jeweils weiter:

λέων	λέγων	λέγουσα	δόξα
λέοντος	λέγοντ-ος	λεγούσης	δόξης
´____	´____	´____	____
´____	´____	´____	____

´____	λέγοντες	λέγουσαι	δόξαι
´____	´____	~____	~____
´____	λέγουσιν	´____	____
´____	´____	´____	____

Welche der aufgeführten Formen ist zweideutig?

G 2

Unter den folgenden Formen des Partizips Präsens Aktiv von λέγω sind auch zwei des Neutrums, von denen allerdings nur *eine* eindeutig Neutrum ist. Welche?
λεγούσας – λέγων – λέγον – λέγοντας – λέγοντα

G 3

Wenden Sie das in L 12 G 2 Gelernte bei der Übersetzung aktiver Partizipien an:

① οἱ ἄρχοντες
② Ἀντίγονος
τὸν Ζήνωνα σοφὸν εἶναι νομίζων
γράφει· Ἧκε πρὸς ἐμέ.
③ Ὑπὸ Ζήνωνος τὸν Ἀντίγονον παιδεύοντος
ὁ δῆμος πρὸς ἀρετὴν παρασκευάζεται.

Z

Versuchen Sie den folgenden Satz auf möglichst viele Weisen zu übersetzen, indem Sie z. B. die Partizipialkonstruktion als Hauptsatz beiordnen (→ L 12 Z) oder sie in einen modalen Infinitiv verwandeln *(‚ohne zu ...')*:
Οἱ γεωργοὶ οὐ προβαίνοντες τῶν θυρῶν τὴν ἠρινὴν[1]) ὥραν ἀνέμενον.

Ü

Wo ist in den folgenden Sätzen Beiordnung des Partizips möglich?
① Τῶν Κέλτων οἱ κατὰ πλοῦτον ἢ κατ' ἀνδρείαν διαφέροντες μέσοι κάθηνται.
② Τὸν Ἀναξίμανδρον πολλὰ περὶ τοῦ κόσμου λέγοντα οἱ ἄνθρωποι σοφὸν εἶναι ἐνόμιζον.
③ Κῦρος σὺν τοῖς ἄλλοις παισὶν παιδευόμενος πάντων πάντα κράτιστος ἦν.
④ Οἱ Στωικοὶ τὸν κόσμον ζῷον εἶναι ἔλεγον ψυχὴν ἔχοντα.

T

Gegeben sind zehn Substantive in bestimmten Kasus und zehn Verben im Infinitiv. Bilden Sie von diesen Verben Partizipien und ordnen Sie diese sinnvoll und nach Kasus, Numerus und Genus passend den Substantiven zu (es sind mehr als zehn Lösungen möglich):

φύλακες	κατασκευάζεσθαι
ἀγροῖς	ὀργίζεσθαι
τὸν δῆμον	κωλύειν
ἀνθρώπων	(λύπην) παρέχειν
ζῷα	παιδεύειν
τοὺς παῖδας	χαίρειν
τῷ φιλοσόφῳ	διαφέρειν
ἀδικία	φέρεσθαι
θεοῦ	(κακὰ) πράττειν
κώμη	συλλαμβάνειν

[1]) ἠρινός Frühlings-

15 Männliche und weibliche Tugend

Platon

Was das Wesen menschlicher ἀρετή ist und wie man sie in seinem Leben verwirklicht, war nicht nur die zentrale Frage des Sokrates (→ L 10), sondern überhaupt ein zu dieser Zeit besonders aktuelles und lebhaft diskutiertes Thema (→ L 5). Die Antworten konnten recht unterschiedlich ausfallen, je nachdem, was man unter ἀρετή verstand. Ist sie Naturanlage oder etwas Erlernbares? Auf diese Alternative scheint sich die Auseinandersetzung immer wieder zugespitzt zu haben.

Menon, in unserem Text der Gesprächspartner des **Sokrates,** hat die Ansicht vertreten, die ἀρετή sei bei jung und alt, Mann und Frau jeweils verschieden.
Er versteht unter ἀρετή also „Leistungsfähigkeit", die in der Tat bei den genannten Gruppen natürliche Unterschiede aufweist.
Sokrates ist mit Menons These nicht einverstanden. Offenbar geht er von einem anderen ἀρετή-Begriff aus.

Σωκράτης Πότερον δὲ περὶ ἀρετῆς μόνον σοι οὕτω δοκεῖ, ὦ Μένων, ἢ καὶ περὶ ὑγιείας καὶ περὶ ἰσχύος καὶ τῶν ἄλλων; Ἄλλη μὲν ἀνδρὸς δοκεῖ σοι εἶναι ὑγίεια, ἄλλη δὲ γυναικός, ἢ τὸ αὐτό, εἴτε ἐν ἀνδρί, εἴτε ἐν γυναικί;

► AT ① ②
δοκεῖ < δοκέει
ἰσχύς → L 3, 7

Μένων Ἡ αὐτή μοι δοκεῖ ὑγίειά γε εἶναι καὶ ἀνδρὸς καὶ γυναικός.

Σω. Ἡ δὲ ἀρετὴ διαφέρει τι, εἴτε ἐν παιδὶ εἴτε ἐν πρεσβυτέρῳ, εἴτε ἐν γυναικὶ εἴτε ἐν ἀνδρί;

Με. Ἔμοιγέ πως δοκεῖ, ὦ Σώκρατες, τοῦτο οὐκέτι ὅμοιον εἶναι τοῖς ἄλλοις.

► AT ③

Σω. Τί δέ; οὐκ ἀνδρῶν μὲν ἀρετὴν ἔλεγες πόλιν εὖ ἐπιτροπεύειν, γυναικῶν δὲ οἰκίαν;

Με. Ἔγωγε.

Σω. Ἆρ' οὖν ἔξεστιν ἀνδράσιν ἢ γυναιξὶν εὖ ἐπιτροπεύειν ἢ πόλιν ἢ οἰκίαν ἢ ἄλλο τι εἰ μὴ σωφρόνως καὶ δικαίως;

-ως *Endung des Adverbs*

Με. Οὐ δῆτα.

Σω. Οὐκοῦν εἰ δικαίως καὶ σωφρόνως ἐπιτροπεύουσιν, δικαιοσύνῃ καὶ σωφροσύνῃ ἐπιτροπεύσουσιν;

ἐπιτροπεύσουσιν *Futur zu* ἐπιτροπεύουσιν

Με. Ἀνάγκη.

Σω. Τῶν αὐτῶν ἄρα ἀμφότεροι δέονται, εἴπερ μέλλουσιν ἀγαθοὶ εἶναι, καὶ ἡ γυνὴ καὶ ὁ ἀνήρ, δικαιοσύνης καὶ σωφροσύνης.

► AT ④

Με. Φαίνονται.

Σω. Τῷ αὐτῷ ἄρα τρόπῳ πάντες οἱ ἄνθρωποι ἀγαθοί εἰσιν.

Impulse und Übungen

AT

① Betrachten Sie zur Übersetzung von **πότερον – ἤ** den folgenden Satz und gehen Sie in Zeile 1 f. des Textes entsprechend vor:

Πότερον ἡ δικαιοσύνη	*Ist die Gerechtigkeit*
ἐπιστήμη ἐστὶν	*ein Wissen*
ἢ τέχνη;	*oder eine Fertigkeit?*

② Der Satz ἄλλη μὲν ἀνδρὸς δοκεῖ σοι εἶναι ὑγίεια, ἄλλη δὲ γυναικός (Z. 3 f.) verlangt nach einer freieren Wiedergabe. Gehen Sie dabei nach dem folgenden Modell vor:

Ἄλλη μέν ἐστι ῥώμη νεωτέρων, ἄλλη δὲ πρεσβυτέρων.

Die körperliche Leistungsfähigkeit älterer und jüngerer Leute ist verschieden.

③ Wovon hängen die folgenden Dative ab und welche Aufgabe erfüllen sie?

Τοῦτο οὐκέτι ὅμοιόν ἐστιν τοῖς ἄλλοις (Z. 11 f.).

Δικαιοσύνῃ καὶ σωφροσύνῃ ἐπιτροπεύουσιν (Z. 21 f.).

Αἴρουσι τὰ κρέα ταῖς χερσίν (L 14, 8 f.).

④ In welcher Beziehung stehen die Genitive in Zeile 24–26 zueinander und wovon sind sie abhängig?

⑤ Die zahlreichen Fragen des Lektionstexts sind unterschiedlich formuliert. Untersuchen und beschreiben Sie die verschiedenen **Formen der Fragestellung.**

⑥ Wo ist der Text durch korrespondierende und folgernde **Konjunktionen** (z. B.: *sowohl – als auch; entweder – oder*) gegliedert? Begründen Sie die Häufigkeit solcher Konjunktionen in diesem Gespräch.

I

① Der Lektionstext gibt ein schlichtes Beispiel für die Art der sokratischen Gesprächsführung. Zeichnen Sie den Gang des Gesprächs mit eigenen Worten nach und beschreiben Sie die zugrundeliegende Problematik. Inwiefern ist sie auch heute noch aktuell?

② Informieren Sie sich über die soziale Stellung der Frau im alten Griechenland und gehen Sie der Frage nach, ob die von Sokrates vertretene Ansicht für die Mehrheit der damaligen Griechen: a) selbstverständlich, b) provozierend, c) unverständlich war.

③ Durch welchen Kunstgriff gelingt es Sokrates, Menons Areté-Begriff ins Wanken zu bringen?

④ Welche bildungspolitischen Fragen berührt der Text?

G 1

Das Wort ἀνήρ zeigt bei der Deklination verschiedene Stufen des **Ablauts** (→ 8 W 1). Der 2. Stammvokal ist:
im Vok. Sg. *kurz:* ἄνερ;
im Nom. Sg. *gedehnt:* ἀνήρ (→ ῥήτ**ω**ρ, ῥήτ**ο**ρος);
in den restlichen Kasus *geschwunden:* ἀνρ-.
Die Herkunft des δ in der sogenannten *Schwundstufe* sowie die Bildung des Dativ Plural (ἀνδράσιν) lassen sich erklären, wenn man die entsprechenden Formen aus ἀνρ und den jeweiligen Endungen zusammensetzt und dann zu sprechen versucht.

G 2

Die Verwandtschaftsbezeichnungen πατήρ, μήτηρ und θυγάτηρ haben Deklinationsformen, die mit ἀνήρ vergleichbar sind.
Ermitteln Sie durch Vergleich mit dem Deutschen die Bedeutungen dieser Wörter und erstellen Sie mit Hilfe der folgenden „Modellformen" eine Deklinationstabelle:
πατρί – θυγατέρες – μητέρας – μητέρα – πάτερ – θυγατράσιν – μητέρων – πατρός

G 3

Die Bedeutung von αὐτός in Verbindung mit Substantiven wird durch die Stellung bestimmt:

αὐτὴ ἡ γυνή ἡ γυνὴ αὐτή	} *die Frau selbst* (persönlich)
ἡ αὐτὴ γυνή	*dieselbe Frau*

Formulieren Sie eine Regel und vergleichen Sie mit dem Deutschen.

16 Sophistische „Technik“

Platon

In der zweiten Hälfte des 5. Jh. erfaßte die Städte Griechenlands, allen voran Athen, eine große geistige Aufklärungsbewegung. Der unaufhaltsamen Lösung aus traditionellen Bindungen entsprach auf der anderen Seite die sich immer stärker durchsetzende Überzeugung, die aktuellen politischen, wirtschaftlichen und ethischen Probleme rational bewältigen zu können.

Ein ungeheurer Optimismus ergriff vor allem die jungen Leute. Alles schien machbar, und bei den **Sophisten**, den Hauptvertretern dieser Bewegung, konnte man die Kenntnisse und Fertigkeiten erwerben, die man im öffentlichen und privaten Leben brauchte, auch ἀρετή: ein faszinierendes Angebot, das auch durch häufig hohe Honorarforderungen nichts an Attraktivität verlor.

Es ist nicht leicht, sich ein objektives Bild von diesen Männern zu verschaffen. Platon, unsere wichtigste Quelle, ist ein überzeugter Gegner der Sophisten. Deswegen liegt Sokrates in den platonischen Schriften auch fast immer im Streit mit ihnen. Dabei war σοφιστής ursprünglich nur eine Bezeichnung für „Experte“, den es allerdings auf dem Gebiet der Politik bis in die Spätzeit hinein bei den Griechen nicht gegeben hat. Und hier sahen die Sophisten einen wichtigen Nachholbedarf.

Die beiden folgenden Texte sind aus demselben Zusammenhang genommen; sie stammen aus Platons Dialog *„Protagoras“,* der nach einem der bekanntesten Sophisten benannt ist. Zur Gesprächssituation → Einl. L 17; der erste Text ist ein Teil des Gesprächs, das *Sokrates* mit seinem jungen Freund auf dem Weg zu Protagoras führt.

Καὶ γὰρ ὁ ἔμπορός τε καὶ κάπηλος περὶ τῶν ἀγωγίμων οὔτε αὐτοὶ ἐπίστανται, τί χρηστὸν ἢ πονηρὸν περὶ τὸ σῶμα, ἐπαινοῦσιν δὲ πάντα πωλοῦντες, οὔτε οἱ ὠνούμενοι. Οὕτω δὲ καὶ οἱ τὰ μαθήματα περιάγοντες καὶ πωλοῦντες τῷ ἀεὶ ἐπιθυμοῦντι ἐπαινοῦσιν πάντα, ἃ πωλοῦσιν, ἀγνοοῦσιν δέ, τί χρηστὸν ἢ πονηρὸν πρὸς τὴν ψυχήν· ὡσαύτως δὲ καὶ οἱ ὠνούμενοι. Εἰ οὖν δοκεῖς ἐπιστήμων εἶναι, τί χρηστὸν ἢ πονηρόν, ἀσφαλές σοί ἐστιν ὠνεῖσθαι μαθήματα καὶ παρὰ Πρωταγόρου καὶ παρ' ἄλλου. Σκόπει δή, πότερον ἡγῇ τῷ Πρωταγόρᾳ δεῖν ὁμιλεῖν ἢ οὔ.

ὁ κάπηλος Kleinhändler, Krämer
τὰ ἀγώγιμα Waren
ὡσαύτως ebenso
ἀσφαλές sicher, ohne Risiko

Das Abwiegen von Waren. Von einer Amphore des 6. Jh. New York ▷

Impulse und Übungen

I

Der Text wird von einem breit ausgeführten Vergleich beherrscht. In welcher Hinsicht sind Händler und Sophist, abgesehen vom beiden gemeinsamen Profitstreben, vergleichbar? Stellen Sie dazu fest, welche Aussagen über die Sophisten den folgenden Aussagen über die Händler entsprechen:

A ὁ ἔμπορός τε καὶ ὁ κάπηλος
B περὶ τῶν ἀγωγίμων
C οὔτε αὐτοὶ ἐπίστανται
D τί χρηστὸν ἢ πονηρὸν περὶ τὸ σῶμα,
E ἐπαινοῦσι δὲ πάντα πωλοῦντες,
F οὔτε οἱ ὠνούμενοι.

Vergleichen Sie nun die mit A, B usw. bezeichneten Glieder der Periode mit den zugeordneten:

Wo fallen Unterschiede in der Formulierung auf?
Wo ist die Reihenfolge verändert?
Was erreicht Platon durch seine Art der Darstellung?

G 1

Bei **Verben,** deren Stamm **auf -ε** endet, verschmilzt dieses -ε mit dem nachfolgenden Vokal; die beiden Laute werden *kontrahiert.* Am folgenden Material lassen sich die Gesetzmäßigkeiten der **Kontraktion** erkennen: Ordnen Sie den Formen von πράττω die entsprechenden von ποιέω zu und versuchen Sie, wie es bereits mehrfach in den Vokabelangaben am Rand geschah, die Kontraktion aufzulösen.

Arbeitsbeispiel: ἐπράττετε – ἐποιεῖτε (ἐποιέ-ετε)

πράττοντος – πρᾶττε – πράττομεν – πράττεται – πράττουσι – πράττεσθαι – ἔπραττον – πράττουσαι – πράττει

ποιοῦμεν – ποιοῦσιν – ποιεῖται – ποιοῦντος – ποίει – ποιεῖ – ποιεῖσθαι – ποιοῦσαι – ἐποίουν

W

Führen Sie die folgenden Wörter auf Substantive gleichen Stammes zurück und nennen Sie die Bedeutung:
πονηρός – ἐπαινεῖν – ἀγνοοῦσιν – ἐπιστήμονες – οἰκείων

G 2

Was fällt beim Vergleich der folgenden Formen von ὠνέομαι, ἡγέομαι, δέομαι auf? Formulieren Sie eine Regel.

ὠνεῖται	ἡγεῖται	δεῖται
ὠνούμεθα	ἡγούμεθα	δεόμεθα
ὠνεῖσθε	ἡγεῖσθε	δεῖσθε
ὠνοῦνται	ἡγοῦνται	δέονται

B

Die folgenden Formen sind nicht eindeutig; bestimmen Sie sie:
ἐπώλουν – ἐπαινοῦσιν – ἐπιθυμοῦντα

E

Fügen Sie die vorgegebenen Formen sinnrichtig in den Lückentext ein:
ἡγούμενοι – πωλοῦσιν – ἀγνοοῦντες – ἐπιθυμοῦσι – ὠνοῦνται – ἐπαινοῦντες – ἐπαινούμενα

Οἱ μὲν ἔμποροι ..., τί πονηρόν ἐστι τῷ σώματι, τοῖς ... πάντα .... Οἱ δὲ ... τὰ ... χρηστὰ ....

Z

Was fällt Ihnen hinsichtlich πότερον – ἤ bei der Übersetzung der folgenden Sätze auf?
Πότερον τὸν Πρωταγόραν σοφὸν εἶναι νομίζεις ἢ οὔ;
Σκόπει, πότερον ἡγῇ τὸν Πρωταγόραν σοφὸν εἶναι ἢ οὔ.

17 Protagoras in Athen

Platon

Protagoras aus Abdera, einer der bedeutendsten Sophisten, ist in Athen eingetroffen. Kaum hat der junge Hippokrates von seiner Ankunft gehört, da stürzt er schon in aller Frühe zu Sokrates ins Schlafzimmer, um ihm die Neuigkeit mitzuteilen. Da es schwer ist, an einen Star wie Protagoras heranzukommen, bittet Hippokrates seinen Freund, der bei den Prominenten ein und aus geht, ihm bei Protagoras einen Studienplatz zu verschaffen. Sokrates geht auf die Bitte ein, kann es sich aber nicht verkneifen, seinem jungen Freund unterwegs auf den Zahn zu fühlen.

Σωκράτης Καὶ ἐγὼ πειρώμενος τοῦ Ἱπποκράτους διεσκόπουν καὶ ἠρώτων· „Παρὰ Πρωταγόραν νῦν ἐπιχειρεῖς φοιτᾶν ἀργύριον τελῶν ἐκείνῳ – τίνος ἕνεκα;“

Ἱπποκράτης Πρωταγόρας δεινὸν ποιεῖ λέγειν διδάσκων εὖ χρῆσθαι τῇ ῥητορικῇ.

Bei Protagoras angekommen, fragt Sokrates den Sophisten, worin Hippokrates besser werde, wenn er bei ihm höre. Protagoras antwortet:

Πρωταγόρας Σύ τε καλῶς ἐρωτᾷς, ὦ Σώκρατες, καὶ ἐγὼ τοῖς καλῶς ἐρωτῶσι χαίρω ἀποκρινόμενος. Οἱ μὲν ἄλλοι φιλόσοφοι λωβῶνται τοὺς νέους λογισμούς τε καὶ ἀστρονομίαν καὶ γεωμετρίαν καὶ μουσικὴν διδάσκοντες· παρ' ἐμοὶ δὲ κτᾶται Ἱπποκράτης εὐβουλίαν περὶ τῶν οἰκείων καὶ τῶν πολιτικῶν πραγμάτων.

Σω. Καταμανθάνω. Δοκεῖς γάρ μοι λέγειν τὴν πολιτικὴν τέχνην καὶ ὑπισχνεῖσθαι ποιεῖν ἄνδρας ἀγαθοὺς πολίτας.

Πρ. Αὐτὸ μὲν οὖν τοῦτό ἐστιν τὸ ἐπάγγελμα, ὃ ἐπαγγέλλομαι.

παρά beim Akk. ≈ πρός beim Akk.

► Ü

καλῶς → L 15, 18

λωβάομαι schaden, „reinlegen“

οἱ λογισμοί Arithmetik

ἡ εὐβουλία Fähigkeit, richtige Entscheidungen zu treffen

ἐπαγγέλλομαι anbieten

τὸ ἐπάγγελμα?

Impulse und Übungen

I

① Zu den Fächern, die in den athenischen Schulen gelehrt wurden, gehörten auch Arithmetik, Geometrie, Astronomie und Musik, also eben jene Fächer, die nach Auskunft des Protagoras auch „die anderen Philosophen“ lehren; von „reinlegen“ kann er deshalb spre-

chen, weil die jungen Athener nach Ende ihrer Schulzeit (etwa mit 18 Jahren) diesen Fächern entronnen zu sein glaubten (zum athenischen Schulwesen → S. 100). Wie sieht demgegenüber das Bildungsangebot des Protagoras aus?
② Worin weicht – abgesehen von der Wortwahl – die Wiedergabe dieses Bildungsprogramms durch Sokrates von den Aussagen des Protagoras ab?

K

Welche **Sinnrichtung** (temporal, kausal usw.) haben die **Partizipien** in den folgenden Sätzen?
Wo ist die Beiordnung oder die Umwandlung der Partizipialkonstruktion in einen Präpositionalausdruck der Wiedergabe als Gliedsatz vorzuziehen?

① Σωκράτης πειρώμενος τοῦ φίλου ἠρώτα·
② Τίνος ἕνεκα παρὰ Πρωταγόραν φοιτᾷς ἀργύριον τελῶν;
③ Χαίρω ἀποκρινόμενος τοῖς ἐρωτῶσι.
④ Οἱ ἔμποροι πάντα ἐπαινοῦσι πωλοῦντες.
⑤ Οἱ δὲ ἐπιθυμοῦντες ὠνοῦνται ἀγνοοῦντες, τί ἐστι χρηστόν, τί πονηρόν.

G 1

Ordnen Sie die folgenden Formen von ἐρωτάω nach Aktiv/Passiv – Präsens/Imperfekt – Indikativ/Imperativ/Infinitiv/Partizipien – 1./2./3. Person Singular/Plural und beschreiben Sie die Gesetzmäßigkeiten der **Kontraktion** bei Verben mit **Stammauslaut -α:**

ἐρωτᾷς – ἠρώτα – ἐρωτᾶται – ἐρωτᾷ (2) – ἐρωτᾶσθαι – ἐρωτώμενοι – ἐρωτᾶν – ἐρωτῶν (2) – ἐρωτῶσιν (2) – ἐρώτα – ἠρωτᾶτο – ἠρώτων (2) – ἐρωτῶμεν – ἐρωτᾶτε (2) – ἠρωτᾶτε – ἐρωτώμεθα – ἐρωτῶσα – ἐρωτᾶσθε – ἠρωτῶ

G 2

Der Stamm von **χρῆσθαι** endet auf -η; stellen Sie anhand der folgenden Formen fest, wo sich in der Kontraktion gegenüber den Verben auf -αω Unterschiede ergeben, und bilden Sie die entsprechenden Formen von **κτάομαι:**

χρῶμαι – ἐχρῆτο – χρώμενος – χρῆσθε – ἐχρῶ – χρώμεθα – χρῇ – ἐχρώμην

Ü

Das Adjektiv δεινός bezeichnet alles, was Furcht oder Staunen erweckt, also auch besondere Tüchtigkeit:

Πρωταγόρας δεινὸς ἦν λέγειν.
Protagoras war „unheimlich" fähig zu reden/ein großartiger/gewaltiger Redner.

Übersetzen Sie entsprechend die folgenden Wendungen:
δεινὸς πωλεῖν – δεινότατος ἐσθίειν καὶ πίνειν

Λέγειν σὺ δεινός, μανθάνειν δ' ἐγὼ κακός *(Oidipus zu Kreon, → L 26).*

▽ *Rednergebärde.* Von einer Schale des 5. Jh. London

18 Überfall an der Quelle

Longos

Der Text stammt aus demselben Roman wie die Winterepisode von L 7. Er erzählt von einem Rivalen des Daphnis, dem Rinderhirten Dorkon, der Chloe schon seit längerem mit allen möglichen kleinen Aufmerksamkeiten für sich gewinnen will. Schließlich kommt es zwischen Daphnis und Dorkon zu einem Wettstreit, wer der schönere von beiden sei, und Chloe spielt die Schiedsrichterin. Als Preis ist ein Kuß ausgesetzt. Dorkon spielt nun alle Karten aus, die er in der Hand zu haben meint: er sei schöner, reicher, und vor allem stinke er nicht wie ein Ziegenhirt. Aber trotz allem, den Kuß bekommt Daphnis.
Dorkon will sich rächen und greift zu einer List.

Δόρκων δ' ἐτεχνήσατο τέχνην, ὥσπερ ποιμένι πρέπει. Παρεφύλαξε γάρ, ὅτι ἐπὶ ποτὸν ἄγουσι τὰς ἀγέλας ποτὲ μὲν ὁ Δάφνις, ποτὲ δὲ ἡ παῖς. Λύκου δέρμα μεγάλου, ὃν ταῦρός ποτε πρὸ τῶν βοῶν μαχόμενος ἐφόνευσε, περιέτεινε τῷ σώματι, καὶ ἐκθηριωσάμενος, ὡς μάλιστα ἐδύνατο, ἀπεκρύψατο παρὰ τῇ πηγῇ, ἧς ἔπινον αἱ αἶγες καὶ τὰ πρόβατα. Ἐτήρει οὖν ὁ Δόρκων τοῦ ποτοῦ τὴν ὥραν.
Χρόνος ὀλίγος διαγίγνεται καὶ Χλόη κατήλαυνε τὰς ἀγέλας εἰς τὴν πηγήν. Καὶ οἱ κύνες ὑλάκτησαν καὶ ὥρμησαν ἐπὶ τὸν Δόρκωνα ὡς ἐπὶ λύκον· καὶ ἔδακνον κατὰ τοῦ δέρματος, πρὶν ἀναπηδῆσαι ἐδύνατο. Τέως μὲν οὖν τὸν ἔλεγχον φοβούμενος καὶ ὑπὸ τοῦ δέρματος φρουρούμενος ὁ Δόρκων ἔκειτο σιωπῶν ἐν τῇ λόχμῃ· ἐπεὶ δὲ ἡ Χλόη τὸν Δάφνιν ἐκάλει βοηθὸν καὶ οἱ κύνες περισπῶντες τὸ δέρμα τοῦ σώματος ἥπτοντο τοῦ Δόρκωνος, μέγα ᾤμωξεν καὶ ἱκέτευε βοηθεῖν τὴν κόρην καὶ τὸν Δάφνιν. Τοὺς μὲν κύνας ἀνεκάλεσαν καὶ ταχέως ἡμέρωσαν, τὸν δὲ Δόρκωνα ἐν τῇ πηγῇ ἀπένιψαν. Τὴν δὲ ἐπιβολὴν τοῦ δέρματος νομίζοντες ποιμενικὴν παιδιάν, παραμυθησάμενοι ἀπέπεμψαν.

τεχνάομαι ersinnen
παραφυλάττω beobachten
ἐκθηριόομαι „verwildern"
διαγίγνομαι verstreichen *(von der Zeit)*
ὑλακτέω bellen
τέως eine Zeitlang
ἡ λόχμη Gebüsch
περισπάω (ringsum) wegzerren
μέγα οἰμώζω laut jammern
ἀνακαλέω zurückrufen
ἡμερόω besänftigen
ἀπονίπτω abwaschen ἡ ἐπιβολή das Überwerfen
παραμυθέομαι zureden, trösten

Impulse und Übungen

W 1

Nennen Sie stammgleiche Verben zu den folgenden Substantiven:
σύμ-μαχος – πρᾶγμα – τέχνη – εὐ-βουλία – χείρ – γνώμη – χαρά

G 1

Vergleichen Sie die Formenbildung des Aorists im Aktiv und Medium mit der des Imperfekts. Welche Gemeinsamkeiten stellen Sie fest?

Aktiv		
Imperfekt	Aorist	
ἔ-παυ-ον	ἔ-παυ-σα	παῦσαι
ἔ-παυ-ες	ἔ-παυ-σας	παύσας, -σαντος
ἔ-παυ-ε	ἔ-παυ-σε	παύσασα, -σάσης
ἐ-παύ-ομεν	ἐ-παύ-σαμεν	παῦσαν, -σαντος
ἐ-παύ-ετε	ἐ-παύ-σατε	παῦσον
ἔ-παυ-ον	ἔ-παυ-σαν	παύσατε

Medium		
Imperfekt	Aorist	
ἐ-παυ-όμην	ἐ-παυ-σάμην	παύσασθαι
ἐ-παύ-ου	ἐ-παύ-σω	παυσάμενος
ἐ-παύ-ετο	ἐ-παύ-σατο	παυσαμένη
ἐ-παυ-όμεθα	ἐ-παυ-σάμεθα	παυσάμενον
ἐ-παύ-εσθε	ἐ-παύ-σασθε	παῦσαι
ἐ-παύ-οντο	ἐ-παύ-σαντο	παύσασθε

Welches Merkmal ist allen aufgeführten Aoristformen gemeinsam, welches ist bei den meisten erkennbar? (*Zum Partizip Aorist Aktiv* → L 20.)

G 2

Erklären Sie die Entstehung der folgenden Aoristformen:

ἔπεμ**ψ**α (zu πέμ**π**ω) ἔγρα**ψ**α (zu γρά**φ**ω)
ἔκρυ**ψ**α (zu κρύ**πτ**ω, Stamm κρυ**φ**-)
ἔλε**ξ**α (zu λέ**γ**ω) ἔπραξα (zu πρά**ττ**ω, Stamm πρα**γ**-)
ἦρ**ξ**α (zu ἄρ**χ**ω) ᾤμω**ξ**α (zu οἰμώ**ζ**ω, Stamm οἰμω**γ**-)
ἐνόμι**σ**α (zu νομί**ζ**ω, Stamm νομι**δ** –, *Dental vor σ fällt aus)*
ἠργα**σ**άμην (zu ἐργά**ζ**ομαι)
παρεσκευα**σ**άμην (zu παρασκευά**ζ**ομαι)

G 3

Formulieren Sie eine Regel zur **Aoristbildung** der **Verben** auf **-αω** und **-εω** aufgrund des folgenden Materials:
ἐπώλησαν – ἠρώτησα – ἐποιήσατο – ἐπεθύμησε – ἀγνοῆσαι – ἐπιχειρήσαντες – ὡρμήσατε

T

Bilden Sie zu den folgenden Präsensformen die entsprechenden des Aorists:
κωλύουσιν – παύει – ποιεῖν – φυλάττετε (→ πρά**ττ**ω) – στρέφω (→ γράφω) – κατασκευάζεσθε – νομίζουσα – ἀποκρύπτου – φονεύουσιν – ὁρμῶμεν – τιμῶ

W 2

Übersetzen Sie entsprechend ὁ σύμμαχος/ἡ σύμμαχος (L 6):
ὁ παῖς/ἡ παῖς – ὁ κύων/ἡ κύων – ὁ ἵππος/ἡ ἵππος

▽ *Bukolische Szene.* Römisches Mosaik, 2. Jh. n. Chr. Korinth

G 4

Lösen Sie aus dem Lektionstext sämtliche Imperfekt- und Aoristformen heraus und suchen Sie sie in ein Schema folgender Art je nach ihrer Aufgabe im Kontext einzuordnen:

Das **Imperfekt** bezeichnet:

a) *Verlauf/Dauer*

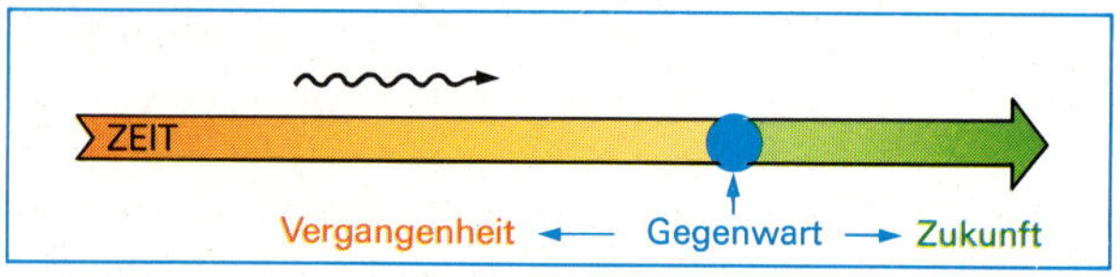

b) *Wiederholung*

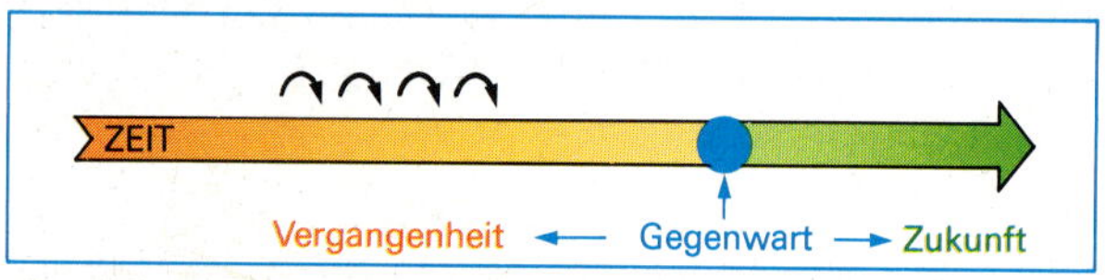

Der **Indikativ Aorist** bezeichnet:

a) Den *Beginn* von Handlungen/Vorgängen/Zuständen in der Vergangenheit:

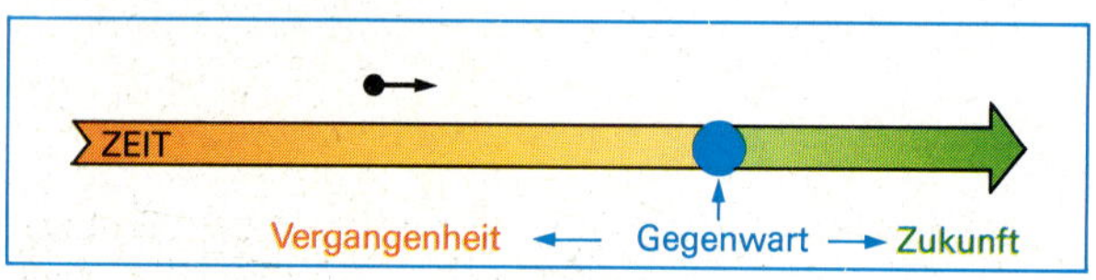

b) Den *Abschluß* von Handlungen/Vorgängen/Zuständen in der Vergangenheit (auch entsprechend dem deutschen Plusquamperfekt):

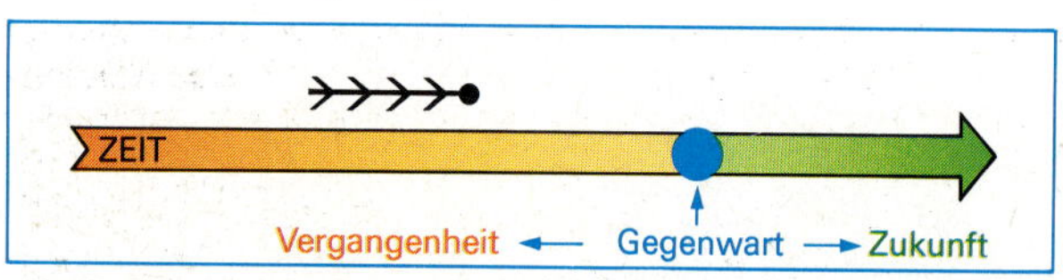

c) *Tatsachen und einmalige Ereignisse* der Vergangenheit:

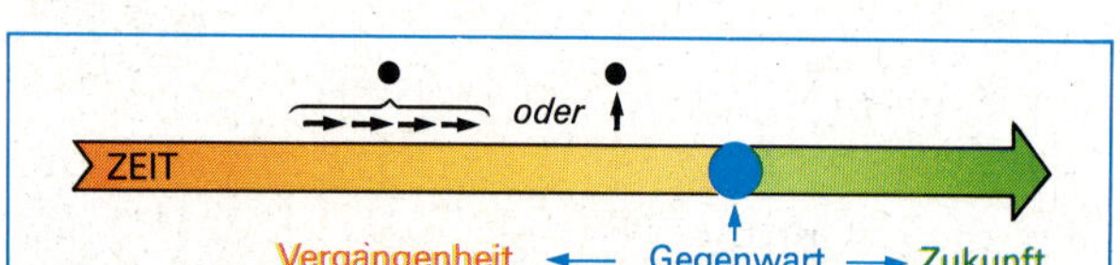

Gegenwart: Standpunkt des Sprechers/Erzählers oder der handelnden Personen

G 5

Ordnen Sie die folgenden Formen von ὁ βοῦς mit Hilfe der beigegebenen Artikel zu einem Deklinationsschema; wo sind auch ohne Artikel die Kasus leicht zu bestimmen?
τῶν βοῶν – τῷ βοΐ – τοὺς βοῦς – τοῦ βοός – τὸν βοῦν – τοῖς βουσίν – οἱ βόες

G 6

Die Adjektive μέγας und πολύς folgen bis auf jeweils vier Formen der a-/o-Deklination, wobei zugleich ihr Stamm eine Erweiterung erfährt.
Ergänzen Sie die folgende Übersicht und bilden Sie auch die Pluralformen:

μέγας	...-η	μέγα	πολύς	...-ή	πολύ
μεγάλ-ου	...	...	πολλ-οῦ	...	...
...	...	...	...	...	...
μέγαν	...	μέγα	πολύν	...	πολύ

W 3

Ein geographisch-mythologisches Rätsel
Gesucht ist der Name einer Meerenge zwischen Europa und Asien; hier soll Io, eine Geliebte des Zeus, die dessen Gattin Hera aus Rachsucht in eine Kuh verwandelt hatte, das Meer durchquert haben – daher der Name *„Rinder-Furt“*.

K

Fügen Sie die Satzhälften 1)–5) und a)–e) so zusammen, daß sich sinnvolle Sätze ergeben:

1) Ὁ ταῦρος τὸν λύκον ἐφόνευσε...
2) Οἱ κύνες τὸν ποιμένα ἔδακνον...
3) Ὁ ἔμπορος ἐπώλησε πολλὰ...
4) Σωκράτης ἐσκέψατο...
5) Κῦρος τὸν Κροῖσον ἠρώτησε...

a) ...ἀγνοῶν, τί πονηρόν ἐστι.
b) ...περὶ τοῦ πράγματος ἄλλην γνώμην ἔχοντα.
c) ...μαχόμενος πρὸ τῶν βοῶν.
d) ...ἀναπηδῆσαι οὐ δυνάμενον.
e) ...ποῖον δεῖ τὸν φύλακα εἶναι.

△ *Das Schatzhaus der Athener*

△ *Der Tempel des Apollon*

Δελφοί

△ *Kopf des Apollon*, 6. Jh.

△ Der Rundtempel der Athena Pronaia; oben am Berghang das Apollon-Heiligtum

▽ *Blick über Theater und Landschaft*

▽ *Das Stadion*

19 Diogenes und der 200-m-Läufer

Dion Chrysostomos

Griechenland hatte im 5. Jahrhundert trotz zweier gewaltiger Kriege eine kulturelle und wirtschaftliche Blüte erlebt wie nie zuvor. Dann aber machte sich immer stärker ein allgemeines Unbehagen bemerkbar, das nach alternativen Lebensmöglichkeiten suchen ließ.
Einer der radikalsten Kultur- und Gesellschaftskritiker der Griechen war **Diogenes von Sinope** am Schwarzen Meer (ca. 400–325): kein Theoretiker, aber ein Mann, der es verstand, durch provozierende Akte, Gesten und Aussprüche auf sich aufmerksam zu machen. Seinen Beinamen „der Hund" trug Diogenes, wohl das größte Original unter den griechischen Philosophen, zu Recht. Er biß und bellte, um seine Mitmenschen wachzurütteln und sie zu einem bedürfnislosen, freien und unabhängigen Leben aufzumuntern.

Διογένης δὲ βλέπων ἄνδρα τινὰ ἐκ τοῦ σταδίου βαδίζοντα μετὰ πολλῶν ἑταίρων καὶ μηδὲ ἐπιβαίνοντα τῆς γῆς, ἀλλὰ φερόμενον ὑπὸ τοῦ ὄχλου,

τοὺς δὲ ἀκολουθοῦντας καὶ βοῶντας,

ἄλλους δέ τινας πηδῶντας ὑπὸ χαρᾶς καὶ τὰς χεῖρας αἴροντας πρὸς τὸν οὐρανόν,

τοὺς δὲ ἐπιβάλλοντας τῷ ἀνδρὶ στεφάνους,

ἠρώτησε, τίς ἐστιν ὁ θόρυβος καὶ τί ἐγένετο.

Ὁ δὲ ἔφη· „Νικῶμεν, Διόγενες, τῶν ἀνδρῶν τὸ στάδιον."

„Τοῦτο δὲ τί ἐστιν", ἔλεξεν· „οὐ γὰρ δὴ φρονιμώτερος γέγονας οὐδὲ μικρόν, ὅτι ἔφθασας τοὺς συντρέχοντας, οὐδὲ σωφρονέστερος νῦν ἢ πρότερον."

ἐγένετο *Aorist von* γίγνεται

γέγονας *Perfekt von* γίγνῃ

Impulse und Übungen

AT

① Διογένης ἄνδρα τινὰ ἐκ τοῦ σταδίου ἥκοντα ἔβλεψεν.
Diogenes sah einen Mann aus dem Stadion kommen.
Vergleichen Sie den griechischen Satz mit der Übersetzung; wo erkennen Sie einen Konstruktionsunterschied (→ R 39)?

② Stellen Sie mit Hilfe einer einfachen Grafik dar, wie viele durch Partizipien erweiterte Objekte in Zeile 2–8 von βλέπων abhängig sind:

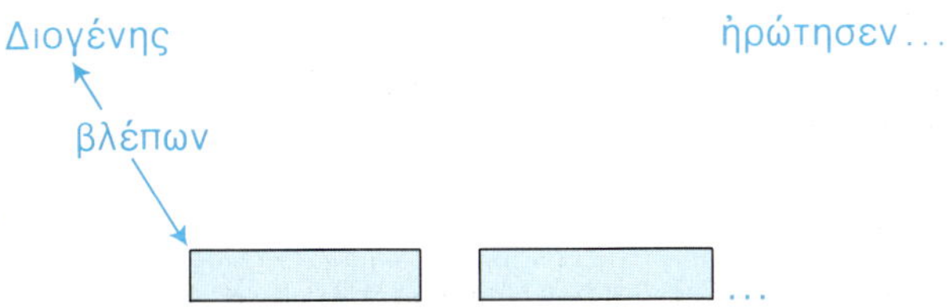

③ Ermitteln Sie aus dem Textzusammenhang, was in Zeile 10 durch das Präsens νικῶμεν ausgedrückt wird.

④ Οὐ γὰρ φρονιμώτερος γέγονας οὐδὲ **μικρόν.**
Du bist kein bißchen gescheiter geworden.
Um welchen Kasus handelt es sich bei μικρόν? Welche Funktion als Satzglied erfüllt er? Vergleichen Sie:
a) L 14, 5 f.: ἐπὶ τραπεζῶν μικρὸν ἀπὸ τῆς γῆς ἐπηρμένων
b) L 7, 5: πόνων ἀπηλλάττοντο ὀλίγον χρόνον
c) L 12, 4 f.: Κῦρος πάντων πάντα κράτιστος ἦν (→ R 38).
d) L 15, 8: Ἡ δὲ ἀρετὴ διαφέρει τι, εἴτε ἐν γυναικὶ εἴτε ἐν ἀνδρί;

I 1

Informieren Sie sich, welche Rolle die Griechen sportlichen Leistungen im allgemeinen beimaßen, und beurteilen Sie vor diesem Hintergrund die Diogenes-Anekdote. Welches ist ihre Tendenz? Worin unterscheiden sich die Wertvorstellungen des Philosophen und des Wettläufers? An welchen Maßstäben mißt Diogenes das Treiben der Sportfans?

I 2

Vergleichen Sie mit unserem Text den folgenden Abschnitt aus dem (weitgehend verlorenen) Werk des vorsokratischen Philosophen **Xenophanes** von Kolophon (um 580–um 490):

„Wenn jemand dank seiner schnellen Füße siegte oder im Fünfkampf, beim Ringen, dem brutalen Faustkampf oder im sogenannten Pankration, dem schrecklichen Freistilringen, dann hätte der natürlich höheres Ansehen bei seinen Mitbürgern, dürfte bei öffentlichen Veranstaltungen künftig auf einem Ehrenplatz sitzen, würde auf Staatskosten verköstigt und bekäme wertvolle Geschenke.
Auch ein Sieg im Pferderennen brächte ihm solche Ehren ein.
Trotzdem wäre ein derartiger Sieger mir unterlegen, denn besser als die Kraft von Männern und Pferden ist doch mein Wissen, und ich halte es für einen unsinnigen Brauch und für ungerecht, die bloße Stärke soliden Kenntnissen vorzuziehen.
Denn angenommen, in einer Stadt lebte ein erfolgreicher Boxer, ein Fünfkämpfer, Ringer oder Läufer (diese Sportart erfreut sich ja besonderer Wertschätzung), – das hätte doch keinen Einfluß auf den politischen Zustand der Stadt.
Tatsächlich, ein Sieg in Olympia bringt wenig Nutzen; davon werden die Scheunen in der Heimat nicht voll!"

G 1

Φιλόσοφός τις
βλέπων (ἄνδρα) τινὰ ἐκ τοῦ σταδίου φερόμενον
ἐρωτᾷ· Τίνα (ἄνδρα) φέρουσιν οἱ ἄνθρωποι;
Τίς ἐστιν ὁ ἀνήρ;
Τίνος ἕνεκα τιμᾶται;
Τί ἔπραξε καλόν;

Φιλόσοφός τις
ἀκούων θορύβου τινὸς
καὶ ἡγούμενος μέγα τι γίγνεσθαι
ἐρωτᾷ· Τί γίγνεται;
Τίνος ἕνεκα βοῶσιν;
Τίνες εἰσὶν οἱ βοῶντες;
Τίνι στεφάνους ἐπιβάλλουσιν;

Beschreiben Sie anhand des Texts die Unterschiede zwischen dem unbestimmten **τις** *(jemand, einer)* und dem fragenden **τίς** *(wer?)* in Hinblick auf Stellung und Akzente.

G 2

Das Adjektiv σώφρων bildet Komparativ und Superlativ mit -έστερος/-έστατος; wie lauten zu σωφρονεστάτη – σωφρονέστεροι – σωφρονέστατα die entsprechenden Formen von ἄφρων, ἐπιστήμων, εὐδαίμων?

G 3

Das Substantiv γῆ ist kontrahiert aus* γεα; deklinieren Sie das Wort (nur Singular).

Spiel und Sport

Bei ihren ältesten sportlichen Wettbewerben, die man sich recht schlicht vorzustellen hat, verglichen die Griechen vor allem im *Lauf* ihre Fähigkeiten. Man lief über die Distanz eines Stadions (= 600 Fuß, je nach Austragungsort 177–210 m) oder ein Mehrfaches davon, manchmal auch in der vollen Rüstung eines schwerbewaffneten Kriegers oder mit einer Fackel in der Hand.

Weitere Sportarten waren der Wurf mit dem *Diskos,* einer Bronzescheibe, deren Gewicht, je nach Altersklasse, zwischen einem und vier Kilogramm schwankte, der Weit- oder Zielwurf mit dem *Speer,* der *Ringkampf* und der *Weitsprung.* Bei diesem benützte man hantelähnliche Sprunggewichte.

Die genannten leichtathletischen Disziplinen wurden bei den großen Wettkämpfen zum Fünfkampf, dem *Pentathlon,* zusammengefaßt. In ihm siegte, wer in dreien der Einzelkämpfe der Beste gewesen war.

Gesondert für sich ausgetragen wurden *Boxkämpfe,* bei denen sich die Kontrahenten Fäuste und Unterarme mit Lederriemen bandagierten, in die man in späterer Zeit auch Metallstücke einließ.

Die Verletzungen waren entsprechend schwer, und eingeschlagene Nasen, zerfetzte Brauen und lädierte Ohren gehörten bald so fest zum Bild des Preisboxers, daß sich Satiriker und Epigrammatiker dieses dankbare Thema nicht entgehen ließen:

„Schaut euch Olympikos an, der hatte einst alles wie wir hier:
Augenbrauen und Kinn, Ohren und Nase dazu.
Aber er wurde ein Boxer, darum ging ihm alles verloren –
schließlich sogar der Prozeß, um seine Erbschaft geführt.
Mit einem Bild als Beweis erschien vor Gericht die Verwandtschaft,
und der Richter sprach gleich: „Das willst du sein? Wie du lügst!"
(Lukillios)

Wir wissen von einem Boxer, der für besiegt erklärt wurde, weil er seinen Gegner im Kampf erschlagen hatte. Gelegentlich wurde der Faustkampf überhaupt verboten, ebenso wie der „Allkampf", das *Pankration,* eine Art Freistilboxen und -ringen, bei dem es noch rauher zuging.

Erst um 680 v. Chr. wurden in das Olympische Programm Pferdesportarten – Pferderennen, Wagenrennen u. a. m. – aufgenommen, Disziplinen, die stets der Aristokratie und den Reichen vorbehalten blieben, während in den übrigen Bereichen über die Jahrhunderte hin ein Demokratisierungsprozeß kennzeichnend ist.

Verständlicherweise traten in der rund tausendjährigen Geschichte des griechischen Sports viele Veränderungen ein, die vom Publikumgeschmack und von gesellschaftlichen Gegebenheiten mitbestimmt waren.

Die aussichtsreiche Teilnahme an einer der großen, im Zwei-, Vier- oder Achtjahresrhythmus stattfindenden sportlichen Veranstaltungen setzte ein hartes, entbehrungsreiches Training voraus. Dafür winkten dem Sieger neben dem in der Regel schlichten Kampfpreis – einem Ölbaumzweig in Olympia, einem stachligen Pinienkranz in Korinth – höchste Auszeichnungen sowie materielle Belohnungen durch seine Heimatstadt, die den olympischen Sieg eines ihrer Söhne als wichtige Erhöhung ihres Prestiges und damit als Politikum betrachtete. Zur Zeit Solons erhielt ein Olympiasieger 500 Drachmen von seiner Vaterstadt! Man arrangierte für den Sieger eine würdige Ehrung am Ort seines Erfolgs, wobei ein von einem prominenten Dichter verfaßtes und von einem Chor vorgetragenes Preislied nicht fehlen durfte.

Bei der triumphalen Heimkehr des Sporthelden kam es vor, daß ein Stück Stadtmauer eingerissen wurde – so ein Mann konnte doch nicht durch ein enges Tor schreiten! Neben einem Siegesmahl winkte ihm nun ein Ehrensitz bei allen öffentlichen Veranstaltungen und lebenslange Verpflegung im Rathaus.

Am höchsten galt ein Sieg in *Olympia,* wo – der griechischen Überlieferung nach seit 776 v. Chr. – alle vier Jahre Wettkämpfe zu Ehren des Zeus stattfanden. 394 n. Chr. beendete ein Verbot des christlichen Kaisers Theodosius den „heidnischen Greuel", nach dem in vorchristlicher Zeit die Griechen sogar ihre Jahre gezählt hatten (eine kritische Stimme L 19 I 2).

◁ *Sockelrelief mit Ringern,*
um 510 v. Chr. Athen, Nationalmuseum

In *Delphi* feierte man zu Ehren Apollons, der hier den Drachen Python erschlagen haben soll, die *Pythischen,*
am *Isthmos von Korinth* für Poseidon die *Isthmischen,*
beim Zeusheiligtum von *Nemea* in der Argolis die *Nemeischen Spiele.*
Neben diesen überregionalen Wettbewerben gab es sportliche Wettkämpfe in jeder bedeutenderen griechischen Stadt, etwa in Athen bei den *Panathenäen* zu Ehren der Stadtgöttin.
Wie die Aufzählung zeigt, waren die Spiele eng mit dem Kult verbunden, was auch das Verbot durch Theodosius erklärt: Ihre Stiftung wurde Göttern oder Halbgöttern wie Herakles zugeschrieben.
Zu allen Veranstaltungen waren nur Männer zugelassen; auch „Barbaren", also Nichtgriechen, hielt man fern, bis die Römer sich nach ihrem Sieg über Makedonien die Teilnahme erzwangen.
Außer den offiziellen Programmpunkten – den sportlichen Wettbewerben sowie den kultischen Feierlichkeiten – gehörten in den Rahmen des Festprogramms auch zahlreiche inoffizielle: Dichter, Philosophen, Redner traten auf, Darbietungen der verschiedensten Art – „Budenzauber" im wahrsten Sinne des Wortes gehörte dazu – sorgten für willkommene Kurzweil. Bedeutsam waren die Aktivitäten der Politiker und Festgesandtschaften der einzelnen Poleis, die den Spielen auch zu politischem Rang verhalfen.
Der panhellenische Geist der Spiele kommt vielleicht am besten durch die Tatsache zum Ausdruck, daß die Teilnehmer auch in Kriegszeiten bei An- und Abreise freies Geleit genossen.
Ein reines Vergnügen war es allerdings nicht, im Hochsommer in das abgelegene Nemea oder Olympia zu reisen, wo es für die Masse der Schlachtenbummler keine Unterkünfte und oft nicht einmal genug Wasser gab. Der Durchschnittsbesucher war froh, wenn er in einem Zelt unterkam; seine Verpflegung brachte er mit.

△ *Modell der „Altis", des heiligen Bezirks von Olympia.* I. d. M. der Zeustempel, links i. d. M. die Werkstatt des Pheidias, ganz rechts das Stadion

Trotzdem war es der Traum jedes jungen Griechen, der sich in der Ringschule von seinem Trainer schinden ließ, einmal von den Kampfrichtern als der Beste ausgerufen zu werden.

▽ *Wettkämpfer beim Weitsprung* (mit Sprunggewichten in den Händen). Rotfigurige Schale, Anf. 5. Jh.

20 Zwei Charaktere

Theophrast

Χαρακτήρ, unser Wort „Charakter“, bezeichnet zunächst den Prägestempel für Münzen und Siegel, dann aber auch das Geprägte selbst. Übertragen gebraucht, wird χαρακτήρ zum Erkennungsmerkmal einer Person oder Sache.
Theophrast, ein Schüler des Aristoteles, schrieb ein Buch Ἠθικοὶ χαρακτῆρες, in dem er dreißig auf genauer Beobachtung beruhende Charakterbilder entwarf – ausnahmslos lächerliche oder komische „Typen“, wie sie in den Lustspielen von der Antike bis in die Gegenwart immer wieder zu finden sind: der Schmeichler, Schwätzer, Angeber, Geizhals usw.

Ὁ δὲ ἀναίσθητος δεξάμενός τι καὶ ἀποθεὶς αὐτός, τοῦτο ζητεῖ καὶ οὐ δύναται εὑρίσκειν. Καὶ θεωρήσας ἐν τῷ θεάτρῳ μόνος καταλείπεται καθεύδων. Καὶ τὰ παιδία παλαίειν ἀναγκάζων καὶ τρέχειν εἰς κόπους ἐμβάλλει. Καὶ ἐν ἀγρῷ τοῖς παιδίοις φακῆν ἕψων δὶς ἅλας εἰς τὴν χύτραν ἐμβάλλων ἄβρωτον ποιεῖ. Καὶ πολλὰ δειπνήσαντα καὶ τῆς νυκτὸς ἐπὶ θᾶκον ἀποχωρήσαντα πλανώμενον ἡ τοῦ γείτονος κύων δάκνει.

Ὁ δὲ δειλὸς στρατευόμενος λέγει, ὡς χαλεπὸν γιγνώσκειν ἐστί, πότεροί εἰσιν οἱ πολέμιοι. Καὶ ἀκούων κραυγῆς καὶ ὁρῶν πίπτοντάς τινας λέγει πρὸς τοὺς παρόντας, ὅτι τῆς μαχαίρας ὑπὸ σπουδῆς ἐπελάθετο, καὶ τρέχει ἐπὶ τὴν σκηνήν· καὶ τὸν παῖδα ἐκπέμψας καὶ κελεύσας περιβλέπειν, ποῦ εἰσιν οἱ πολέμιοι, κρύψας τὴν μάχαιραν ὑπὸ τὸ προσκεφάλαιον, εἶτα διάγει μακρὸν χρόνον ὡς ζητῶν ἐν τῇ σκηνῇ.

ἀποθείς *Part. Aor. Akt. von* ἀποτίθημι weglegen
παλαίω ringen
εἰς κόπους ἐμβάλλω völlig erschöpfen
ἡ φακῆ Linsenbrei   ἕψω kochen
ἡ χύτρα Topf   ἄβρωτος ungenießbar
ὁ θᾶκος Sitz, „Örtchen“
ὁ γείτων, ονος Nachbar
ἐπελαθόμην *Aor. von* ἐπιλανθάνομαι *(mit Gen.)*
τὸ προσκεφάλαιον Kopfkissen

Impulse und Übungen

AT

Lösen Sie aus der Charakteristik des Feiglings alle finiten Verbformen und alle auf den „Helden“ bezogenen Partizipien heraus.
In welchem Tempus schildert Theophrast?
Wie ist der Tempuswechsel bei den Partizipien zu begründen?

I

① Die Wörterbücher geben für ἀναίσθητος u. a. folgende Bedeutungen an: *unempfindlich, gefühllos, stumpfsinnig, kurzsichtig; nicht wahrnehmbar, schmerzlos.*
Stellen Sie fest, welche Erweiterungen dieses Bedeutungsspektrums der Lektionstext nahelegt, und suchen Sie der jeweiligen Situation angemessene deutsche Ausdrücke.
② Beschreiben Sie das Darstellungsprinzip, an das sich Theophrast in seinen „*Charakteren*" hält. Welche Vorzüge hat dieses Prinzip, worin liegen seine Schwächen?
③ Erfinden Sie weitere Beispiele.

T

Mit ὁ ἀναίσθητος und ὁ δειλός erfaßt Theophrast die Gesamtheit der Gedankenlosen und der Feiglinge. Formen Sie von daher Text 20 in der Weise um, daß, wo immer möglich, Singular durch Plural ersetzt wird, z. B.: Οἱ ἀναίσθητοι θεωρήσαντες ἐν τοῖς θεάτροις μόνοι καταλείπονται καθεύδοντες.

K

Prüfen Sie, mit welcher der folgenden Konjunktionen fast alle Partizipialausdrücke von Text 20 in Gliedsätze verwandelt werden können:
als/während/weil/obwohl/wenn/falls/bevor/da/indem/nachdem

G

Welche Aufgabe erfüllt der **Genitiv** im folgenden Satz:
Πλανώμενος τῆς νυκτὸς ὁ ἀναίσθητος δάκνεται.
Übersetzen Sie entsprechend: ἡμέρας – ὀλίγων ἡμερῶν – τοῦ λοιποῦ (→ R 56)

▽ *Gruppe von komischen Schauspielern* (Phlyaken). Kelchkrater aus Canosa. Um 340 v. Chr. Tarent

21 „Wär’s dir anders lieber?“ *Xenophon*

Sokrates wurde 399 v. Chr. im Alter von 70 Jahren zum Tode verurteilt. Er mußte den Schierlingsbecher trinken, weil er, wie es in der Anklageschrift hieß, „die Jugend verdirbt und nicht an die Götter glaubt, an welche die Stadt glaubt, sondern an neue Gottheiten“ (Platon, *Apologie* 24 b). Das war zumindest die Meinung vieler Athener, für die Sokrates in den Kreis der Sophisten gehörte und die ihm zersetzende Kritik an traditionellen Werten und Verhaltensweisen vorhielten.
Xenophon berichtet in seiner *„Apologie des Sokrates“* von einem Gespräch, das Sokrates unmittelbar nach der Verkündigung des Todesurteils mit Apollodoros, einem besonders begeisterten Verehrer, geführt haben soll.

Ἐπεὶ Σωκράτης τοῖς φίλοις διελέγετο, παρὼν δέ τις Ἀπολλόδωρος θαυμάζων ἰσχυρῶς αὐτόν· „Ἀλλὰ τοῦτο ἔγωγε“, ἔφη, „ὦ Σώκρατες, χαλεπώτατα φέρω, ὅτι ὁρῶ σε ἀδίκως ἀποθνῄσκοντα.“
Ὁ δὲ πράως καταψήσας αὐτοῦ τὴν κεφαλὴν ἠρώτησεν αὐτόν· „Μᾶλλον βούλει με ὁρᾶν δικαίως ἢ ἀδίκως ἀποθνῄσκοντα;“ Καὶ ἅμα ἡσύχως ἐγέλασεν.

καταψάω streicheln

Raffael: Die Schule von Athen (1505; Vatikan, Stanza della Segnatura). Vor der Toröffnung Platon, nach oben, zur Welt der Ideen deutend; daneben Aristoteles, auf die Erde weisend, die Lehrerin der Wahrheitssuchenden. Links diskutiert Sokrates, auf der Treppe liegt Diogenes ▽

Impulse und Übungen

I

Wie wird Sokrates im Lektionstext charakterisiert? Beschreiben Sie die innere Spannung der Geschichte, die sich aus der unterschiedlichen Wesensart der beiden Gesprächspartner ergibt.

G 1

Ὁ ῥήτωρ **καλοὺς** λόγους ποιεῖται.
Οἱ τοῦ ῥήτορος λόγοι **καλοί** εἰσιν.
Ὁ ῥήτωρ **καλῶς** λέγει.
Welche Satzglieder sind hervorgehoben? Vergleichen Sie mit dem Deutschen.

G 2

Ἰσχυρ**ῶς** τὸν Πρωταγόραν θαυμάζω, ἰσχυρ**ότερον** τὸν Πλάτωνα, ἰσχυρ**ότατα** δὲ τὸν Σωκράτη.
Worin stimmt die **Komparation des Adverbs** mit der des Adjektivs überein?

B

Adjektiv oder Adverb?
① Πάντες τὸν Κῦρον βασιλικώτερον ἐνόμιζον εἶναι τῶν σὺν αὐτῷ παιδευομένων.
② Τί γελοιότερον ἢ φύλαξ φύλακος δεόμενος;
③ Κῦρος τὴν ἄρκτον φοβερώτατα ἐπιφερομένην οὐκ ἐφοβεῖτο.

T 1

Bilden Sie das Adverb zu folgenden Adjektiven: καλός – σοφός – κακός – λυπηρότατος – ἄδικος – λαμπρότατος – ἄλλος – βασιλικώτατος – ἄξιος – δικαιότερος – πονηρότατος

T 2

Verwandeln Sie die Adverbien in den Komparativ und Superlativ und übersetzen Sie die Wendungen: χαλεπῶς φέρομεν – δικαίως ἄρχει – φοβερῶς ἀποθνῄσκουσιν – ἀξίως τιμᾷ

G 3

Erschließen Sie die Bedeutung der Formen von **αὐτός** aus den folgenden Sätzen und vergleichen Sie mit 15 G3.
Χλόη τὸν Δάφνιν ζητοῦσα καλεῖ **αὐτόν·** ἄνευ γὰρ **αὐτοῦ** φοβεῖται. Δάφνις δ' ἥκει πρὸς **αὐτήν,** ἤκουσε γὰρ **αὐτῆς.** Πολὺν δ' οὖν χρόνον σὺν **αὐτῇ** διάγει.

G 4

Was bezeichnet der **Genitiv von αὐτός/ή/ό** in den folgenden Sätzen?
Οἱ γεωργοὶ ἐργάζονται. Ὁ δὲ πόνος αὐτῶν μέγας ἐστίν.
Χλόη φοβεῖται. Ὁ δὲ φόβος αὐτῆς μέγας ἐστίν.
Δάφνις χαίρει. Ἡ δὲ χαρὰ αὐτοῦ μεγάλη ἐστίν.

E

Ergänzen Sie entsprechend den gegebenen Hilfen Formen von αὐτός:
① Ποίους δεῖ τοὺς φύλακας εἶναι καὶ τί ἐστι τὸ ἔργον ... ; *(ihr, deren)*
② Δεῖ πράους εἶναι ... *(sie)* πρὸς τοὺς οἰκείους.
③ Δυνάμεθα γὰρ παραβάλλειν ... *(mit ihnen: 10,7)* τοὺς κύνας.
④ Καὶ γὰρ οἱ γενναῖοι ... *(von ihnen: 10,8)* πρὸς τοὺς οἰκείους πραότατοί εἰσιν.

Ü

Beachten Sie bei der Übersetzung des folgenden Satzes, daß οἴομαι im Indikativ Präsens wie βούλομαι konjugiert wird:
Ἆρ' οὐκ οἴει χαλεπώτατά με φέρειν, ὅτι ὁ φίλος ἀδίκως ἀποθνῄσκει;

K

Vergleichen Sie: ἐποίησα, ἐζήτησα, ἐφίλησα, aber: ἐκάλ**ε**σα (→ L 18, 21) – und ergänzen Sie die folgende Reihe aus dem Lektionstext:
ἐτίμησα, ἐνίκησα, ἐβόησα – aber: ...

22 Falsch gefragt

Xenophon

Nach der Schlacht von Kunaxa (→ L 12) waren die griechischen Söldnerführer von Tissaphernes (→ L 13) in eine Falle gelockt und ermordet worden, unter ihnen der im Text erwähnte Proxenos. Ein Traum bewegt **Xenophon** dazu, die Führung des Griechenheeres zu übernehmen und den Durchbruch zum Schwarzen Meer zu versuchen.
Im folgenden Text stellt sich der Autor der *„Anabasis“* seinen Lesern vor.

Ἦν δέ τις ἐν τῇ στρατιᾷ Ξενοφῶν Ἀθηναῖος, ὃς οὔτε στρατηγὸς οὔτε λοχαγὸς οὔτε στρατιώτης ὢν συνηκολούθει, ἀλλὰ Πρόξενος αὐτὸν μετεπέμψατο οἴκοθεν ξένος ὢν ἀρχαῖος. Ὑπισχνεῖτο δὲ αὐτῷ φίλον αὐτὸν Κύρῳ ποιήσειν, ὃν αὐτὸς κρείττονα ἐνόμιζε τῆς πατρίδος.

Ὁ μέντοι Ξενοφῶν συμβουλεύεται Σωκράτει τῷ Ἀθηναίῳ περὶ τῆς πορείας. Καὶ ὁ Σωκράτης συμβουλεύει αὐτῷ τὸν θεὸν τὸν ἐν Δελφοῖς ἐρωτῆσαι περὶ τῆς πορείας.

Ὁ δὲ Ξενοφῶν ἠρώτησε τὸν Ἀπόλλωνα, τίνι θεῶν θύων καὶ εὐχόμενος ἄριστα ἔρχεται τὴν ὁδόν, ἣν ἐπινοεῖ, καὶ καλῶς πράξας σῴζεται. Καὶ ἀνεῖλεν αὐτῷ ὁ Ἀπόλλων τοὺς θεούς, οἷς ἔδει θύειν.

Ἐπεὶ δὲ πάλιν ἦλθε, λέγει τὴν μαντείαν τῷ Σωκράτει. Ὁ δὲ ἀκούσας ᾐτιᾶτο αὐτόν, ὅτι οὐ τοῦτο πρῶτον ἠρώτα, πότερον ἄμεινον αὐτῷ πορεύεσθαι ἢ μένειν, ἀλλ' αὐτὸς ἔκρινεν πορεύεσθαι. „Ἐπεὶ μέντοι οὕτως ἠρώτησας“, ἔφη, „πάντα χρὴ ποιεῖν, ἃ ὁ θεὸς ἐκέλευσεν.“

ὁ λοχαγός Offizier
► G 3

ποιήσειν *Futur von* ποιεῖν

Σωκράτει *Dativ von* Σωκράτης

ἐπινοέω beabsichtigen
ἀνεῖλεν er nannte *(in einem Orakelspruch)*

ἦλθον *Aor. von* ἔρχομαι

Befragung der Pythia. Innenbild einer rotfigurigen Schale. Um 440 v. Chr. Berlin ▷

Impulse und Übungen

I

Vergleichen Sie die Tempora der Prädikate mit der chronologischen Folge der Fakten. Was beobachten Sie?

W

Nennen Sie gegensätzliche Begriffe zu den folgenden Wörtern:
εἰρήνη – ἐχθρός – νεώτερος – ὀλίγοι – ἀρχαῖος – δειλός

G 1

Ergänzen Sie anhand des Lektionstexts das folgende Deklinationsschema:

Singular			Plural		
m	f	n	m	f	n
...	ἥ	ὅ	οἵ	...	...
οὗ	...	...	ὧν	...	...
...	...	...	...	...	...
...	...	...	...	...	...

G 2

Welche Satzglieder vertreten im folgenden Text jeweils die **Relativsätze:**
Σωκράτης πρὸς Ἀπολλόδωρον, **ὃς χαλεπῶς ἔφερε** τῷ τοῦ φίλου θανάτῳ·
„Δεῖ ἡμᾶς", ἔφη, „ποιεῖν, **ἃ ὁ θεὸς κελεύει. Ἃ γὰρ ὁ θεὸς κελεύει,** οὐκ ἄδικά ἐστιν."

G 3

Κῦρον παῖδα ὄντα πάντες ἐθαύμαζον.
Kyros bewunderten schon als Kind (als er noch ein Kind war) alle Leute.

Κῦρος παῖς ὢν ὑπὸ πάντων ἐθαυμάζετο.
Kyros wurde schon als Kind von allen bewundert.

Zu welchem Verbum gehört das **Partizip ὤν, οὖσα, ὄν?** Wo läßt sich die Herkunft auch der Übersetzung entnehmen?

E

Ergänzen Sie passende Formen von ὤν/οὖσα/ὄν und achten Sie bei der Übersetzung auf die **Sinnrichtung der Partizipialkonstruktionen:**
Χλόη Δόρκωνα οὐκ ἐφίλει πονηρότατον ....
Δόρκων ἀναμένει τὴν παῖδα μόνην ....
Οἱ κύνες πολλοὶ ... τὸν Δόρκωνα χαλεπώτατα ἔδακνον.
Δάφνις ἐβοήθησε τῷ Δόρκωνι ἐν κινδύνῳ ....

Z

Welche Bedeutung haben jeweils die im Lektionstext vorkommenden Formen von αὐτός/ή/ό?

Ü

Die folgenden Sätze enthalten schwierigere Verbindungen des Relativpronomens, z.T. mit Präpositionen. Übersetzen Sie und geben Sie die „Normalform" der Präpositionen an:
① Δόρκων τοὺς κύνας ἐφοβεῖτο, **ὑφ' ὧν** ἐδάκνετο.
② Λύπην παρεῖχε ὁ γαυλός, **ἐξ οὗ** σὺν τῇ παιδὶ ἔπινεν ὁ Δάφνις.
③ Τίνες εἰσὶν οἱ πόνοι, **ὧν** οἱ γεωργοὶ ὀλίγον χρόνον ἀπηλλάττοντο;
④ Οἱ κύνες τὸν ποιμένα, **ἐφ' ὃν** ὥρμησαν, λύκον εἶναι ἐνόμιζον.
⑤ Τὸν λύκον, **οὗ** τὸ δέρμα ἔφερε ὁ Δόρκων, ταῦρός ποτε ἐφόνευσε.

[1]) ὁ γαυλός der Melkeimer

23 Der Nordwind als Ehrenbürger

Claudius Aelianus

Thurioi war eine griechische Kolonie an der Südküste Italiens. Als der Tyrann von Syrakus, Dionysios I. (gest. 367 v. Chr.), der die Karthager mehrfach besiegt und damit Sizilien für die Griechen gerettet hatte, seine Macht auch über Unteritalien ausdehnen wollte, drohte auch Thurioi das Schicksal einiger Nachbarstädte, der Verlust der Unabhängigkeit.

Unser Text stammt aus einem Buch *„Bunte Kunde"* (Ποικίλη ἱστορία), das kurze Geschichten über merkwürdige Ereignisse enthielt. Dem Stil dieser Sammlungen entsprechend, sind der eigentlichen Erzählung weitere Informationen über ähnliche Tatbestände angehängt.
Megalopolis ist eine Stadt im Zentrum der Peloponnes.

Θουρίοις ἐπέπλει Διονύσιος ἔτι νεανίας ὤν, καὶ τετρακοσίας ἦγεν ἐπ' αὐτοὺς ναῦς ὁπλιτῶν πεπληρωμένας. Βορέας δὲ ἀντιπνεύσας τὰς ναῦς συνέτριψε καὶ τὴν δύναμιν αὐτοῦ τὴν ναυτικὴν ἠφάνισεν.
Ἐκ δὴ τούτων οἱ Θούριοι τῷ βορέᾳ ἔθυσαν, καὶ ἐψήφισαν εἶναι τὸν ἄνεμον πολίτην, καὶ οἰκίαν αὐτῷ καὶ κλῆρον προσέτρεψαν, καὶ κατ' ἐνιαυτὸν ἑώρτασαν αὐτῷ.
Ὁμοίως οἱ Ἀθηναῖοι κηδεστὴν καὶ εὐεργέτην ἐνόμιζον τὸν βορέαν, καὶ οἱ Μεγαλοπολῖται αὐτὸν εὐεργέτην ἐπέγραψαν.

ἐπιπλέω *m. Dat.* gegen *jd.* segeln

πεπληρωμένος *Part. Perf. Pass.*

συντρίβω zerschmettern

ὁ κηδεστής Beschützer

ἐπιγράφω *(wörtl.: „auf einer Inschrift")* nennen

Impulse und Übungen

I

Man kann darüber streiten, ob βορέας im Text nicht besser mit großem Anfangsbuchstaben geschrieben worden wäre. Warum?

G 1

Vergleichen Sie in der Grammatik die **Deklination** von **νεανίας** und **πολίτης.** In welchem Fall richten sich diese Substantive nach der o-Deklination? Welche Abweichungen von der a-Deklination stellen Sie fest? Deklinieren Sie im Singular und Plural ὁ σοφιστής – *der Sophist.*

G 2

Das Substantiv **ναῦς** wird ähnlich wie **βοῦς** (→ L 18 G 5) dekliniert. Stellen Sie fest, in welchen Fällen die Bildung der Formen übereinstimmt.

Schiffe. Schwarzfigurige Trinkschale. Um 520 v. Chr. Paris

Z 1

Ordnen Sie die folgenden Präpositionalausdrücke nach den Gesichtspunkten *Richtung – Ortsangabe (wo?) – Begründung – Gemeinschaft – Trennung:*

ἐν τῇ χώρᾳ – σὺν τοῖς φίλοις – εἰς τὴν Ἑλλάδα – ἐπὶ τοὺς πολεμίους – ἄνευ τῶν ἐπιτηδείων – μετὰ τῶν ἀνδρῶν – διὰ τοῦ ποταμοῦ – διὰ τὴν ἀπορίαν – τῆς ἀπάτης ἕνεκα – παρὰ τῷ δήμῳ – ἀπὸ τῆς γῆς – πρὸ τῶν θυρῶν – πρὸς τὰς γυναῖκας – χωρὶς ἐμοῦ – ἐπὶ τῆς τραπέζης – παρὰ τῶν ἐμπόρων

Z 2

Wovon hängen in den folgenden Sätzen jeweils die **Genitive** ab?

① Παρὰ τοῖς Κέλτοις μέσος κάθηται, ὃς τῶν ἄλλων κατ' ἀνδρείαν ἢ κατὰ πλοῦτον διαφέρει (→ L 14, 12–14).

② Τῶν αὐτῶν ἀγαθῶν ἄνδρες καὶ γυναῖκες δέονται (→ L 15, 24).

③ Οἱ κύνες ἁπτόμενοι τοῦ Δόρκωνος ἔδακνον αὐτόν (→ L 18, 19).

④ Ὁ ἀνὴρ ἐκ τοῦ σταδίου φερόμενος τῆς γῆς οὐκ ἐπέβαινεν (→ L 19, 1–3).

⑤ Ἡ ὁδὸς μεστή ἐστιν κινδύνων (→ L 13, 7).

⑥ Διονύσιος νεανίας ὢν τῶν πολεμίων κατεφρόνει.

K

Was paßt zusammen? Achten Sie auf Kasus, Numerus und Genus, aber auch auf den Sinn:

τοὺς καλοὺς	ναῦς
τὸν ἀγαθὸν	ὁδόν
τὰς πολλὰς	εὐδαιμονίας
τοῦ σώφρονος	νεανίας
τὴν ἀρίστην	πολίτην
τῆς τελείας	στρατιώτου

24 Peison der Schuft

Lysias

404 v. Chr. hatte Athen den fast dreißig Jahre dauernden Krieg gegen Sparta verloren. Eine Junta von dreißig Männern regierte die Stadt im Auftrag der Sieger. Eine große Säuberungsaktion begann. Sie betraf nicht nur die Vertreter der demokratischen Partei, die für die Niederlage verantwortlich gemacht wurden, sondern auch Unschuldige, auf deren Geld es die neuen Herren abgesehen hatten.
Von den Maßnahmen betroffen waren vor allem die Metöken, also die in Athen ansässigen Fremden, die nur wenige politische Rechte besaßen. Zu dieser Gruppe gehörte auch der berühmte Redner **Lysias,** der zwar, da er nicht Bürger war, nicht selbst als Redner auftreten konnte, aber im Auftrag anderer viele Gerichtsreden geschrieben hat. Nach dem Ende der Schreckensherrschaft der Dreißig (403 v. Chr.) berichtet Lysias vor Gericht im Prozeß gegen die Männer, die seinen Bruder umgebracht hatten, über die Ereignisse.

Οἱ δ' ἄνδρες, οὓς οἱ τριάκοντα ἔπεμψαν, διαλαβόντες τὰς οἰκίας ἀπῆλθον. Καὶ ἐμὲ μὲν ξένους ἑστιῶντα κατέλαβον, οὓς ἐκβαλόντες Πείσωνί με παραδιδόασιν. Οἱ δὲ ἄλλοι εἰς τὸ ἐργαστήριον ἐλθόντες τὰ ἀνδράποδα ἀπεγράφοντο.

► R 63 ἑστιάω bewirten

τὸ ἐργαστήριον Werkstatt
ἀπογράφομαι aufschreiben

Ἐγὼ δὲ Πείσωνα μὲν ἠρόμην, εἰ βούλεταί με σῶσαι χρήματα λαβών.
Ὁ δ'εἶπεν, εἰ πολλά ἐστιν.
Εἶπον οὖν, ὅτι τάλαντον ἀργυρίου ἕτοιμός εἰμι τελέσαι· ὁ δὲ ὡμολόγησεν.
Ἠπιστάμην οὖν, ὅτι οὔτε θεοὺς οὔτ' ἀνθρώπους νομίζει. Ὅμως δὲ ἐδόκει μοι ἀναγκαιότατον εἶναι πίστιν παρ' αὐτοῦ λαβεῖν.
Ἐπεὶ δὲ ὑπέσχετο λαβὼν τὸ τάλαντόν με σώσειν, εἰσελθὼν εἰς τὸ δωμάτιον τὴν κιβωτὸν ἀνοίγνυμι.

σώσειν *Fut. von* σῴζειν τὸ δωμάτιον Zimmer
ἡ κιβωτός Truhe ἀνοίγνυμι ich öffne

Πείσων δ' αἰσθόμενος εἰσέρχεται, καὶ ἰδὼν τὰ ἐνόντα καλεῖ τῶν δούλων δύο καὶ τὰ ἐν τῇ κιβωτῷ λαβεῖν ἐκέλευσεν. Ἦν δὲ τρία τάλαντα καὶ ἄλλα πολλά.
Ἐγὼ δὲ ἐδεόμην αὐτοῦ ἐφόδιά μοι καταλιπεῖν.
Ὁ δ'εἶπεν· „Ἀγάπα, εἰ τὸ σῶμα σῴζεις."

τὰ ἐφόδια Geld für die Reise

Griechische Münzen. Links ein Dekadrachmon von Athen: Göttin Athene. Silber, um 490 v. Chr., Vorder- und Rückseite; rechts: Dekadrachmon von Syrakus: Arethusa-Artemis. Silber, ca. 479 v. Chr.

uma

Fr. 6 Brinkm

5. E2 Neumann

L2 Lux

gen

perfekts mit der des
eiben Sie Gemein-

Aorist
ο-ν
αλ-ε-(ν)
-μεν
ε
-ντο
λαβ-ό-μην

men aufgrund ihrer
die entsprechenden

λίπετε – λαβέ –
ι – λαβομένῳ –

ich in eine sinnvolle
Akteuren des Lek-
des Peison) zuord-

nen. Ist das geschehen, kann die kleine Szene von der Verhaftung des Lysias und von der Gemeinheit des Peison mit verteilten Rollen gelesen werden. Formulieren Sie dafür auch Regieanweisungen.

Εἰ πολλά ἐστιν.
Λάβετε τὰ ἐν τῇ κιβωτῷ, ὦ δοῦλοι.
Ἐπεὶ πάντα τὰ χρήματα ἔλαβες, κατάλιπέ μοι ἐφόδια δεομένῳ.
Ἕτοιμός εἰμι τάλαντον ἀργυρίου τελέσαι.
Βούλει με σῴζειν χρήματα λαβών;
Ὁμολογῶ.
Οὗτός ἐστιν, ὃν ζητοῦμεν. Τοὺς δ' ἄλλους ἐκβάλετε.
Ἀγάπα, εἰ τὸ σῶμα σῴζεις.
Ὑπόσχου με σώσειν λαβὼν τὸ ἀργύριον.
Τρέχετε, ὦ φαῦλοι.
Ὑπισχνοῦμαι. Σὺ δὲ παρασκεύασον τὰ χρήματα.
Τί βλέπομεν; πολλά ἐστιν ἐν τῇ κιβωτῷ.
Ἐγὼ τὸν ἄνδρα φυλάττω.
Εἰπέ μοι· ποῦ ἐστι τὸ ἀργύριον;
Ἰδέ· τρία τάλαντα.
Δοκεῖ μοι ἀναγκαιότατον εἶναι πίστιν παρὰ σοῦ λαβεῖν.
Ἐρχόμεθα.
Ἐπίσταμαι· ἡγῇ γάρ με οὔτε θεοὺς οὔτε ἀνθρώπους νομίζειν.
Ἐλθόντες εἰς τὸ ἐργαστήριον ἀπογράφεσθε τοὺς δούλους.

Erzgießerwerkstatt. Rotfigurige Schale, 1. H. 5. Jh. v. Chr. Berlin ▽

25 Sophokles: Antigone

Antike Inhaltsangabe

In den Handschriften, die die Theaterstücke der griechischen Bühnendichter enthalten, findet sich vor dem jeweiligen Text eine Inhaltsangabe (gelegentlich sind es auch mehrere).
Die *„Antigone"* des **Sophokles** wurde wahrscheinlich 442/41 v. Chr., also in der Zeit der höchsten Blüte Athens, aufgeführt. Sie ist neben dem „König Ödipus" (→ L 26 und 43) die bekannteste der sieben erhaltenen Tragödien des Dichters, der insgesamt 123 Stücke geschrieben haben soll. Da stets neue Tragödien für das in der Regel fünf Tage dauernde große Dionysosfest Anfang April verfaßt wurden, gab es in Athen nur Uraufführungen. Mehrere Dichter reichten ihre Werke ein, dreien von ihnen wurde die Aufführung je einer Trilogie (Folge von drei Stücken) und eines sog. Satyrspiels an einem der Festtage genehmigt. Dem besten Werk wurde von einer Jury der Preis zuerkannt.
Zur Situation: Eteokles und Polyneikes, die beiden Brüder der Antigone, sind im Kampf um ihre Vaterstadt Theben gefallen, der eine als Verteidiger der Stadt, der andere als Angreifer. Kreon, der Schwager des Oidipus (→ L 26), hat nun die Herrschaft übernommen.

Ἀποθανόντα Πολυνείκη ἐν τῇ πρὸς τὸν ἀδελφὸν μονομαχίᾳ Κρέων ἄταφον ἐκβαλὼν κηρύττει αὐτὸν μὴ θάπτειν, θάνατον ἀπειλήσας τῷ θάψαντι. Τοῦτον Ἀντιγόνη ἡ ἀδελφὴ θάπτειν πειρᾶται. Καὶ δὴ λαθοῦσα τοὺς φύλακας ἐπιβάλλει κόνιν. Οἷς ἀπειλεῖ θάνατον ὁ Κρέων, εἰ μὴ τὸν τοῦτο δράσαντα ἐξευρίσκουσιν. Οὗτοι τὴν κόνιν ἀφελόντες οὐδὲν ἧττον ἐφρούρουν.
Ἐπελθοῦσα δὲ ἡ Ἀντιγόνη καὶ γυμνὸν εὑροῦσα τὸν νεκρὸν ἀνοιμώξασα ἑαυτὴν εἰσαγγέλλει. Ταύτην καταλαβόντες οἱ φύλακες Κρέοντι παραδιδόασιν. Οὗτος καταδικάζει αὐτὴν καὶ ζῶσαν εἰς τύμβον κατέβαλεν.
Ἐπὶ τούτοις Αἵμων, ὁ τούτου υἱός, ὃς ἐμνᾶτο ταύτην, ἀγανακτήσας ἑαυτὸν ἀποκτείνει. Εὐρυδίκη, ἡ τοῦ Κρέοντος γυνή, ταῦτα ἀκούσασα ἑαυτὴν ἀποκτείνει. Καὶ τέλος θρηνεῖ Κρέων τὸν τοῦ παιδὸς καὶ τῆς γυναικὸς θάνατον.

► St Πολυνείκη *Akk. von* Πολυνείκης
ἡ μονομαχία ► W
► R 65 ἡ κόνις, *Akk.* κόνιν Staub
ἀνοιμώζω wehklagen εἰσαγγέλλω (sich) verraten
καταδικάζω *(zum Tod)* verurteilen
ὁ τύμβος Grab(hügel)
μνάομαι heiraten wollen
θρηνέω beweinen

Impulse und Übungen

I

① Vergleichen Sie die antike Inhaltsangabe der *„Antigone“* mit einer modernen, z. B. in Kindlers Literatur-Lexikon. Welche Unterschiede in der Darstellung fallen Ihnen auf?
② Wo enthält der Lektionstext Hinweise auf die Motive der handelnden Personen, wo vermißt man sie?

St

Bestimmen Sie Subjekt und Prädikat im ersten Satz des Lektionstexts; suchen Sie dann die Partizipien, die dem Subjekt zugeordnet sind, und stellen Sie fest, was von ihnen und vom Prädikat jeweils abhängig ist. Das folgende Schema erleichtert die Arbeit:

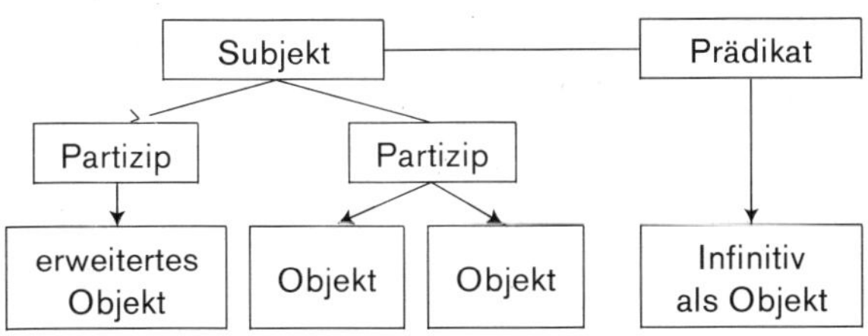

W

Erschließen Sie die Bedeutung des Substantivs μονομαχία im Vergleich mit den Fremdwörtern *Monolog, Monarchie, Monopol, Monographie.* Was fällt Ihnen dabei auf?

G 1

Ordnen Sie mit Hilfe der Ausgänge die folgenden Formen des **Demonstrativpronomens** nach Kasus, Numerus und Genus und vervollständigen Sie die Deklinationsübersicht aus dem Lektionstext:

ταύτῃ – τούτων – ταύταις – αὕτη – τούτῳ – ταύτης – τούτους – αὗται – ταύτας

Vergleichen Sie die Bildungsweise des Demonstrativpronomens mit der des Artikels. Auf welche Kasus und Genera ist der Anlaut ῾ beschränkt? Wann erscheint **αυ**, wann **ου** im Stamm?

G 2

Erläutern Sie anhand der folgenden Sätze den Begriff **„Reflexivpronomen“:**

① Οἱ φύλακες ἰδόντες τὴν Ἀντιγόνην κατέλαβον **αὐτήν.**
② Ἡ γὰρ Ἀντιγόνη **ἑαυτὴν** εἰσήγγειλεν[1]).

Beschreiben Sie, wie das Reflexivpronomen der 3. Person im Griechischen gebildet wird.

E

Ergänzen Sie passende Formen des Demonstrativpronomens:

... τῷ ἀνθρώπῳ ... τοῖς φύλαξιν
... αἱ γυναῖκες ... τὰ πράγματα
... τὸν νεανίαν ... ἡ ναῦς
... τὴν δύναμιν ... τοῦ στρατιώτου

Z

Welche starken Aoriste enthält der Text? Wie lauten die entsprechenden Formen des Präsens?

[1]) εἰσήγγειλεν sie hatte verraten

▽ *Antigone vor Kreon.* Attisches Vasenbild, London

Das griechische Theater

Wie groß die Theaterbegeisterung der Griechen war, beweisen die vielen Theaterbauten, die in Griechenland und im westlichen Kleinasien, aber auch in den Kolonien ausgegraben wurden und in der Regel besser erhalten sind als die übrigen Bauwerke der Stadt.
Zu den eindrucksvollsten gehört das *Theater von Epidauros* (→ L 27) aus dem 4. Jh. v. Chr., das nach dem Urteil des Pausanias (II 27,5; → Einleitung L 44) an Harmonie und Schönheit von keinem anderen Theater der antiken Welt übertroffen wurde. Die Charakteristika eines griechischen Theaterbaus treten hier besonders klar in Erscheinung. Zunächst die Lage: eingebettet in die Landschaft, so daß die Baulinien mit dem Verlauf des Geländes verschmelzen; die Zuschauerreihen halbkreisförmig in die natürliche Rundung des Hügels hineingebaut, der Blick nicht wie bei römischen Theatern durch eine senkrecht aufragende Bühnenwand gefangen, sondern über das ganze Heiligtum bis zum Horizont hin frei. Das Zentrum bildet ein kreisrunder Platz, die ὀρχήστρα („Tanzplatz"), die in erster Linie dem Chor vorbehalten war. Auf beiden Seiten führen Zugänge (πάροδοι) – vorbei an gewaltigen Quadermauern, die die Zuschauerreihen zur Talseite hin stützen – ins Innere. Von hier aus errreichte der Zuschauer seinen Platz über eine der elf schmalen, radial von der Orchestra ausgehenden Treppen, die im oberen Drittel auf einen horizontalen Umgang münden, der den gewaltigen Zuschauerraum (θέατρον oder κοῖλον, lat. Cavea) in zwei Ränge teilt. Die insgesamt 55 Sitzreihen sind breit genug, daß die Zuschauer ihre Füße jeweils in der Vertiefung der Vorderreihe unterbringen konnten. Ehrensitze mit Rückenlehnen gab es in der ersten Reihe und am Umgang. Außerdem sind die drei ersten Reihen etwas niedriger. Die Ehrengäste saßen offenbar auf Kissen.
Gegenüber diesem riesigen Zuschauerraum nimmt sich das Bühnengebäude (σκηνή) mit dem davorliegenden προσκήνιον, auf dem die Schauspieler agierten, eher bescheiden aus. Es war eingeteilt in Umkleideräume und Kammern zum Aufbewahren der Theaterutensilien; darüber hinaus diente die Fassade selbst als Kulisse oder Kulissenträger.
Voll verständlich wird diese für das griechische Theater typische Anlage erst im Zusammenhang mit dem Ursprung und der Entwicklung der griechischen Tragödie. Vor allem in der Frühzeit spielte der *Chor* in ihr eine dominierende Rolle. In strophenartig gegliederten Liedern meldet er sich zwischen den einzelnen Szenen zu Wort, indem er zum Geschehen Stellung nimmt, die Götter um günstigen Ausgang bittet, nach einer Katastrophe den Klagegesang anstimmt oder gelegentlich auch selbst in die

Der Komödiendichter Menander (um 300 v. Chr.) *und seine Geliebte Glykera.*
In der Mitte Komödienmasken.
Marmorrelief; Rom, Lateranmuseum ▷

◁ *Das Theater von Epidauros*

Handlung eingreift. Diese starke Ausarbeitung der Chorpartien weist neben manchem anderen auf den Ursprung der griechischen Tragödie aus dem *Dithyrambos,* dem chorischen Kultlied des Dionysos. Um 600 v. Chr. soll *Arion* in Korinth zum ersten Mal einen solchen Dithyrambos aufgeführt haben.

Die *Orchestra* kann daher als Keimzelle des griechischen Theaters gelten. Ursprünglich war sie der Ort für den kultischen Gesang und Tanz, für den die Kreisform besonders geeignet war; die Zuschauer standen außen herum. Erst als sich aus diesen chorischen Darbietungen unter nicht genau bekannten Umständen das dramatische Spiel von Einzelpersonen entwickelte und Heroensagen nicht nur gesungen, sondern auch dargestellt wurden, rückten die Zuschauer auf die eine Seite, während die andere als Hintergrund, etwa mit der Andeutung des Palasts, vor dem die Handlung spielt, benutzt wurde. Damit war die für das griechische Theater charakteristische Dreiteilung von Skene, Orchestra und Zuschauerraum bereits gewonnen. Aber sie bildeten eine Einheit, da kein „Orchestergraben" Bühne und Publikum voneinander trennte.

Daß die griechische Tragödie in erster Linie *Kulthandlung* war, blieb dem Zuschauer stets bewußt. In der Mitte der Orchestra (später auch, wenn er beim Spiel störte, an deren Rand) stand der Altar des Dionysos, zu dessen Ehren die Tragödien aufgeführt wurden (→ Einleitung L 25). Nicht zufällig hat also Peisistratos, der das Fest der Großen Dionysien in Athen einführte, auch eine Tragödie in das Festprogramm aufgenommen (2. Hälfte 6. Jh.).

Auch die Ausstattung der Schauspieler erinnerte an *Dionysos,* für dessen Priester ein Ehrensitz in der ersten Reihe reserviert war. In der Frühzeit trugen die Schauspieler Jagdstiefel, wie Dionysos es zu tun pflegte. Und auch die Masken, die vor dem Gesicht getragen wurden und, wie moderne Versuche ergeben haben, je nach Haltung große Variationsmöglichkeiten im Ausdruck zuließen, deuten auf die Verwandlung, die bei dem Gott des Rausches und der Ekstase eine bedeutende Rolle spielte. Daß die Masken auch als Klangverstärker dienten, ist anzunehmen, obwohl die griechischen Theater wegen ihrer ausgezeichneten Akustik berühmt waren. Neue Berechnungen haben ergeben, daß die griechischen Architekten die Gesetze der Akustik unter freiem Himmel genau berücksichtigt haben. Durch die Verlängerung der Cavea über den Halbkreis hinaus und deren leicht ellipsenförmigen Schnitt sowie durch die nicht zu steile Anordnung der Sitzreihen und die geringe Tiefe der Bühne erzielten sie eine optimale Akustik ohne störende Echowirkungen.

Baulich hat das griechische Theater eine lange Entwicklung durchgemacht. So ist zum Beispiel das berühmte *Dionysostheater* am Südhang der Akropolis, in dem die Tragödien des *Aischylos, Sophokles* und *Euripides* sowie die Komödien des *Aristophanes* aufgeführt wurden, erst gegen 330 v. Chr. in Stein errichtet worden. In der Anfangszeit saß man auf dem Boden oder auf provisorischen Holzkonstruktionen, und auch die Bühne dürfte ein schnell zusammengenageltes Brettergerüst gewesen sein. Auch noch in der klassischen Zeit kam das griechische Theater mit einer relativ kleinen Spielfläche aus, selbst wenn jetzt mehr Schauspieler – seit Aischylos zwei, seit Sophokles drei – sich gleichzeitig auf der Bühne befinden konnten (dabei wurden auch die Frauenrollen von Männern gespielt, und in der Regel übernahm ein Schauspieler mehrere Rollen) und die Stücke im Lauf der Zeit handlungsreicher geworden waren.

Erst als der Kultcharakter der Tragödie allmählich in Vergessenheit geriet, der Chor in den Hintergrund trat und schließlich ganz wegfiel und der veränderte Publikumsgeschmack nach Schaueffekten und Revuen verlangte, dehnte sich das Bühnengebäude auf Kosten der Orchestra aus. Jetzt brauchte man prächtige Bühnenausstattungen, und eine aufwendige Theatertechnik ersetzte die primitiven Theatermaschinen der alten Zeit, die man etwa beim Erscheinen eines *deus ex machina* benötigt hatte. Jetzt wurden auch die ersten Zuschauerreihen von der Orchestra abgerückt und entsprechend der größeren Bühnenhöhe nach oben verlegt. Bei dem Massenandrang reichte die ursprüngliche Fassungskraft der Theater (in Epidauros und Athen etwa 15 000) oft nicht mehr aus, so daß die Cavea erweitert werden mußte.

Das Ende des griechischen Theaters war gekommen, als es die Aufgaben eines römischen Amphitheaters übernehmen mußte. Dazu wurden um die Orchestra Marmorschranken mit aufsetzbaren Gittern gebaut, damit die Zuschauer bei Tierhetzen und dergleichen gefährlichen Spektakeln geschützt waren. Nervenkitzel und Sensationslust waren nun die Gründe, aus denen man ins Theater ging.

Dichter, Flötenspieler und Chor, wohl beim Vortrag eines Dithyrambos. Rotfiguriges Vasenbild, Ende 5. Jh., Kopenhagen ▷

26 Ein Verhör

Sophokles

Der folgende Text stammt aus dem Drama *„Oidipus Tyrannos"* von **Sophokles.**
Durch das Orakel von Delphi war Laios, dem König von Theben, geweissagt worden, sein Sohn werde ihn töten und die eigene Mutter, Iokaste, heiraten. Das neugeborene Kind wird deshalb einem Hirten übergeben, der es mit durchbohrten Knöcheln (daher der Name Oidipus: „Schwellfuß") im Kithairongebirge aussetzen soll. Aus Mitleid gibt dieser das Kind einem Hirten aus dem nahen Korinth. Hier wächst Oidipus auf als Sohn des kinderlosen Königs Polybos.
Eines Tages wirft ein Betrunkener Oidipus vor, er sei gar nicht der leibliche Sohn des Polybos. Oidipus erkundigt sich in Delphi, bekommt aber auf die Frage nach seiner Herkunft keine Antwort. Stattdessen erfährt er, was schon dem Laios prophezeit worden war: daß er seinen Vater töten und seine Mutter heiraten werde. Entsetzt kehrt Oidipus nicht nach Korinth zurück, sondern wendet sich nach Theben. Unterwegs erschlägt er einen alten Mann, der ihm nicht aus dem Weg gehen will – seinen eigenen Vater.
Dann gelingt es ihm, Theben von der Sphinx, einem geflügelten Ungeheuer, zu befreien. Als Retter der Stadt wird er ihr König und heiratet die Königin – seine Mutter.
Lange Zeit danach zeigen die Götter durch eine Pest an, daß der ungesühnte Mord an Laios als Fluch auf der Stadt lastet. Energisch nimmt Oidipus die Suche nach dem Mörder auf. Zwangsläufig wird die Frage nach dem Schuldigen zur Frage nach der eigenen Identität.
Unsere Szene führt direkt zum Höhepunkt des Dramas. In der Indizienkette gegen Oidipus fehlt nur noch ein Glied: Wird der Mann aus Korinth den alten Diener des Laios als den Mann identifizieren, der ihm damals das neugeborene Kind übergab?
Oidipus verhört diesen Diener in Gegenwart des korinthischen Hirten (auf ihn wird in V. 7 und 23 hingewiesen).

Οἰδίπους ἔργον μεριμνῶν ποῖον ἢ βίον τίνα;
Ποιμήν ποίμναις τὰ πλεῖστα τοῦ βίου συνειπόμην.
Οἰ. χώροις μάλιστα πρὸς τίσιν ξύναυλος ὤν;
Πο. ἦν μὲν Κιθαιρών, ἦν δὲ πρόσχωρος τόπος.
Οἰ. τὸν ἄνδρα τόνδ' οὖν οἶσθα τῇδέ που μαθών –
Πο. τί χρῆμα δρῶντα; ποῖον ἄνδρα καὶ λέγεις;
Οἰ. τόνδ', ὃς πάρεστιν.

ἡ ποίμνη Herde
ξύναυλος zusammenwohnend
πρόσχωρος benachbart

Da der Bote aus Korinth sich noch gut an den Hirten erinnert, hilft diesem keine Verstellung. Er muß zugeben, daß er dem Boten einst den jungen Oidipus übergeben hat.

Οἰ. πόθεν λαβών; οἰκεῖον, ἢ 'ξ ἄλλου τινός;
Πο. ἐμὸν μὲν οὐκ ἔγωγ', ἐδεξάμην δέ του.
Οἰ. τίνος πολιτῶν τῶνδε κἀκ ποίας στέγης;
Πο. μὴ πρὸς θεῶν, μή, δέσποθ', ἱστόρει πλέον.
Οἰ. ὄλωλας, εἴ σε ταῦτ' ἐρήσομαι πάλιν.
Πο. τῶν Λαΐου τοίνυν τις ἦν γεννημάτων.
Οἰ. ἢ δοῦλος, ἢ κείνου τις ἐγγενὴς γεγώς;
Πο. οἴμοι, πρὸς αὐτῷ γ' εἰμὶ τῷ δεινῷ λέγειν.
Οἰ. κἄγωγ' ἀκούειν· ἀλλ' ὅμως ἀκουστέον.

του = τινός
κἀκ = καὶ ἐκ   ἡ στέγη Haus
ἐρήσομαι *Fut. von* ἐρωτάω
τὸ γέννημα Kind
κείνου = ἐκείνου   ἐγγενής verwandt
γεγώς *Part. Perf. von* γίγνομαι   οἴμοι weh mir!
κἄγωγε = καὶ ἔγωγε   ἀκουστέον man muß hören

Πο. κείνου γέ τοι δὴ παῖς ἐκλῄζεθ'· ἡ δ' ἔσω	κλῄζω nennen
κάλλιστ' ἂν εἴποι σὴ γυνὴ τάδ' ὡς ἔχει.	ἂν εἴποι sie könnte sagen
Οἰ. ἦ γὰρ δίδωσιν ἥδε σοι;	
Πο. μάλιστ', ἄναξ.	ὁ ἄναξ Herr, Herrscher
Οἰ. ὡς πρὸς τί χρείας;	
Πο. ὡς ἀναλώσαιμί νιν.	ὡς ἀναλώσαιμί νιν damit ich ihn töte
Οἰ. τεκοῦσα τλήμων;	τλήμων unglücklich
Πο. θεσφάτων γ' ὄκνῳ κακῶν.	τὰ θέσφατα Weissagungen ὁ ὄκνος Furcht
Οἰ. ποίων;	
Πο. κτενεῖν νιν τοὺς τεκόντας ἦν λόγος.	νιν = αὐτόν
Οἰ. πῶς δῆτ' ἀφῆκας τῷ γέροντι τῷδε σύ;	
Πο. κατοικτίσας, ὦ δέσποτα.	κατοικτίζω Mitleid haben

Szenenfoto aus einer Berliner Aufführung (1967) des „Ödipus Tyrann" von Heiner Müller nach Hölderlin. In der Mitte Ödipus, links und rechts der Chor ▽

Impulse und Übungen

Dichterische Wortstellung und dramatische Kürze der Aussagen machen die Lektüre der originalen Sophokles-Verse unseres Lektionstexts zu einer anspruchsvollen Aufgabe. Zur Erleichterung wird dem Text eine möglichst wortgetreue Übersetzung beigegeben, zweitens eine vereinfachte griechische Fassung angeboten, anhand deren auch das grammatische Pensum behandelt werden kann.

Übersetzung

Oidipus: Du, Alter, schau hierher und beantworte meine Fragen! Gehörtest du früher dem Laios?

Hirt: Ja, als im Haus geborener Sklave, nicht gekauft.[1])

O: *Welcher Tätigkeit gingst du nach, was für ein Leben führtest du?*

H: *Den größten Teil des Lebens folgte ich den Herden.*

O: *An welchen Plätzen hieltest du dich meistens auf?*

H: *Es war teils der Kithairon, teils das benachbarte Gebiet.*

O: *Den Mann da kennst du also, hast ihn wohl dort kennengelernt?*

H: *Was tat er (damals)? Und von welchem Mann sprichst du (überhaupt)?*

O: *Von dem, der da steht!*

[...]

O: *Woher nahmst du (das Kind)? War es dein eigenes oder stammte es von einem anderen ab?*

H: *Nein, (es war) nicht das meine; ich erhielt es von jemandem.*

O: *Von welchem dieser Bürger da und aus welchem Haus?*

H: *Nein, bei den Göttern, Herr, frage nicht weiter!*

O: *Du bist verloren, wenn ich dir diese Frage nochmals stellen muß!*

H: *Nun also, es war eines von den Kindern aus dem Haus des Laios.*

O: *Etwa Sklave – oder eines, das von jenem selbst abstammte?*

H: *Wehe mir, nun bin ich drauf und dran, das Schreckliche zu sagen* [nun bin ich genau bei dem, das schrecklich ist zu sagen].

O: *Und ich, zu hören – aber hören muß ich es!*

H: *Es hieß, das Kind sei von jenem; am besten sagt wohl deine Frau da drinnen, wie sich das (alles) verhält.*

O: *Gab sie es etwa dir?*

H: *Allerdings, Herr!*

O: *Zu welchem Zweck?*

H: *Damit ich es töte.*

O: *Die eigene Mutter, die Unselige?*

H: *Aus Angst vor schlimmen Prophezeiungen.*

O: *Vor welchen?*

H: *Es werde seine Eltern töten, ging das Wort.*

O: *Wieso gabst du es dann diesem alten Mann?*

H: *Ich hatte Mitleid, Herr.*

Vereinfachte Prosafassung

Οἰδίπους Ποῖον ἔργον ἐργαζόμενος, τίνα βίον διάγων;

Ποιμήν Τὸν πλεῖστον χρόνον τοῦ βίου ποιμὴν ἦν.

Οἰ. Ἐν τίσι χώροις μάλιστα ὤν;

Πο. Ἦν μὲν Κιθαιρών, ἦν δὲ πρόσχωρος τόπος.

Οἰ. Οἶσθα τόνδε τὸν ἄνδρα τῇδέ που αὐτὸν μαθών;

Πο. Τί δρῶντα; καὶ ποῖον ἄνδρα λέγεις;

Οἰ. Τόνδε, ὃς πάρεστιν.

[...]

Οἰ. Πόθεν ἔλαβες τὸν παῖδα; πότερον ἦν οἰκεῖος ἢ ἐξ ἄλλου τινός;

Πο. Ἐμὸς μὲν οὐκ ἦν· ἔλαβον παρά τινος.

Οἰ. Παρὰ τίνος τῶνδε τῶν πολιτῶν καὶ ἐκ ποίας οἰκίας;

Πο. Μή, πρὸς θεῶν, ἐρώτα, δέσποτα.

Οἰ. Ἀποθνήσκεις, εἰ ταῦτα πάλιν ἐρωτῆσαι χρή.

---

[1]) bis hierher nicht im Lektionstext enthalten

Πο. Ἦν τις τῶν Λαΐου παίδων.
Οἰ. Πότερον δοῦλος ἢ παῖς ἐκείνου;
Πο. Νῦν χρὴ λέγειν τὸ δεινόν.
Οἰ. Ἐμὲ δὲ χρὴ ἀκούειν.
Πο. Παῖς ἐκείνου εἶναι ἐλέγετο· ἡ δὲ γυνή σου ἐπίσταται, πῶς τάδε ἔχει.
Οἰ. Ἔλαβες τὸν παῖδα παρὰ τῆσδε;
Πο. Μάλιστα.
Οἰ. Πρὸς τίνα χρείαν;
Πο. Ἀποκτείνειν αὐτόν.
Οἰ. Αὐτὴ ἡ μήτηρ;
Πο. Φοβουμένη θέσφατα κακά.
Οἰ. Ποῖα;
Πο. Ἦν λόγος ἀποκτενεῖν τὸν παῖδα τοὺς τεκόντας.
Οἰ. Διὰ τί τῷδε τῷ γέροντι τὸν παῖδα ἀφῆκας;
Πο. Κατοικτίσας, ὦ δέσποτα.

I

Beschreiben Sie Aufbau und Verlauf des Verhörs! Durch welche Mittel erzielt Sophokles besondere Wirkung?

G 1

Identifizieren Sie die im Text vorkommenden Formen des **Fragepronomens** τίς und des **Indefinitpronomens** τις. Welche weiteren Fragewörter (Pronomina und Adverbien) finden sich im Text? An welchen Merkmalen sind sie zu erkennen?

G 2

① Stellen Sie aus dem Text Formen des **Demonstrativpronomens** ὅδε, ἥδε, τόδε zusammen; wie sind diese Formen gebildet?
② Vergleichen Sie:

πάντες οἱ φίλοι	ὅδε ὁ ἀνήρ	αὕτη ἡ γυνή
alle Freunde	*der Mann da*	*diese Frau*

G 3

Vergleichen Sie:

ὁ παῖς **μου** *mein Kind*	**ὁ ἐμὸς** παῖς *mein (eigenes) Kind*
ἡ γυνή **σου** *deine Frau*	**ἡ σὴ** γυνή *deine (eigene) Frau*

In welchem Fall wird die Zugehörigkeit stärker betont?
Der Genitiv Singular der eben betrachteten Wendungen lautet:
τοῦ παιδός μου/τῆς γυναικός σου
τοῦ ἐμοῦ παιδός/τῆς σῆς γυναικός
Führen Sie die Deklination im Singular und Plural weiter.

B

Die folgenden Formen unterscheiden sich nur durch ihre Akzente; bestimmen Sie sie genau:
ποίων – ποιῶν/τίνος – τινός/ὁ – ὅ/ποῦ – που

M

Zwei **Iamben** (⏑ –: kurz – lang) bilden ein **Metron** („Maßeinheit"), drei Metra den **Tri-meter.**
Eine Silbe ist lang,
a) wenn sie einen langen Vokal (ᾱ, ῑ, ῡ, η, ω) oder Diphthong (αι, αυ, ευ, ει, οι, ηυ, ου, υι) **enthält** oder
b) wenn auf einen an sich **kurzen Vokal zwei oder mehr Konsonanten folgen;** ζ (ds), ξ (ks) und ψ (ps) sind Doppelkonsonanten.
Silben mit kurzem Vokal vor Verschlußlaut (Muta: K/P/T – Laut) + Fließlaut (Liquida: λ, ρ) können metrisch als kurz gelten, da λ und ρ als Fließlaute vokalischen Charakter haben.
Der 1., 3. und 5. Iambus des Trimeters kann auch durch eine Folge von zwei Längen ersetzt werden (**– –: Spondeus**); gelegentlich kommt es auch vor, daß eine Länge durch zwei Kürzen ersetzt wird. Die letzte Silbe eines Verses kann auch kurz sein.
Die „Baupläne" der ersten drei Verse des Lektionstexts sehen folgendermaßen aus:

– – ⏑ – | – – ⏑ – | ⏑ – ⏑ ⏑
– – ⏑ – | ⏑ – ⏑ – | ⏑ – ⏑ –
– – ⏑ – | ⏑ – ⏑ – | ⏑ – ⏑ –

Versuchen Sie, auch weitere Verse entsprechend zu analysieren und unter Beachtung der Längen und Kürzen zu lesen.

27 Streit unter Göttern

Apollodor

Wie groß das Interesse der Griechen an den überlieferten Götter- und Heldensagen auch noch in späterer Zeit war, geht allein schon daraus hervor, daß diese Geschichten in großen Sammelwerken festgehalten wurden.

Mit ein Grund für dieses Interesse war die Tatsache, daß es für die Griechen die für uns selbstverständliche Trennung zwischen Mythos und Geschichte in dieser Eindeutigkeit nicht gab. Für sie waren die Taten des Herakles bis zu einem gewissen Grade genauso historische Realität wie die Taten Alexanders. Und viele Orte waren stolz darauf, Schauplatz einer mythischen Begebenheit gewesen zu sein. Zwischen „Geschichte" und „Geschichten" war ein klarer Trennungsstrich nicht zu ziehen.

Die *„Bibliothek des Apollodoros"*, vermutlich im 1. Jh. n. Chr. verfaßt, ist ein solches mythologisches Handbuch, in dem Götter- und Heldensagen gesammelt waren.

Asklepios, der Gott der Heilkunde, war ein Sohn Apollons. Sein wichtigstes Heiligtum befand sich bei Epidauros in der nordöstlichen Peloponnes. Von hier aus breitete sich sein Kult fast über die ganze antike Welt aus. Im 5./4. Jh. dürfte es etwa 500 „Filialen" von Epidauros gegeben haben. Die Kultstätten waren zugleich „Kurorte" für alle möglichen Krankheiten des Körpers und der Seele.

Ἀσκληπιὸς τῆς μητρὸς αὐτοῦ ἀποθανούσης ἔτι παῖς ὢν ὑπὸ τοῦ Ἀπόλλωνος ἐκομίσθη πρὸς Χείρωνα τὸν Κένταυρον, παρ' οὗ τὴν ἰατρικὴν ἐδιδάχθη.

Καὶ γενόμενος ἰατρὸς καὶ τὴν τέχνην ἀσκήσας ἀφθόνως οὐ μόνον ἐκώλυέ τινας ἀποθνῄσκειν, ἀλλ' ἀνήγειρε καὶ τοὺς ἀποθανόντας.

Ζεὺς δὲ οὐκ ἐθέλων τοὺς ἀνθρώπους ἐλευθερωθῆναι θανάτου ἐκεραύνωσεν αὐτόν. Καὶ διὰ τοῦτο ὀργισθεὶς Ἀπόλλων ἀποκτείνει τοὺς Κύκλωπας τοὺς τὸν κεραυνὸν Διὶ κατασκευάσαντας.

Ζεὺς δὲ ἐμέλλησε ῥίπτειν τὸν Ἀπόλλωνα εἰς Τάρταρον.

Δεηθείσης δὲ Λητοῦς ἐκέλευσεν αὐτὸν ἐνιαυτὸν ἀνδρὶ θνητῷ θητεῦσαι. Ὁ δὲ παραγενόμενος εἰς Φέρας πρὸς Ἄδμητον τούτῳ δουλεύων ἐποίμαινεν.

Ἀπόλλων δὲ φίλος γενόμενος τῷ Ἀδμήτῳ ἐδεήθη Μοιρῶν αὐτὸν τοῦ θανάτου ἀπολυθῆναι ἐθέλοντός τινος ἑκουσίως ὑπὲρ αὐτοῦ ἀποθνῄσκειν.

Ὡς δὲ ἦλθεν ἡ τοῦ θνῄσκειν ἡμέρα, μήτε τοῦ πατρὸς μήτε τῆς μητρὸς ὑπὲρ αὐτοῦ θνῄσκειν θελόντων Ἄλκηστις ἡ ἄλοχος ὑπὲρ αὐτοῦ ἀπέθανεν. Ἀλλὰ πάλιν ἀνεπέμφθη ὑπὸ τῆς Περσεφονείας.

ἐπεὶ ἡ μήτηρ αὐτοῦ ἀπέθανεν

κεραυνόω mit dem Blitz erschlagen

ὁ κεραυνός Blitz, Donnerkeil

ἐπεὶ δὲ ἐδεήθη Λητώ

Λητώ, Λητοῦς Leto *(Mutter Apollons)*

θητεύω dienen Φέραι Stadt in Thessalien

ποιμαίνω weiden, hüten

εἴ τις ἐθέλει

ἐπεὶ μήτε ὁ πατὴρ μήτε ἡ μήτηρ ὑπὲρ αὐτοῦ θνῄσκειν ἤθελον,

ἡ ἄλοχος Gattin

Περσεφόνεια Persephone, *Göttin der Unterwelt*

Impulse und Übungen

I

Was sagt die Geschichte über das Verhältnis der Götter zueinander aus? Warum will Zeus die Unsterblichkeit der Menschen verhindern? In welcher Erzählgattung finden sich ähnliche Handlungsmotive wie in der Geschichte von Alkestis und Admet?

G 1

① Trennen Sie nach dem Beispiel ἐ-παύ-θη-ν auch bei den folgenden Verbformen Stamm und Bildungselemente und bestimmen Sie, ggf. mit Hilfe der Grammatik:

ἐκωλύθημεν – παιδευθῆναι – ἐποιήθη – τιμηθέντες – ἐφυλάχθησαν – νομισθείσης – ἐπράχθη – ἠναγκάσθητε – φιληθείς – ἐβλέφθης

② Vergleichen Sie die in den einzelnen Sätzen der Gruppen A und B hervorgehobenen Formen mit der deutschen Übersetzung. Welchen Unterschied zwischen den Formen von A und B stellen Sie fest?

A

Ἀσκληπιὸς πρὸς Χείρωνα **ἐκομίσθη,** ὑφ᾽ οὗ τὴν ἰατρικὴν **ἐδιδάχθη.**	*Asklepios* ***wurde*** *zu Cheiron* ***gebracht,*** *von dem er in der Heilkunde* ***unterrichtet wurde.***

B

Ζεὺς τῷ Ἀπόλλωνι **ὠργίσθη** καὶ ἐμέλλησε ῥίπτειν αὐτὸν εἰς Τάρταρον,	*Zeus* ***zürnte*** *dem Apollon und wollte ihn in den Tartaros schleudern,*
Λητὼ δὲ **δεηθεῖσα** ἔπαυσε τὸν Δία ὀργιζόμενον.	*aber Leto brachte, indem sie für ihn* ***bat,*** *Zeus von seinem Zorn ab.*

T

Ersetzen Sie nach dem Modell ἡ τοῦ ἀποθνῄσκειν ὥρα auch in den folgenden Sätzen ὁ θάνατος durch den **substantivierten Infinitiv:**
Ὁ φιλόσοφος τὸν θάνατον οὐ φοβεῖται.
Ἐν τῷ θανάτῳ ἡ ψυχὴ ἀπὸ τοῦ σώματος λύεται.

G 2

Worin unterscheiden sich die Partizipialkonstruktionen der Satzgruppen A und B? Beachten Sie auch die jeweiligen Auflösungen durch Gliedsätze:

A

Ἀσκληπιὸς

παρὰ Κενταύρῳ τινὶ διδαχθεὶς	ἐπεὶ ... ἐδιδάχθη

ἰατρὸς ἐγένετο.
Ζεὺς δὲ τῷ Ἀσκληπιῷ ὠργίσθη

τοὺς ἀνθρώπους κωλύοντι	ὅτι ... ἐκώλυε

ἀποθνῄσκειν.

B

Ἀσκληπιοῦ βοηθοῦντος	Ἐπεὶ Ἀσκληπιὸς ἐβοήθει,
οἱ ἄνθρωποι τὸν θάνατον οὐκ ἐφοβοῦντο.	οἱ ἄνθρωποι τὸν θάνατον οὐκ ἐφοβοῦντο.
Τοῦ δὲ Διὸς κεραυνώσαντος τὸν Ἀσκληπιὸν	Ὅτι/ἐπεὶ Ζεὺς τὸν Ἀσκληπιὸν ἐκεραύνωσεν,
Ἀπόλλων τοὺς Κύκλωπας ἀποκτείνει.	Ἀπόλλων τοὺς Κύκλωπας ἀποκτείνει.

Z

Die bei der Formenbildung des **Aorist Passiv der Verba muta** (K/P/T-Stämme) wirksamen **Lautgesetze** lassen sich zum Teil auch in anderen Bereichen beobachten:

ὑπ(ὸ) οὗ > ὑφ᾽ οὗ: ἐ-πέμπ-θην > ἐπέμ**φθ**ην
ἐπ(ὶ) ἵππον > ἐφ᾽ ἵππον: ἐ-λείπ-θην > ἐλεί**φθ**ην
οὐκ ὁμολογῶ > οὐχ ὁμολογῶ:
ἤγ-θην > ἤ**χθ**ην (zu ἄγω)
ἐπράγ-θην > ἐπρά**χθ**ην
(zu πράττω, Stamm πραγ-)

28 Schlagfertig

Es gibt kleine Formen der Literatur, die nur auf einen einzigen Satz hin angelegt sind, einen sehr treffenden oder sehr dummen Ausspruch oder eine sehr schlagfertige Antwort. Diese können historischen Persönlichkeiten in den Mund gelegt werden, aber auch typischen Gestalten, unter Umständen auch entsprechend charakterisierten Tieren wie in der Fabel.
Dabei ist es gleichgültig, ob der Ausspruch wirklich geäußert wurde. Hauptsache, der Witz zündet, die Pointe sitzt! Und wenn dann noch ein wesentlicher Charakterzug eines einzelnen oder eine typische Verhaltensweise in ihrer Stärke oder Schwäche herausgestellt wird, dann hat die Anekdote ihren Zweck erfüllt. Für diese literarische Form gilt der Satz: *Se non è vero, è ben trovato* (ital.: „Wenn's nicht wahr ist, ist's doch gut erfunden").

Kyme *oder* Cumae: *älteste griechische Kolonie in Italien (um 750 v. Chr.) in der Nähe von Neapel*
Samothrake: *Insel in der nordöstlichen Ägäis mit einem berühmten Mysterienheiligtum. Hier weihten Gläubige, deren Gebet um Errettung erhört worden war, der Gottheit Gedenktafeln oder Bilder.*
Diogenes: → *Einleitung zu L 19*
Pausanias: *König von Sparta zur Zeit des Peloponnesischen Kriegs*
Philogelos *(„Lachfreund"): Schwanksammlung aus dem 4. Jh. n. Chr.*

Quod licet Iovi ... *Aisopos*

Λύκος ἰδὼν ποιμένας ἐσθίοντας ἐν σκηνῇ πρόβατον, „Ἡλίκος ἂν ἦν", ἔφη, „θόρυβος ὑμῖν, εἰ ἐγὼ ταῦτ' ἐποίουν."

► G 1 ἡλίκος wie groß

Verblüffende Ehrlichkeit *Aus dem „Philogelos"*

Κυμαῖος μέλι ἐπίπρασκεν. Ἐλθόντος δέ τινος καὶ γευσαμένου καὶ εἰπόντος, ὅτι πάνυ καλόν, ἔφη· „Εἰ μὴ γὰρ μῦς ἐνέπεσεν εἰς αὐτό, οὐκ ἂν ἐπώλουν."

τὸ μέλι Honig πιπράσκω verkaufen
γεύομαι eine Kostprobe nehmen
ὁ μῦς, μυός Maus

Sarkasmus des Diogenes *Diogenes Laertios*

Θαυμάζοντός τινος τὰ ἐν Σαμοθρᾴκῃ ἀναθήματα ἔφη „Πολλῷ ἂν ἦν πλείονα, εἰ καὶ οἱ μὴ σωθέντες ἀνετίθεσαν."

ἀνετίθεσαν *3. P. Pl. Impf. zu* ἀνατίθημι

Lieber nicht! *Plutarch*

Μεμφομένων δὲ τῶν φίλων, διότι ἰατρόν τινα κακῶς λέγει Παυσανίας, πεῖραν οὐκ ἔχων αὐτοῦ οὐδὲ ἀδικηθείς τι, εἶπεν· „Ὅτι, εἰ ἔλαβον αὐτοῦ πεῖραν, οὐκ ἂν ἔζων."

πεῖραν ἔχω τινός Erfahrung mit jd. haben, mit jd. zu tun gehabt haben

Impulse und Übungen

I

Beschreiben Sie den Aufbau der vier kleinen Geschichten. Welche hauptsächliche Gemeinsamkeit weisen sie auf? Benennen Sie die Erzählformen.

G 1

① Οὐκ ἂν ἐν ἀπορίᾳ ἦμεν, εἰ φίλους εἴχομεν.
Wir wären nicht in Verlegenheit, wenn wir Freunde hätten.
② Οὐκ ἂν ἐσώθη ὁ Λυσίας, εἰ μὴ τὰ χρήματα ἔλαβεν ὁ Πείσων.
Lysias wäre nicht gerettet worden, wenn Peison nicht das Geld bekommen hätte.
Vergleichen Sie den Modus der Prädikate im Griechischen und im Deutschen. Worin unterscheiden sich die Sätze 1 und 2? Wodurch wird im Griechischen das Nicht-Wirkliche (Ir-reale) der Aussagen bezeichnet?

B 1

Stellen Sie mit Hilfe von G 1 fest, welche Prädikate der Lektionstexte im **Irrealis der Gegenwart** *(„ich könnte")* und welche im **Irrealis der Vergangenheit** *(„ich hätte gekonnt")* stehen.

G 2

Λύκος ποιμένας εἶδεν πρόβατον ἐσθίοντας.
Ein Wolf sah a) *Hirten einen Hammel verzehren.*
b) *wie/daß Hirten einen Hammel verzehrten.*

Erproben Sie die beiden Übersetzungsmöglichkeiten von **Partizipien,** die **von einem Verbum des Wahrnehmens abhängig** sind (→ R 39), an den folgenden Sätzen:

① Λυσίας ἐπίσταται (γιγνώσκει/αἰσθάνεται/πυνθάνεται) τὸν Πείσωνα ἄνθρωπον κακὸν ὄντα.
② Οἱ δοῦλοι ἀκούουσι τὸν Πείσωνα καλοῦντα/τοῦ Πείσωνος καλοῦντος[1]· „Ποῦ ἐστε, ὦ δειλοί;"
③ Ὁρᾷ ὁ Λυσίας τοὺς δούλους τὰ χρήματα ἐκφέροντας.
④ Ἔμαθε ὁ Πείσων τὸν Λυσίαν πολλὰ (χρήματα) ἔχοντα.

Z

Übersetzen Sie die folgenden Sätze aus früheren Lektionen entsprechend G 2:
① Χαλεπῶς φέρω, ὦ Σώκρατες, ὅτι ὁρῶ σε ἀδίκως ἀποθνῄσκοντα (→ L 21, 4 f.).
② Ὁ δειλὸς φοβεῖται ὁρῶν ἄνδρας πίπτοντας (→ L 20, 15).
③ Βλέπει Διογένης ἄνδρα τινὰ ἐκ τοῦ σταδίου βαδίζοντα (→ L 19, 1 f.).
④ Οἱ παῖδες θεῶνται ἐνίους ἀτιμαζομένους (→ L 12, 8–10).

Ü

Lösen Sie aus den Texten alle Partizipialkonstruktionen im absoluten Genitiv heraus, vergleichen Sie mit L 27 G 2 und stellen Sie fest, welche Satzglieder von den Partizipien abhängig sind.

B 2

① Welche Aufgabe erfüllt das Imperfekt im zweiten Text, Z. 1. (ἐπίπρασκεν)?
② Bestimmen sie den Kasus von τι im vierten Text, Z. 3. Wovon ist τι abhängig (→ R 38 und 44)?

B 3

Stellen Sie fest, ob die Verbformen der folgenden Sätze passivisch oder aktivisch zu übersetzen sind:
① Τὸν μέγαν λύκον ὁ ποιμὴν οὐκ ἐφοβήθη.
② Ὑπὸ τοῦ φίλου Ξενοφῶν εἰς Δελφοὺς ἐπέμφθη.
③ Σωκράτης τοῦ νεανίου πειραθεὶς πρὸς τὸν Πρωταγόραν ἔρχεται.
④ Αἱ γυναῖκες τῶν ἀνδρῶν ἐδεήθησαν μὴ στρατεύσασθαι.
⑤ Οἱ θεοὶ τῷ Οἰδίποδι ὠργίσθησαν.

[1]) der Genitiv steht häufig bei direkter Wahrnehmung

29 Modell einer Stadtgründung

Platon

Platon führt in seinem *„Staat"* (→ L 10) einen Begriff von Gerechtigkeit ein, bei dem das Interesse des einzelnen zurücktritt zugunsten einer Orientierung am Funktionieren des Ganzen. Gerechtigkeit, und damit allgemeiner Glückszustand herrscht, wenn „jeder das Seine tut" (τὰ ἑαυτοῦ πράττει), d. h. wenn jeder innerhalb der ihm und seinem Stand zugewiesenen Grenzen seine spezifischen Aufgaben erfüllt. Diesen Gedanken demonstriert Platon an der wirtschaftlichen Entwicklung eines neugegründeten Stadtstaates. Es unterhalten sich Sokrates und Adeimantos, ein Bruder Platons.

Σωκράτης Ποιήσει δὲ τὴν πόλιν ἡ ἡμετέρα χρεία.

Ἀδείμαντος Πῶς δ'οὔ;

Σω. Ἀλλὰ μὴν πρώτη γε καὶ μεγίστη τῶν χρειῶν ἡ τῆς τροφῆς παρασκευή.

Ἀδ. Παντάπασί γε.

Σω. Δευτέρα δὴ οἰκίας, τρίτη δὲ ἐσθῆτος καὶ τῶν τοιούτων.

Ἀδ. Ἔστι ταῦτα.

Σω. Φέρε δή, πῶς ἡ πόλις ἀρκέσει ἐπὶ τοσαύτην παρασκευήν; Οὐ πολλῶν δεήσει πολιτῶν; Ὁ γὰρ γεωργὸς οὐκ αὐτὸς ποιήσεται ἑαυτῷ τὸ ἄροτρον οὐδὲ τὰ ἄλλα ὄργανα τοιαῦτα, οὐδ' αὖ ὁ οἰκοδόμος· ἢ οὔ;

Ἀδ. Φαίνεται.

Σω. Τέκτονες οὖν καὶ χαλκεῖς καὶ τοιοῦτοι πολλοὶ δημιουργοὶ συχνὸν τὸ πολίχνιον ποιήσουσιν.

Ἀδ. Πάνυ μὲν οὖν.

Σω. Ἀλλὰ μὴν κατοικίσαι γε τὴν πόλιν εἰς τοιοῦτον τόπον, οὗ ἐπεισαγωγίμων μὴ δεήσεται, σχεδόν τι ἀδύνατον.

Ἀδ. Ἀδύνατον γάρ.

Σω. Προσδεήσει ἄρα ἔτι καὶ ἄλλων, οἳ ἄλλοθεν αὐτῇ κομιοῦσιν, ὧν δεῖται.

Ἀδ. Δεήσει.

Σω. Δεησόμεθα δὴ καὶ ἐμπόρων εἰσαξόντων τε καὶ ἐξαξόντων ἕκαστα.

Ἀδ. Πάνυ γε.

Σω. Σκεψόμεθα οὖν, τίνα τρόπον διαιτήσονται οἱ οὕτω παρεσκευασμένοι. Ἄλλο τι ἢ σῖτόν τε ποιήσουσι καὶ οἶνον καὶ ἱμάτια. Καί οἰκοδομήσονται οἰκίας καὶ θρέψονται ἐκ τῶν

φέρε δή nun denn!

τὸ ἄροτρον Pflug

ὁ χαλκεύς, *Pl.* χαλκεῖς Schmied

τὸ πολίχνιον kleine Stadt

τὰ ἐπεισαγώγιμα Importe

προσδεῖ es bedarf darüber hinaus

διαιτάομαι sein Leben verbringen

παρεσκευασμένος *Part. Perf. Pass. zu* παρασκευάζω

κριθῶν ἄλφιτα σκευαζόμενοι. Εὐωχήσονται δὲ πίνοντες οἶνον καὶ ὑμνοῦντες τοὺς θεούς, καὶ οὕτω διάξουσι τὸν βίον ἐν εἰρήνῃ μετὰ ὑγιείας.

ἡ κριθή Gerste τὸ ἄλφιτον Mehl

Impulse und Übungen

I

① Was veranlaßt nach dem Text die Menschen zur Stadtgründung?
② Welches für unsere heutige Wirtschaft selbstverständliche Prinzip liegt Platons Polismodell zugrunde?
③ Worin zeigt sich, daß Platons Polisvorstellung vor allem von Athener Verhältnissen geprägt ist?
④ Inwiefern ist in dem Beispiel aus der Wirtschaft eine Demokratiekritik enthalten?

G 1

Ordnen Sie die folgenden **Futurformen,** nachdem Sie Infinitive und Partizipien ausgesondert haben, nach Person, Numerus und Diathese (Aktiv–Medium) und beschreiben Sie die jeweilige Formenbildung. Was stellen Sie hinsichtlich der Futurbildung der Verben auf -ίζω fest?
ποιήσεις – παύσονται – τιμήσομεν – νομιῶ – κελεύσουσιν – πράξω – γράψετε – κρύψειν – παρασκευάσοντες – σκέψεται – δεήσῃ – ἐργασόμενοι – παιδεύσουσαν – κομιοῦσιν – θάψει – βοήσεις – ἀγανακτήσομεν – θεωρήσει – νομιεῖτε

T

Das **Futur zu εἰμί** lautet ἔσομαι (3. P. Sg. ἔσται). Bilden Sie die entsprechenden Formen zu εἶ – εἰσίν – ἐστέ – ἐστίν – ὤν – οὖσαι – ἐσμέν – εἶναι – ὄντι – ὄντων.

G 2

Ὁ γεωργὸς τὰ ὄργανα οὐ ποιήσεται.
Τὰ ὄργανα ὑπὸ τοῦ γεωργοῦ οὐ ποιηθήσεται.
Bestimmen Sie die Diathese beider Verben und beschreiben Sie die Bildungsweise des **Futurs Passiv.** Überprüfen Sie das Ergebnis auch an folgenden Formen:
οἰκοδομηθήσονται – τιμηθησόμενος – παυθήσεσθαι – ὀργισθήσεσθε – κομισθήσομαι – διδαχθήσῃ – πραχθήσεται.

G 3

Vergleichen Sie mit Hilfe der Grammatik die Deklination von τοσοῦτος, τοσαύτη, τοσοῦτο mit οὗτος, αὕτη, τοῦτο. Welche Gemeinsamkeiten erkennen Sie?

Ü 1

Von Ewigkeit zu Ewigkeit *Heraklit* (um 500 v. Chr.)

Κόσμον τόνδε, τὸν αὐτὸν ἁπάντων, οὔτε τις θεῶν οὔτε ἀνθρώπων ἐποίησεν, ἀλλ' ἦν ἀεὶ καὶ ἔστιν καὶ ἔσται πῦρ ἀείζωον[1]).

Ü 2

Dorkon im Hinterhalt

① „Ἀποκρύψομαι παρὰ τῇ πηγῇ καὶ τηρήσω τὴν ὥραν, ᾗ Χλόη τὰς αἶγας ἐπ-άξει.
② Ὁρμήσω ἐπὶ τὴν παῖδα ὥσπερ λύκος· ἡ δὲ τὸν Δάφνιν καλέσει, ἀλλ' ἐκεῖνος οὐκ ἀκούσεται[2]) αὐτὴν βοῶσαν/αὐτῆς βοώσης.
③ Κομιῶ τὴν Χλόην εἰς τὴν οἰκίαν καὶ παρασκευάσω οἶνόν τε καὶ σῖτον, καὶ κελεύσω αὐτὴν πίνειν καὶ ἐσθίειν.
④ Ἐλπίζω αὐτὴν ὀλίγον μὲν χρόνον σιωπήσειν λυπουμένην καὶ φοβουμένην, αὐτίκα δὲ γελάσεσθαι.[2])
⑤ Ἡμεῖς δ' εὐτυχήσομεν."

[1]) ἀεί-ζωος, ον?
[2]) Manche aktiven Verben haben mediales Futur, ohne daß dadurch eine Bedeutungsveränderung bewirkt wird.

Die griechische Polis

Das Griechische hat zwei Wörter für „Stadt": ἡ πόλις und τὸ ἄστυ. ἄστυ bezeichnet die Stadt im Gegensatz zum Land oder auch zum Hafen, jedenfalls die Stadt als Baukomplex. πόλις ist das wichtigere und viel häufigere Wort. Es bezeichnet die *Stadt als politisches Gemeinwesen,* also den „Stadtstaat" mit eigenen Gesetzen und unbeschränkter Selbstverwaltung. Träger einer solchen Polis waren die erwachsenen Männer, oder, wie Thukydides sagt: ἄνδρες γὰρ πόλις (VII 77,7). Folgerichtig wurden sie als πολῖται, als „Bürger", nicht neutral als „Einwohner" bezeichnet. Ihre Zahl war relativ klein. Frauen, Sklaven und Ausländer, aber auch Griechen, die aus anderen Städten zugezogen waren, die sogenannten Metöken (→ „Die attische Demokratie" und Einleitung L 24), waren keine „Bürger", da sie keine oder nicht die vollen Bürgerrechte besaßen und damit vom öffentlichen Leben ausgeschlossen waren.

▷ *Mädchen vor einer Truhe.* Terrakottarelief aus Lokroi/Unteritalien (um 460/450 v. Chr.). Tarent

▽ *Vorbereitung zum Bad.* Innenbild einer rotfigurigen Schale (nach 500 v. Chr.). Brüssel

Polis ist also in erster Linie ein staatsrechtlicher, kein geographischer Begriff. Meistens gehörte jedoch zur Polis ein bestimmtes Landgebiet. Die Wendung τὸ ἄστυ τῆς πόλεως trägt diesem Tatbestand Rechnung. So zählte etwa zur Polis Athen ganz Attika, das das städtische Zentrum mit Nahrungsmitteln zu versorgen hatte. Viele griechische Städte sind auch erst durch den Zusammenschluß mehrerer Dörfer (συνοικισμός) entstanden.

Anlage und Erscheinungsbild einer griechischen Stadt lassen sich weitgehend als Spiegelbild der Polisgesellschaft und ihrer Institutionen verstehen. Natürlich sahen auch in Griechenland die Städte sehr verschieden aus. Die Kleinstadt, die, durchschnitten von steilen Treppengassen, überragt von einer Akropolis, am Berghang klebte, bot ein anderes Bild als eine Stadt in der Ebene, die sich leichter ausdehnen konnte, oder eine Stadt am Meer mit ihren meist umfangreichen Hafenanlagen. Insgesamt aber waren die griechischen Städte viel kleiner, als wir uns heute eine „Stadt" vorstellen. Viele Poleis zählten nicht mehr als 5000 Einwohner, und nur die großen Städte wie Athen und Syrakus überstiegen die 20 000. Selbst Korinth, in seiner Blütezeit die volkreichste Stadt Griechenlands, hatte nur etwa 10 000 Bürger, was wohl einer Gesamtbevölkerung von 40 000 bis 50 000 entsprach.

Später, als *Hippodamos* um 475 v. Chr. seine von den Persern zerstörte Vaterstadt Milet nach einem neuen System wiederaufgebaut hatte, bei dem sich die Straßen rechtwinklig kreuzten, setzte sich dieses „Schachbrettmuster" wegen seiner Vorteile gegenüber den älteren, verwinkelten, da mehr auf Zufall als auf Planung beruhenden Stadtanlagen immer stärker durch. Trotzdem blieben die charakteristischen Elemente einer griechischen Stadt erhalten.

Ein später Zeuge dafür ist Pausanias (→ L 45), der Panopeis, eine kleine Stadt in der Landschaft Phokis, die Bezeichnung πόλις nicht zuerkennen möchte mit folgender Begründung: *„Panopeis ist eine Polis der Phokäer, wenn man Polis auch diejenigen* [1] *nennen darf, bei denen es weder Amtsgebäude noch ein Gymnasion gibt; sie haben kein Theater, keine Agora, kein Wasser, das in ein Brunnenbecken fließt, sondern sie wohnen in Behausungen im Stil von Gebirgshütten an einer Schlucht"* (X 4,1). Mag sich im Spott über die fehlenden Brunnen und die ärmlichen Behausungen das gestiegene Komfortbedürfnis einer Spätzeit äußern, so gehören doch die genannten Gebäude und Einrichtungen offenbar zu den unverzichtbaren Erfordernissen einer Polis.

Auf häusliche Bequemlichkeit legte der Grieche wenig Wert. Heizung und Toi-

[1] Auch hier ist Polis nicht gleichgesetzt mit „Ort", sondern mit dessen Einwohnern.

letten gab es nicht. Wärmen konnte man sich zur Not an tragbaren Kohlebecken, die auch zum Kochen dienten, und als WC benutzte man einen Topf, der im Zweifelsfall einfach auf die Straße geleert wurde. Ein rundes Becken auf hohem Ständer reichte zum Baden aus, eine Sitzbadewanne galt bereits als Luxus. Kissen und Decken ersetzten die Polstermöbel.

Wichtiger als das Haus, der Bereich der Familie, war die Öffentlichkeit, wo man sich mit anderen traf, die Tagesereignisse besprach, über Geschäfte verhandelte und sich vergnügte. Treffpunkt schlechthin war die *Agora,* auf die fast alle Straßen der Stadt zuliefen. Hier pulsierte das Leben am stärksten, hier war zugleich auch das politische und, wenigstens in der Regel, das religiöse Zentrum. Denn an der Agora hatten die höchsten städtischen Beamten ihren Sitz, hier lag das βουλευτήριον, in dem der Rat der Stadt (βουλή) tagte, hier trat, besonders in den älteren Zeiten, die Volksversammlung zusammen, sofern man nicht aus Platzmangel ins Theater oder an einen anderen Ort umziehen mußte. Auch der Haupttempel der Stadt lag meistens an der Agora oder in ihrer unmittelbaren Nähe, denn das politische Leben war mit dem religiösen eng verflochten. Götterfeste, Opfer, Prozessionen, Theaterdarbietungen, musische und sportliche Wettkämpfe – das alles konnte auf der Agora stattfinden. Sie war also sehr viel mehr als das, was wir unter „Markt" verstehen. Einkaufen konnte man eher in kleinen Geschäften, auf Handelsmärkten oder direkt beim Erzeuger. Als man in hellenistischer Zeit begann, gewaltige rechteckige Marktanlagen zu bauen und sie durch Säulenhallen aus dem gewachsenen Organismus der Stadt herauszuschneiden, hatte die Agora aufgehört, Symbol der autonomen Polis zu sein.

△ *Modell von Milet/Kleinasien, Gebiet um den Nordhafen.* In der Mitte der Nordmarkt, dahinter das Bouleuterion; hinter diesem liegt (nicht abgebildet) die Agora (zu erkennen das Eingangsportal)

unten links: *Auf dem Fischmarkt.* Vasenbild, 4. Jh. v. Chr.

▽ *Rekonstruktionszeichnung eines einfachen athenischen Hauses zwischen Areopag und Pnyx* (4. Jh.)

30 Macht vor Recht

Platon

Gilt das Recht des Stärkeren, wie es in der Natur an Tieren zu beobachten ist, auch für das menschliche Zusammenleben, oder hat sich der einzelne den geltenden Normen der Gesellschaft unterzuordnen?
Die **Sophisten** vertraten den Standpunkt, diese Normen der Gesellschaft seien nicht naturgegeben, sondern beruhten auf Konvention. Trotzdem seien sie zu bejahen, weil sie eine gesicherte Existenz des einzelnen erst ermöglichen. Für Kallikles jedoch, in Platons *„Gorgias"* einer der Gesprächspartner des Sokrates, hat die sophistische Auffassung einen ganz anderen Aspekt.
Provozierend stellt er seine Auffassung der eben von Sokrates vertretenen These entgegen, Unrecht leiden sei besser als Unrecht tun.

Φύσει μὲν αἴσχιόν ἐστιν τὸ ἀδικεῖσθαι, νόμῳ δὲ τὸ ἀδικεῖν. Οὐδὲ γὰρ ἀνδρὸς τοῦτό γ' ἐστιν τὸ πάθημα, τὸ ἀδικεῖσθαι, ἀλλ' ἀνδραπόδου τινός, ᾧ κρεῖττόν ἐστιν τεθνάναι ἢ ζῆν, ὃς ἀδικούμενος μὴ οἷός τέ ἐστιν αὐτὸς αὑτῷ βοηθεῖν μηδὲ ἄλλῳ τινί.
Ἀλλ' οἶμαι οἱ πολλοὶ ἐκφοβοῦντες τοὺς ἐρρωμενεστέρους τῶν ἀνθρώπων καὶ δυνατοὺς ὄντας πλέον ἔχειν λέγουσιν, ὡς αἰσχρὸν καὶ ἄδικον τὸ πλεονεκτεῖν, καὶ τοῦτό ἐστιν τὸ ἀδικεῖν, τὸ πλέον τῶν ἄλλων ζητεῖν ἔχειν. Ἡ δέ γε οἶμαι φύσις αὐτὴ ἀποφαίνει αὐτό, ὅτι δίκαιόν ἐστιν τὸν ἀμείνω τοῦ χείρονος πλέον ἔχειν καὶ τὸν δυνατώτερον τοῦ ἀδυνατωτέρου. Δηλοῖ δὲ ταῦτα πολλαχοῦ, ὅτι οὕτως ἔχει, καὶ ἐν τοῖς ἄλλοις ζῴοις καὶ ἐν τοῖς ἀνθρώποις, ὅτι οὕτω τὸ δίκαιον κέκριται: τοὺς κρείττους τῶν ἡττόνων ἄρχειν καὶ πλέον ἔχειν.
Δοκεῖ δέ μοι καὶ Πίνδαρος, ἅπερ ἐγὼ λέγω, ἐνδείκνυσθαι ἐν τῇ ᾠδῇ, ἐν ᾗ λέγει, ὅτι Ἡρακλῆς οὔτε πριάμενος οὔτε δωρουμένου τοῦ Γηρυόνου ἠλάσατο τὰς βοῦς, ὡς τούτου ὄντος τοῦ δικαίου φύσει, καὶ βοῦς καὶ τἆλλα κτήματα εἶναι πάντα τοῦ βελτίονός τε καὶ κρείττονος τὰ τῶν χειρόνων τε καὶ ἡττόνων.

τεθνάναι tot sein

ἐκφοβέω einschüchtern

ἐρρωμένος stark (*Form:* ► L 19 G 2)

δηλοῖ < δηλόει

κέκριται es ist definiert

ἅπερ ≈ ἅ

ἐνδείκνυμαι beweisen

► R 78

Impulse und Übungen

AT

① Welche Partizipialkonstruktionen sind in Zeile 22 f. des Lektionstexts durch οὔτε – οὔτε verbunden?
② Welcher syntaktische Zusammenhang besteht in Zeile 23 f. zwischen ὡς τούτου ὄντος τοῦ δικαίου und dem nachfolgenden AcI?

I

① Auf welchen Gegensatzpaaren ist die Argumentation des Kallikles aufgebaut?
② Wodurch wird im Text der Begriff δίκαιον näher bestimmt?
③ Vergleichen Sie Kallikles' Definition (und Beurteilung) der Gerechtigkeit (Z. 12–14) mit der platonischen (→ Einleitung zu L 29).
④ Aristoteles hat den Menschen als ζῷον πολιτικόν definiert. Worin berührt sich diese Definition mit der von Kallikles vertretenen These, worin unterscheidet sie sich?

St 1

Οὐδὲ γὰρ ἀνδρὸς τοῦτό γ' ἐστιν τὸ πάθημα, τὸ ἀδικεῖσθαι ...
Der Sprecher dieses Texts neigt dazu, seine Aussagen erst im nachhinein zu präzisieren. Suchen Sie weitere Beispiele für derartige **Epexegesen („nachträgliche Erläuterungen").**

St 2

Beschreiben Sie die stilistischen Mittel, mit denen der letzte Abschnitt des Lektionstexts (Zeile 20 ff.) gestaltet ist. Welche Wirkung wird durch sie erreicht?

G 1

① Deklinieren Sie nach dem Beispiel von σώφρων, σώφρονος (10 G) die **Komparative** μείζ**ων** καὶ κρείττ**ων.**
Berücksichtigen Sie auch die Möglichkeit abweichender Ausgänge bei drei Formen: βελτίω (<* βελτίο[σ]α) = βελτίονα, βελτίους (<* βελτίο[σ]ες) = βελτίονες bzw. βελτίονας.[1])
② Ordnen Sie den im Positiv angeführten Adjektiven passende Komparative zu. Wo können Sie sich am Stamm, wo nur an der Bedeutung orientieren?
Positive: κακός, καλός, αἰσχρός, ἐχθρός, ἀγαθός, μέγας, πολύς, ὀλίγος
Komparative: βελτίων, ἥττων, μείζων, κακίων, πλείων/πλέον, καλλίων, κρείττων, ἀμείνων, χείρων, ἐχθίων, αἰσχίων, ἐλάττων

G 2

Bilden Sie entsprechend κακίων – κάκ**ιστος** die **Superlative** zu: καλλίων, ἐχθίων, πλείων, αἰσχίων, βελτίων, χείρων.
Auf welchen Komparativ oder Positiv lassen sich zurückführen: ἐλάχιστος, κράτιστος, μέγιστος, ἄριστος?

E

Stellen Sie sich vor, der folgende Satz sei einer Lobrede auf einen Sieger in Olympia entnommen; welche der in G 1/2 aufgeführten Komparative oder Superlative lassen sich einfügen?
Welche Aufgabe erfüllt der **Genitiv** πάντων nach einem Superlativ, welche nach einem Komparativ?
Νομίζω τοῦτον τὸν ἄνδρα Ὀλύμπια νικήσαντα ... εἶναι πάντων (τῶν ἀνθρώπων).
Beim folgenden Satz gehen Sie davon aus, daß ihn ein Kläger vor Gericht spricht. Was können Sie sinngemäß ergänzen?
Ὀργιζόμεθα τούτῳ τῷ ἀνδρὶ ... ὄντι πάντων τῶν πολιτῶν/πᾶσι τοῖς πολίταις.

---

[1]) Die Akkusativform βελτίους wurde analog (ἀνὰ λόγον, entsprechend) dem Nominativ gebildet.

T

Setzen Sie die Objekte der beiden Sätze von E in den Plural. Welche weiteren Veränderungen ergeben sich daraus?

Z

Die folgende Skizze und die darauf bezogenen Sätze verschaffen Ihnen einen **Überblick über** den örtlichen Bedeutungsbereich wichtiger **Präpositionen:**

Ὑπὲρ τῆς στοᾶς ἀετός ἐστιν. **Ἐπὶ** τῆς στοᾶς παῖδες κάθηνται· εἷς **κατὰ** τῆς στοᾶς κατέπεσεν καὶ **ἐν** τῇ ἀγορᾷ κεῖται.

Πρὸ τῆς στοᾶς ἀνδριάς ἐστιν. Ἀνήρ τις **ἐκ** τῆς στοᾶς ἥκει, ἄλλος δ' **εἰς** τὴν στοὰν εἰσέρχεται, ἄλλος δὲ **διὰ** τῆς ἀγορᾶς μέσης τρέχει, ἄλλος δὲ κύνα **ἀπὸ** τῆς ἀγορᾶς ἐλαύνει.

Περὶ τὴν ἀγορὰν πολλοὶ οἶκοί εἰσιν. Ἔστι καὶ δένδρα **πρὸς** τῇ ἀγορᾷ· **ὑπὸ** τοῖς δένδροις φιλόσοφός τις τοῖς φίλοις διαλέγεται· οἱ δὲ χαίρουσι **παρὰ** τῷ φιλοσόφῳ ὄντες. Νεανίας τις **πρὸς (παρὰ)** τοὺς διαλεγομένους ἔρχεται.

εἷς → L 1,1
ἀνδριάς Statue

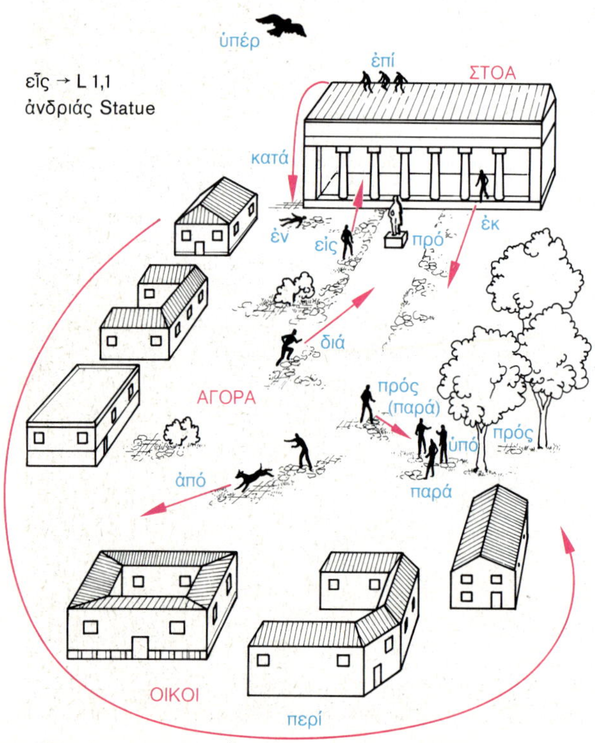

W 1

Genesis, Exodus und *Deuteronomium* (Γένεσις, Ἔξοδος, Δευτερονόμιον) sind griechische Namen für drei der fünf Bücher Moses aus dem Alten Testament. Erklären Sie die Bezeichnungen und weisen Sie sie den Teilen des Gesamtwerks zu, deren Inhalt sie jeweils angeben.

Ü 1

Stellen Sie aus dem Lektionstext Wendungen zusammen, in denen der **Genitiv** den Ausgangspunkt eines Vergleichs bezeichnet. In welchen der folgenden Sätze erfüllt er die gleiche Aufgabe? Wovon sind die übrigen Genitive abhängig?

① Τίς ἀξιώτερός ἐστιν ἐπαίνου ἢ ὁ Ὀλύμπια νικήσας;

② Οἱ Ἕλληνες τοιαύτας νίκας καλλίους ἐνόμιζον εἶναι τῶν ἐν πολέμῳ (νικῶν).

③ Πάντων τῶν ἄλλων δόξῃ προεῖχον οἱ στάδιον[1]) νικήσαντες.

④ Οὗτοι πάντων κράτιστοι ἐνομίζοντο.

Ü 2

Achten Sie in den folgenden Sätzen auf die verschiedenen Bedeutungen von **ὡς**. Welche Hinweise des Kontexts lassen sich verwerten?

① Ὁ δειλὸς λέγει, ὡς χαλεπόν ἐστι γιγνώσκειν, πότεροί εἰσιν οἱ πολέμιοι (→ L 20, 13 f.).

② Χλόη καὶ Δάφνις ἐμιμνήσκοντο, ὡς ἐφίλουν (→ L 7, 5 f.).

③ Πολλοὶ νεανίαι παρὰ Πρωταγόραν ἐφοίτων ὡς δεινὸν ποιοῦντα λέγειν (→ L 30, 23).

④ Ὡς ἦλθεν ἡ τοῦ θνῄσκειν ἡμέρα, Ἄλκηστις ὑπὲρ Ἀδμήτου ἀπέθανεν.

W 2

Welche der folgenden Wörter sind durch die **Vorsilbe ἀ-(ἀν-)** negiert?

ἀθάνατος – ἀγαπητός – ἀβέβαιος – ἀδελφός – ἀδικία – ἀγρός – ἄφρων – ἀναπέμπω – ἀγνοέω – ἀδύνατος – ἀνδράποδον – ἀναίσθητος – ἀπάτη

[1]) στάδιον *gemeint ist* im Wettlauf

'Ολυμπία

links oben: *Säulengang der Palaistra;*
rechts oben: *das Stadion;*
rechts: *Eingang zum Stadion;*
links unten: *Startschwelle im Stadion;*
rechts unten: *der Tempel der Hera im Heiligen Hain*

31 Sokrates über sich selbst

Platon

Sokrates hatte mit den Sophisten gemein, daß er konventionelle Ansichten in Frage stellte und damit seine Mitbürger beunruhigte. Und wie die Sophisten hatte auch Sokrates, besonders unter der Jugend, eine Menge Anhänger (→ L 16 und 17). Beides mußte ihn in den Augen vieler Athener verdächtig machen; nach dem verlorenen Krieg gegen Sparta war man eher ängstlich als für neue Ideen aufgeschlossen.

Die Anklage gegen Sokrates und seine Verurteilung sind sicher auch auf diese Gemeinsamkeiten mit den Sophisten zurückzuführen (→ Einleitung zu L 21). Um so nachdrücklicher versucht Platon in seiner *„Apologie* (Verteidigungsrede) *des Sokrates"*, die Unterschiede herauszuarbeiten. Im folgenden Abschnitt tritt die Trennungslinie besonders scharf in Erscheinung.

Ἀλλ' ἐγὼ διὰ παντὸς τοῦ βίου οὐδενὶ πώποτε συνεχώρησα οὐδὲν παρὰ τὸ δίκαιον, οὔτε ἄλλῳ οὔτε τούτων οὐδενί, οὓς δὴ διαβάλλοντες ἐμέ φασιν ἐμοὺς μαθητὰς εἶναι. Ἐγὼ δὲ διδάσκαλος μὲν οὐδενὸς πώποτ' ἐγενόμην· εἰ δέ τίς μου λέγοντος καὶ τὰ ἐμαυτοῦ πράττοντος ἐπεθύμει ἀκούειν, εἴτε νεώτερος εἴτε πρεσβύτερος, οὐδενὶ πώποτε ἐφθόνησα, οὐδὲ χρήματα μὲν λαμβάνων διαλέγομαι, μὴ λαμβάνων δὲ οὔ, ἀλλ' ὁμοίως καὶ πλουσίῳ καὶ πένητι παρέχω ἐμαυτὸν ἐρωτᾶν. Καὶ τούτων οὐ τὴν αἰτίαν ὑπέχω, ὧν μήτε ὑπεσχόμην μηδενὶ μηδὲν πώποτε μάθημα μήτε ἐδίδαξα.

► G 3

► AT 1

φασιν: *Subjekt sind die Gegner des Sokrates*

τὴν αἰτίαν ὑπέχω τινός für etwas verantwortlich sein

ὧν ≈ περὶ ὧν

Impulse und Übungen

AT 1

..., οὓς πολλοὶ ἐμοὺς μαθητάς φασιν εἶναι.
..., *die viele als meine Schüler bezeichnen.*

Übersetzen Sie diesen Gliedsatz auch so, daß der hier mit einem Relativsatz „verschränkte" AcI zum Ausdruck kommt, und orientieren Sie sich an dem folgenden Modell:

(Κῦρος), ὃν Πρόξενος ἔφη κρείττω τῆς πατρίδος νομίζειν
(Kyros), ***von dem*** *Proxenos sagte, er schätze ihn höher als seine Heimat*
(Kyros), den Proxenos, ***wie*** *er sagte, höher als seine Heimat schätzte*
(Kyros), den Proxenos ***nach seinen eigenen Worten/ angeblich*** *mehr als seine Heimat schätzte*

AT 2

Suchen Sie zu begründen, warum im Lektionstext bald οὐ/οὔτε/οὐδείς, bald μή/μήτε/μηδείς erscheint.

I

Stellen Sie diejenigen Aussagen des Sokrates zusammen, in denen er seine eigene Art des „Unterrichts" gegen die der Sophisten abgrenzt. Wogegen wehrt sich Sokrates? Was davon ist für die Sophisten typisch?

W

Im 9. Gesang der Odyssee läßt Homer seinen Helden berichten, wie er den Kyklopen Polyphem überlistete: Er nannte ihm nicht seinen wirklichen Namen, sondern sagte, er heiße Οὖτις (= Οὐδείς). Als später der von Odysseus und seinen Gefährten geblendete Kyklop die anderen Riesen rief: Ὦ φίλοι, Οὖτίς με κτείνει, – da kam ihm keiner zu Hilfe. Warum?

G 1

Vergleichen Sie die Endungen und bilden Sie die fehlenden Formen von **εἷς** und **οὐδείς:**

εἷς φύλαξ	μία χώρα	ἓν ἔργον
ἑνὸς φύλακος	μιᾶς χώρας	ἑνὸς ἔργου
___ φύλακι	___	___
___	___	___
οὐδεὶς φύλαξ	οὐδεμία χώρα	οὐδὲν ἔργον
οὐδενὸς ___	___ χώρας	___
___	___	___
___	___	___

E

Fügen Sie in den folgenden Text passende Formen von οὐδείς ein:

① Ὁ σοφὸς ὑπ' ... βλάπτεται.
② Ὁ σοφὸς ... πράγματα παρέχει.
③ Ὁ σοφὸς ... διαβάλλει.
④ Ὁ σοφὸς .../... φοβεῖται.
⑤ Ὁ σοφὸς ... ἀγανακτεῖ.
⑥ Ὁ σοφὸς ... ... ἀπειλεῖ.

G 2

Bestimmen Sie die in den folgenden Sätzen hervorgehobenen Formen nach Person, Numerus und Genus. Von welchem Pronomen sind sie gebildet (→ 25 G 2)?

Ὁ σοφὸς οὔτ' ἄλλον τινὰ οὔτε **ἑαυτὸν** βλάπτει.	Οἱ σοφοὶ οὔτ' ἄλλους τινὰς οὔτε **ἑαυτοὺς** βλάπτουσιν.
Διὰ τί οὐ **τὰ σεαυτοῦ** πράττεις;	Διὰ τί οὐ **τὰ ὑμῶν αὐτῶν** πράττετε;
Ἐγὼ ἀεὶ **τὰ ἐμαυτοῦ** πράττω.	Ἡμεῖς ἀεὶ **τὰ ἡμῶν αὐτῶν** πράττομεν.

G 3

Sokrates von sich selbst:
Ἐγὼ οὐδένα πώποτε οὐδὲν ἔβλαψα.
Ich habe niemals jemanden in irgendeiner Hinsicht geschädigt.
Wo weicht die Übersetzung dieses Satzes von wörtlicher Wiedergabe ab?
Vergleichen Sie zur Verwendung **doppelter Negationen** auch Eigentümlichkeiten umgangssprachlicher Ausdrucksweise: *„Ich habe doch gar keinen Stein nicht hineingeschmissen!"* (Ludwig Thoma, *Lausbubengeschichten*)

G 4

Verwenden Sie entsprechend den verschiedenen Sinnrichtungen (→ L 25 Z 2) bei der Übersetzung der folgenden **Partizipialkonstruktionen** jeweils eine der angebotenen Konjunktionen *weil – als – während – obwohl.*

1) Τῶν ἄλλων ἀνδρῶν τοὺς δούλους ἀπογραφομένων Πείσων τῷ Λυσίᾳ διαλέγεται (→ L 24,5).
2) Τούτου ἐρωτήσαντος· „Βούλει με σῴζειν χρήματα λαβών;" ὁ Πείσων ὁμολογεῖ.
3) Ὁ δὲ Λυσίας ἐν δεινοτάτῃ ἀπορίᾳ ἦν Πείσωνος οὔτε θεοὺς οὔτ' ἀνθρώπους νομίζοντος.
4) Λυσίου ἐφόδια[1]) δεηθέντος ὁ Πείσων πάντα τὰ χρήματα ἔλαβεν.

[1]) τὰ ἐφόδια Geld für die Reise

32 Der Reiche

Markus

Sokrates und Jesus hat man oft miteinander verglichen und dabei – trotz aller Unterschiede – manche Gemeinsamkeiten festgestellt.
Eine besteht zum Beispiel darin, daß es in beiden Fällen Zeugnisse und schriftliche Hinterlassenschaften von Zeitgenossen oder „Schülern" im weiteren Sinn waren, durch die sie eine gewaltige Wirkung auf die Nachwelt ausgeübt haben.
Auch die Gesprächssituationen weisen gelegentlich Parallelen auf, wie z. B. im folgenden Text die Weigerung oder Unfähigkeit des Gesprächspartners, die bessere Einsicht in die Tat umzusetzen.
Und schließlich: Jesus wie Sokrates wurden zum Tode verurteilt, was von ihren Anhängern und der Nachwelt als Unrecht begriffen wurde, während sowohl die Richter des Sokrates wie auch die Pharisäer und Schriftgelehrten glaubten, im Namen des Rechts zu handeln.

Καὶ ἐκπορευομένου αὐτοῦ εἰς ὁδὸν προσδραμὼν εἷς καὶ γονυπετήσας αὐτὸν ἐπηρώτα αὐτόν· „Διδάσκαλε ἀγαθέ, τί ποιήσω, ἵνα ζωὴν αἰώνιον κληρονομήσω;"
Ὁ δὲ Ἰησοῦς εἶπεν αὐτῷ· „Τί με λέγεις ἀγαθόν; Οὐδεὶς ἀγαθὸς εἰ μὴ εἷς ὁ θεός. Τὰς ἐντολὰς οἶδας· Μὴ φονεύσῃς, Μὴ μοιχεύσῃς, Μὴ κλέψῃς, Μὴ ψευδομαρτυρήσῃς, Μὴ ἀποστερήσῃς, Τίμα τὸν πατέρα σου καὶ τὴν μητέρα."
Ὁ δὲ ἔφη αὐτῷ· „Διδάσκαλε, ταῦτα πάντα ἐφυλαξάμην ἐκ νεότητός μου."
Ὁ δὲ Ἰησοῦς ἐμβλέψας αὐτῷ ἠγάπησεν αὐτὸν καὶ εἶπεν αὐτῷ· „Ἕν σε ὑστερεῖ· ὕπαγε, ὅσα ἔχεις πώλησον καὶ δὸς τοῖς πτωχοῖς, καὶ ἕξεις θησαυρὸν ἐν οὐρανῷ, καὶ δεῦρο ἀκολούθει μοι."
Ὁ δὲ στυγνάσας ἐπὶ τῷ λόγῳ ἀπῆλθεν λυπούμενος, ἦν γὰρ ἔχων κτήματα πολλά.

αὐτοῦ: Jesus
γονυπετέω *mit Akk. vor jd.* auf die Knie fallen
αἰώνιος „ewig"   κληρονομέω erlangen
ἡ ἐντολή Auftrag, Gebot   οἶδας = οἶσθα
μοιχεύω die Ehe brechen
ἐμβλέπω *mit Dat. jd.* ansehen
ὑστερέω fehlen
ὑπάγω nach Hause gehen
στυγνάζω „finster dreinblicken", traurig sein

Impulse und Übungen

AT

Ὁ δὲ Ἰησοῦς ἐμβλέψας αὐτῷ **ἠγάπησεν** αὐτόν.
Bestimmen Sie anhand des Kontexts, was der hervorgehobene Aorist hier ausdrückt. Berücksichtigen Sie dabei, daß Jesus den jungen Mann vor dem mitgeteilten Gespräch gewiß nicht kannte.

I

① Die Geschichte ist unter dem Titel *„Der reiche Jüngling"* bekannt. Trägt sie bei Markus diesen Titel zu Recht? Vgl. die Parallelfassung Mt 19, 16–22.
② Die Begegnung zwischen Jesus und dem reichen Mann ist mit auffallender Einfühlsamkeit geschildert. An welche Details könnte man denken?
③ Kann man sagen, der reiche Mann habe sich gegen Jesus „entschieden"? Beachten Sie dabei den Schlußsatz! Was leistet er für das Verständnis der Geschichte?
④ Sowohl die Erfüllung des Gesetzes (Z. 7–10) als auch das Geben von Almosen (Z. 15 f.) gehörte zu den unabdingbaren Pflichten eines frommen Juden. In welchen Punkten geht die Forderung Jesu darüber hinaus?
⑤ Im Schlußwort seiner Verteidigungsrede fordert Sokrates die athenischen Mitbürger auf, gegen seine Söhne vorzugehen, *„wenn ihr den Eindruck habt, sie kümmerten sich eher um Geld oder sonst etwas als um die Areté"* (Platon, *Apologie* 41 e). Worin besteht die Parallele, worin der Unterschied zur Forderung Jesu?

W

Vergleichen Sie οἶνος, οἶκος, ἐσθής mit lat. *vinum, vicus, vestis.* Welchen Anlaut hatten die griechischen Wörter ursprünglich (→ L 10 W 2)?

G 1

Ordnen Sie die folgenden **Konjunktiv**formen
a) nach dem Tempus (Präsens/Aorist),
b) im Präsens nach der Zugehörigkeit zu Konjugationsgruppen (nichtkontrahierte Verben/Verben auf -αω/Verben auf -εω):
θαυμάζω – γελᾷ – φέρῃς – τρέψωμεν – ποιήσῃ – διδαχθῇ – τιμῶμεν – ἐλαύνητε – θρέψω – κομίσωσιν – παιδευθῶσιν – βούλῃ – μεταπέμψηται – συμβουλεύωμαι – πεμφθῶμεν – αἰτιᾶσθε – ἐπαινῶσιν – ὠνώμεθα – ἐπιθυμήσῃς – παύσωμεν – λάβω – γράψητε – καταλίπωμεν
Welche Gemeinsamkeit weisen alle Formen auf? Welche der aufgeführten Formen sind nach Tempus oder Modus nicht eindeutig? In welcher Gruppe ist kein Unterschied zum Indikativ erkennbar?

△ *Der reiche Jüngling.* Miniatur aus den Homilien des Gregor von Nazianz. 9. Jh. n. Chr.

G 2

Welche Aufgabe erfüllt der **Konjunktiv** in den folgenden Sätzen? Was entspricht jeweils im Deutschen?

① Μὴ φθονήσῃς μηδενί.	*Beneide niemand!*
② Τί ποιῶ/ποιήσω,	*Was soll ich tun,*
ἵνα σῴζωμαι/σωθῶ;	*damit ich gerettet werde?*

Ü 1

Fragen an Jesus
Τί **ποιῶμεν,** ἵνα **ἐργαζώμεθα** τὰ ἔργα τοῦ θεοῦ;
Σὺ εἶ ὁ ἐρχόμενος ἢ ἕτερον **προσδοκῶμεν;**[1])

Ü 2

Taktisches *Polyainos*

Λυκοῦργος προσέταξε τοῖς Σπαρτιάταις· „Ἐπὶ τοὺς αὐτούς, ὦ πολῖται, μὴ στρατεύετε πολλάκις, ἵνα μὴ πολεμεῖν τοὺς πολεμίους διδάσκητε."
Καὶ τοῦτο Λυκοῦργος τοῖς ἑαυτοῦ πολίταις συνεβούλευσε· „Τοὺς πολεμίους φεύγοντας μὴ φονεύσητε, ἵνα τὸ φεύγειν κρεῖττον ἡγῶνται τοῦ μένειν."

Versuchen Sie, für jeden der beiden kleinen Texte eine eigene Überschrift zu finden.
Mit welchen bereits gelesenen Stücken sind diese „Strategemata" *(„Kluge Maßnahmen im Krieg")* nach Inhalt und Aufbau vergleichbar?

[1]) προσδοκάω erwarten

33 Mahnrede *Clemens Alexandrinus*

Eine der führenden Gemeinden des frühen Christentums war die Gemeinde in Alexandreia. Der Leiter der dortigen Theologenschule, **Clemens** (um 200), sah sich vor die Aufgabe gestellt, die christlich-jüdische Glaubenslehre einem griechisch gebildeten Publikum verständlich zu machen. Er versuchte deshalb, diese Glaubenslehre mit der griechischen Philosophie in Beziehung zu setzen. Was die Griechen gedacht und gelehrt hatten, war für ihn eine Vorstufe der christlichen Offenbarung.
Unter den Schriften des Clemens findet sich eine Mahn- und Werberede, die sich an nichtchristliche Griechen wendet. Dem hohen geistigen Niveau der Adressaten paßt sich Clemens an, indem er mehrfach auf Gedanken griechischer Philosophen anspielt und sie christlich umdeutet. So nimmt er in Z. 4 („Wagenlenker") das Bild vom Seelenwagen auf, mit dem **Platon** die auseinanderstrebenden und doch zugleich sich ergänzenden Kräfte der menschlichen Seele veranschaulicht. Der Wagen wird gezogen von einem Paar geflügelter Pferde. Das eine, der Wille, zieht nach oben in den Bereich des Göttlichen, das andere, der Trieb, drängt nach unten. Der Wagenlenker, die Vernunft (λόγος), hat für einen Ausgleich zu sorgen, damit der Wagen nicht umkippt oder nach unten weggezogen wird. λόγος bezeichnet jedoch im Neuen Testament, vor allem im Johannesevangelium, auch die Offenbarung Gottes in Christus; in diesem Sinn ist der Begriff in Z. 7 verstanden.

Σπεύσωμεν, δράμωμεν, ὦ θεοείκελα τοῦ λόγου ἀγάλματα· σπεύσωμεν, δράμωμεν, ἄρωμεν τὸν ζυγὸν αὐτοῦ, ἐπιβάλωμεν ἀφθαρσίᾳ, καλὸν ἡνίοχον ἀνθρώπων τὸν Χριστὸν ἀγαπήσωμεν. Φιλότιμοι τοίνυν πρὸς τὰ καλὰ γενώμεθα, καὶ τῶν ἀγαθῶν τὰ μέγιστα, θεὸν καὶ ζωήν, κτησώμεθα. Ἀρωγὸς δὲ ὁ λόγος· θαρρῶμεν αὐτῷ καὶ μήποτε ἡμᾶς τοσοῦτος πόθος ἀργύρου καὶ χρυσοῦ καὶ δόξης ἐπέλθῃ, ὅσος αὐτοῦ τοῦ τῆς ἀληθείας λόγου.

θεοείκελος gottähnlich

ὁ ζυγός Joch   ἐπιβάλλω *mit Dat.* sich *mit etwas* bekleiden

ἡ ἀφθαρσία Unvergänglichkeit   ὁ ἡνίοχος Wagenlenker

ὁ ἀρωγός Helfer

Angst vor der Zukunft *Matthäus*

Μὴ οὖν μεριμνήσητε λέγοντες· „Τί φάγωμεν ἢ τί πίωμεν ἢ τί περιβαλώμεθα;" Πάντα γὰρ ταῦτα τὰ ἔθνη ἐπιζητοῦσιν· οἶδεν γὰρ ὁ πατὴρ ὑμῶν ὁ οὐράνιος, ὅτι χρῄζετε τούτων ἁπάντων.

περιβάλλομαι sich *etwas* anziehen

► AT

Impulse und Übungen

AT

Πάντα γὰρ ταῦτα τὰ ἔθνη ἐπιζητοῦσιν.
Welchen „Regelverstoß“ gegenüber dem klassischen Griechisch stellen Sie fest (→ R 7)?

I

① Welches sind die (positiven) Kernbegriffe des ersten Textes? Versuchen Sie, diese zu differenzieren: ein Teil davon entspricht eher griechisch-nichtchristlichen, ein Teil eher christlichen Vorstellungen.
② Worin bestehen die inhaltlichen Beziehungen zum vorhergehenden Text L 32?

St

① An welchen Merkmalen zeigt sich der paränetische (ermahnende, werbende) Charakter des Textes?
② Der Text weist folgende **Stilfiguren** auf:
a) **Anapher:** Wiederholung eines Satzanfangs in einem späteren Satz (→ L 6 St)
b) **Chiasmus** (→ L 6 St)
c) **asyndetische** (unverbundene) **Reihung**
d) **Klimax** („Leiter“): Steigerung des Aussageinhalts durch entsprechende (z. B. quantitativ wachsende) Anordnung von Wörtern, Wortgruppen oder Sätzen.
Weisen Sie die Stilfiguren im einzelnen nach und prüfen Sie ihre Wirkung.

G 1

Welche Aufgabe erfüllt der **Konjunktiv** in den folgenden Wendungen? Wie kann man sonst noch übersetzen?
① Μὴ μένωμεν ἐν τῷ σταδίῳ.
Bleiben wir nicht (länger) im Stadion!
② Ἐσθίωμεν (δειπνῶμεν) σὺν τοῖς φίλοις.
Essen wir mit unseren Freunden!

G 2

Μήποτε ἡμᾶς πόθος δόξης ἐπέλθῃ.
Welche **Verwendungsweise des Konjunktivs** liegt in diesem Satz vor?

a) **Aufforderung,** in die der Sprecher sich selbst einbezieht? (z. B.: σπεύσωμεν *beeilen wir uns!*)
b) **Überlegende Frage?**
(z. B.: τί φάγωμεν; *was sollen wir essen?*)
c) **Verneinter Befehl** oder **Wunsch?**
(z. B.: μὴ κλέψῃς *du sollst nicht stehlen!*)
d) Konjunktiv **im Gliedsatz?**
(z. B.: ..., ἵνα σωθῶ ..., *damit ich gerettet werde.*)

W

Stellen Sie, ggf. mit Hilfe des Wörterverzeichnisses, ein Wortfeld zusammen, das rechts- oder sittenwidriges Verhalten umfaßt, und formulieren Sie mit den gefundenen Verben entsprechend G 1/2 verneinte Aufforderungen, Befehle und Wünsche.

Z

Bestimmen Sie die Verwendungsweise sämtlicher Konjunktive aus Text 32 und 33 sowie aus 32 Ü 1 und 2.

A

Von den drei in Klammern angegebenen Wendungen muß jeweils *eine* ausgeschieden werden, da sie nach dem Sinn oder nach der Konstruktion nicht paßt. Übersetzen Sie die sprachlich und inhaltlich richtigen Verbindungen.
① Ὁ στρατηγὸς (τὸν βίον / τὸν φίλον πιστὸν / τοῦ στρατοῦ) ἡγεῖται.
② Διαλεγώμεθα (τοῖς φιλοσόφοις / ἡμᾶς / περὶ τῶν μαθημάτων).
③ Ὁ ταῦρος (πρὸ τῶν βοῶν / μετὰ τῶν Περσῶν / τῷ λύκῳ) μάχεται.

K

Ordnen Sie die folgenden Wörter so, daß bedeutungsgleiche oder -ähnliche Paare entstehen:
ἐρωτᾶν – ἕπεσθαι – ἐθέλειν – ἱστορεῖν – ἀφαιρεῖν – βούλεσθαι – ἀκολουθεῖν – ἀγανακτεῖν – χαλεπῶς φέρειν – ἀποστερεῖν

34 Aus den Briefen des Apostels Paulus

Fast alle Textstellen dieser Lektion sind dem Neuen Testament, und zwar dem **1. Korintherbrief des Paulus** entnommen.
Korinth, lange Zeit der bedeutendste Umschlagplatz zwischen Ost und West, war die letzte griechische Stadt, die der Apostel auf seiner sogenannten Zweiten Missionsreise nach Philippi, Thessaloniki und Athen besucht hat (50/51): eine der prächtigsten und betriebsamsten Städte Griechenlands, gleichzeitig aber auch allen weltlichen Vergnügungen zugetan und vielfältigsten Einflüssen ausgesetzt.

1 Leib und Glieder

In einer Weltstadt, die allen geistigen Strömungen so offen war wie Korinth, gab es für die Christen natürlich besonders große Probleme. Besorgt ist Paulus vor allem über die Bildung von Parteien innerhalb der Gemeinde. Wie Christus unteilbar sei, so müsse auch, bei allen Unterschieden im einzelnen, die Einheit der Kirche gewahrt bleiben. Diese Forderung verdeutlicht der Apostel mit dem Bild von dem einen Leib und den vielen Gliedern.

Νῦν δὲ πολλὰ μὲν μέλη, ἓν δὲ σῶμα. Οὐ δύναται δὲ ὁ ὀφθαλμὸς εἰπεῖν τῇ χειρί· „Χρείαν σου οὐκ ἔχω“, ἢ πάλιν ἡ κεφαλὴ τοῖς ποσίν· „Χρείαν ὑμῶν οὐκ ἔχω.“ Ἀλλὰ πολλῷ μᾶλλον τὰ δοκοῦντα μέλη τοῦ σώματος ἀσθενέστερα ὑπάρχειν ἀναγκαῖά ἐστιν. Ὁ θεὸς συνεκέρασεν τὸ σῶμα, ἵνα μὴ ᾖ σχίσμα ἐν τῷ σώματι, ἀλλὰ τὸ αὐτὸ ὑπὲρ ἀλλήλων μεριμνῶσιν τὰ μέλη. Καὶ εἴτε πάσχει ἓν μέλος, συμπάσχει πάντα τὰ μέλη· εἴτε δοξάζεται ἓν μέλος, συγχαίρει πάντα τὰ μέλη.

ὑπάρχειν ≈ εἶναι
τὸ αὐτό in gleicher Weise

2 Die Schwachheit des Menschen

2.1 Ἐγενόμην τοῖς ἀσθενέσιν ἀσθενής, ἵνα τοὺς ἀσθενεῖς κερδήσω.

ἐκέρδησα *Aor. von* κερδαίνω

2.2 Τὰ ἀσθενῆ τοῦ κόσμου ἐξελέξατο ὁ θεός, ἵνα καταισχύνῃ τὰ ἰσχυρά.

καταισχύνω *jd.* beschämen

2.3 Χριστὸς ὄντων ἡμῶν ἀσθενῶν ἔτι κατὰ καιρὸν ὑπὲρ ἀσεβῶν ἀπέθανεν.

3 Der gekreuzigte Christus

Zu den Kernstücken des christlichen Glaubens gehört der Tod Jesu am Kreuz. Welche Verständnisschwierigkeiten Juden und Griechen gerade in diesem Punkt hatten, macht der folgende Text deutlich.
Die Juden hatten machtvolle Taten des gottgesandten Messias erwartet. Statt dessen endet er am Kreuz: eine besonders grausame und verächtliche Todesart, die für Schwerverbrecher vorgesehen war und in der Regel nur an Sklaven und Nichtrömern vollzogen wurde. Und die Griechen, die eher dazu neigten, sich dem Göttlichen auf dem Wege vernunftgemäßer Erkenntnis zu nähern, konnten im Tod Jesu schwerlich einen Sinn erkennen. Dem hält Paulus entgegen:

Ἡμεῖς δὲ κηρύσσομεν Χριστὸν ἐσταυρωμένον, Ἰουδαίοις μὲν σκάνδαλον, ἔθνεσι δὲ μωρίαν, αὐτοῖς δὲ τοῖς κλητοῖς, Ἰουδαίοις τε καὶ Ἕλλησιν, Χριστὸν θεοῦ δύναμιν καὶ θεοῦ σοφίαν· ὅτι τὸ μωρὸν τοῦ θεοῦ σοφώτερον τῶν ἀνθρώπων ἐστίν, καὶ τὸ ἀσθενὲς τοῦ θεοῦ ἰσχυρότερον τῶν ἀνθρώπων.

ἐσταυρωμένος *Part. Perf. Pass. zu* σταυρόω kreuzigen

κλητός berufen

Impulse und Übungen

I

① Vergleichen Sie Text 1 mit dem Text von L 29. Welche Gemeinsamkeiten fallen Ihnen auf?
② Inwiefern läßt sich aus Text 2.1 eine Richtlinie für die missionarische Tätigkeit des Paulus ableiten?
③ Welche Gegensatzpaare bestimmen die Gegenüberstellung von christlichem Glauben und jüdischen bzw. griechischen Vorstellungen? Wie verstehen Sie die – unerhört kühnen – Wendungen von der „Torheit" und „Schwäche" Gottes? Hilft Ihnen der Begriff „paradox" weiter?

G

Die folgende Gegenüberstellung zeigt, wie sich die Deklinationsformen von **Substantiven** und **Adjektiven** entwickelten, deren **Stamm auf -σ** endet.
Dem Ausfall dieses σ zwischen Vokalen folgt deren Kontraktion. Wo ergeben sich dabei Übereinstimmungen mit der Kontraktion bei den Verben auf -εω?

Sg.		**m/f**		**n**
τὸ μέλος		ἀσθενής		ἀσθενές
τοῦ μέλους	[μελε^{σ}ος]		ἀσθενοῦς	
τῷ μέλει	[μελε^{σ}ι]		ἀσθενεῖ	
τὸ μέλος		ἀσθενῆ	[ἀσθενε^{σ}α]	ἀσθενές
Pl.				
τὰ μέλη	[μελε^{σ}α]	ἀσθενεῖς	[ἀσθενε^{σ}ες]	ἀσθενῆ
τῶν μελῶν	[μελε^{σ}ων]		ἀσθενῶν	
τοῖς μέλεσιν	[μελε^{σ}σιν]		ἀσθενέσιν	
τὰ μέλη		ἀσθενεῖς		ἀσθενῆ

B

Bestimmen Sie anhand von G die folgenden Formen; achten Sie dabei auf mögliche Mehrdeutigkeit:
ἔθνη – ἀσεβεῖς – ἀσεβῆ – μέλους – σαφής – ἀσεβοῦς – ἐθνῶν – σαφεῖ

Ü

Das Ende des Königs Pyrrhos *Polyainos*

Πύρρος ἐν|έβαλεν εἰς Ἄργος[1] καλέσαντος αὐτὸν Ἀριστέως[2] Ἀργείου[3]. Οἱ μὲν Ἀργεῖοι συν|έδραμον εἰς τὴν ἀγορὰν μετὰ τῶν ὅπλων, αἱ δὲ γυναῖκες αὐτῶν προ|κατα|λαμβανόμεναι τὰ τέγη[4]) τοὺς πολεμίους ἄνωθεν βάλλουσαι ἀνα|χωρῆσαι βιάζονται, ὥστε καὶ Πύρρος, ὁ δεινότατος τῶν στρατηγῶν, αὐτὸς ἔπεσεν ἐμ|πεσούσης ἐπὶ τὴν κεφαλὴν αὐτοῦ κεραμίδος[5]). Αἱ δὲ Ἀργολίδες[6]) μέγα κλέος[7]) ἐν τοῖς Ἕλλησιν ἤραντο[8]) Πύρρου τοῦ πολεμικωτάτου μηδὲ ὑπ' ἀνδρῶν, ἀλλὰ ὑπὸ γυναικῶν πεσόντος.

① Erschließen Sie die Bedeutung der durch | gekennzeichneten Zusammensetzungen.
② Identifizieren Sie die im Text vorkommenden Partizipialkonstruktionen und ermitteln Sie die jeweils zutreffende Sinnrichtung (temporal, kausal usw.).

---

1) Ἄργος, ους Stadt auf der Peloponnes 2) Ἀριστεύς, έως
3) Ἀργεῖος Einwohner von Argos 4) τὸ τέγος Dach
5) ἡ κεραμίς, ίδος Ziegel 6) αἱ Ἀργολίδες Argiverinnen
7) τὸ κλέος Ruhm 8) ἤραντο (zu αἴρω) sie erwarben sich

35 Die Eroberung von Sardeis

Xenophon

547 v. Chr. eroberten die Perser Sardeis, die Hauptstadt Lydiens (→ L 11). Dadurch kamen sie in Berührung mit den Griechen, die an der kleinasiatischen Westküste wohnten. Die Auseinandersetzungen zwischen Griechen und Persern beginnen. Ihren Höhepunkt erreichen sie 480/479 v. Chr., als es den Griechen gelingt, die in Griechenland eingedrungenen Perser in zwei entscheidenden Schlachten (Salamis und Plataiai) zu besiegen. Wäre ihnen das nicht geglückt, hätte es das „klassische Griechenland" vielleicht nicht gegeben.

Ἐπειδὴ δὲ ἡμέρα ἐγένετο, εὐθὺς ἐπὶ Σάρδεις ἦγε Κῦρος. Ὡς δ' ἐγένετο πρὸς τῷ τείχει τῷ ἐν Σάρδεσι, τὰς μηχανάς τε καὶ κλίμακας παρεσκευάζετο ὡς προσβαλῶν πρὸς τὸ τεῖχος. Τῆς δὲ νυκτὸς ἀναβιβάζει Χαλδαίους τε καὶ Πέρσας, οὗ τὰ τείχη τὰ τῶν Σάρδεων ἀποτομώτατα ἐδόκει εἶναι. Ἡγήσατο δ' αὐτοῖς ἀνὴρ Πέρσης δοῦλος ὢν τῶν ἐν τῇ ἀκροπόλει φρουρῶν καὶ καταμαθὼν κατάβασιν εἰς τὸν ποταμὸν καὶ ἀνάβασιν τὴν αὐτήν.

Ὡς δ' ἐγένετο τοῦτο δῆλον, ὅτι εἴχετο τὰ ἄκρα, πάντες δὴ ἔφευγον οἱ Λυδοὶ ἀπὸ τῶν τειχῶν, ὅποι ἐδύνατο ἕκαστος τῆς πόλεως. Κῦρος δὲ ἅμα τῇ ἡμέρᾳ εἰσήλαυνεν εἰς τὴν πόλιν καὶ ἐκέλευσεν ἐκ τῆς τάξεως μηδένα κινεῖσθαι.

ἡ κλῖμαξ Leiter

► G 2 προσβάλλω anlegen

ἀναβιβάζω hinaufgehen lassen

ἀπότομος steil

τὰ ἄκρα = ἡ ἀκρόπολις

Impulse und Übungen

G 1

Ordnen Sie die Formen von (ἡ) πόλις zu einem Deklinationsschema:

πόλεις – πόλει – πόλεσιν – πόλιν – πόλεων – πόλεις – πόλις – πόλεως

Welche Kasus sind leicht, welche schwerer zu bestimmen?

G 2

Κῦρος τὰς μηχανὰς παρεσκευάζετο

(a) ὡς προσβαλῶν πρὸς τὸ τεῖχος.

(b) ἵνα προσβάλῃ πρὸς τὸ τεῖχος.

Der Partizipialkonstruktion (a) entspricht sinngemäß der Gliedsatz (b). Was wird folglich durch **ὡς mit Partizip Futur** ausgedrückt?

G 3

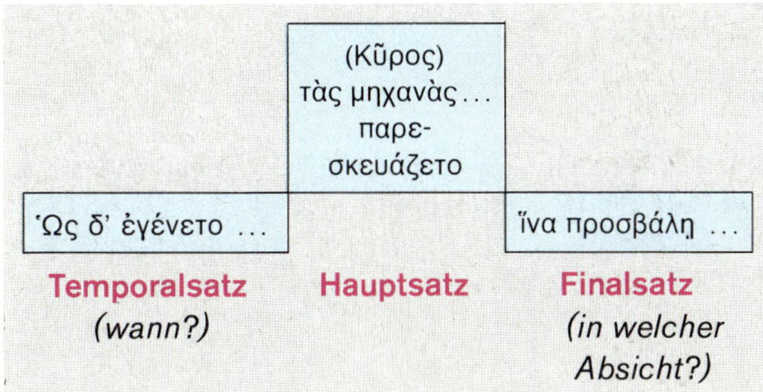

In Anlehnung an den Lektionstext (Z. 2 ff.) wird hier ein Satzgefüge veranschaulicht, in dem der Hauptsatz von Gliedsätzen „eingerahmt" wird (sog. **„Flügelperiode"**). Weisen Sie im Text eine Periode mit folgendem Aufbau nach:

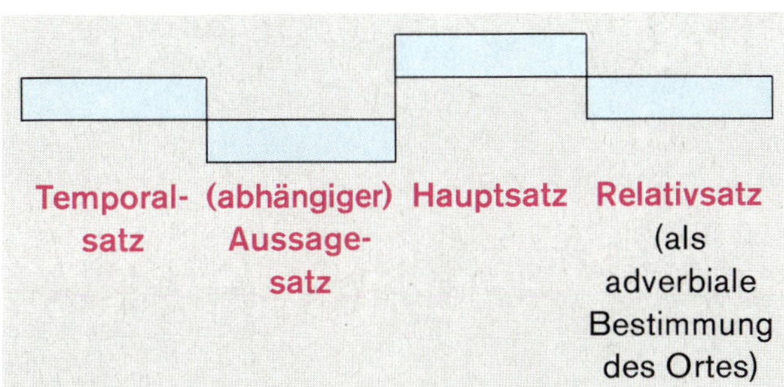

B

Bestimmen Sie, welche Aufgabe im Satzgefüge die folgenden Gliedsätze erfüllen:

① Ἐπεὶ δὲ οἱ κύνες ἥπτοντο τοῦ Δόρκωνος, μέγα ᾤμωξεν (→ L 18, 19 f.).

② Οἱ κύνες ἔδακνον κατὰ τοῦ δέρματος, πρὶν ἀναπηδῆσαι ἐδύνατο ὁ Δόρκων (→ L 18, 13 f.).

③ Ὁ δὲ δειλὸς στρατευόμενος λέγει, ὡς χαλεπόν ἐστι γιγνώσκειν, πότεροί εἰσι οἱ πολέμιοι (→ L 20, 12 f.).

④ Ὁ δειλὸς λέγει, ὅτι μάχαιραν οὐκ ἔχει (→ L 20, 16 f.)

⑤ Ξενοφῶν συμβουλεύεται Σωκράτει περὶ τῆς πορείας, ἣν ἐπινοεῖ[1]) (→ L 22, 8 f.).

⑥ Σωκράτης δ' ᾐτιᾶτο τὸν Ξενοφῶντα, ὅτι οὐ πρῶτον ἠρώτα, πότερον ἄμεινον αὐτῷ πορεύεσθαι ἢ μένειν (→ L 22, 18 f.).

⑦ „Ἐπεὶ μέντοι οὕτως ἠρώτησας", ἔφη, „πάντα χρὴ ποιεῖν, ἃ ὁ θεὸς ἐκέλευσεν (→ L 22, 21 f.).

Ü

Zeus selbst greift ein *Xenophon*

Ἐντεῦθεν δ' ἐπορεύθησαν οἱ Ἕλληνες πρὸς τεῖχος πόλεως ἐρήμου μέγα· ὄνομα δὲ ἦν τῇ πόλει Μέσπιλα. Μῆδοι[2]) δ' αὐτήν ποτε ᾤκουν.
Ταύτην δὲ τὴν πόλιν πολιορκῶν ὁ Περσῶν βασιλεὺς οὐκ ἐδύνατο οὔτε χρόνῳ ἑλεῖν οὔτε βίᾳ· Ζεὺς δὲ βροντῇ[3]) ἐξέπληξε τοὺς ἐνοικοῦντας[4]), καὶ οὕτως ἑάλω[5]) ἡ πόλις.

Einige unbekannte Wörter dieses Texts lassen sich von bereits bekannten Stämmen ableiten, so das Substantiv τὸ ὄνομα, -ματος (τῇ πόλει ὄνομα ἦν = ἡ πόλις ὠνομάζετο), das Adjektiv ἔρημος, -ον und das Verb οἰκέω. Der Stamm βια- findet sich in βιάζομαι; was bedeutet also im Zusammenhang mit der im Text angesprochenen Belagerung βίᾳ im Gegensatz zu χρόνῳ?

Z

In Zeile 6 und 13 des Lektionstexts erscheint je ein **Pronominaladverb.** Suchen Sie beide heraus und legen Sie, ggf. mit Hilfe des Vokabulars, eine Übersicht über die bisher gelernten Wörter dieser Gruppe[6]) an. Orientieren Sie sich dabei an folgendem Schema:

fragend	relativ	verallgemeinernd	indefinit
wer?	..., der	wer auch immer	irgendwer
...	...	...	...
...	...	... (→ L 36)	...

W

... schon winkt von hohem Bergesrücken
Akrokorinth des Wandrers Blicken ...
(Schiller, *Die Kraniche des Ibykus*)
Welcher Stadtteil von Korinth ist hier gemeint?

[1]) ἐπινοέω beabsichtigen
[2]) οἱ Μῆδοι Meder [3]) ἡ βροντή Donner
[4]) ἐνοικέω? [5]) ἑάλω sie wurde erobert
[6]) ggf. Pronominaladverbien und Pronomina

36 Ein Sophist über das Studium der Philosophie *Platon*

Der Text ist die Fortsetzung der Rede des Kallikles aus L 30. Er greift ein Thema wieder auf, das im ersten Teil des *„Gorgias“* behandelt worden war: das Verhältnis von Rhetorik und Philosophie. Sokrates kann sich Rhetorik nur in Verbindung mit Philosophie vorstellen, wenn sie mehr als lediglich Überredungskunst sein soll. Kallikles hingegen veranschlagt den Wert der Philosophie nicht so hoch.

Φιλοσοφία γάρ τοί ἐστιν, ὦ Σώκρατες, χαρίεν, ἐάν τις αὐτῆς μετρίως ἅψηται ἐν τῇ ἡλικίᾳ· ἂν δὲ μᾶλλον τοῦ δέοντος ἐνδιατρίψῃ, διαφθορὰ τῶν ἀνθρώπων. Ἐὰν γὰρ καὶ πάνυ εὐφυὴς ᾖ καὶ πόρρω τῆς ἡλικίας φιλοσοφῇ, ἀνάγκη ἐστὶν πάντων τῶν πολιτικῶν ἄπειρον αὐτὸν γενέσθαι.

Ἐπειδὰν οὖν ἔλθῃ εἴς τινα ἰδίαν ἢ πολιτικὴν πρᾶξιν, καταγέλαστος γίγνεται, ὥσπερ γε οἶμαι οἱ πολιτικοί, ἐπειδὰν αὖ εἰς τὰς ὑμετέρας διατριβὰς ἔλθωσιν καὶ λόγους, καταγέλαστοί εἰσιν. Συμβαίνει γὰρ τὸ τοῦ Εὐριπίδου· λαμπρός τέ ἐστιν ἕκαστος ἐν τούτῳ, ἵν' αὐτὸς τυγχάνει βέλτιστος ὤν· ὅπου δ' ἂν φαῦλος ᾖ, ἐντεῦθεν φεύγει καὶ λοιδορεῖ τοῦτο.

Ἀλλ' οἶμαι τὸ ὀρθότατόν ἐστιν ἀμφοτέρων μετασχεῖν· φιλοσοφίας μέν, ὅσον παιδείας χάριν καλόν ἐστι μετασχεῖν, καὶ οὐκ αἰσχρὸν μειρακίῳ ὄντι φιλοσοφεῖν· ἐπειδὰν δὲ ἤδη πρεσβύτερος ὢν ἄνθρωπος ἔτι φιλοσοφῇ, καταγέλαστον, ὦ Σώκρατες, τὸ χρῆμα γίγνεται. Παρὰ νέῳ μὲν γὰρ μειρακίῳ ὁρῶν φιλοσοφίαν ἄγαμαι καὶ ἡγοῦμαι ἐλεύθερόν τινα εἶναι τοῦτον τὸν ἄνθρωπον, τὸν δὲ μὴ φιλοσοφοῦντα ἀνελεύθερον. Ὅταν δὲ δὴ πρεσβύτερον ἴδω ἔτι φιλοσοφοῦντα, πληγῶν μοι δοκεῖ δεῖσθαι, ὦ Σώκρατες, οὗτος ὁ ἀνήρ. Δεῖ γὰρ τοῦτον τὸν ἄνθρωπον, κἂν πάνυ εὐφυὴς ᾖ, ἄνανδρον γενέσθαι φεύγοντα τὰς ἀγοράς.

ἐνδιατρίβω sich beschäftigen
ἡ διαφθορά Verderben
διατριβή Beschäftigung
ἵνα *beim Ind.* wo
ἀμφοτέρων: *gemeint sind Philosophie und Politik*
ἄνανδρος unmännlich

Impulse und Übungen

I

① Warum tritt Kallikles dafür ein, die Beschäftigung mit Philosophie in einem bestimmten Alter aufzugeben? Welchen Zweck hat seiner Meinung nach diese Art von Studium?
Was könnte demgegenüber Sokrates dazu bewogen haben, sich bis an sein Lebensende mit philosophischen Fragen zu befassen?
② Inwiefern ist die Einstellung des Kallikles zur Philosophie mit der sophistischen Bildungsvorstellung verwandt (→ L 16 und 17)? Ziehen Sie dazu heran, was Sie über die Bedeutung von σοφός, φιλόσοφος, σοφιστής in den Einleitungen zu L 1/16/17 erfahren haben.

W

Nennen Sie Verben gleichen Stamms zu:
ἄπειρος – καταγέλαστος – παιδεία – ἄτιμος – λύπη

G 1

Achten Sie bei den folgenden Sätzen auf Tempus und Modus und vergleichen Sie mit der Übersetzung:
① Εἴ με ἀδικεῖς, ἀγανακτῶ.
Wenn du mir Unrecht tust, ärgere ich mich.
② Εἴ με ἠδίκεις/ἠδίκησας,
ἠγανάκτουν ἄν/ἠγανάκτησα ἄν.
Wenn du mir Unrecht tätest/getan hättest,
würde ich mich ärgern/hätte ich mich geärgert.
③ Ἐάν με ἀδικῇς/ἀδικήσῃς,
ἀγανακτῶ.
(Jedesmal) wenn du mir Unrecht tust,
ärgere ich mich.
④ Ἐάν με ἀδικῇς/ἀδικήσῃς,
ἀγανακτήσω.
Wenn (falls) du mir einmal Unrecht tun solltest,
werde ich mich (gewiß) ärgern.
Grenzen Sie die Verwendungsbereiche von **εἰ** und **ἐάν** gegeneinander ab und beschreiben Sie, woran sich – abgesehen von den Konjunktionen – der Sinngehalt der einzelnen Aussagen ablesen läßt.

G 2

Vergleichen Sie die folgenden **Relativsätze** mit G 1 (Satz 3 und 4) und übersetzen Sie entsprechend:
① Ἄγαμαι τούτους, οὓς ἂν βελτίους ἐμαυτοῦ ἡγῶμαι.
② Ὃς ἂν περὶ τούτου τοῦ πράγματος ἐρωτηθῇ, σιωπήσει.

G 3

Auch in **Temporalsätzen** schließt sich unter den in G 1/2 ermittelten Voraussetzungen ἄν der einleitenden Konjunktion an; oft verschmilzt es mit ihr zu einem einzigen Wort. Suchen Sie im Lektionstext Beispiele dafür und stellen Sie fest, welchen Sinn der **Konjunktiv mit ἄν** Temporalsätzen verleiht.

Ü 1

Ein Grenzstreit zwischen den Städten Lampsakos und Parion *Polyainos*

Οἱ Λαμψακηνοὶ τοῖς Παριανοῖς πολὺν χρόνον τῶν ὅρων ἕνεκα ἐμάχοντο. Τέλος δ' ἐδόκει πέμψειν ἄνδρας ἐξ ἑκατέρας πόλεως, ὅταν ὄρνιθες ᾄσωσι πρῶτον. Ὅπου δ' ἂν οἱ πεμφθέντες ἀπαντήσωσι, τοῦτον ἀμφοτέροις ὅρον τῆς γῆς γενέσθαι.
Ἐπεὶ ταῦτα ἔδοξεν, οἱ Λαμψακηνοὶ ἄνδρας τινὰς ἔπεισαν, ὅταν ἴδωσι τοὺς Παριανοὺς ἥκοντας, ἀφθόνως αὐτοῖς σῖτον καὶ ποτὸν παρέχειν. Οἱ μὲν ταῦτα ἐποίησαν, οἱ δὲ πεισθέντες συνήσθιον καὶ συνέπινον. Οὕτως οἱ Λαμψακηνοὶ τῇ πόλει πολλὴν γῆν παρεσκεύασαν.

Ü 2

Zufall *Demokrit* (2. Hälfte 5. Jh.)

Ἄνθρωποι τύχης εἴδωλον ἐπλάσαντο πρόφασιν[1] ἰδίης ἀβουλίης.

[1] ἡ πρόφασις Vorwand

Erziehung und Bildung

Über das Leben der Kinder und Jugendlichen wissen wir hauptsächlich aus Athen und Sparta Bescheid.

Sparta liefert das Musterbeispiel einer staatlichen Kollektiverziehung, in der es für individuelle Wünsche und Neigungen keinen Platz gab. Nur bis zum siebten Lebensjahr blieb der Junge im Elternhaus. Von da an unterstand er ausschließlich der Erziehung durch den Staat. Drei Stufen hatte er zu durchlaufen, bis er schließlich mit zwanzig Jahren zum Gemeinschaftsmahl der Männer zugelassen und damit in die Gesellschaft der Erwachsenen aufgenommen wurde; Vollbürger mit allen politischen Rechten war der Spartaner allerdings erst mit vierzig Jahren.

In der ersten Phase (8–11 Jahre) wurde der Junge einer kleinen, meist sechs Mann starken Gruppe zugeteilt, die einem etwa doppelt so alten Führer unterstand. Hier wuchs er in das Leben der Gemeinschaft hinein, und dieses war bei den Spartanern durch unbedingten Gehorsam und Disziplin betimmt.

In der zweiten Phase (12–15 Jahre) trennte sich der Heranwachsende endgültig vom Elternhaus. Man schlief in gemeinsamen Unterkünften auf einem Schilflager, trug zu jeder Jahreszeit lediglich einen Mantel ohne Unterkleid, ging barfuß und durfte nur selten baden. Die Verpflegung war absichtlich so knapp gehalten, daß sich jeder selbst etwas „organisieren“ mußte. Weh dem, der sich dabei erwischen ließ! Sport, Jagd und Kampfspiele standen im Dienst der vormilitärischen Ausbildung.

In der letzten Phase (16–20 Jahre) wurde die Ausbildung zum Krieger vollendet, wobei neben der Schulung für den Kampf auf eine Art Überlebenstraining größter Wert gelegt wurde. Von den Härtetests, denen die jungen Spartaner unterworfen wurden, sind die öffentliche Geißelung vor dem Altar der Artemis Orthia und die sog. *Krypteia* (κρύπτω sich verbergen) die bekanntesten: Ein Jahr lang hatte der Zwanzigjährige unerkannt in der Einsamkeit der lakedaimonischen Berge zu verbringen und dabei auch einen Heloten, einen Angehörigen der untersten, rechtlosen Bevölkerungsschicht, zu „erlegen“.

Bei einer so einseitig auf kriegerische Tüchtigkeit ausgerichteteten Erziehung ist es kein Wunder, daß der junge Spartaner mit Lesen und Schreiben eher Schwierigkeiten hatte. – Die Mädchen blieben im Haus, wurden jedoch sportlich und musikalisch-gymnastisch ausgebildet.

Ganz anders in **Athen.** Hier stand es dem Hausvater frei, wie er seinen Sohn ausbilden lassen wollte. Zwar gab es auch im Athen der klassischen Zeit noch keine öffentlichen Schulen, sondern nur private Lehranstalten mit recht unterschiedlichem Niveau. War jedoch das nötige Geld vorhanden, standen die Chancen für eine solide Ausbildung nicht schlecht.

Mit sieben Jahren ging der junge Athener zunächst zum γραμματιστής. Bei ihm lernte er – drei bis vier Jahre lang! – Schreiben und Lesen: streng systematisch das Malen einzelner Buchstaben, dann das Schreiben von Silben und Wörtern, schließlich von ganzen Sätzen, und dann erst das Lesen von Texten, die zunächst nach Silben getrennt, später fortlaufend ohne Worttrennung geschrieben waren. Als Lesestoff dienten die Werke der großen Dichter wie *Homer, Hesiod* und *Solon,* die in großen Partien auch auswendig gelernt wurden: nicht nur zum Gedächtnistraining, sondern als Wissensvorrat, der Maßstäbe für das praktische Leben und das richtige Handeln lieferte. – Im Rechnen wurden wohl die vier Grundrechenarten vermittelt.

Daneben lief der Unterricht beim κιθαριστής im Spiel der κιθάρα oder der Flöte. Ohne musikalische Ausbildung konnte man sich in der besseren Gesellschaft, etwa beim Symposion, nicht sehen lassen.

◁ *Schulszenen.* Von einer rotfigurigen Schale (um 480 v. Chr.). Berlin-West ▷

Der Sportunterricht setzte erst später ein. Sportschule war das γυμνάσιον, ein von Säulengängen umgebener quadratischer Hof mit angrenzenden Umkleide-, Bade-, Aufenthalts- und Unterrichtsräumen. Hier unterrichtete der Sportlehrer (παιδοτρίβης) in zwei Klassen die 12-bis 15jährigen und die 15- bis 18jährigen in Gymnastik mit Musikbegleitung, ebenso im Ringkampf, Boxen, Weitsprung, Diskus- und Speerwurf; zum Laufen ging man in das Stadion.

Auf seinem täglichen Schulweg wurde der Junge von einem Haussklaven, dem παιδαγωγός, begleitet. Dieser hatte nicht nur die Schulsachen zu tragen, sondern auch die Hausaufgaben zu überwachen; außerdem trug er die Verantwortung für das Auftreten des Jungen in der Öffentlichkeit.

Der Gedanke, sich durch Erwerb wissenschaftlicher Kenntnisse eine „höhere“ Bildung zu verschaffen, kam erst nach 450 v. Chr. auf und wurde besonders durch die *Sophisten* propagiert. Sie lehrten nach dem Motto „Wissen ist Macht“ alles, was man zur Durchsetzung der eigenen Interessen im privaten und öffentlichen Leben brauchte, besonders die Technik der Diskussion *(Dialektik), Logik, Grammatik* und *Rhetorik.* Diese „höhere“ Bildung war teuer und deshalb nur wenigen zugänglich, aber sehr begehrt, denn in dem demokratisch verfaßten Staat waren Leistung und Sachkompetenz, nicht Herkunft Voraussetzung für eine Karriere im öffentlichen Leben. Die Ausbildung bei Sophisten und Rhetoren hatte also eine ähnliche Funktion wie unsere Gymnasialbildung.

Eine „Höhere Schule“ gab es in Griechenland erst seit dem 4. Jh.: das sog. Ephebengymnasium (ἔφηβος = der junge Mann ab 18 Jahren) oder die „Grammatikschule“, jetzt mit staatlicher Unterstützung und einem breiten Bildungsangebot, zu dem neben Sport, Musik, Geometrie, Arithmetik und Astronomie vor allem der Lektüreunterricht gehörte *(Homer, Euripides, Menander, Demosthenes).*

△ *Mutter und Kind.* Innenbild einer rotfigurigen Schale (5. Jh.)

Einen Vorläufer unserer Universitäten darf man in den Schulgründungen des *Platon* und *Aristoteles* sehen. Sowohl die 387 v. Chr. gegründete Ἀκαδήμεια (daher „Akademie“) als auch der jüngere Περίπατος, so genannt nach einer Wandelhalle (περιπατεῖν *umhergehen*) am Gymnasion Lykeion (daher „Lyceum“), in der beim Gehen diskutiert wurde, waren Stätte wissenschaftlicher Forschung und Lehre. Die Schulgründer genossen als geistige Väter hohe Verehrung; neben Begabung wurden auch charakterliche Lauterkeit und Disziplin verlangt.

Eine Schulausbildung für Mädchen gab es in Athen, wie fast überall in Griechenland, nicht.

37 Die Lust und das Gute

Platon

Auch dieser Text stammt aus der Diskussion zwischen Kallikles und Sokrates in Platons *„Gorgias"*. Gegen die provozierende Verteidigung des Rechts des Stärkeren (→ L 30) war eingewandt worden, daß die Schwachen durch Zusammenschluß stärker werden und dann ihrerseits mit dem einzelnen Starken nach Belieben verfahren können. Kallikles berichtigt: der Starke sei immer zugleich auch der zur Herrschaft Fähige, der Herrschaft über andere ausübe, um sich selbst ganz der Befriedigung seiner Wünsche hingeben zu können. Sokrates faßt diese These folgendermaßen zusammen:

Σωκράτης Ἆρ' οὖν λέγεις τὸ αὐτὸ εἶναι ἡδὺ καὶ ἀγαθόν, ἢ εἶναί τι τῶν ἡδέων, ὃ οὐκ ἔστιν ἀγαθόν;

Καλλικλῆς Τὸ αὐτό φημι εἶναι.

φημί *(enklit.): 1. P.Sg. zu* φησί (L 14)

In einem spitzfindigen Beweisgang, dem Kallikles nur widerwillig folgt, widerlegt Sokrates diese These und kommt zu dem Schluß:

Σω. Οὐ τὰ αὐτά ἐστιν, ὦ φίλε, τἀγαθὰ τοῖς ἡδέσιν οὐδὲ τὰ κακὰ τοῖς ἀνιαροῖς. – Ἔστιν δὲ δή, ὡς ἔοικεν, ὅτι τῶν ἡδονῶν αἱ μέν εἰσιν ἀγαθαί, αἱ δὲ κακαί· ἦ γάρ;

► Z 2

ἦ γάρ; nicht wahr?

Κα. Ναί.

Σω. Ἆρ' οὖν ἀγαθαὶ μὲν αἱ ὠφέλιμοι, κακαὶ δὲ αἱ βλαβεραί;

Κα. Πάνυ γε.

Σω. Ὠφέλιμοι δέ γε αἱ ἀγαθόν τι ποιοῦσαι, κακαὶ δὲ αἱ κακόν τι;

Κα. Φημί.

Σω. Οὐκοῦν τὰς μὲν χρηστὰς ἡδονὰς αἱρετέον ἐστί, τὰς δὲ πονηρὰς οὔ;

αἱρετέον ἐστι man muß wählen

Κα. Δῆλον δή.

Σω. Τῶν ἀγαθῶν γὰρ ἕνεκα δεῖ καὶ τἆλλα καὶ τὰ ἡδέα πράττειν, ἀλλ' οὐ τἀγαθὰ τῶν ἡδέων.

Impulse und Übungen

I

① Welchen Begriff führt Sokrates ein, um die Gleichsetzung von „gut" und „angenehm" außer Kraft zu setzen?

② In Sokrates' Beweisgang spielt der Gedanke der Nützlichkeit eines Tuns eine entscheidende Rolle. Inwiefern läßt sich die Gleichsetzung von „gut" und „nützlich" rechtfertigen?

W

Ordnen Sie die folgenden Wörter so, daß sinnvolle, mit καί verbundene Paare entstehen:
πατήρ – δεσπότης – μαθητής – υἱός – διδάσκαλος – δοῦλος – ἀργύριον – οἶνος – χρυσίον – σῖτος

G 1

Vergleichen Sie die Deklination:

Sg.	πόλις	ἡδύς	ἡδεῖα	ἡδύ	πολύ
	πόλεως [<πολη-ος]	ἡδέος	ἡδείας	ἡδέος	
	πόλει	ἡδεῖ	*usw.*	ἡδεῖ	
	πόλιν	ἡδύν		ἡδύ	πολύ
Pl.	πόλεις	ἡδεῖς		ἡδέα	
	πόλεων	ἡδέων		ἡδέων	
	πόλεσι	ἡδέσι		ἡδέσι	
	πόλεις	ἡδεῖς		ἡδέα	

Deklinieren Sie εὐθύς nach dem Beispiel von ἡδύς.

K 1

Für die Worte Ἰησοῦς Χριστὸς θεοῦ υἱὸς σωτήρ verwendeten die Christen in der Zeit der Verfolgungen als Geheimzeichen die Abbildung eines Fisches (griech. ἰχθύς). Wie kamen sie dazu?

B

In welchem Kasus kommen in der folgenden Aufzählung alle drei angeführten Wörter vor?
ἰχθύων – βοΐ – ναῦν – νηὶ – βουσί – ἰχθύες – ἰχθύσι – νεώς – ναῦς – βοῦν – ἰχθῦς – βοός – νῆες – βοῦς

G 2

Lösen Sie aus dem Lektionstext alle Partikeln heraus, mit denen **Satzfragen** („Ja/Nein-Fragen") eingeleitet werden. Welche Antwort erwartet der Sprecher jeweils? Vergleichen Sie auch L 15 und 29 und ergänzen Sie daraus Ihre Übersicht. Welche Wendungen in der Antwort stehen für *ja* bzw. *nein*?

Z 1

Suchen Sie im Lektionstext nach Beispielen für die Verschmelzung eines vokalisch auslautenden Worts mit dem vokalisch anlautenden folgenden (→ R 34) und lösen Sie die sog. **Krasis** nach folgendem Modell auf:
ταὐτό = τὸ αὐτό

Z 2

Wovon ist der Dativ τοῖς ἄλλοις im folgenden Satz abhängig?
Ἔμοιγε δοκεῖ, ὦ Σώκρατες, τοῦτο οὐχ ὅμοιον εἶναι τοῖς ἄλλοις (→ L 15, 12).
Suchen Sie eine vergleichbare Wendung im Lektionstext.

Z 3

Wissen Sie noch, was die folgenden Wendungen bedeuten? Erweitern Sie die Zusammenstellung mit Hilfe des Wörterverzeichnisses:

τὸν ἀεὶ χρόνον – πάντα κράτιστος ἦν – τῷ αὐτῷ τρόπῳ – οἱ ἀεὶ ἐπιθυμοῦντες – δεινὸς εἶ λέγειν – χαίρω ἀποκρινόμενός σοι – καθ' ἡμέραν – κακῶς λέγειν – τίνα τρόπον; – τί πάσχεις; – ἅμα τῇ ἡμέρᾳ – πόρρω τῆς ἡλικίας – τοῦ λοιποῦ

A

Aus den folgenden Vierergruppen ist jeweils eine Form auszusondern, da sie nicht zu den restlichen drei paßt:

πόλιν – πίστιν – πρᾶξιν – πάλιν
κρείττων – πράττων – ἀμείνων – βελτίων
μέντοι – τόποι – στρατηγοί – λόγοι
τρέφει – οἴει – διαβάλλει – κλέπτει
μέλη – χρηστή – θνητή – γυμνή
τιμᾷ – ἀγορᾷ – ἀγαπᾷ – ὁρᾷ
ἀγαπῶ – ἀγαπᾶται – ἀγαπητοί – ἀγαπῶνται

K 2

Bilden Sie aus dem vorgegebenen Wortmaterial einen sinnvollen Satz:
ὠφέλιμοί – ἀγαθόν – οὖν – ποιοῦσιν – αἳ – εἰσιν – αἱ – τι – ἆρ' – ἡδοναί

38 Königliche Freigebigkeit

Xenophon

Zu den von **Xenophon** (→ Einleitung zu L 12) bewunderten Gestalten gehörte **Kyros der Ältere,** der Gründer des Perserreichs (→ L 11).
Über ihn hat Xenophon ein Buch geschrieben, die Κύρου παιδεία, kein historisches Werk im strengen Sinn, sondern eher ein Erziehungsroman. Kyros wird hier als vollkommenes Produkt einer guten Veranlagung und richtigen Erziehung in einer vorbildlichen Gesellschaftsordnung vorgestellt (→ L 9 die ähnlich idealisierende Darstellung des Spartanerkönigs Agesilaos).

Κατῆρξε μὲν οὖν τῆς πολυδωρίας Κῦρος, διαμένει δ' ἔτι καὶ νῦν τοῖς βασιλεῦσιν. Τίνι μὲν γὰρ φίλοι πλουσιώτεροι ὄντες φανεροί εἰσιν ἢ Περσῶν βασιλεῖ; Τίς δὲ κοσμῶν κάλλιον φαίνεται στολαῖς τοὺς περὶ αὑτὸν ἢ βασιλεύς; Τίνος δὲ δῶρα γιγνώσκεται μᾶλλον τῶν βασιλέως, ψέλια καὶ στρεπτοὶ καὶ ἵπποι χρυσοχάλινοι; Οὐ γὰρ δὴ ἔξεστιν ἐκεῖ ταῦτα ἔχειν, ᾧ ἂν μὴ βασιλεὺς δωρῆται.
Κατεμάθομεν δέ, ὡς καὶ τοὺς βασιλέως καλουμένους ὀφθαλμοὺς καὶ τὰ βασιλέως ὦτα οὐκ ἄλλως ἐκτήσατο ἢ τῷ δωρεῖσθαί τε καὶ τιμᾶν. Οὕτως ἐποίησεν πολλοὺς ἀνθρώπους καὶ ὠτακουστεῖν καὶ διοπτεύειν, τί ἀγγέλλοντες ὠφελεῖν βασιλέα ἐνόμιζον. Καὶ φοβοῦνται πανταχοῦ λέγειν τὰ μὴ σύμφορα βασιλεῖ, ὥσπερ αὐτοῦ ἀκούοντος, καὶ ποιεῖν, ἃ μὴ σύμφορα, ὥσπερ αὐτοῦ παρόντος.

κατάρχω ≈ ἄρχω
διαμένω ≈ μένω
ἡ στολή Gewand
τὸ ψέλιον Armband ὁ στρεπτός Halskette
χρυσοχάλινος mit goldenen Zügeln
διοπτεύω ausspionieren
φοβοῦνται: *„die Leute"*

Persepolis. Palast Dareios' I.: Könige und Würdenträger huldigen dem Großkönig. Um 500 v. Chr. ▷

Persepolis. Palast Dareios' I.: Der Großkönig nimmt Huldigungen entgegen. Um 500 v. Chr. (Seite 105)

Impulse und Übungen

I

① Welche stilistischen Mittel werden im Text eingesetzt? Suchen Sie einen Bezug zum Inhalt herzustellen.
② An welchen Stellen wird Ihrer Meinung nach moralisch Fragwürdiges idealisiert? Welche politische Realität verbirgt sich dahinter?

G

Stellen Sie aus dem Lektionstext die darin enthaltenen Formen von ὁ βασιλεύς zusammen und ordnen Sie sie mit den folgenden drei zu einer Deklinationsübersicht: βασιλεῖς (ältere Form: βασιλῆς), βασιλέας, βασιλέων

Z 1

Τίς δὲ **κάλλιον** κοσμεῖ τοὺς φίλους, τίνος δὲ δῶρα γιγνώσκεται **μᾶλλον** ...
Bestimmen Sie anhand des Kontexts und im Vergleich mit μᾶλλον, um welche Wortart es sich bei κάλλιον handelt; hinsichtlich der Formenbildung → L 21 G 2.

Z 2

Erläutern Sie, welche Aufgabe der **Dativ** in den folgenden Sätzen erfüllt:
① Τίνι φίλοι πλουσιώτεροί εἰσιν ἢ Περσῶν βασιλεῖ;
② Τίς κάλλιον κοσμεῖ στολαῖς τοὺς φίλους;
③ Τίνας ἀνθρώπους βασιλεὺς τῷ δωρεῖσθαι κτᾶται;

Ü

Wie verändert sich durch das Hinzutreten von ὥσπερ der Sinn des **Genitivus absolutus** in Satz 2 gegenüber Satz 1?
① Οὐδεὶς τὰ βασιλεῖ μὴ σύμφορα λέγει αὐτοῦ ἀκούοντος.
② Οὐδεὶς τὰ βασιλεῖ μὴ σύμφορα λέγει **ὥσπερ (ὡς)** αὐτοῦ ἀκούοντος.

W

Nennen Sie stammgleiche Verben zu φθόνος – θέατρον – βλαβερός – μνήμη – οἶκος – χῶρος – ὠφέλιμος.

K

Mit den Substantiven der linken Spalte sind Adjektivformen und Partizipien aus der rechten so zu verbinden, daß sinnvolle, in Kasus, Numerus und Genus übereinstimmende Wendungen entstehen:

τοῦ ἐμπόρου	χαλεπῶς φέρων
τοῖς ἑταίροις	ἥττω
ὁ πατήρ	πωλοῦντος
τὸν λόγον	βελτίους
τοὺς ἄνδρας	ἀκολουθοῦσιν

39 Anekdotisches I

Plutarch

Text 1 Epameinondas war ein thebanischer Heerführer und Politiker, der nach einem überraschenden Sieg über ein spartanisches Heer (371 v. Chr.) seiner Vaterstadt für ein knappes Jahrzehnt die Vorherrschaft in Griechenland sicherte.

Text 2–4 Nach dem Tod des Epameinondas brach die Vorherrschaft Thebens zusammen (362 v. Chr.). Eine neue Führungsmacht war nicht in Sicht. Aber auch die Bemühungen um einen allgemeinen Frieden (κοινὴ εἰρήνη) blieben beim Kampf aller gegen alle ohne Erfolg.
Währenddessen hatte **Philipp II.** im nordgriechischen Makedonien seine Herrschaft gefestigt und bereits große Teile Mittelgriechenlands besetzt. Damit war er zum gefährlichsten Gegner Athens geworden.
Ein Anschluß an Makedonien hätte das Ende der Streitigkeiten, aber auch das Ende der Freiheit bedeutet. Im Falle eines Krieges waren die Erfolgsaussichten bei der Zerstrittenheit der Griechenstädte äußerst gering. So befehdeten sich die Anhänger einer Beschwichtigungspolitik und die Verfechter eines harten Kurses. Zur ersten Partei gehörte der Politiker und Feldherr **Phokion,** zur zweiten **Demosthenes,** der wohl größte Redner Athens.

1 Charaktervoll

Τοῦ Περσῶν βασιλέως τρισμυρίους δαρεικοὺς ἀποστείλαντος Ἐπαμεινώνδᾳ οὗτος ἐμέμψατο πικρῶς Διομέδοντα, ὃν ἔστειλε βασιλεύς, εἰ τοσοῦτον πλοῦν ἔπλευσε διαφθερῶν Ἐπαμεινώνδαν. Πρὸς δὲ τὸν βασιλέα λέγειν ἐκέλευσεν, ὅτι τὰ συμφέροντα Θηβαίοις φρονῶν ἕξει προῖκα φίλον Ἐπαμεινώνδαν, τὰ δὲ μὴ συμφέροντα πολέμιον.

ὁ δαρεικός Dareik, *persische Goldmünze*

προῖκα umsonst

2 Der Goldesel

Φίλιππος ὁ Ἀλεξάνδρου πατὴρ φρουρίον τι βουλόμενος λαβεῖν ὀχυρόν, ὡς ἀπήγγειλαν οἱ κατάσκοποι χαλεπὸν εἶναι παντάπασι καὶ ἀνάλωτον, ἠρώτησεν, εἰ χαλεπὸν οὕτως ἐστίν, ὥστε μηδὲ ὄνον προσελθεῖν χρυσίον κομίζοντα.

ὀχυρός fest, stark

ἀνάλωτος uneinnehmbar

3 Je nachdem

Φωκίων Δημοσθένους τοῦ ῥήτορος εἰπόντος· „Ἀποκτενοῦσί σε Ἀθηναῖοι, ἐὰν μανῶσιν“, „Ναί“, εἶπεν, „ἐμὲ μέν, ἐὰν μανῶσι, σὲ δέ, ἐὰν σωφρονῶσιν.“

4 Bedenklich

Φωκίων ἐπεὶ δὲ λέγων ποτὲ γνώμην πρὸς τὸν δῆμον ηὐδοκίμει καὶ πάντας ὁμαλῶς ἑώρα τὸν λόγον ἀποδεχομένους, ἐπιστραφεὶς πρὸς τοὺς φίλους εἶπεν· „Οὐ δήπου κακόν τι λέγων ἐμαυτὸν ἔλαθον;“

ὁμαλός gleich

► R 94

Impulse und Übungen

I

① Erkennen Sie Gemeinsamkeiten im Aufbau der einzelnen Stücke?
② Welcher literarischen Gattung lassen sich diese kurzen Texte am ehesten zuordnen?

W

Welche Erscheinung liegt vor in συμφέρει – σύμφορος (→ L 8 W 1)?
Vergleichen Sie damit ἀπο-στέλλω/ἀπόστολος und erschließen Sie die Grundbedeutung von ἀπόστολος.

G 1

Beschreiben Sie anhand der folgenden Beispiele, welche Veränderungen die sog. **Verba liquida**[1]) (Stammauslaut λ, ρ oder μ, ν) im **Futur** erfahren:

Präsens	*entstanden aus:*	**Futur**
νέμετε		νεμεῖτε
μένεις		μενεῖς
ἀγγέλλω	* ἀγγελ-jω	ἀγγελῶ
βάλλει	* βαλ-jει	βαλεῖ
ἐγείρομεν	* ἐγερ-jομεν	ἐγεροῦμεν
διαφθείρετε	* διαφθερ-jετε	διαφθερεῖτε
φαίνεται	* φαν-jεται	φανεῖται
αἴρουσιν	* ἀρ-jουσιν	ἀροῦσιν
μαίνομαι	* μαν-jομαι	μανοῦμαι

T 1

Verwandeln Sie nun die folgenden Präsensformen ins Futur:
ἀγγέλλετε – διαφθείρων – αἴρει – νέμοντες – αἴρω – φαίνεται – ἐγείρει – στέλλομεν – ἀποκρίνονται – μένομεν – ἀποκτείνεις – τείνω – κρίνειν – φαίνῃ

G 2

Im **Aorist der Verba liquida** entfiel das Tempuszeichen σ. Welche Veränderung wurde dadurch bewirkt?
ἔν**ει**μα – ἐμ**εί**νατε – ἠγγ**εί**λαμεν – ἤγ**ει**ρε – διέφθ**ει**ραν – ἔφ**η**να – ἐκρ**ῖ**νατε – **ἦ**ρα – ἔστ**ει**λαν

Z 1

Das hervorgehobene ει in den folgenden beiden Formen ist je nach dem Tempus unterschiedlich entstanden: ἐγ**εί**ρετε – ἠγ**εί**ρατε. Geben Sie eine Erklärung.

T 2

Bilden Sie die entsprechenden Aoristformen zu:
ἀποκτείνουσιν – τείνει – ἀγγέλλωμεν – κρίνητε – αἴρειν – διαφθείρεις – ἀποκρίνεσθαι – στέλλωσιν – νέμε – μένοντες

[1]) von lat. liquidus – *flüssig*, Bezeichnung der *„Fließlaute“* oder Dauerlaute im Gegensatz zu den *„stummen“* (lat. mutus) Verschlußlauten der K/P/T-Gruppe

G 3

μαίνομαι (Futur: μανοῦμαι) bildet den Aorist ἐμάνην, ebenso wie φαίνομαι: ἐφάνην.
Dieser **ohne θ gebildete Aorist des Passivs** begegnet bei verschiedenen Verba muta und liquida. Führen Sie die folgenden Formen auf die Ihnen bekannten Präsensstämme zurück. Woran sind diese Formen als Aorist Passiv zu erkennen?

ὁ νεκρὸς ἐτάφη – ὁ βασιλέως θησαυρὸς κλαπῆναι λέγεται – οἱ γεωργοὶ ὑπὸ τῶν πολεμίων ἐβλάβησαν – ὁ σταλεὶς ἄγγελος οὐχ ἥκει – ἡ ἐπιστολὴ ἐγράφη – ἐὰν ὁ παῖς τραφῇ ... – ἵνα οἱ πολέμιοι τραπῶσιν – οἱ στρατιῶται ἀπεστάλησαν – μὴ ἐκπλαγῆτε

Wenn Ihnen einzelne Formen Schwierigkeiten bereiten, können die folgenden Fragen hilfreich sein:

1. Welche Wortbedeutung legt der **Kontext** nahe?
2. **Fehlt** im Aorist gegenüber dem Präsensstamm ein **τ** (z. B. βλάπτω – ἐβλάβην)?
3. Ist der Stamm durch **Ablaut** (ε > α) verändert (z. B. κλέπτω – ἐκλάπην)?
4. Erfolgte **Hauchdissimilation** (→ R 75) (z. B. θάπτω [Stamm θαφ-] – ἐτάφην)?

Z 2

Σωκράτης	ἔτυχε (Prädikat)	παρών. (Partizip)
Sokrates	*war* (Prädikat)	*gerade / zufällig da.* (Adverbiale)

Ebenso wie bei τυγχάνω können **Partizipien** auch **bei anderen Verben, die ein Sein oder Scheinen ausdrücken,** im Deutschen als Prädikat wiedergegeben werden, während das griechische Prädikat die Rolle einer adverbialen Bestimmung übernimmt.

Bei der Übersetzung der folgenden Sätze bieten sich unter anderem an: *fortwährend – heimlich – dauernd – anscheinend – unbemerkt.*

① Ὁ ἄγγελος ἔλαθε ἀπελθών.
② Φαίνῃ μετρίως φιλοσοφῶν.
③ Οἱ παῖδες διῆγον γελῶντες.

▽ *Stadtmauer von Messene/Peloponnes*

Eine schwere Entscheidung *Xenophon* 40

Nach dem Zusammenbruch der Vorherrschaft Athens am Ende des Peloponnesischen Kriegs (404 v. Chr.) versuchte Persien, in das neuentstandene Machtvakuum einzudringen und vor allem die kleinasiatische Küste wieder in seinen Besitz zu bringen.
Sparta sah sich verpflichtet, die dort gelegenen Griechenstädte zu schützen, und schickte ein Heer unter **Agesilaos** (→ L 9), der dann in Kleinasien erfolgreich gegen die Perser operierte.
Diese Schwächung Spartas im Mutterland nutzten die alten Rivalen der Stadt für sich und wurden dabei von Persien kräftig mit Geld unterstützt. Theben und Athen schlossen ein Bündnis gegen Sparta, Argos und Korinth fielen ab. So mußte Agesilaos aus Kleinasien zurückgerufen werden.

Οἱ δὲ Λακεδαιμόνιοι ἐπὶ τὸν Ἀγησίλαον πέμπουσιν Ἐπικυδίδαν. Ὁ δ' ἐπεὶ ἀφίκετο, διηγεῖτο, ὡς ἔχοι καὶ ὅτι ἡ πόλις ἐπιστέλλοι αὐτῷ βοηθεῖν ὡς τάχιστα τῇ πατρίδι. Ὁ δὲ Ἀγησίλαος, ἐπεὶ ἤκουσε, χαλεπῶς μὲν ἤνεγκεν, ἐνθυμούμενος καὶ οἵων τιμῶν καὶ οἵων ἐλπίδων ἀποστεροῖτο, ὅμως δὲ συγκαλέσας τοὺς συμμάχους ἐδήλωσε τὰ ὑπὸ τῆς πόλεως παραγγελλόμενα καὶ εἶπεν, ὅτι ἀναγκαῖον εἴη βοηθεῖν τῇ πατρίδι.

Wünsche und Gebete

Briefschluß

Σὺ δὲ εὖ πράττοις καὶ γράφοις ἀεὶ τοιαῦτα.

Auf einem Weinkrug

Πῖε· μὴ δίψα· ζήσαις.

διψάω Durst haben

Vernünftiger Wunsch

Μή μοι γένοιθ', ἃ βούλομ', ἀλλ' ἃ συμφέρει.

Beim Gelage

Εἴθε λύρα καλὴ γενοίμην ἐλεφαντίνη
καί με καλοὶ παῖδες φέροιεν Διονύσιον ἐς
[χορόν.

ἐλεφάντινος aus Elfenbein
Διονύσιος zu Dionysos gehörig, dionysisch

Den Nymphen geweiht

Ταῖς Νύμφαις τόδ' ἄγαλμα· μέλοι δ'αὐταῖσιν
[ὁ χῶρος,
ναὶ μέλοι, ὡς κρήναις ἄφθιτα ῥεῖθρα ῥέοι.

αὐταῖσιν = αὐταῖς
ἄφθιτος nicht versiegend τὸ ῥεῖθρον (fließendes) Wasser

Impulse und Übungen

G 1

Untersuchen Sie die folgenden Formen auf ihre Bildeweise hin. Welche Merkmale erlauben Ihnen eine Zuweisung zu bestimmten Tempora und Personen? Welche Lauterscheinung ist kennzeichnend für den **Optativ?**

λέγοι – γράφοιμεν – φαίνοιτο – ἀποκρινοίμην – ποιοῖμεν (<ποιέ-οιμεν) – ἡγοῖσθε – ἱστοροίης – ἐρωτῷτε (<ἐρωτά-οιτε) – ὁρῴην – εἴποις – ἀφίκοιντο – λυπήσοιμι – εἴην (zu εἰμί) – πράξαιμι – ἀγγείλαιμεν – κωλυθεῖμεν – παυθείης – ποιησαίμεθα – εἴημεν – λίποιμι – ἀπειλοίμην

G 2

Einen der **Anwendungsbereiche des Optativs** zeigen die folgenden Sätze; welcher Modus tritt dafür im Deutschen ein?

Σωκράτης εἶπε περὶ τῶν σοφιστῶν, ὅτι πάντα μὲν ἐπαινοῖεν, ἃ πωλοῖεν, ἀγνοοῦντες, τί εἴη χρηστὸν ἢ πονηρὸν πρὸς τὴν ψυχήν, εἰ δέ τις δοκοίη ἐπιστήμων εἶναι, τί χρηστὸν ἢ πονηρόν, ἀσφαλὲς εἶναι αὐτῷ ὠνεῖσθαι μαθήματα ...

Sokrates sagte von den Sophisten, daß sie alles anpriesen, was sie verkauften, obwohl sie nicht wüßten, was gut oder schlecht für die Seele sei, und wenn jemand darüber Bescheid zu wissen meine, was gut oder schlecht sei, stelle es für ihn kein Risiko dar, wenn er Wissensstoff einkaufe.

G 3

Εὐτυχοίης καὶ τύχοις ὅσων ἐρᾷς.
Mögest du Glück haben und alles erreichen, was du begehrst!

Welche Aufgabe erfüllt der Optativ in diesem Satz? Vergleichen Sie auch den folgenden Text:

... was man von Göttern so verlangt
nach Lukian

Ὦ θεοί, γένοιτό μοι νικῆσαι τὴν δίκην.
Λάθοιμι ἐπιβουλεύσας τῷ ἀδελφῷ.
Ὦ θεοί, ὁ πατήρ μου ταχέως ἀποθάνοι.

T

Bilden Sie den entsprechenden Optativ zu:
μέλλουσιν – ἀναγκάζεσθε – διαφέρουσιν – εἶ – πειρῶμαι – ἐπιχειρεῖ – ἐδίδαξα – ἐλάβομεν – ἤγγειλα – ἀποκρίνεται – ὑπισχνεῖσθε – ἐπαύθην – ᾄδω – ἀποστερεῖτε

Ü

Zuckerbrot statt Peitsche *Xenophon*

Dank massiver Unterstützung durch die Perser, vor allem durch den Statthalter Pharnabazos, gelang es dem attischen Admiral Konon, die Spartaner entscheidend zu schlagen.

Φαρνάβαζος καὶ Κόνων, ἐπεὶ ἐνίκησαν τοὺς Λακεδαιμονίους, παρήγγειλαν ταῖς πόλεσιν, ὡς οὔτε[4]) ἀκροπόλεις ἐντειχίσοιεν[1]) ἐάσοιέν τε αὐτονόμους. Καὶ γὰρ ὁ Κόνων τὸν Φαρνάβαζον ἐδίδασκεν, ὡς οὕτω μὲν ποιοῦντι πᾶσαι αὐτῷ αἱ πόλεις φίλαι ἔσοιντο, εἰ δὲ δουλοῦσθαι βουλόμενος φανοῖτο, ἔλεγεν, ὡς ἑκάστη πόλις ἱκανὴ εἴη πολλὰ πράγματα παρέχειν καὶ κίνδυνος εἴη, μὴ[2]) καὶ οἱ Ἕλληνες, εἰ ταῦτα αἴσθοιντο, συσταῖεν[3]).

[1]) ἐντειχίζω (τεῖχος) *gedacht ist an die Anlage von Stützpunkten in den Städten, um diese besser kontrollieren zu können*
[2]) κίνδυνός ἐστι μή es besteht die Gefahr, daß
[3]) συσταῖεν zu συνέστην *(Aor.)* sich zusammenschließen, revoltieren
[4]) οὔτε ... τε ... *nicht ..., jedoch ...*

Sokrates über seinen Prozeß

Platon

Hauptthema des platonischen Dialogs *„Gorgias“* (→ L 30/36/37) ist die Frage, ob die Rhetorik eine wertfreie Technik zur Durchsetzung bestimmter politischer Ziele sei oder ob sie an die Vernunft des Menschen zu appellieren und ihn zu einer richtigen Entscheidung zu führen habe. Perikles und andere bedeutende Politiker hätten zwar mit ihren Reden große Erfolge bei den Massen errungen, aber um den Preis, daß sie die Redekunst zur Schmeichelkunst degradiert hätten; für die Wahrheit sei das Volk unzugänglich gewesen. Im Gespräch mit Kallikles bekennt **Sokrates** seine Unfähigkeit, den Leuten nach dem Mund zu reden. Er ahnt sein Schicksal, das ihn auf die Anklagebank führen wird, voraus.

Σωκράτης Κρινοῦμαι γάρ, ὡς ἐν παιδίοις ἰατρὸς ἂν κρίνοιτο κατηγοροῦντος ὀψοποιοῦ. Σκόπει γάρ, τί ἂν ἀπολογοῖτο ὁ τοιοῦτος ἄνθρωπος ἐν τούτοις ληφθείς, εἰ αὐτοῦ κατηγοροῖ τις λέγων, ὅτι „Ὦ παῖδες, πολλὰ ὑμᾶς καὶ κακὰ ὅδε εἴργασται ἀνήρ, καὶ τοὺς νεωτάτους ὑμῶν διαφθείρει τέμνων τε καὶ καίων, πικρότατα πώματα παρέχων, οὐχ ὥσπερ ἐγὼ πολλὰ καὶ ἡδέα ηὐώχουν ὑμᾶς.“ – Τί ἂν οἴει ἐν τούτῳ τῷ κακῷ ἀποληφθέντα ἰατρὸν ἔχειν εἰπεῖν; ἢ εἰ εἴποι τὴν ἀλήθειαν, ὅτι „Ταῦτα πάντα ἐγὼ ἐποίουν, ὦ παῖδες, ὑγιεινῶς,“ πόσον τι οἴει ἂν ἀναβοῆσαι τοὺς τοιούτους δικαστάς; οὐ μέγα;

Καλλικλῆς Ἴσως· οἴεσθαί γε χρή.

Σω. Οὐκοῦν οἴει ἐν πάσῃ ἀπορίᾳ ἂν αὐτὸν ἔχεσθαι, τί χρὴ εἰπεῖν;

Κα. Πάνυ γε.

Σω. Τοιοῦτον μέντοι καὶ ἐγὼ οἶδα, ὅτι πάθος πάθοιμι ἂν εἰσελθὼν εἰς δικαστήριον.

κρινοῦμαι *pass. Bedeutung*
ὁ ὀψοποιός Koch

τὸ πῶμα = τὸ ποτόν

ὑγιεινῶς zur Gesundheit

► St

Portrait des Sokrates. Römische Kopie nach einem Original des 4. Jh. v. Chr. Rom, Vatikanische Museen ▷

Impulse und Übungen

I

① Der Text ist lange Zeit nach der Verurteilung des Sokrates geschrieben. Was könnte Platon mit dieser „Prophezeiung" des Sokrates bezweckt haben?
② Welche Rolle schreibt das Arztgleichnis dem Sokrates und damit dem Philosophen überhaupt zu? Vergleichen Sie auch die Darstellung in L 36.

St

Sokrates ist pessimistisch:
Τοιοῦτον μέντοι καὶ ἐγὼ οἶδα, ὅτι πάθος πάθοιμι ἂν εἰσελθὼν εἰς δικαστήριον.
Auf welches Wort des ὅτι – Satzes bezieht sich τοιοῦτον? Was bewirkt diese Voranstellung (**Prolepse,** von προ-λαμβάνω) eines Satzglieds, das eigentlich an eine spätere Stelle gehört?

W 1

Ordnen Sie die folgenden Substantive nach Deklinationsgruppen und geben Sie jeweils den Genitiv Singular dazu an:
πόλις – πατρίς – χάρις – πρᾶξις – ἐλπίς – δύναμις

W 2

Erklären Sie die in den folgenden Sätzen hervorgehobenen Fremdwörter vom Griechischen her:
Jene *Biographie* wird auf weite Strecken von *apologetischen* Absichten bestimmt.
Die *hygienischen* Verhältnisse in dem Flüchtlingslager waren untragbar.
Der Redner trat für die Abschaffung der *skandalösen* Bestimmungen ein.

G 1

Bestimmen Sie mit Hilfe der Grammatik die folgenden **Optativ**formen und achten Sie dabei besonders auf Person und Numerus. Welche Signale erlauben die Bestimmung der Tempora?
ἀδικοῖεν – στείλειεν – κηρύξειαν (= κηρύξαιεν) – ἀγγελοῖεν – εἶεν – τιμῷεν – λίποιεν – κομισθεῖεν – φανεῖεν – παύσοιεν

G 2

Was bezeichnet der **Optativ** (im **Hauptsatz mit ἄν** verbunden) in den folgenden Sätzen?

Konon zu Pharnabazos (→ 40 Ü):

„Ποιοῦντι μὲν ταῦτα πᾶσαι αἱ πόλεις φίλαι σοι ἂν εἶεν.
Εἰ δὲ βούλοιο δουλοῦσθαι αὐτάς, πολλὰ ἂν πράγματά σοι ἑκάστη παρέχοι."
„Wenn du das tust, dürften sich sämtliche Städte gut mit dir stellen.
Solltest du jedoch die Absicht haben, sie dir zu unterwerfen, könnte jede einzelne (Stadt) dir beträchtliche Schwierigkeiten machen."

G 3

Übersetzen Sie entsprechend G 2 auch **mit ἄν verbundene Infinitive und Partizipien:**
„Οἶμαι ἑκάστην πόλιν ἱκανὴν ἂν εἶναι πράγματα παρέχειν.
Πολλὰ ἂν ἔχων εἰπεῖν τἆλλα σιωπήσω."
„Nach meiner Meinung ist wohl jede einzelne Stadt in der Lage, Schwierigkeiten zu machen.
Ich hätte wohl noch viel zu sagen, werde aber vom übrigen schweigen."

Ü 1

Ein Redner in Verlegenheit *Lysias*

„Οὐκ ἂν ἄρξασθαί μοι δοκεῖ ἄπορον εἶναι, ὦ ἄνδρες δικασταί, τῆς κατηγορίας, ἀλλὰ παύσασθαι λέγοντι. Οὔτ' ἂν ψευδόμενος δεινότερα τῶν ὑπαρχόντων κατηγορῆσαι οἷός τ' εἰμι, οὔτε τἀληθῆ βουλόμενος εἰπεῖν ἅπαντα δύναμαι."

Ü 2

„Ihr solltet in meiner Lage sein!“ *Lysias*

Der Sprecher dieses Textes steht unter Mordanklage vor Gericht; er selbst will in Notwehr gehandelt haben:

Περὶ πολλοῦ ἂν ποιησαίμην, ὦ ἄνδρες, τὸ τοιούτους ὑμᾶς ἐμοὶ δικαστὰς περὶ τούτου τοῦ πράγματος γενέσθαι, οἷοίπερ ἂν ὑμῖν αὐτοῖς εἴητε τοιαῦτα πεπονθότες[1]· εὖ γὰρ οἶδ' ὅτι, εἰ τὴν αὐτὴν γνώμην περὶ τῶν ἄλλων ἔχοιτε, ἥνπερ περὶ ὑμῶν αὐτῶν, οὐκ ἂν εἴη, ὅστις οὐκ[2]) ἐπὶ τοῖς γεγενημένοις[3]) ἀγανακτοίη, ἀλλὰ πάντες ἂν περὶ τῶν τὰ τοιαῦτα ἐπιτηδευόντων[4]) τὰς ζημίας μικρὰς ἡγοῖσθε. Καὶ ταῦτα οὐκ ἂν εἴη μόνον παρ' ὑμῖν οὕτως ἐγνωσμένα[5]), ἀλλ' ἐν πάσῃ τῇ Ἑλλάδι.

„*Ich* gäbe *viel darum, ihr Männer, wenn ihr in diesem Fall euch als Richter mir gegenüber* ebenso verhieltet *wie gegenüber euch selbst, falls* euch *dasselbe zugestoßen* wäre. *Ich weiß nämlich sehr wohl, daß – wenn ihr bezüglich der anderen die gleiche Einstellung* hättet *wie gegenüber euch selbst – es niemanden* gäbe, *der sich nicht über das Vorgefallene* empörte; *vielmehr* würdet *ihr alle miteinander die Strafen für Leute, die dergleichen tun, als gering* ansehen. *Und das wäre nicht nur eure übereinstimmende Ansicht, sondern in ganz Griechenland (würde man sie teilen).*“

① Inwiefern ist der vom Redner gewählte Modus (vgl. die Prädikate) für den Beginn seiner Rede besonders geeignet?
② Weswegen ist das Gemeinte in der beigegebenen Übersetzung nicht ganz eindeutig ausgedrückt?
③ Wo kann durch kleine Zusätze der vom Redner durch die Verwendung des Optativs ausgedrückte Wahrscheinlichkeitsgrad seiner Aussagen und Erwartungen verdeutlicht werden?

W 3

Ordnen Sie die folgenden Substantive den angegebenen Verben so als Objekte zu, daß sinnvolle kleine Sätze entstehen:
κόρη – πόλις – πληγή – ὅρκος – οἶκος
ᾤκισε – ἐφοβήθην – ἐποιησάμεθα – ἐφίλει – καίουσι

△ *Zeus und Hermes.* Von einem attischen Volutenkrater, um 450 v. Chr. Oxford

K

Bilden Sie mit Hilfe der Elemente des „Schaltbretts“ richtige Verbformen:

βοηθη	θ	οι	ς
λιπ	σ	ει	τε
γραφ	–	αι	μι
παυ	–	αι	ην
ἀγγειλ		ει	εν

[1]) πεπονθότες *Part. Perf. Akt. von* πάσχω (<* πνθ-σκω)
[2]) οὐκ ἔστιν ὅστις οὐ es gibt keinen, der nicht = jeder
[3]) γεγενημένος *Part. Perf. von* γίγνομαι
[4]) ἐπιτηδεύω ≈ πράττω
[5]) ἐγνωσμένος *Part. Perf. Pass. von* γιγνώσκω

42 Homo homini lupus? *Platon*

Die Frage nach der Ordnung der physikalischen Welt (→ Einleitung zu L 1) zog die weitere nach der Entstehung der menschlichen Kultur nach sich. Unter anderen griff auch **Protagoras** dieses Thema auf in einer Schrift, die verloren ist, zum Teil aber aus dem platonischen *„Protagoras"* (→ L 16/17/46) rekonstruiert werden kann.
Protagoras stellt hier die Urgeschichte des Menschen in Form eines Mythos dar. Zunächst schufen die Götter die Lebewesen und beauftragten das Brüderpaar *Prometheus* („Vorherdenkender") und *Epimetheus* („Nachherdenkender"), ihnen alle zum Überleben nötigen Fähigkeiten zuzuteilen. Als die Reihe schließlich an den Menschen kam, war für ihn nichts mehr übrig. So blieb der Mensch nackt und hilflos, ein „Mängelwesen". Damit er überhaupt lebensfähig war, stahl Prometheus den Göttern das Feuer und die damit verbundenen Techniken.
Nun beginnt die zweite Phase in der Entwicklung der Menschheit.

Κατ' ἀρχὰς ἄνθρωποι ᾤκουν σποράδην, πόλεις δὲ οὐκ ἦσαν. Ἀπώλλυντο οὖν ὑπὸ τῶν θηρίων διὰ τὸ πανταχῇ αὐτῶν ἀσθενέστεροι εἶναι, καὶ ἡ δημιουργικὴ τέχνη αὐτοῖς πρὸς μὲν τροφὴν ἱκανὴ βοηθὸς ἦν, πρὸς δὲ τὸν τῶν θηρίων πόλεμον ἐνδεής· πολιτικὴν γὰρ τέχνην οὔπω εἶχον, ἧς μέρος πολεμική. Ἐζήτουν δὴ ἀθροίζεσθαι καὶ σῴζεσθαι κτίζοντες πόλεις· ὅτ' οὖν ἀθροισθεῖεν, ἠδίκουν ἀλλήλους ἅτε οὐκ ἔχοντες τὴν πολιτικὴν τέχνην, ὥστε πάλιν σκεδαννύμενοι διεφθείροντο.
Ζεὺς οὖν δείσας περὶ τῷ γένει ἡμῶν, μὴ ἀπόλοιτο πᾶν, Ἑρμῆν πέμπει ἄγοντα εἰς ἀνθρώπους αἰδῶ τε καὶ δίκην, ἵν' εἶεν πόλεων κόσμοι τε καὶ δεσμοὶ φιλίας. Ἐρωτᾷ οὖν Ἑρμῆς Δία, τίνα οὖν τρόπον δοίη δίκην καὶ αἰδῶ ἀνθρώποις· „Πότερον ὡς αἱ τέχναι νενέμηνται, οὕτω καὶ ταύτας νείμω, ἢ ἐπὶ πάντας νείμω;" – „Ἐπὶ πάντας", ἔφη ὁ Ζεύς, „καὶ πάντες μετεχόντων· οὐ γὰρ ἂν γένοιντο πόλεις, εἰ ὀλίγοι αὐτῶν μετέχοιεν ὥσπερ ἄλλων τεχνῶν. Καὶ νόμον γε θὲς παρ' ἐμοῦ τὸν μὴ δυνάμενον αἰδοῦς καὶ δίκης μετέχειν κτείνειν ὡς νόσον πόλεως."

σποράδην zerstreut

▶ R 102

ὁ βοηθός Helfer

σκεδάννυμι zerstreuen

δοίη *3. Sg. Opt. Aor. Akt. von* δίδωμι

θές *2. Sg. Imp. Aor. Akt. von* τίθημι

Sein größter Feind *Stobaios*

Ἀνάχαρσις ἐρωτηθεὶς ὑπό τινος, τί ἐστιν πολέμιον ἀνθρώποις· „Αὐτοί", ἔφη, „ἑαυτοῖς."

Anacharsis: skythischer Fürst, den Sieben Weisen zugerechnet (6. Jh. v. Chr.).

Impulse und Übungen

I

① Protagoras gab als sein Bildungsziel die πολιτικὴ τέχνη und die Ausbildung der Menschen zu ἀγαθοὶ πολῖται an (→ L 17, Z. 14–16). Inwiefern begründet er mit seinem Mythos, daß politische Bildung lehr- und lernbar sei?
② Worin liegen die Gemeinsamkeiten zwischen dem Mythos des Protagoras und der aristotelischen Definition des Menschen als eines ζῷον πολιτικόν?
③ Vergleichen Sie den Mythos des Protagoras mit Platons Stadtgründung in L 29. Welche unterschiedlichen Prinzipien liegen beiden Entwürfen zugrunde?
④ Der boiotische Dichter *Hesiod* (um 700 v. Chr.) erzählt die Geschichte der Menschheit ganz anders. Am Anfang stand das goldene Zeitalter, in dem die Menschen wie im Paradies lebten. Es folgten das silberne, eherne, zuletzt das eiserne Zeitalter. Worin unterscheidet sich dieses Geschichtsbild von dem des Protagoras?

Z

① Erklären Sie, warum und in welcher Bedeutung **οὐ** bzw. **μή** in den folgenden Sätzen verwendet wird:

Χλόη τὸν Δόρκωνα **οὐ** φιλεῖ.
Ὁ Δόρκων ἀποκρύπτεται, ἵνα **μὴ** ἴδῃ αὐτὸν ἡ παῖς.
Χλόη **οὐ** φοβεῖται, **μὴ** ὁ Δόρκων κακόν τι ποιήσῃ.
Ὁ Δόρκων φοβεῖται, **μὴ οὐ** ἡ παῖς ἥκῃ.

② Erschließen Sie die Bedeutung von **οὐ μή** und **μὴ οὐ** zur Einleitung von Hauptsätzen mit Hilfe des sinngemäß zu ergänzenden φοβεῖσθαι:

Χλόη· „**Οὐ** [φοβοῦμαι] **μὴ** Δόρκων κακόν τι ποιήσῃ."
Δάφνις· „[Φοβοῦμαι] { **Μὴ** Δόρκων ἄνθρωπος ᾖ κακός/ **Μὴ οὐ** Δόρκων ᾖ χρηστός."

③ Stellen Sie aus dem Gedächtnis oder anhand des Wörterverzeichnisses sämtliche mit οὐ/μή zusammengesetzten Wörter mit ihren deutschen Bedeutungen zusammen.

G 1

① Οἱ ἄνθρωποι ἠδίκουν ἀλλήλους, ὅτε ἀθροισθεῖεν.
Was wird durch das **Imperfekt im Hauptsatz** ausgedrückt?
Welche Aufgabe erfüllt demnach der **Optativ im Gliedsatz?**
② Οἱ ἄνθρωποι ἀθροίζονται, ἵνα σῴζωνται.
Οἱ ἄνθρωποι ἠθροίσθησαν, ἵνα σῴζοιντο.
Wodurch dürfte der unterschiedliche Modusgebrauch in den Gliedsätzen begründet sein?

G 2

Ζεὺς φοβεῖται, **μὴ** οἱ ἄνθρωποι διαφθείρωνται.
*Zeus fürchtet, **daß** die Menschen ausgerottet werden/ die Menschen würden ausgerottet werden.*
Der hervorgehobene Unterschied zwischen griechischer und deutscher Ausdrucksweise wird verständlich, wenn Sie davon ausgehen, was Zeus *wünscht.*

G 3

Ein Richter über Sokrates:
Σωκράτης κρίνεται **ἅτε** διαφθείρων τοὺς νέους.
Sokrates wird verurteilt, weil er die jungen Leute verdirbt.

... und ein Anhänger des Philosophen:
Σωκράτης κρίνεται **ὡς** διαφθείρων τοὺς νέους.
Man verurteilt Sokrates, weil er angeblich die jungen Leute verdirbt.

In welcher Weise bestimmen also **ἅτε** bzw. **ὡς** die **Sinnrichtung kausaler Partizipien?**

G 4

μετ-εχέτω *er soll teilhaben*
μετ-εχόντων *sie sollen teilhaben*
Bei welcher dieser Imperativformen besteht die Gefahr einer Verwechslung?

43 Freudige Kunde

Sophokles

Die folgende Szene stammt, wie schon der Text von L 26, aus dem *„Oidipus Tyrannos“* des **Sophokles.** Sie geht jener Verhörszene voraus und führt mitten hinein in den qualvollen Wechsel von Furcht und Hoffnung, dem Oidipus ausgesetzt ist. Alle bisherigen Indizien sprechen gegen den König, der sich bereits als Täter fühlt.

In diesem Augenbick nimmt die Handlung eine überraschende Wendung.

Ἄγγελος Ἆρ' ἂν παρ' ὑμῶν, ὦ ξένοι, μάθοιμ' ὅπου
τὰ τοῦ τυράννου δώματ' ἐστὶν Οἰδίπου;
Μάλιστα δ' αὐτὸν εἴπατ', εἰ κάτισθ' ὅπου.
Χορός Στέγαι μὲν αἵδε, καὐτὸς ἔνδον, ὦ ξένε·
γυνὴ δὲ μήτηρ ἥδε τῶν κείνου τέκνων.
Ἄγ. Ἀλλ' ὀλβία τε καὶ ξὺν ὀλβίοις ἀεὶ
γένοιτ', ἐκείνου γ' οὖσα παντελὴς δάμαρ.
Ἰοκάστη Αὔτως δὲ καὶ σύ γ', ὦ ξέν'· ἄξιος γὰρ εἶ
τῆς εὐεπείας οὕνεκ'. Ἀλλὰ φράζ', ὅτου
χρῄζων ἀφῖξαι χὤτι σημῆναι θέλων.
Ἄγ. Ἀγαθὰ δόμοις τε καὶ πόσει τῷ σῷ, γύναι.
Ἰο. Τὰ ποῖα ταῦτα; πρὸς τίνος δ'ἀφιγμένος;
Ἄγ. Ἐκ τῆς Κορίνθου. Τὸ δ' ἔπος, οὑξερῶ τάχα,
ἥδοιο μέν, πῶς δ' οὐκ ἄν; ἀσχάλλοις δ' ἴσως.
Ἰο. Τί δ' ἔστι; ποίαν δύναμιν ὧδ' ἔχει διπλῆν;
Ἄγ. Τύραννον αὐτὸν οὑπιχώριοι χθονὸς
τῆς Ἰσθμίας στήσουσιν, ὡς ηὐδᾶτ' ἐκεῖ.
Ἰο. Τί δ'; οὐχ ὁ πρέσβυς Πόλυβος ἐγκρατὴς ἔτι;
Ἄγ. Οὐ δῆτ', ἐπεί νιν θάνατος ἐν τάφοις ἔχει.

τὰ δώματα Haus, Palast
εἴπατε = εἴπετε   κάτ-ιστε ihr wißt
ἡ στέγη Haus
ἡ παντελὴς δάμαρ die rechtmäßige Gattin
αὔτως ebenso
ἡ εὐέπεια freundliche Begrüßung
ἀφῖξαι *2. Sg. Perf. von* ἀφικνέομαι   χὤτι = καὶ ὅ τι
ὁ δόμος Haus   ὁ πόσις Gatte
ἀφιγμένος *Part. Perf. von* ἀφικνέομαι
οὑξερῶ = ὃ ἐξερῶ
ἀσχάλλω traurig sein
διπλοῦς doppelt
οὑπιχώριοι = οἱ ἐπιχώριοι
αὐδάω sprechen
νιν = αὐτόν

Impulse und Übungen

AT

① Vergleichen Sie den folgenden Satz mit L 41 St; welches Wort ist hier proleptisch gebraucht?
Μάλιστα δ' αὐτὸν εἴπατ', εἰ κάτισθ' ὅπου.

② Analysieren Sie entsprechend 26 M die ersten drei Verse des Lektionstexts. Wie viele Silben hat jeder dieser Verse? Vergleichen Sie damit die Silbenzahl der beiden letzten Verse des Texts und suchen Sie herauszu-

finden, welcher Iambus jeweils eine Veränderung erfahren hat.
③ Welche Erscheinung liegt vor in καὐτός (Z. 4 des Lektionstexts)? Bringen Sie weitere Belege aus den Sophokles-Versen bei.

G 1

Bestimmen Sie die folgenden Formen von **ὅστις** nach Kasus, Numerus und Genus und beschreiben Sie die jeweilige Bildungsweise. Wo kommen eine längere und eine kürzere Form nebeneinander vor: οἵτινες – οὕστινας – ὅτῳ – ἥτις – ᾗτινι – ᾧτινι – ὅτου – οὗτινος

G 2

Lösen Sie aus dem Lektionstext alle Fragepronomina und -adverbien heraus. Worin unterscheiden sich die direkt gebrauchten von denen, die eine indirekte (abhängige) Frage einleiten?

Z

Ordnen Sie die folgenden **Fragepronomina und -adverbien** unter dem Gesichtspunkt, worauf die Frage zielt:

eine Person	*einen Zeitpunkt*	*eine Alternative*
eine Sache	*eine Menge*	*eine Beschaffenheit*
einen Ort	*eine Größe*	*eine Art/Weise*

ποῖος – πόθεν – τίς – ὅποι – πότερον – πόσοι – ὅστις – τί – πῶς – ὅ τι – ποῦ – πότε – ὅπου

B

Stellen Sie fest, ob es sich bei den folgenden Gliedsätzen um abhängige Fragen oder um Relativsätze handelt:
① Πάντες ἔφευγον οἱ Λυδοὶ ἀπὸ τῶν τειχῶν, ὅποι ἐδύνατο ἕκαστος (→ L 35, 12 f.).
② Ἕκαστος, ὅπου ἂν φαῦλος ᾖ, ἐντεῦθεν φεύγει (→ L 36, 14).
③ Οὐκοῦν οἴει ἂν αὐτὸν ἐν ἀπορίᾳ ἔχεσθαι, ὅ τι χρὴ εἰπεῖν (→ L 41, 16 f.).
④ Εἰπέ μοι, ὅπου τὰ τοῦ τυράννου δώματά ἐστιν (→ L 43, 1 f.).
⑤ Φράζε, ὅ τι θέλεις σημαίνειν (→ L 43, 10 f.).

△ *Tragischer Schauspieler.* Fragment eines Glockenkraters aus Tarent. Um 350 v. Chr.

W

Nennen Sie Wörter gegenteiliger Bedeutung zu:
ὄλβιος – ἥδομαι – ἀρχή – δίκη – ἡδύς

K

Der Humanist Melanchthon trug ursprünglich einen deutschen Namen, den er, entsprechend einem zu seiner Zeit verbreiteten Brauch, ins Griechische übersetzte.
Suchen Sie zu erschließen, wie Melanchthon eigentlich hieß.

44 Der Zeus des Pheidias

Pausanias

Das zweite nachchristliche Jahrhundert war eine der glücklichsten Zeiten der Geschichte. Fast hundert Jahre Frieden rund um das Mittelmeer! Handel und Verkehr blühten von Gibraltar bis Syrien, von England bis in die Sahara. Auch Kunst und Kultur erlebten einen weltweiten Aufschwung. Überall gab es Kunstwerke von hohem Rang, alte und neue, Originale und Kopien.

In dieser Zeit entwickelte sich eine neue Art zu reisen: die „Studienreise". Zur Orientierung der Touristen schrieb **Pausanias** (um 150 n. Chr.) einen *„Führer durch Griechenland"*. Seine Beschreibungen haben den Archäologen wesentlich geholfen, die trümmerhaften Funde einzuordnen und zu bestimmen. Und für manches, was für immer verschollen oder noch nicht aufgefunden ist, stellt der Reiseführer des Pausanias die einzige Quelle dar.

So ist es auch im Fall der spurlos verschwundenen **Zeusstatue des Pheidias in Olympia,** die in der Antike als das berühmteste Kunstwerk überhaupt galt und zu den sieben Weltwundern zählte. Aus verstreuten Angaben bei anderen Autoren lassen sich folgende Maße errechnen: Basis 6,50 x 9,30 m, Thronhöhe 10 m, Gesamthöhe 12,50 m, Cellahöhe 14,50 m.

Καθέζεται μὲν δὴ ὁ θεὸς ἐν θρόνῳ χρυσοῦ πεποιημένος καὶ ἐλέφαντος· στέφανος δὲ ἐπίκειται τῇ κεφαλῇ, μεμιμημένος ἐλαίας κλῶνας.

Ἐν μὲν τῇ δεξιᾷ φέρει Νίκην, τῇ δὲ ἀριστερᾷ τοῦ θεοῦ ἔνεστι σκῆπτρον μετάλλοις τοῖς πᾶσιν ἠνθισμένον. Ὁ δὲ ὄρνις ὁ ἐπὶ τῷ σκήπτρῳ καθήμενος ἐστίν ὁ ἀετός. Τῷ δὲ χρυσῷ ἱματίῳ ζῴδιά τε καὶ κρίνα ἐμπεποίηται.

Ὁ δὲ θρόνος ποικίλος μὲν χρυσῷ καὶ λίθοις, ποικίλος δὲ καὶ ἐβένῳ τε καὶ ἐλέφαντι, καὶ ἀγάλματα ἐπ' αὐτοῦ εἴργασται. Ἑκατέρῳ τῶν ποδῶν τῶν ἔμπροσθεν παῖδες ἐπίκεινται Θηβαίων ὑπὸ Σφιγγῶν ἡρπασμένοι. Ἐπὶ τῶν κανόνων τῶν μεταξὺ τῶν ποδῶν ὁ λόχος ἐστὶ ὁ σὺν Ἡρακλεῖ μαχόμενος πρὸς Ἀμαζόνας· τέτακται δὲ καὶ Θησεὺς ἐν τοῖς συμμάχοις.

Τὰ ἐρύματα παρέχεται Παναίνου γραφάς. Ἐν δὲ αὐταῖς Ἑσπερίδες δύο φέρουσι τὰ μῆλα, ὧν ἐπιτετράφθαι λέγονται τὴν φρουράν. Πάναινος μὲν δὴ οὗτος ἀδελφός τε ἦν Φειδίου, καὶ ὑπ' αὐτοῦ καὶ Ἀθήνησιν ἐν Ποικίλῃ τὸ Μαραθῶνι ἔργον ἔστι γεγραμμένον.

Ὑπὲρ τὴν κεφαλὴν τοῦ ἀγάλματος πεποίηνται ὑπὸ Φειδίου Χάριτες καὶ Ὧραι· εἶναι γὰρ θυγατέρας Διὸς καὶ ταύτας ἐν τοῖς ἔπεσίν ἐστιν εἰρημένον.

ὁ κλών, νός Zweig

ἀνθίζω verzieren

τὸ ζῴδιον (kleines) Tier   τὸ κρίνον Lilie

ἡ ἔβενος Ebenholz

ὁ κανών Leiste

τὸ ἔρυμα Schranke, Gitter   ἡ γραφή Bild, Gemälde

τὸ μῆλον Apfel

▶ AT

Ποικίλη *erg.* στοᾷ

Μαραθῶνι in Marathon

Thronender Zeus des Pheidias. Sesterzprägung Hadrians von 133 n. Chr. Florenz ▷

Impulse und Übungen

AT

Ἑσπερίδες δύο φέρουσι τὰ μῆλα, ὧν ἐπιτετράφθαι λέγονται τὴν φρουράν.
Auf welches Wort im Hauptsatz bezieht sich ὧν?
Von welchem Wort im Gliedsatz hängt es ab?
Wer ist Subjekt zu λέγονται (→ L 5 G 3)?
Wie ist der Akkusativ τὴν φρουράν zu erklären?

G 1

Zerlegen Sie die folgenden **Perfekt-Passiv**-Formen entsprechend dem vorgegebenen Schema:

0 eventuelles **Präfix** (Präposition, z. B. διά)

1 a **Reduplikation** (Anlautverdopplung: anlautende einfache Konsonanten – außer ρ – treten in Verbindung mit ε vor den Stamm; bei Verbindungen von Muta und Liquida wird nur der erste Konsonant redupliziert, an die Stelle von θ, φ, χ treten τ, π, κ), auch beim Infinitiv und Partizip

1 b **ε** vor dem Stamm **als Reduplikationsersatz** bei Verben, die mit ρ oder Konsonantenverbindungen (außer Muta mit Liquida) beginnen

1 c **Dehnung** vokalischer Stammanlaute

2 **Stamm**

3 **Endung** (tritt direkt an den Stamm)

πεποίηται – κεκωλύμεθα – πεφονευμένος – ἔκτισται (κτίζω) – πεφυλάγμεθα (φυλάττω) – τέταγμαι – κεκηρυγμένος – διέφθαρσαι – ἤγγελται – γέγραπται (γράφω) – ἡρπασμένοι – εἴργασται – ἐστρατευμένῳ – ἔψευσμαι

Arbeitsbeispiel:

0	1a	1b	1c	2	3
συμ	βε			βουλευ	ται
παρ		ε		σκευασ	ται
				ἡ ρπασ	μαι

G 2

Die im **Perfekt** unmittelbar an den Stamm angefügten Endungen bedingen **Veränderungen des Stammauslauts,** wenn dies der besseren Sprechbarkeit dient (πεφύλαγμαι, aber πεφύλακται) und erfahren auch selbst Veränderungen durch Ausfall von Lauten oder Assimilation.
Gelegentlich werden auch **Umschreibungen** mit dem Partizip Perfekt Passiv sowie entsprechenden Formen von εἶναι gebildet (z. B.: πεφυλαγμένοι εἰσίν); in der 3. Person Plural der Verba muta und liquida ist das immer der Fall.
Die folgende Gegenüberstellung von Präsens- und Perfektformen vermittelt einen Einblick in die wirksamen Lautgesetze:

πέμ**π**ομαι:	πέπε**μμ**αι	γρά**φ**εται:	γέγρα**πτ**αι
βλά**π**τῃ:	βέβλα**ψ**αι	φυλά**ττ**εσθε:	πεφύλα**χθ**ε
φαί**ν**εται:	πέφα**ν**ται	φαί**ν**ονται:	πεφα**σμ**ένοι εἰσίν
ἄ**γ**εσθε:	ἦ**χθ**ε	πρά**τ**τεσθαι:	πεπρᾶ**χθ**αι

Formulieren Sie Ihre Beobachtungen und führen Sie, wo es Ihnen möglich ist, die Formen auf ihren ursprünglichen Lautbestand zurück (z. B. πέφασμαι aus * πέφανμαι).

G 3

Die Tempusbezeichnung „Perfekt" legt die Annahme nahe, es werde etwas Abgeschlossenes, Vergangenes ausgedrückt.
Weisen Sie anhand der im Lektionstext vorkommenden Formen nach, daß dies für **das griechische Perfekt** nicht zutrifft, und zeigen Sie, welchen **Aspekt** es – im Gegensatz zum Imperfekt und Aorist – hervorhebt.

T 1

Bilden Sie entsprechende Perfektformen zu: μιμοῦμαι – κωλύῃ – φαινόμεθα – ψεύδεται – παιδεύονται – ἐργαζόμενος – γραφόμενα

T 2

Setzen Sie in den Plural: πεφύλαξαι – τέτακται – ἤγγελσαι – βέβλαμμαι

Z 1

Bei dem Adjektiv χρυσοῦς (<χρύσεος) werden die stammauslautenden Vokale kontrahiert. Bestimmen Sie die folgenden Formen und vergleichen Sie mit den Verba auf – εω: χρυσοῦ – χρυσῆν – χρυσοῖ – χρυσῷ – χρυσαῖ – χρυσοῦν – χρυσᾶ

Z 2

Vergleichen Sie die Konjugation von κεῖμαι, κάθημαι, δύναμαι mit der des Perfekt Passiv. Welchen Schluß erlaubt der unterschiedliche Akzent bei den Partizipien (πεπαυμένος, aber καθήμενος, δυνάμενος)?

W

Was haben die verschiedenen Verwendungsweisen des Suffixes **-τερος** gemeinsam?

ταπεινός – ταπεινότερος
ἕκαστος – ἑκάτερος
ἡμεῖς – ἡμέτερος/ὑμεῖς – ὑμέτερος

A

Jeweils eine Form ist aus den folgenden Reihen zu entfernen; begründen Sie Ihre Entscheidung:

πάθει – γένει – μαρτύρει – ἔθει
θεραπεύων – ἱκετεύων – γέρων – ψηφίζων
παραγίγνεται – θεᾶται – εὑρίσκεται – εὐεργέται
θηρίοις – θάπτοις – θρόνοις – θησαυροῖς
πλεονεκτεῖς – ὑμνεῖς – φρονεῖς – βασιλεῖς
οὖς – πούς – πλοῦς – ὀφθαλμούς
τάφου – κύκλου – πανταχοῦ – οὐρανοῦ

Der griechische Tempel

Ihre individuellste Leistung hat die griechische Architektur auf dem Gebiet des Tempelbaus hervorgebracht. Das ist keineswegs selbstverständlich. Denn ursprünglich verehrten die Griechen ihre Götter im Freien. Eine tiefeingeschnittene Schlucht (Delphi), ein auffallend regelmäßig gebildeter Berg (Olympia), ein alter Eichenhain (Dodona) erregte die religiöse Ehrfurcht, und schon ein Baum, eine Quelle, eine Höhle oder ein Fels konnte als Kultmal dienen: Überall fühlte der Grieche göttliche Kräfte am Werk. Für solch ein Naturheiligtum genügte ein Opferaltar mit einer Umfriedung (τέμενος), die den geweihten Ort von der profanen Umgebung abgrenzte.
Allmählich jedoch tritt ein Wandel ein; es regt sich das Interesse an plastischer Gestaltung, die ersten Großfiguren entstehen und gleichzeitig die ersten größeren Tempelbauten.
Die Anregung dazu kam sicher aus dem Osten. Seit etwa 800 v. Chr. hatten die Griechen mit Ägypten rege Handelsbeziehungen, und hier lernten sie jahrhundertealte Tempelbauten und Großplastiken von Göttern und Pharaonen kennen. Aber die Griechen machten daraus etwas ganz Eigenes.
Die Keimzelle des griechischen Tempels ist das *Megaron,* ein langgestreckter rechteckiger Wohnhaustyp mit offenem Vorraum und ein oder zwei Dachstützen, der schon in der ältesten Schicht von Troia (Mitte 3. Jt.) nachweisbar ist. Durch Vergrößerung des Grundrisses entstanden die ältesten Tempel, die noch aus Lehmziegeln über einem Steinsockel erbaut waren. Dieser Gebäudetyp mit den auf der Frontseite vorspringenden Längswänden wurde auch später noch beibehalten, besonders bei den sog. Schatzhäusern, die einzelne Städte an den großen Festorten wie Delphi und Olympia zur Aufbewahrung ihrer oft sehr wertvollen Weihegaben errichten ließen.
Schon bald aber erhielt der griechische Tempel seine typische Ausformung zum *Peristyltempel:* Auf allen vier Seiten wurde um den Kernbau, die *Cella,* ein Säulenumgang herumgelegt. So wurde die Spannung zwischen festaufgemauerter, fensterloser Cella und aufgelockerter *Peristasis* ein Hauptcharakteristikum des griechischen Tempels. Ausmaße und Proportionen, die Formen von *Säulen* und *Kapitellen,* die plastische Ausgestaltung waren je nach Zeit und geographischer Lage verschieden, aber das Grundkonzept blieb.
Von außen betrachtet, baut sich ein griechischer Tempel in drei Zonen auf. Ein dreistufiges *Fundament* trägt die *Säulen,* auf denen das Gebälk mit der hölzernen *Dachkonstruktion* aufruht; das Kapitell ist das Bauglied, an dem lastende und stützende Kräfte ineinander übergehen. Wenn ein griechischer Tempel der klassischen Zeit trotz seines einfachen Grundprinzips niemals steif oder langweilig wirkt, dann deswegen, weil die Proportionen, die zum Teil auf raffinierten Berechnungen beruhen, harmonisch gewählt sind und alles Starre durch eine Fülle architektonischer Einfälle vermieden wird. Die Säule wirkt durch die *Kanneluren* selbst wie ein plastischer Körper, auf dessen Oberfläche sich das Licht vielfältig bricht. Ihr *Schaft,* aus mehreren *Trommeln* zusammengefügt, ist nicht ein einfacher Zylinder, sondern weist eine *Schwellung* (ἔντασις) auf und wirkt dadurch wie ein unter der Last gespannter Muskel. Dadurch, daß die Säulenabstände zu den Ecken hin geringer werden und die Säulen in der Regel leicht nach innen (die Ecksäulen in die Diagonale) geneigt sind, gewinnt der Bau an körperlicher Geschlossenheit. Beim voll durchkonstruierten Tempel der klassischen Zeit sind zudem die Horizontalen, also der Stufenunterbau und der *Architrav,* in der Mitte leicht erhöht, so daß durch das Zusammenspiel dieser *Kurvatur* mit der Innenneigung der Säulen optische Täuschungen vermieden werden, der Tempel also trotz seiner beachtlichen Baumasse nicht „auseinanderfällt".

◁ *Der Parthenon auf der Akropolis von Athen*

Inneres des Tempels der Aphaia auf der Insel Aigina ▷

Athen, Parthenon: das Gebälk an der Südostecke mit dem dorischen Kapitell der Säule

Die Gestalt des Tempels als eines in sich ruhenden plastischen Baukörpers verbot es, ihn in einen größeren Gebäudekomplex einzubeziehen, wie es bei den Ägyptern und Römern häufig der Fall war. Der griechische Tempel, oft schon durch seine erhöhte Lage besonders herausgehoben, sollte von allen Seiten autonom wirken. Deshalb hat er keine besonders reich ausgestattete „Fassade" und keine Anbauten wie etwa bei der christlichen Kirche Sakristei oder Kapellen; beides hätte die Symmetrie gestört. Wohl aber hat man häufig, eben aus Gründen der Symmetrie, entsprechend der Eingangshalle einen gleich großen Raum an der Rückseite angefügt.

Die meistens von Osten her zugängliche *Cella* war der für das Kultbild bestimmte Raum. Im Unterschied zum jüdischen Tempel jedoch wurde dieser Raum nicht als Wohnung des Gottes aufgefaßt. So war auch die Kultstatue nur Abbild des Gottes, nicht dieser selbst; die Gleichsetzung von Bild und Dargestelltem haben die Griechen immer abgelehnt. Höchstens im einfachen Volksglauben dürfte die Anbetung eines Kultbildes möglich gewesen sein. Überhaupt war, im Unterschied zur christlichen Kirche, die Cella nicht der Ort für Kulthandlungen, und der Innenraum war auch nicht, wie bei Synagoge oder Moschee, für die Versammlung der Gläubigen bestimmt. Oft durch zwei Säulenreihen in drei Schiffe geteilt und dadurch noch beengter, wäre er auch zu klein gewesen. Die Opferhandlungen fanden im Freien auf einem Altar vor der Ostfront des Tempels statt, wo es genügend Raum für die Besucher gab.

Natürlich vermitteln auch die besterhaltenen Tempel, etwa das Hephaisteion an der Athener Agora, nur einen unvollkommenen Eindruck vom ursprünglichen Erscheinungsbild. Der reiche figürliche Schmuck, den die meisten Tempel vor allem an den Giebelseiten und auf den *Metopen* zwischen den *Triglyphen* aufwiesen, ist verloren oder stark beschädigt; von den einstmals kräftigen Farben – Rot für einige horizontale, Blau für einige vertikale Bauelemente – hat sich fast nichts erhalten. Auch wirkte der Tempel durch seine massige Cella nicht so durchsichtig und lichtdurchflutet wie die Überreste, die wir heute sehen.

Stilistisch unterscheidet man die *dorische* und die *ionische Ordnung.*

Der Unterschied tritt an den Kapitellen am deutlichsten in Erscheinung. Im Gegensatz zum strengen *dorischen Kapitell,* das nur aus dem gewölbten runden *Echinus* und der quadratischen Deckplatte *(Abakus)* besteht, sind die Schmuckformen des *ionischen Kapitells* mit seinen Blattkränzen und Voluten, die die Übergangszone von Stütze und Last überspielen, mehr pflanzlich empfunden. Das *korinthische Kapitell,* das für die römische und europäische Architektur die größte Bedeutung gewinnen sollte, hat in der griechischen Tempelarchitektur kaum eine Rolle gespielt.

◁ *Der Tempel von Bassai in der Peloponnes*

Säulentrommel mit ionischem Kapitell (Delphi) ▷

Rechtsstreit um Worte

Lysias

45

Zu den schwersten Vorwürfen, die gegen einen Athener erhoben werden konnten, gehörten Vatermord und Wegwerfen des Schildes im Kampf, was als Zeichen der Feigheit galt. Entsprechend hart wurde auch gegen Verleumdungen dieser Art vorgegangen.

Um eine solche Klage wegen böswilliger Verleumdung handelt es sich auch bei unserem Text. Er stammt aus einer Rede, die **Lysias** (→ L 24) für den namentlich nicht bekannten Kläger, der die Rede selbst vortrug, geschrieben hat.

Die Sachlage ist etwas kompliziert. Angeklagt ist ein gewisser Theomnestos. Dieser hatte sich bei einem früheren Prozeß (Z. 1) gegen den von Lysitheos (Z. 20) erhobenen Vorwurf zu verteidigen, aus Feigheit seinen Schild weggeworfen zu haben, und war freigesprochen worden. Bei ebendiesem Prozeß nun hatte Theomnestos den Kläger unseres Textes des Vatermordes bezichtigt, weshalb er jetzt zur Rechenschaft gezogen wird.

Lysias geht es in dieser Rede nicht so sehr um den offenbar leicht zu erbringenden Nachweis der Unrichtigkeit der gegnerischen Behauptungen. Vielmehr kommt es ihm darauf an, hinter dem Buchstaben des Gesetzes den gemeinten Sinn aufzuspüren.

Θεόμνηστος γὰρ ἐν ἐκείνῳ τῷ ἀγῶνι τὸν πατέρα μ' εἶπεν ἀπεκτονέναι τὸν ἐμαυτοῦ. Ὅτι δὲ οὐ πεποίηκα, δῆλον· ἔτη γάρ μοι ἦν δώδεκα, ὅτε ὁ πατὴρ ὑπὸ τῶν τριάκοντα ἀπέθνῃσκεν. Καὶ αἰσχρόν μοι εἶναι δοκεῖ περὶ τοῦ πατρός, οὕτω πολλοῦ ἀξίου γεγενημένου καὶ ὑμῖν καὶ τῇ πόλει, μὴ τιμωρήσεσθαι τὸν ταῦτ' εἰρηκότα.

→ Einleitung L 24

Ἴσως δ' ἐρεῖ, ὡς οὐκ ἔστι τῶν ἀπορρήτων, ἐάν τις φῇ τὸν πατέρα ἀπεκτονέναι· τὸν γὰρ νόμον οὐ ταῦτ' ἀπαγορεύειν, ἀλλ' „ἀνδροφόνον“ οὐκ ἐᾶν λέγειν. Ἐγὼ δ' οἶμαι δεῖν οὐ περὶ τῶν ὀνομάτων διαφέρεσθαι· ὁπόσοι ἀπεκτόνασί τινας, καὶ ἀνδροφόνοι εἰσί, καὶ ὅσοι ἀνδροφόνοι τινός, καὶ ἀπεκτόνασι τοῦτον. Πολὺ γὰρ ἂν ἔργον ἦν τῷ νομοθέτῃ ἅπαντα τὰ ὀνόματα γράφειν, ὅσα τὴν αὐτὴν δύναμιν ἔχει· ἀλλὰ περὶ ἑνὸς εἰπὼν περὶ πάντων ἐδήλωσεν.

ἀπόρρητος verboten

φῇ = εἴπῃ

ἡ δύναμις *hier:* Bedeutung *(eines Worts)*

Λυσίθεος κατηγόρησέ σου, ὦ Θεόμνηστε, εἰπών σε ἐρριφέναι τὴν ἀσπίδα. Καίτοι περὶ μὲν τοῦ ῥῖψαι οὐδὲν ἐν τῷ νόμῳ γέγραπται, ἐὰν δέ τις εἴπῃ ἀποβεβληκέναι τὴν ἀσπίδα, πεντακοσίας δραχμὰς ὀφείλειν κελεύει.

Καὶ νόμος Σόλωνος· „Δεδέσθαι δ' ἐν τῇ ποδοκάκκῃ ἡμέρας πέντε τὸν πόδα, ἐὰν προστιμήσῃ ἡ ἡλιαία.“ – Ἡ ποδοκάκκη αὕτη ἐστίν, ὦ Θεόμνηστε, ὃ νῦν καλεῖται „ἐν τῷ

ἡ ποδοκάκκη Stock, Fußfessel

προστιμάω zusätzlich beantragen   ἡ ἡλιαία Heliaia *(hohes Gericht in Athen)*

ξύλῳ δεδέσθαι". Εἰ οὖν ὁ δεθεὶς τῶν ἕνδεκα κατηγοροίη, ὅτι οὐκ ἐν τῇ ποδοκάκκῃ ἐδέδετο, ἀλλ' ἐν τῷ ξύλῳ, οὐκ ἂν μωρὸν αὐτὸν νομίζοιεν;

Μὴ δὴ συγγνώμην ἔχετε, ὦ ἄνδρες δικασταί, ὑβρίζοντί τε καὶ λέγοντι παρὰ τοὺς νόμους, καὶ ταῦτα εἰς ἄνδρα, ὃς πολλὰς μὲν στρατηγίας ἐστρατήγηκε, πολλοὺς δὲ μεθ' ὑμῶν κινδύνους κεκινδύνευκε καὶ οὔτε τοῖς πολεμίοις ὑποχείριος γέγονεν οὔθ' ὑμῖν εὔθυναν ὦφλεν, ἔτη δὲ γεγονὼς ἑπτὰ καὶ ἑξήκοντα. Ἄξιον δὲ ὀργισθῆναι ὑπὲρ αὐτοῦ· τί γὰρ ἂν τούτου ἀνιαρώτερον ἀκούσειεν, εἰ τεθνηκὼς ὑπὸ τῶν ἐχθρῶν αἰτίαν ἔχοι ὑπὸ τῶν τέκνων ἀνῃρῆσθαι, οὗ τῆς ἀρετῆς τὰ μνημεῖα πρὸς τοῖς ὑμετέροις ἱεροῖς ἀνάκειται;

ὑποχείριος *mit Dat.* in der Gewalt von ἡ εὔθυνα Rechenschaftsablage ὦφλεν *Impf. zu* ὀφλισκάνω schulden

αἰτίαν ἔχω angeklagt sein, sich nachsagen lassen
τὸ μνημεῖον Denkmal
ἀνάκειται *ersetzt Perf. Pass. von* ἀνατίθημι

Impulse und Übungen

I

Sind die beiden Beispiele, mit denen Lysias eine mögliche Rechtfertigung des Angeklagten zu entkräften sucht (Z. 20–32), stichhaltig? Wenn nicht, warum nicht?

G 1

① Vergleichen Sie die folgenden **Perfekt**formen **des Aktivs** und **Passivs** miteinander. Welche Gemeinsamkeiten in der Bildungsweise erkennen Sie?

Aktiv	**Passiv**
πεπαίδευκα	πεπαίδευμαι
ἤγγελκε	ἤγγελται
πεπείκαμεν	πεπείσμεθα (πείθω)
πεφονεύκασιν	πεφόνευνται
διεφθάρκατε	διέφθαρθε

② Worin stimmt das **Perfekt Aktiv** äußerlich mit dem **Aorist Aktiv** überein?

Singular		Plural	
Aorist	Perfekt	Aorist	Perfekt
ἔπαυσα	πέπαυκα	ἐπαύσαμεν	πεπαύκαμεν
ἔπαυσας	πέπαυκας	ἐπαύσατε	πεπαύκατε
ἔπαυσε(ν)	πέπαυκε(ν)	ἔπαυσαν	πεπαύκασιν

③ Zerlegen Sie ähnlich wie in 44 G 1 Formen des Perfekt Aktiv nach folgendem Schema:

0 evtl. Präfix
1a Reduplikation
1b Vorgesetztes ε
1c Dehnung eines vokalischen Stammanlauts
2 Stamm
3 Tempuszeichen κα/κε
4 Endung

ἐστρατήγηκε – κεκινδύνευκα – ἀποβεβλήκασιν (zu βάλλω) – συγκεχωρήκαμεν – νενικηκέναι – συμβεβουλεύκατε

G 2

Eine wichtige Rolle bei der **Perfektbildung** spielen **Ablaut** (z. B. ἔστ**α**λκα zu στ**έ**λλω) und **Aspiration (z. B.** ἦ**χ**α zu ἄ**γ**ω), besonders bei dem ohne Tempuszeichen κ gebildeten „starken" Perfekt (z. B. γράφω – γέγραφα, πέμπω – πέπομφα).
Mit ein wenig Kombinationsgabe lassen sich die folgenden „starken" Perfektformen auf bekannte Präsensstämme zurückführen:
ἀπέκτονα – κεκήρυχας – τετάχαμεν – κεκρύφασιν – ἐπέσταλκε – ἦρχα – λέλοιπα – τετρόφασιν (2) – ἐρριφέναι – πέπραχας – ἔστροφεν

Ü 1

Pilatus zu den Juden

Ὃ γέγραφα, γέγραφα.

G 3

Führen Sie die Deklination des **Partizips Perfekt Aktiv** (πεπαυκώς: einer, der beendet hat) zu Ende:

πεπαυ**κώς**	πεπαυ**κυῖα**	πεπαυ**κός**
πεπαυ**κότος**	πεπαυ**κυίας**	πεπαυ**κότος**
πεπαυ**κότι**	...	...
...	...	...

G 4

Das – im Griechischen seltene – **Plusquamperfekt** wird vom Perfektstamm mit Augment gebildet; im Medium und Passiv hat es die vom Imperfekt und Aorist her bekannten Endungen (2. P. Sg. -σο), während im Aktiv einige Endungen infolge Kontraktion auffällig sind. Trotzdem dürfte es Ihnen gelingen, die folgenden sechs Formen in die richtige Abfolge zu bringen:
ἐπεπαύκεμεν – ἐπεπαύκει – ἐπεπαύκεσαν – ἐπεπαύκετε – ἐπεπαύκειν (ἐπεπαύκη) – ἐπεπαύκεις (ἐπεπαύκης)

W

Welche Lauterscheinung liegt vor bei:
σπεύδω – σπουδή λείπω – λοιπός
ᾄδω – ᾠδή ἐπιστέλλω – ἐπιστολή

K

Erschließen Sie die jeweilige Bedeutung von ἀπαγορεύειν aus dem Kontext:
Οἱ στρατιῶται ἀπαγορεύουσι μαχόμενοι.
Ὁ στρατηγὸς τοῖς στρατιώταις ἀπεῖπε μὴ μάχεσθαι.
(Neugriechisch:) Ἀπαγορεύεται τὸ καπνίζειν *(Rauchen).*

Ü 2

Schild ade! *Archilochos*

Den Schild im Kampf weggeworfen zu haben, um besser fliehen zu können, galt in ganz Griechenland als schwere Schande. Es gehörte somit Mut dazu, wenn der Dichter Archilochos im 7. Jahrhundert v. Chr. folgende Verse schrieb:

Ἀσπίδι μὲν Σαΐων[1]) τις ἀγάλλεται[2]), ἣν παρὰ θάμνῳ[3])
  ἔντος[4]) ἀμώμητον[5]) κάλλιπον[6]) οὐκ ἐθέλων.
Ψυχὴν δ' ἐξεσάωσα[7])· τί μοι μέλει ἀσπὶς ἐκείνη;
  Ἐρρέτω[8])· ἐξαῦτις[9]) κτήσομαι οὐ κακίω.

M

Bei dem Archilochos-Gedicht handelt es sich um sogenannte **Distichen** (Zweizeiler), bestehend aus **Hexameter** („Sechsmaß", eine Folge von sechs Daktylen, – ◡ ◡, von denen der letzte um eine Silbe verkürzt ist) und **Pentameter** („Fünfmaß"; der Pentameter läßt sich beschreiben als Hexameter, bei dem in zwei Daktylen jeweils zwei Kürzen fehlen; der Name rührt von einer sinnwidrigen Durchzählung der Füße her):

– ◡ ◡ – ◡ ◡ – ◡ ◡ – ◡ ◡ – ◡ ◡ – ⏓
– ◡ ◡ – ◡ ◡ –| – ◡ ◡ – ◡ ◡ –

Für die Bestimmung von Längen und Kürzen gilt dasselbe wie für die Iamben (→ L 26 M); an die Stelle einer Doppelkürze kann eine Länge treten (selten im 5. Fuß des Hexameters, nie in der zweiten Hälfte des Pentameters).
Versuchen Sie, die Archilochos-Verse metrisch zu analysieren und zu lesen.

---

1) οἱ Σάϊοι die Saier (thrakischer Volksstamm)
2) ἀγάλλομαι prahlen, *mit etw.* angeben
3) ὁ θάμνος Busch
4) τὸ ἔντος, ους Gerät, Stück
5) ἀμώμητος tadellos
6) κάλλιπον = κατέλιπον
7) ἐξεσάωσα = ἐξέσωσα
8) ἐρρέτω er soll mir gestohlen bleiben
9) ἐξαῦτις = αὖθις

46 „Ganz verzaubert“ *Platon*

Der Sokrates der platonischen Dialoge ist Ironiker durch und durch. Seinen Gesprächspartnern macht er es nicht gerade leicht, wenn er auf der schmalen Grenze zwischen vordergründig Gesagtem und hintergründig Gemeintem balanciert, und oft genug fühlen sie sich verunsichert, weniger durch das, was Sokrates sagt, als durch die Art, wie er es sagt.
Der folgende Text bietet ein harmloses Beispiel sokratischer Ironie. Protagoras hat eine lange Rede gehalten. An ihrem Anfang steht der Mythos vom Ursprung der menschlichen Gesellschaft (→ L 42), mit dem Protagoras unter anderem nachweisen will, daß alle Menschen eine Anlage zum geordneten Zusammenleben mitbekommen haben. Protagoras endet mit der Feststellung, daß alle Bürger an der Ausbildung dieser Anlage interessiert seien; deswegen brauche man zum Unterricht in den bürgerlichen Tugenden qualifizierte Lehrer wie ihn, die wüßten, was ein tüchtiger Bürger sei.

Πρωταγόρας μὲν τοσαῦτα καὶ τοιαῦτα ἐπιδειξάμενος ἀπεπαύσατο τοῦ λόγου. Καὶ ἐγὼ ἐπὶ μὲν πολὺν χρόνον κεκηλημένος ἔτι πρὸς αὐτὸν ἔβλεπον ὡς ἐροῦντά τι, ἐπιθυμῶν ἀκούειν· ἐπεὶ δὲ δὴ ᾐσθόμην, ὅτι τῷ ὄντι πεπαυμένος εἴη, εἶπον βλέψας πρὸς τὸν Ἱπποκράτη· „Ὦ παῖ Ἀπολλοδώρου, ὡς χάριν σοι ἔχω, ὅτι προὔτρεψάς με ὧδε ἀφικέσθαι· πολλοῦ γὰρ ποιοῦμαι ἀκηκοέναι, ἃ ἀκήκοα Πρωταγόρου. Ἐγὼ γὰρ ἐν τῷ ἔμπροσθεν χρόνῳ ἡγούμην οὐκ εἶναι ἀνθρωπίνην ἐπιμέλειαν, ᾗ ἀγαθοὶ οἱ ἀγαθοὶ γίγνονται· νῦν δὲ πέπεισμαι.“

κηλέω verzaubern

Hippokrates → L 17
ὧδε *hier* = δεῦρο

Impulse und Übungen

I

Woran wird erkennbar, daß sich Sokrates gegenüber Hippokrates verstellt und keineswegs so tief von den Worten des Protagoras beeindruckt ist, wie er vorgibt?

G 1

Betrachten Sie alle Verbformen des Lektionstexts unter dem Gesichtspunkt, was das jeweilige Tempus ausdrückt. Zum Vergleich bieten sich an: L 18 G 4, L 44 G 3.

W 1

Stellen Sie ein Wortfeld *„Gemütsbewegung“* zusammen, das Substantive, Adjektive und Verben erfaßt, die etwas mit *Freude, Trauer, Zorn, Erregung* usw. zu tun haben.

W 2

Was bezeichnet das Suffix -θεν in: οἴκοθεν – πόθεν – ἐντεῦθεν?

W 3

Dank Ihren Griechischkenntnissen wird Ihnen die folgende Auswahlaufgabe nicht schwerfallen:

Fremdwort: Welche Bedeutung trifft zu? Nur *eine* stimmt!

Nekrolog ① *Grabstätte*
② *Nachruf auf einen Verstorbenen*
③ *Verteidigung eines Farbigen*

Mantik ① *Spanisches Kleidungsstück*
② *Wahnhafte Vorstellung*
③ *Wahrsagekunst*

Aphärese ① *Wegfall des Anlauts bzw. der ersten Silbe eines Worts*
② *Knappe, geistreiche Formulierung*
③ *Weiteste Entfernung eines Planeten von der Sonne*

G 2

Was bezeichnen die in den folgenden Sätzen hervorgehobenen **Genitive?**

(Περὶ) **πολλοῦ** ποιοῦμαι ταῦτα ἀκηκοέναι.	*Es ist mir viel wert („Ich schätze es hoch"), dies gehört zu haben.*
Πλείστου πωλοῦσιν τὰ μαθήματα οἱ σοφισταί.	*Die Sophisten verkaufen ihre Kenntnisse sehr teuer.*
Πόσου διδάσκει Πρωταγόρας;	*Um welchen Preis lehrt Protagoras?*
Ταλάντου.	*Um ein Talent.*

Vergleichen Sie auch: Τὰ μαθήματα πολλοῦ ἄξιά ἐστιν, sowie L 45,6.

B

Bestimmen Sie die folgenden – zum Teil zusammengesetzten – Verbformen nach Person, Numerus, Modus, Tempus und Diathese (Aktiv / Medium / Passiv): μετεπέμψατο – ᾐτιάθην – πορευθείη – ἤγγειλαν – πεπεισμένοι ὦμεν – ἐπέφαντο – βεβλήκασιν – ἀποκεκριμένος εἴη – εἶχον – ἦχα – νομιεῖς

G 3

Beschreiben Sie die Bildungsweise von ἀκ-ήκοα (Perfekt zu ἀκούω, sog. **attische Reduplikation**).

Z

Wiederholen Sie Text 22 und untersuchen Sie ihn entsprechend der Aufgabenstellung von G 1.

W 4

Welche griechischen Stämme erkennen Sie in den folgenden – meist zusammengesetzten – Fremdwörtern: *orthodox – Holokaust – Kinematographie – Mnemotechnik – Hippokrene* (Dichterquelle, angeblich durch einen Hufschlag des geflügelten Pferdes Pegasos entstanden) – *schizophren – physiologisch – Katheder*

Ü

Abenteuer in Afrika

Um 500 v. Chr. fuhr der karthagische Admiral ***Hanno*** *mit einer großen Flotte an der westafrikanischen Küste entlang; seinem auch ins Griechische übersetzten Reisebericht sind die folgenden Sätze entnommen.*

Ἐντεῦθεν εἰς λίμνην[1] ἀφικόμεθα διά τινος ποταμοῦ μεγάλου διαπλεύσαντες, ᾧ ὄνομα Χρέτης. Εἶχε δὲ νήσους ἡ λίμνη τρεῖς μείζους τῆς Κέρνης[2], ἀφ' ὧν ἡμερήσιον[3] πλοῦν κατανύσαντες[4] εἰς τὸν μυχὸν[5] τῆς λίμνης ἤλθομεν, ὑπὲρ ἣν ὄρη μέγιστα ὑπερ|έτεινε μεστὰ ἀνθρώπων ἀγρίων, οἳ πέτροις βάλλοντες ἀπήραξαν[6] ἡμᾶς κωλύοντες ἐκβῆναι (ἐκβαίνειν). Ἐκεῖθεν πλέοντες εἰς ἕτερον ἤλθομεν ποταμὸν μέγαν, γέμοντα[7] κροκοδείλων[8] καὶ ἵππων ποταμίων[9].

Ἐν δὲ τῷ μυχῷ νῆσος ἦν ἐοικυῖα τῇ πρώτῃ λίμνην ἔχουσα· καὶ ἐν ταύτῃ νῆσος ἦν ἑτέρα μεστὴ ἀνθρώπων ἀγρίων. Πολὺ δὲ πλείους ἦσαν γυναῖκες, δασεῖαι[10] τοῖς σώμασιν, ἃς οἱ ἑρμηνέες Γορίλλας ἐκάλουν.

Διώκοντες δὲ ἄνδρας μὲν συλλαβεῖν οὐκ ἐδυνήθημεν, ἀλλὰ πάντες μὲν ἐξέφυγον, γυναῖκας δὲ τρεῖς, αἳ δάκνουσαι τοὺς ἄγοντας οὐκ ἤθελον ἕπεσθαι.

---

1) ἡ λίμνη See 2) Κέρνη Name einer Insel
3) ἡμερήσιος zu ἡμέρα 4) κατανύω zurücklegen
5) ὁ μυχός Bucht 6) ἀπαράττω vertreiben 7) γέμω voll sein
8) ὁ κροκόδειλος? 9) ποτάμιος zu ποταμός
10) δασύς, δασεῖα, δασύ dicht (behaart)

47 Allzu skeptisch?

Platon

In den platonischen Dialogen beschweren sich die Gesprächspartner häufig darüber, daß Sokrates immer den Nichtwissenden spiele, auch wenn er die Diskussion eindeutig beherrsche. Freilich ist zu fragen, ob hinter dieser Haltung des Sokrates nicht die Überzeugung steht, daß nur beharrliches Fragen zur Erkenntnis führen könne. Dann aber wäre die ständige Betonung des eigenen Nichtwissens nicht eine Marotte, um die anderen zu ärgern, sondern die notwendige Einstellung dessen, der zwar sein Ziel noch nicht erreicht hat, aber weiß, in welcher Richtung er suchen muß.

Menon (→ L 15), der Gesprächspartner des Sokrates im folgenden Abschnitt, beurteilt die Möglichkeiten menschlicher Erkenntnis sehr viel skeptischer.

Σωκράτης Καὶ νῦν περὶ ἀρετῆς ὃ ἔστιν ἐγὼ μὲν οὐκ οἶδα, σὺ δὲ μέντοι ἴσως πρότερον μὲν ᾔδησθα, πρὶν ἐμοῦ ἅψασθαι, νῦν μέντοι ὅμοιος εἶ οὐκ εἰδότι. Ὅμως δὲ ἐθέλω μετὰ σοῦ σκέψασθαι καὶ συζητῆσαι, ὅ τι ποτέ ἐστιν.
Μένων Καὶ τίνα τρόπον ζητήσεις, ὦ Σώκρατες, τοῦτο, ὃ μὴ οἶσθα τὸ παράπαν, ὅ τι ἔστιν; Ἢ εἰ καὶ ὡς μάλιστα ἐντύχοις αὐτῷ, πῶς εἴσῃ, ὅτι τοῦτό ἐστιν, ὃ σὺ οὐκ ᾔδησθα;
Σω. Μανθάνω, οἷον βούλει λέγειν, ὦ Μένων. Ὁρᾷς, ὡς ἐριστικὸν λόγον κατάγεις, ὡς οὐκ ἄρα ἔστιν ζητεῖν ἀνθρώπῳ οὔτε ὃ οἶδεν οὔτε ὃ μὴ οἶδε; οὔτε γὰρ ἂν ὅ γε οἶδεν ζητοῖ – οἶδεν γάρ, καὶ οὐδὲν δεῖ τῷ γε τοιούτῳ ζητήσεως – οὔτε ὃ μὴ οἶδεν – οὐδὲ γὰρ οἶδεν, ὅ τι ζητήσει.
Με. Οὐκοῦν καλῶς σοι δοκεῖ λέγεσθαι ὁ λόγος οὗτος, ὦ Σώκρατες;
Σω. Οὐκ ἔμοιγε.

τὸ παράπαν überhaupt

κατάγω einführen

Impulse und Übungen

I

① Worin unterscheidet sich das sokratische Nichtwissen von der von Menon vertretenen These?
② Mit welchen Argumenten könnte man Menon entgegentreten?
③ Die Betonung des eigenen Nichtwissens ist eine Spielart der sokratischen Ironie. Worin unterscheidet sie sich von dem, was wir heute unter Ironie verstehen? Beachten Sie dabei den etymologischen Zusammenhang zwischen εἰρωνεία *„Ironie"* und ἐρωτᾶν *„fragen"*.

G 1

Lösen Sie aus dem Lektionstext sämtliche Formen von **εἰδέναι** heraus (Stamm: ἰδ- aus Fιδ-; vgl. *wissen;* Dehnstufe: εἰδ-; mit o-Ablaut: οἰδ-, vgl. ἀποκτείνω [Stamm κτεν-] – ἀπέκτονα) und suchen Sie sie zu bestimmen.
Vergleichen Sie zur Formenbildung: οἶδα – πέπαυκα; εἰδώς – εἰρηκώς; ᾔδει – ἐπεφυλάκει; εἰδέναι – ἀκηκοέναι.
Erklären Sie die Bedeutung οἶδα – ich weiß –, indem Sie davon ausgehen, daß οἶδα mit lat. vidi (Perfekt zu video: *ich sehe, nehme wahr)* stammverwandt ist.

T

Ersetzen Sie die folgenden Formen von γιγνώσκειν durch entsprechende von εἰδέναι:
γιγνώσκεις – γιγνώσκομεν – γιγνώσκοντες – γιγνώσκουσα – ἐγίγνωσκον (2) – γίγνωσκε – γιγνώσκοιμι – γιγνώσκῃ – γιγνώσκοι – ἐγίγνωσκες – γιγνώσκουσιν (2)

G 2

Vergleichen Sie die folgenden Sätze mit ihrer Übersetzung. Was wird durch den Indikativ, was durch den Infinitiv nach πρίν bzw. ὥστε ausgedrückt?

① Οἱ στρατιῶται μέγα ἐβόησαν, πρίν τινα ἀκοῦσαι, ὅ τι λέγοι ὁ στρατηγός.
Die Soldaten erhoben ein lautes Geschrei, bevor jemand hören konnte, was der Heerführer sagen wollte.

② Οὐ πρότερον ἐπαύσαντο βοῶντες, πρὶν χρήματα ἔλαβον.
Sie hörten mit dem Lärm nicht eher auf, bis sie Geld bekamen.

③ Οἱ στρατιῶται οὕτως ἐβόησαν, ὥστε ὁ στρατηγὸς ἐφοβήθη.
Die Soldaten lärmten derart, daß ihr Anführer Angst bekam.

④ Ὁ θόρυβος τοσοῦτος ἦν, ὥστε καὶ τοὺς πολεμίους ἀκούειν.
Das Geschrei der Soldaten war so gewaltig, daß es auch die Feinde hören konnten.

W

Versuchen Sie, die Grundbedeutung des Adjektivs ἀρισ|τερός zu erschließen, und überlegen Sie sich, warum die Griechen wohl die linke Seite, die der Volksaberglaube als unheilvoll betrachtete, ἀριστερός bzw. εὐ-ώνυμος (ὄνομα) nannten.

Ü

Scheinwissen *Xenophanes* (um 500 v. Chr.)

Καὶ τὸ μὲν οὖν σαφὲς οὔ τις ἀνὴρ ἴδεν[1]) οὐδέ τις [ἔσται
εἰδὼς ἀμφὶ[2]) θεῶν τε καὶ ἅσσα[3]) λέγω περὶ πάντων·
εἰ γὰρ καὶ τὰ μάλιστα[4]) τύχοι τετελεσμένον εἰπών,
αὐτὸς ὅμως οὐκ οἶδε· δόκος[5]) δ' ἐπὶ πᾶσι τέτυκται[6]).

① Untersuchen Sie den gedanklichen Zusammenhang, in dem die Formen ἴδεν, εἰδώς und οἶδε stehen, und vergleichen Sie auch G 1.
② Welche inhaltliche Beziehung besteht zwischen diesen Versen und dem Platonzitat in Z?
③ Bestimmen Sie das Metrum, in dem diese vier Verse geschrieben sind, und analysieren Sie einen davon (bei Schwierigkeiten → L 45 M).

Z

In Platons *„Apologie"* äußert sich Sokrates über sein Nichtwissen wie folgt:
Οὗτος (der von Sokrates auf sein Wissen geprüfte Politiker) μὲν οἴεταί τι εἰδέναι οὐκ εἰδώς, ἐγὼ δέ, ὥσπερ οὖν οὐκ οἶδα, οὐδὲ οἴομαι· ἔοικα γοῦν *(nun)* τούτου γε σμικρῷ τινι αὐτῷ τούτῳ σοφώτερος εἶναι, ὅτι, ἃ μὴ οἶδα, οὐδὲ οἴομαι εἰδέναι.
Worin unterscheiden sich diese Formulierungen von der üblichen Formel für das sokratische Nichtwissen: „Ich weiß, daß ich nichts weiß."

[1]) ἴδεν = εἶδεν [2]) ἀμφί *beim Gen.* = περί *beim Gen.*
[3]) ἅσσα = ἅττα [4]) τὰ μάλιστα im höchsten Maß
[5]) ὁ δόκος (δόξα) Scheinwissen [6]) τέτυκται *von* τεύχω bereiten

48 Vox populi vox dei?

Platon

Sokrates wartet im Gefängnis auf seine Hinrichtung. Sie ist am nächsten Tag zu erwarten. Einer seiner Anhänger, **Kriton,** macht ihm ein letztes Fluchthilfeangebot und lädt ihn ein, zu Freunden nach Thessalien zu kommen. Die nötigen Bestechungsgelder sind bereitgestellt.

Kriton drängt Sokrates mit dem Argument, die öffentliche Meinung erwarte geradezu eine Rettungsaktion von den Freunden des Sokrates.
Doch Sokrates ist nicht bereit, die öffentliche Meinung für sich als Autorität anzuerkennen.

Σωκράτης Γυμναζόμενος ἀνὴρ πότερον παντὸς ἀνδρὸς ἐπαίνῳ καὶ ψόγῳ καὶ δόξῃ τὸν νοῦν προσέχει, ἢ ἑνὸς μόνου ἐκείνου, ὃς ἂν τυγχάνῃ ἰατρὸς ἢ παιδοτρίβης ὤν;

Κρίτων Ἑνὸς μόνου.

Σω. Ταύτῃ ἄρα αὐτῷ πρακτέον καὶ γυμναστέον καὶ ἐδεστέον γε καὶ ποτέον, ᾗ ἂν τῷ ἑνὶ δοκῇ, τῷ ἐπιστάτῃ καὶ ἐπαΐοντι, μᾶλλον ἢ ᾗ σύμπασι τοῖς ἄλλοις.

Κρ. Ἔστι ταῦτα.

Σω. Οὐκ ἄρα, ὦ βέλτιστε, πάνυ ἡμῖν οὕτω φροντιστέον, τί ἐροῦσιν οἱ πολλοί, ἀλλ' ὅ τι ὁ ἐπαΐων, περὶ τῶν δικαίων καὶ ἀδίκων, ὁ εἷς καὶ αὐτὴ ἡ ἀλήθεια.

Κρ. Ἀληθῆ λέγεις.

Σω. Ἀλλ', ὦ θαυμάσιε, οὗτός τε ὁ λόγος, ὃν διεληλύθαμεν, ἔμοιγε δοκεῖ ἔτι ὅμοιος εἶναι καὶ πρότερον· καὶ τόνδε δὲ τὸν λόγον αὖ σκόπει, εἰ ἔτι μένει ἡμῖν ἢ οὔ, ὅτι οὐ τὸ ζῆν περὶ πλείστου ποιητέον, ἀλλὰ τὸ εὖ ζῆν;

Κρ. Ἀλλὰ μένει.

Σω. Τὸ δὲ εὖ καὶ καλῶς καὶ δικαίως ὅτι ταὐτόν ἐστιν, μένει ἢ οὐ μένει;

Κρ. Μένει.

Σω. Οὐκοῦν ἐκ τῶν ὁμολογουμένων τοῦτο σκεπτέον, πότερον δίκαιον ἐμὲ ἐνθένδε πειρᾶσθαι ἐξιέναι μὴ ἀφιέντων Ἀθηναίων ἢ οὐ δίκαιον· καὶ ἐὰν μὲν φαίνηται δίκαιον, πειρώμεθα, εἰ δὲ μή, ἐῶμεν.

ὁ ἐπαΐων der Fachmann

Philosophenmosaik, Neapel: Darstellung der platonischen Akademie. 1. Jh. n. Chr. ▽

ἐξιέναι hinausgehen

ἀφιείς, έντος *Part. Präs. Akt. von* ἀφίημι

Impulse und Übungen

I

Inwiefern bedeutet der von Sokrates vertretene Standpunkt eine Einschränkung demokratischer Prinzipien?

W 1

In γυμνάζω steckt ein Ihnen bekanntes Adjektiv; welche Besonderheit des antiken Sportbetriebs betont also das Verbum?
Der verbale Bestandteil von παιδοτρίβης, τρίβω, bedeutet *„reiben, quälen, erschöpfen“;* suchen Sie einen deutschen Ausdruck, der den Gehalt des Wortes besser ausschöpft als unsere Angabe *„Trainer“.*

G 1

① Πειστέον ἐστίν.
„Es ist zu gehorchen“: Man muß gehorchen.
② Τῷ στρατηγῷ πειστέον ἐστίν.
Dem Heerführer ist zu gehorchen/hat man zu gehorchen/muß man gehorchen.
③ Τῷ στρατιώτῃ πειστέον ἐστίν.
„Dem Soldaten ist [es aufgetragen] zu gehorchen“: Der Soldat muß gehorchen.
④ Οἱ στρατιῶται εὖ ποιητέοι εἰσίν.
Die Soldaten sind gut zu behandeln/muß man gut behandeln.
Was wird durch das **Verbaladjektiv auf -τέος** ausgedrückt?
Welche Aufgaben kann der Dativ in Verbindung mit diesem Verbaladjektiv erfüllen?
Was ist unter „persönlicher Konstruktion“ des Verbaladjektivs mit εἶναι zu verstehen (→ Satz 4)?

Ü 1

Allwissenheit der Götter

Ἀνταλκίδας[1]) ἐν Σαμοθράκῃ[2]) μυούμενος[3]), ἐρωτηθεὶς ὑπὸ τοῦ ἱερέως, τί δεινότερον δέδρακεν ἐν τῷ βίῳ, „Εἴ τί μοι πέπρακται τοιοῦτον, εἴσονται“, εἶπεν, „οἱ θεοί.“

G 2

Relativ selten begegnet das **Verbaladjektiv auf -τος;** seinen Anwendungsbereich zeigen die folgenden Beispiele:
Ἀλέξανδρος ἀνίκητος ἀπέθανεν.
Alexander starb unbesiegt.
Οἱ στρατιῶται ᾤοντο Ἀλέξανδρον ἀνίκητον εἶναι.
Die Soldaten hielten Alexander für unbesiegbar.
Vergleichen Sie ἀγαπητός (→ L 6, 11).

W 2

Erschließen Sie mit Hilfe von G 2 die Grundbedeutung von Χριστός (χρίω *salben*).

Ü 2

Kritik an der Überlieferung

Hekataios, *der älteste uns bekannte griechische Historiker (um 500 v. Chr.), leitet sein Geschichtswerk mit folgenden Worten ein:*

Ἑκαταῖος Μιλήσιος ὧδε μυθεῖται· Τάδε γράφω, ὥς μοι δοκεῖ ἀληθέα εἶναι. Οἱ γὰρ Ἑλλήνων λόγοι πολλοὶ καὶ γελοῖοι, ὡς ἐμοὶ φαίνονται, εἰσίν.

Welche inhaltlichen Zusammenhänge mit dem Lektionstext erkennen Sie?

B

Ordnen Sie nach Wortarten und bestimmen Sie die Verbformen genau:
ἕνδεκα – ἕνεκα – ἤνεγκα – ἑκατέροις – ἀξιωτέροις – ἱστοροίης – ἦλθον – ἀνδράποδον – ἑτοίμοις – εἴποις – ἔπεσιν – ἦσαν – ἴδωμεν – ἴσμεν – εἰδότων – ἄγασαι – ἀγαθαί – ἄγων – ἀγών – αἰδώς – γένους – γενοῦ – ἔτη

[1]) *Antalkidas:* spartanischer Heerführer (1. Hälfte 4. Jh. v. Chr.)
[2]) *Samothrake:* Insel vor der thrakischen Küste mit einem berühmten Mysterienheiligtum
[3]) μυέω (in den Mysterienkult) einweihen

49 Einladung zum Symposion

Platon

Aristodemos, ein begeisterter Anhänger des Sokrates und wie dieser meist barfuß unterwegs, erzählt vom Besuch eines Festes, mit dem der Dichter Agathon seinen Sieg beim Tragödienwettkampf (→L25) feierte.

Wie es auch heute bei größeren Parties verbreitet ist, konnte man zu einem solchen Fest kommen, ohne persönlich eingeladen zu sein, sofern man von jemandem mitgebracht wurde.

Ἔφη γὰρ ὁ Ἀριστόδημος οἱ Σωκράτη ἐντυχεῖν λελουμένον τε καὶ τὰς βλαύτας ὑποδεδεμένον, ἃ ἐκεῖνος ὀλιγάκις ἐποίει· καὶ ἐρέσθαι αὐτόν, ὅποι ἴοι οὕτω καλὸς γεγενημένος. Καὶ τὸν εἰπεῖν ὅτι „Ἐπὶ δεῖπνον εἰς Ἀγάθωνος. Χθὲς γὰρ αὐτὸν ἔφυγον τοῖς ἐπινικίοις, φοβηθεὶς τὸν ὄχλον· ὡμολόγησα δ' εἰς τήμερον παρέσεσθαι. Ταῦτα δὴ ἐκαλλωπισάμην, ἵνα καλὸς παρὰ καλὸν ἴω. Ἀλλὰ σύ“, ἦ δ' ὅς, „πῶς ἔχεις πρὸς τὸ ἐθέλειν ἂν ἰέναι ἄκλητος ἐπὶ δεῖπνον;“

„Κἀγώ“, ἔφη, „εἶπον ὅτι Οὕτως, ὅπως ἂν σὺ κελεύῃς.“

„Ἕπου τοίνυν“, ἔφη, „ἵνα καὶ τὴν παροιμίαν διαφθείρωμεν μεταβαλόντες, ὡς ἄρα καὶ Ἀγάθων' ἐπὶ δαῖτας ἴασιν αὐτόματοι ἀγαθοί.“

„Ὅρα οὖν“, ἔφη, „ἄγων με τί ἀπολογήσῃ, ὡς ἐγὼ μὲν οὐχ ὁμολογήσω ἄκλητος ἥκειν, ἀλλ' ὑπὸ σοῦ κεκλημένος.“

„Σύν τε δύ'“, ἔφη, „ἐρχομένω πρὸ ὁδοῦ βουλευσόμεθα, ὅ τι ἐροῦμεν. Ἀλλ' ἴωμεν.“

ἡ βλαύτη Sandale
ὀλιγάκις selten

► AT 2
τὰ ἐπινίκια Siegesfeier

καλλωπίζομαι sich fein machen

► AT 4 Ἀγάθων' = Ἀγάθωνι ἡ δαίς, δαιτός Mahl, Gelage

πρὸ ὁδοῦ „des Wegs“
σύν τε δύ' ἐρχομένω πρὸ ὁδοῦ: Teil eines Verses

Impulse und Übungen

AT

① Worauf bezieht sich das Relativum ἅ in Z. 3? Weshalb kann es nicht Subjekt des Relativsatzes sein?
② Sokrates erklärt: εἶμι εἰς Ἀγάθωνος. Was ist bei dem Ausdruck sinngemäß zu ergänzen? Vergleichen Sie umgangssprachliche Ausdrucksweise, z. B. *„ich gehe zu Müllers“*, und engl. *„I go to the butcher's.“*
③ Was kommt in der folgenden Übersetzung von Z. 7–11 *nicht* zum Ausdruck: *„Aber du“, fuhr er fort, „wie stehst du dazu, uneingeladen zum Essen mitzukommen? Hast du Lust?“*

④ Sokrates spielt mit der Bedeutung des Namens Agathon: Bei anderer Betonung ergibt sich eine Form von ἀγαθός. Setzt man sie statt des Namens ein, hat man das Sprichwort, auf das Sokrates anspielt. Dessen originale Fassung in Form eines Hexameters läßt sich durch Umstellung der letzten sechs Wörter dieses Abschnitts leicht finden.

I

Das Thema von Platons „*Symposion*" ist der Eros, das Streben nach dem Schönen und Guten. In welcher Form erscheint dieses Thema in unserem Text, der ein Teil des Vorspiels ist?

G 1

In der folgenden Zusammenstellung sind Formen von **εἰμί**, die Ihnen bereits häufiger begegnet sind, und solche von **εἶμι** *(ich **werde** gehen)* bunt gemischt. Bringen Sie Ordnung in das Gemenge und beachten Sie dabei, daß nur *eine* Form bei beiden Verben völlig gleich aussieht:
ὦ – ἦσαν – ἔστε – εἴην – ἰέναι – ἰών – ἴτε – εἶ – ἐστί – εἴημεν – ἦν – ᾖμεν – ἴοιτε – εἶσιν – ἴασιν – ᾖ – ἐστέ – ᾔει – ᾖσαν – εἶναι – ἴτω – ἴσθι – ἔσται – οὖσα – εἰσί

G 2

Vergleichen Sie die folgenden Formen von **φημί** mit den entsprechenden von εἰμί. Wo ergeben sich Abweichungen in der Bildungsweise?
φαμέν – φῶ – φάθι – ἔφησθα – ἔφασαν – φάτε – φαίην – ἔφην – ἔφη – φής – φησίν – φασίν – ἔφαμεν

Ü

Vorsicht ist besser *Aisopos*

Der Fuchs kommt zum Löwen, der den Kranken spielt, und erkundigt sich nach dessen Befinden:

Τοῦ δὲ λέοντος εἰπόντος „κακῶς" καὶ τὴν αἰτίαν ἐρομένου, δι' ἣν οὐκ εἴσεισιν, ἔφη „Ἀλλ' ἔγωγε εἰσῆλθον ἄν, εἰ μὴ ἑώρων πολλῶν εἰσιόντων ἴχνη[1]), ἐξιόντος δὲ οὐδενός."

W 1

Stellen Sie Verben zusammen, die *Fortbewegung* bzw. *Ortswechsel* bezeichnen, und geben Sie, soweit möglich, auch deren Aorist an.

Z 1

Die Form **ἴσθι** begegnet sowohl bei εἰμί wie bei οἶδα als Imperativ; stellen Sie fest, von welchem Verb diese Form in den folgenden Sätzen jeweils herzuleiten ist:
(Der Löwe zum Fuchs:) Εἴσιθι, ὦ φίλε· εὖ ἴσθι, ὅτι κακῶς πράττω. Ἴσθι φίλος ἀγαθός, μή με καταλίπῃς.

Z 2

Stellen Sie mit Hilfe des Kontexts fest, welche Bedeutung **ὡς** in den folgenden Sätzen hat:

① Μάνθανε, ὡς ἔστι κύκλος τῶν ἀνθρωπείων πραγμάτων (→ L 11).
② Κῦρος τὰς μηχανὰς παρεσκευάζετο ὡς προσβαλῶν τὸ τεῖχος (→ L 35).
③ Ἡ ψυχή, ὡς λέγουσιν οἱ Στωικοί, ἐκ τῆς τοῦ κόσμου ψυχῆς ἥκει.
④ Γίγνου ὡς βέλτιστος, ὦ παῖ (→ L 40,4).
⑤ Ὡς δ' ἐγένετο ἡμέρα, ὁ στρατηγὸς τοὺς στρατιώτας συνεκάλεσεν (→ L 35).
⑥ Ἡρακλῆς ἠλάσατο τὰς τοῦ Γηρυόνου βοῦς, ὡς τούτου ὄντος τοῦ δικαίου (→ L 30).

In welchen Sätzen könnte ὡς ersetzt werden durch ἐπεί, ὥσπερ, ἵνα, ὅτι?

W 2

Erschließen Sie mit Hilfe der Ihnen bekannten Wörter die jeweils unbekannten:
ἀσεβής – ἀσεβέω – ἀσέβεια – εὐσεβής – εὐσεβέω – εὐσέβεια
ἀληθής – ἀληθεύω – ἀλήθεια
ἀσφαλής – ἀσφαλίζομαι – ἀσφάλεια

[1]) τὸ ἴχνος Spur

50 Krieg um Tote

Lysias

In Athen war es üblich, die Gefallenen eines Krieges in einer öffentlichen Feier zu ehren. Im Mittelpunkt stand dabei eine Rede *(Epitaphios)*, in der die Toten gerühmt wurden, aber auch die Angehörigen getröstet und die Bürger gemahnt werden sollten. Der bekannteste Epitaphios ist der des *Perikles* auf die Toten des ersten Kriegsjahres im Peloponnesischen Krieg. Der **Epitaphios des Lysias** (→ L 24 und 45), aus dem unser Text genommen ist, dürfte in dieser Form kaum jemals gehalten worden sein. Wahrscheinlich handelt es sich um eine rhetorische Stilübung, wie sie in den Rednerschulen üblich war. Ein beliebtes, besonders für den Anfang solcher Reden geeignetes Thema war die Erinnerung an die großen Taten der Vorfahren. Lysias erwähnt an erster Stelle den Kampf der Athener gegen die Amazonen und fährt dann fort mit einer Episode aus dem Zug der Sieben gegen Theben (→ die Vorgeschichte der *„Antigone"*, L 25).

Ἀδράστου δὲ καὶ Πολυνείκους ἐπὶ Θήβας στρατευσάντων καὶ ἡττηθέντων μάχῃ,
οὐκ ἐώντων Καδμείων θάπτειν τοὺς νεκρούς,
Ἀθηναῖοι ἡγησάμενοι
ἐκείνους μέν, εἴ τι ἠδίκουν, ἀποθανόντας δίκην ἔχειν τὴν μεγίστην, τοὺς δὲ κάτω τὰ αὑτῶν οὐ κομίζεσθαι,
ἱερῶν δὲ μιαινομένων
τοὺς ἄνω θεοὺς ἀσεβεῖσθαι,
τὸ μὲν πρῶτον πέμψαντες κήρυκας
ἐδέοντο αὐτῶν δοῦναι τῶν νεκρῶν ἀναίρεσιν,
νομίζοντες ἀνδρῶν μὲν ἀγαθῶν εἶναι ζῶντας τοὺς ἐχθροὺς τιμωρήσασθαι,
ἀπιστούντων δὲ σφίσιν αὐτοῖς ἐν τοῖς τῶν τεθνεώτων σώμασι τὴν εὐψυχίαν ἐπιδείκνυσθαι·

κομίζεσθαι τὰ αὑτοῦ das Seinige bekommen

δοῦναι Inf. Aor. Akt. von δίδωμι

ἡ ἀναίρεσις Bestattung

ἡ εὐψυχία Mut   τεθνεώτων = τεθνηκότων

οὐ δυνάμενοι δὲ τούτων τυχεῖν
ἐστράτευσαν ἐπ' αὐτούς,
οὐδεμιᾶς διαφορᾶς πρότερον πρὸς Καδμείους ὑπαρχούσης,
οὐδὲ τοῖς ζῶσιν Ἀργείων χαριζόμενοι, ἀλλὰ τοὺς τεθνεῶτας ἐν τῷ πολέμῳ ἀξιοῦντες τῶν νομιζομένων τυγχάνειν
πρὸς τοὺς ἑτέρους ὑπὲρ ἀμφοτέρων ἐκινδύνευσαν,
ὑπὲρ μὲν τῶν,
ἵνα μηκέτι εἰς τοὺς τεθνεῶτας ἐξαμαρτάνοντες πλείω περὶ τοὺς θεοὺς ἐξυβρίσωσιν,

ὑπὲρ δὲ τῶν ἑτέρων,
ἵνα μὴ πρότερον εἰς τὴν αὑτῶν ἀπέλθωσι πατρίου τιμῆς ἀτυχήσαντες καὶ Ἑλληνικοῦ νόμου στερηθέντες καὶ κοινῆς ἐλπίδος ἡμαρτηκότες.

τὴν αὑτῶν *erg.* γῆν
ἀτυχέω *mit Gen. etw.* nicht erlangen

Ταῦτα διανοηθέντες
καὶ τὰς ἐν τῷ πολέμῳ τύχας κοινὰς ἁπάντων ἀνθρώπων νομίζοντες,
πολλοὺς μὲν πολεμίους κτώμενοι,
τὸ δὲ δίκαιον ἔχοντες σύμμαχον
ἐνίκων μαχόμενοι.

Impulse und Übungen

Zur Texterschließung

An geeigneten Abschnitten soll gegen Ende des Lehrgangs gezeigt werden, auf welchen Ebenen und mit welchen Methoden man anspruchsvollere Texte erfolgreich erschließen kann.

Die im folgenden *nebeneinander* gestellten **Bereiche Semantik, Syntax und Interpretation** greifen dabei in der Regel *ineinander;* es wäre also verfehlt, wollte man zuerst sämtliche semantischen Fragen zu lösen suchen, um sich dann erst den syntaktischen und interpretatorischen zuzuwenden. Wie im Idealfall alle drei Bereiche zur Lösung eines Problems beitragen können, läßt sich durch ein schlichtes Beispiel erläutern: Für κάτω *(Adv.)* gibt das Wörterverzeichnis die Leitbedeutungen *„hinab, unten“* an. Im Text ist dieses Adverb durch Hinzufügen des Artikels (τοὺς κάτω Z. 6) substantiviert. Diese syntaktische Möglichkeit hat das Deutsche ebenso wie das Griechische *(„die da unten“).* Je nach dem Zusammenhang, in dem die Wendung οἱ κάτω erscheint, kann sie Unterschiedliches bezeichnen, etwa *„die Leute im Süden“* oder *„die Küstenbewohner“* (die, vom Bergland aus gesehen, *„drunten“* wohnen). Im Falle unseres Lysias-Texts weist bereits die Überschrift darauf hin, daß Tote eine Rolle spielen werden; die Anmerkung ‚ἡ ἀναίρεσις *Bestattung*‘ (Z. 10) und der Verweis auf die Antigone-Sage (L. 25) sind weitere Signale in Richtung auf ‚οἱ κάτω *die Toten, die Unterirdischen*‘.

Diese Information kann man auch einem Wörterbuch entnehmen, das, wenn es einigermaßen umfangreich ist, neben Wortbedeutungen auch syntaktische Bedingungen dafür angibt. Die Entscheidung, was von dem Angebotenen in einen bestimmten Zusammenhang paßt, kann das Wörterbuch dem Benützer nicht abnehmen; sie setzt sorgfältige Textbetrachtung voraus.

Ein mittelgroßes Wörterbuch bringt zu κάτω etwa folgenden Artikel:

κάτω Adv. (κατά), 1) *nach unten, hinab,* εἰς τὸ δυνατώτατον κάτω *so tief wie möglich,* κάτω διεχώρει αὐτῷ *er hatte Durchfall.* Insbes. κάτω ἔρχεσθαι, z. B. von Totenspenden, die nach antikem Glauben zu den Toten unter die Erde gelangten. 2) *unten, unterhalb, weiter unten gelegen,* auch mit Genitiv: *unterhalb* von etwas; τὸ und τὰ κάτω *der untere Teil,* daher τὰ κάτω *was im Süden liegt* (Herodot I 142). Sonst a) *nach dem Meer zu gelegen, an der Küste,* daher οἱ κάτω *die Küstenbewohner,* τὰ κάτω *die Küstenregion,* οἱ κάτω τῆς Συρίας *die Leute südlich von Syrien.* b) *in der Unterwelt,* daher οἱ κάτω *die Unterirdischen, Toten,* οἱ κάτω θεοί *die Götter der Unterwelt.* N. T. κάτω τῆς γῆς *die untere Welt,* näml. *die Erde.*

Vergleichen Sie diesen Artikel nach Aufbau und Informationsgehalt mit den Angaben im Wörterverzeichnis. Überlegen Sie, ob durch diesen Artikel die Übersetzung von κάτω τῆς γῆς mit ‚*unter der Erde*‘ ausgeschlossen wird.

Bei der Betrachtung der folgenden Informationen und Aufgaben empfiehlt es sich, mit C 1 zu beginnen.

A Wortbedeutungen (Semantik)

Für die meisten griechischen Wörter führt ein größeres Wörterbuch mehr als zwei deutsche Bedeutungen an; welche davon in einem bestimmten Zusammenhang zutrifft, läßt sich bei der Untersuchung ebendieses Textzusammenhangs **(Kontexts)** ermitteln **(→ B/C).**

Beispiel:
In Zeile 4 kann ἡγεῖσθαι *nicht „den Weg zeigen"* oder *„führen"* bedeuten – es müßte sonst ein Dativ oder Genitiv folgen; durch den AcI ἐκείνους ἔχειν, also durch ein syntaktisches Signal (→ B 2), wird die Bedeutung *„meinen, der Ansicht sein"* festgelegt.

Ermitteln Sie die Bedeutung der folgenden Formen *unter Beachtung der Syntax* (**B:** in welche Konstruktion ist das Wort eingebettet?) *und des Sinnzusammenhangs* (**C:** Welche Bedeutung legt die Thematik des Texts nahe?)
δίκην (Z. 6);
ἱερῶν (Z. 8);
ἀπιστούντων (Z. 15; → **B**)
τυχεῖν (Z. 18);
ἀξιοῦντες (Z. 23);
ἐκινδύνευσαν (Z. 26)
Führen Sie die flektierten Formen auf die „Wörterbuchform" zurück, unter der Sie ggf. nachschlagen müssen.

Weisen Sie eine textgerechte Bedeutung von δίκη auch mit Hilfe des folgenden Wörterbuch-Artikels nach:

δίκη, ἡ [δείκνυμι, eig.: Weisung] **1.** herkömmliche **Sitte, Brauch,** Art, Art und Weise, Herkommen; übh. das Rechte, regelmäßiges Geschick, Bestimmung. *adv.* **δίκην** mit *gen.*: α) nach Art und Weise, wie, lt. instar; β) um ... willen = χάριν. — **2. Recht, Gerechtigkeit.** δίκῃ, σὺν δίκῃ, μετὰ δίκης, ἐν δίκῃ mit Recht, nach Recht und Gerechtigkeit, nach Brauch; κατὰ δίκην nach dem Recht; παρὰ δίκην widerrechtlich; πρὸς δίκης von seiten des Rechts, von Rechts wegen, mit Recht. Insb.: **a**) Rechtsspruch, **Richter-spruch,** -amt, richterliches Erkenntnis, (schieds)richterliche Entscheidung, Urteil. ἐν δίκῃ χρόνου vor dem Richterstuhl der Zeit. **b**) (meist *pl.*) Rechtspflege, Rechtsordnung. **c**) gerichtliches Verfahren, gerichtliche Verhandlung, **Rechts-handel,** -streit, **Prozeß,** Strafantrag, Klage, insb. Zivil- oder Privat-klage (τινός wegen, um etw.), auch Klageschrift. ~ δημοσία Staats-klage, -prozeß. **d**) richterlich zuerkannte oder gebührende **Strafe,** Verurteilung, **Buße,** Genugtuung; übh. Rache, Vergeltung (τινός, auch ἀντί u. ὑπέρ τινος für etw.). ἐσχάτη ~ härteste Strafe. δίκην εἰπεῖν Recht sprechen od. seine

B Satzbau (Syntax)

1 Kasus

Die Kasusendungen geben Hinweise auf die Zusammengehörigkeit von Wörtern des Texts; bei der endgültigen Zuordnung ist auch zu prüfen, welche spezielle Aufgabe der jeweilige Kasus erfüllt.

Beispiel:
Der Genitiv αὐτῶν in Z. 11 ist von ἐδέοντο abhängig, denn dieses Verbum verlangt ein Genitiv-Objekt.
In diesem Falle greifen Syntax und Semantik **(→ A)** ineinander.
Daß τῶν νεκρῶν als Attribut zu ἀναίρεσιν gehört, ergibt sich bei Berücksichtigung des Sinns **(→ C 1).**

Stellen Sie fest, wovon die folgenden Wörter und Formen abhängig sind und welche Aufgabe die Kasus jeweils erfüllen:
αὐτῶν (Z. 7), → R 121;
ἀνδρῶν ἀγαθῶν (Z. 13 f.; vgl.: φιλοσόφου ἐστίν *es gehört sich für einen Philosophen*);
ζῶντας (Z. 13);
ἀπιστούντων (Z. 15 – welche Verbform ist zu ergänzen?);
τούτων (Z. 18);
Ἀργείων (Z. 22);
τῶν νομιζομένων (Z. 24)
ἁπάντων ἀνθρώπων (Z. 36 f.)

2 Erweiterte Satzglieder

Unser Text enthält in auffälliger Zahl „typisch griechische" Konstruktionen: AcI, prädikatives Partizip und Genitivus absolutus.
Richtiges Erfassen des Texts hängt davon ab, daß man den Bereich überblickt, den jedes dieser Satzglieder „beherrscht", und den Informationsgehalt solcher Bereiche auch isoliert, d. h. in Form eines selbständigen Satzes, angeben kann.

Beispiel:
Z. 20 f.: οὐδεμίας διαφορᾶς πρότερον πρὸς Καδμείους ὑπαρχούσης. Hier „umrahmt" der genitivus absolutus sei-

C Textbetrachtung/Interpretation

1 Verwerten außertextlicher Informationen

Einführung, Überschrift, Anmerkungen und Verweise auf bereits Gelesenes erleichtern den Zugang zu den Texten dieses Buchs.
Rufen Sie sich, ggf. mit Hilfe eines Sachbuchs (z. B. Hunger, *Lexikon der griechischen und römischen Mythologie*) ins Gedächtnis zurück, welche Zusammenhänge zwischen den in der Einführung und im Text genannten Namen bestehen (Antigone, Polyneikes, Adrastos, Theben).
Wer ist mit οἱ Καδμεῖοι gemeint? Stellen Sie fest, wer Kadmos war, und erläutern Sie die Namenbildung im Vergleich zu „Enkel des Romulus" = Römer.

2 Untersuchung des Wortmaterials

„Krieg um Tote" – wenn diese Überschrift sinnvoll gewählt ist, müssen die Wortfelder *„Krieg"* und *„Tod/Tote"* im Text eine gewisse Rolle spielen.
Lösen Sie die entsprechenden Vokabeln heraus und ordnen Sie sie zu. Achten Sie darauf,
welche Wörter wiederholt werden,
wo verschiedene Begriffe für dasselbe erscheinen, und
wo Gegensätze betont werden.

3 Stilmittel

Durch die Verwendung von Stilmitteln hebt der Autor hervor, was ihm wichtig scheint.
Untersuchen Sie daher, welche Wörter an herausgehobener Position (am Anfang bzw. Ende von Sätzen und Satzteilen) stehen.
Benennen Sie die in den folgenden Abschnitten verwendeten Stilmittel und beschreiben Sie deren Wirkung:
ἐπὶ Θήβας στρατευσάντων καὶ ἡττηθέντων μάχῃ (Z. 1 f.)
δίκην ἔχειν τὴν μεγίστην (Z. 6)

Sache vor Gericht führen, rechten, sich verteidigen. διὰ δίκης ἰέναι od. ἔρχεσθαί τινι mit j-m prozessieren od. rechten, den Rechtsweg gegen j-n beschreiten. τὴν δίκην κρίνειν das Urteil fällen, einen Prozeß entscheiden. ἐς δίκην ἄγειν od. ὑπάγειν, καταστῆσαί τινα j-n vor Gericht ziehen, zur Verantwortung ziehen, verklagen. ~ γίγνεται ein Prozeß wird verhandelt od. entschieden, die Sache kommt zur richterlichen Entscheidung. δίκην (od. δίκας) αἰτεῖν τινος Genugtuung für etw. verlangen. δίκην ἐπιτιθέναι τινί j-m Strafe od. Buße auferlegen, j-n bestrafen (τινός für etw.). δίκην ὑπέχειν sich einem Prozeß od. der Strafe unterwerfen, Strafe erdulden. δίκην λαμβάνειν sich Recht verschaffen, Genugtuung nehmen, παρά τινος j-n zur Strafe oder zur Verantwortung ziehen, j-n in Strafe nehmen, Rechenschaft von j-m fordern (τινός für etw., ὑπέρ τινος in j-s Namen), (selten) Strafe erleiden. δίκην oder δίκας διδόναι Rechenschaft ablegen, Strafe leiden oder büßen, bestraft werden, Buße tun (τινός od. ὑπέρ τινος für etw.; τινί od. ὑπό τινος j-m od. von j-m = -ν τίνειν od. ἐκτίνειν); aber auch den Rechtsweg betreten od. gestatten, richterliche Entscheidung zulassen, zu e-m Rechtsverfahren sich verstehen. δίκην διώκειν τινά j-n gerichtlich verfolgen, verklagen, in einen Prozeß verwickeln (P. δίκην φεύγειν); δίκην διαφεύγειν freigesprochen werden. δίκην διδόναι καὶ λαμβάνειν Recht geben und nehmen. (τὴν) δίκην ἔχειν seine (gebührende) Strafe (empfangen) haben, bestraft sein oder Genugtuung haben (od. auch einen Prozeß haben). e) (personif.) **Δίκη**: α) Göttin der Gerechtigkeit und des Sittengesetzes, Tochter des Zeus u. der Themis; β) eine der Horen.

nen Bereich; ausgesagt ist: es hatte vorher keine Konflikte mit Theben gegeben.

Aufgaben:
Grenzen Sie die Bereiche der einzelnen Partizipial- und Infinitivkonstruktionen des Texts, ggf. auf einem Arbeitsblatt, gegeneinander ab und ermitteln Sie, wovon die Infinitive jeweils abhängen und worauf sich die Partizipien beziehen.
Woran ist in diesem Satz zu erkennen, wenn sich ein Partizip auf das Subjekt bezieht und wenn dies nicht der Fall ist?
Wo ist die Bestimmung des gedanklichen Subjekts eines Genitivus absolutus etwas schwieriger?
Geben Sie für jeden abgegrenzten Bereich auch den Inhalt an.

3 Gliedsätze

Durch Beachten der Satzzeichen und der „kleinen Wörter“, die Gliedsätze einleiten (unterordnende Konjunktionen, Relativ- und Fragepronomina bzw. -adverbien), wird die Identifikation leicht gemacht.
Wo enthält unser Text Gliedsätze?
Womit werden diese eingeleitet?
Wo enden sie jeweils?

4 Absichten des Sprechers/Autors bei seinen Hörern/Lesern („Adressaten“)

Überlegen Sie, wie ein attischer Hörer/Leser den beschriebenen Feldzug der Athener beurteilt haben dürfte.
In welcher Richtung wurde durch Form und Gehalt der Darstellung womöglich sein Urteil über andere Militäraktionen Athens beeinflußt?
Nennen Sie die Eigenschaften, die der Text – ohne sie ausdrücklich anzuführen – unterschwellig den Athenern zuweist. Können Sie für dieses „Image“ Athens Parallelen aus der griechischen Mythologie nennen (Stichwörter: Theseus – Oidipus; Aigeus – Medea; Orest – Areopag)?

5 Textsorte

Bei dem, was Lysias hier mitteilt, handelt es sich um einen Mythos, ein Stück „Heldensage“. Wie aber faßt der Redner das Erzählte auf?

Prothesis (Leichenaufbahrung). Attisch-geometrische Amphora, Ausschnitt. Mitte 8. Jh. v. Chr. Athen ▽

51 Adler und Fuchs

Aisopos

Die **Fabel,** gewöhnlich eine kurze, belehrende Geschichte, in der häufig auch Tiere reden und handeln, ist im griechischen Osten, also in Ionien, aufgekommen, wo man seit je besonders gern erzählte und zuhörte.
Von Anfang an war sie hier aber auch, in einer Zeit zunehmender sozialer Spannungen, ein Mittel der politischen Auseinandersetzung: Sie gestattete dem Mann aus dem Volk und auch dem Sklaven, in eingängiger Form, aber bildhaft verschleiert, an den Herrschenden, an Mißständen und Unterdrückung Kritik zu üben.
Die bekannteste griechische Fabelsammlung wird dem **Aisopos** zugeschrieben, der im 6. Jh. v. Chr. gelebt haben dürfte. Viele Stücke jedoch, darunter sicher auch die hier abgedruckte Fabel, stammen aus späterer Zeit.

Ἀετὸς καὶ ἀλώπηξ φιλεῖν ἀλλήλους βουλόμενοι πλησίον ἑαυτῶν οἰκεῖν διέγνωσαν. Καὶ δὴ ὁ μὲν ἀναβὰς ἐπὶ δένδρον τι ἐνεοττοποιήσατο· ἡ δὲ εἰσελθοῦσα εἰς τὸν ὑποκείμενον θάμνον ἔτεκεν.

Ἐξελθούσης δέ ποτε αὐτῆς ἐπὶ νομὴν ὁ ἀετὸς ἀπορῶν τροφῆς τὰ γεννήματα αὐτῆς ἀναρπάσας μετὰ τῶν αὑτοῦ νεοττῶν κατέφαγεν. Ἡ δὲ ἀλώπηξ ἐπανελθοῦσα ὡς ἔγνω τὸ πραχθέν, οὐ μᾶλλον ἐπὶ τῷ τῶν νεοττῶν θανάτῳ ἐλυπήθη ὅσον ἐπὶ τῷ μὴ δύνασθαι ἀμύνεσθαι. Διὸ πόρρωθεν στᾶσα, ὃ μόνον τοῖς ἀσθενέσι καὶ ἀδυνάτοις ὑπολείπεται, τῷ ἐχθρῷ κατηρᾶτο.

Συνέβη δ' αὐτῷ τῆς εἰς τὴν φιλίαν ἀσεβείας οὐκ εἰς μακρὰν δίκην ὑπελθεῖν· θυόντων γάρ τινων αἶγα ἐπ' ἀγροῦ ἀπὸ τοῦ βωμοῦ σπλάγχνον ἔμπυρον ἀνήνεγκεν· οὗ κομισθέντος εἰς τὴν καλιὰν σφοδρὸς ἐμπεσὼν ἄνεμος ἐκ λεπτοῦ καὶ παλαιοῦ κάρφους λαμπρὰν φλόγα ἀνῆψε· καὶ διὰ τοῦτο καταφλεχθέντες οἱ νεοττοὶ ἐπὶ γῆν κατέπεσον. Καὶ ἡ ἀλώπηξ προσδραμοῦσα ἐν ὄψει τοῦ ἀετοῦ πάντας αὐτοὺς κατέφαγεν.

ἡ ἀλώπηξ Fuchs
διαγιγνώσκω beschließen
νεοττοποιέω ein Nest bauen
ὁ θάμνος Gebüsch

► AT ① ② ἡ νομή *hier:* Nahrungssuche
τὸ γέννημα das Junge, die Brut
ὁ νεοττός das Neugeborene

καταράομαι fluchen

οὐκ εἰς μακράν bald ὑπέρχομαι unvermerkt kommen

τὸ σπλάγχνον Eingeweide ἔμπυρος brennend
ἡ καλιά Nest, Horst
τὸ κάρφος Reisig
ἡ φλόξ Flamme ἀνάπτω entfachen καταφλέγω verbrennen

Impulse und Übungen

AT

① Übertragen Sie den Satz Z. 6–8 auf ein Arbeitsblatt und grenzen Sie durch senkrechte Striche die Bereiche der einzelnen Partizipialkonstruktionen entsprechend 50 B 2 gegeneinander ab.

② Begründen Sie, weshalb in diesem Satz einmal α**ὐ**τῆς, einmal α**ὐ**τοῦ zur Angabe eines Besitzverhältnisses dient.

③ Eine wörtliche Übersetzung von οὐ μᾶλλον – ὅσον in Z. 10 f. des Lektionstexts wirkt etwas unbeholfen; wie drücken wir in gutem Deutsch den Sachverhalt aus?

④ Wovon ist in Z. 15 der Genitiv τῆς ἀσεβείας abhängig? Welche syntaktische Funktion erfüllt die Wendung εἰς τὴν φιλίαν (L 6 G 4)?

⑤ Wo ist in Z. 16 f. die Trennlinie zwischen dem Bereich des Partizips und dem des Hauptverbs zu ziehen (→ Aufgabe ①)?

G

Ordnen Sie die folgenden Formen des sog. **Wurzelaorists** von βαίνω, γιγνώσκω, ἵσταμαι nach Person, Numerus und Modus und sondern Sie Infinitive und Partizipien aus:
γνῶμεν – ἔγνωτε – σταίην – ἔστη – ἔβησαν – γνῷς – γνοῖμεν – σταῖεν – ἔβητε – βῆναι – γνόντες – γνῶτε – βάς – στᾶσα – γνῶναι – ἔστης – στῆθι
Welche Merkmale haben Ihnen die Zuweisung zu den einzelnen Modi erleichtert?

A

Aus den folgenden Reihen muß jeweils eine Form ausgeschieden werden:
καίτοι – νομοθέται – κήρυκες – ἄνθρωποι
συγγνώμη – κόρῃ – παλαιᾷ – προστρέπῃ
καιρός – κλῆρος – τεῖχος – ὅρκος
ἐνδεεῖς – σαφεῖς – χαρίεις – ἀληθεῖς

W

Nennen Sie jeweils das griechische Wort, von dem die folgenden Fremdwörter hergeleitet sind: *archaisch – Tropen – Pragmatiker – Despot – Askese – em-pirisch – Ethologie – Mathematik – leptosom – Paläontologie – autark – protreptisch*

Ü 1

Erkenntnisse

Κατὰ πόλλ' ἄρ' ἐστὶν οὐ καλῶς εἰρημένον
τὸ „Γνῶθι σαυτόν"· χρησιμώτερον γὰρ ἦν
τὸ „Γνῶθι τοὺς ἄλλους".
Die zitierte Inschrift war am Apollontempel in Delphi angebracht.

Ἀνέγνων, ἔγνων, κατέγνων.
Aus einem Brief Kaiser Julians († 363 n. Chr.)

Ü 2

Aus einem älteren Übungsbuch

Ὅταν ἡ τῶν πολεμίων πόλις ἁλῷ, ἡμῶν τῶν ἑλόντων ἔσται καὶ τὰ σώματα καὶ τὰ χρήματα τὰ τῶν ἁλόντων.

Ü 3

„Er oder ich?"

Hektor, der zum Kampf mit Achilleus entschlossen ist, wägt die Chancen ab (Ilias 22, 253):

Ἕλοιμί κεν[1]) ἤ κεν ἁλοίην.

[1]) κεν = ἄν

52 Teilung der Beute

Xenophon

Der Textabschnitt steht in Xenophons Κύρου Παιδεία kurz hinter dem Text von L 38 und bestätigt das dort Gesagte durch ein praktisches Beispiel: Kyros' Verhalten nach der Eroberung von Sardeis (→ L 11 und 35).

Ἐκ τούτου δὲ διέδωκε Κῦρος τοῖς περὶ ἑαυτὸν στρατιώταις τὰ χρήματα, ὅσα ἐκ Σάρδεων ἔλαβε. Καὶ τοῖς μὲν μυριάρχοις ἐξαίρετα ἐδίδου πρὸς τὴν ἀξίαν ἑκάστῳ, τὰ δ' ἄλλα διένειμε· καὶ τὸ μέρος ἑκάστῳ δοὺς τῶν μυριάρχων ἐπέτρεψεν αὐτοῖς διαδιδόναι, ὥσπερ αὐτὸς ἐκείνοις διένειμεν. Ἔδοσαν δὲ τὰ χρήματα οἱ ἄρχοντες τοῖς ὑφ' ἑαυτοῖς, τελευταῖοι δὲ οἱ ἑξάδαρχοι τοῖς ὑφ' ἑαυτοῖς ἰδιώταις. Καὶ οὕτω πάντες εἰλήφεσαν τὸ δίκαιον μέρος.

Ἐπεὶ δὲ εἰλήφεσαν τὰ τότε δοθέντα, οἱ μέν τινες ἔλεγον περὶ τοῦ Κύρου τοιάδε· „Ἦπου αὐτός γε πολλὰ ἔχει, ὅπου γε καὶ ἡμῶν ἑκάστῳ τοσαῦτα δέδωκεν." Οἱ δέ τινες αὐτῶν ἔλεγον· „Ποῖα πολλὰ ἔχει; Οὐχ ὁ Κύρου τρόπος τοιοῦτος, οἷος χρηματίζεσθαι, ἀλλὰ διδοὺς μᾶλλον ἢ κτώμενος ἥδεται."

ἐξαίρετος ausgewählt

ὁ ἑξάδαρχος Führer von 6 Mann

ἦπου sicher, gewiß

ὅπου *hier:* da, weil

► AT 6

► AT 7

Impulse und Übungen

AT

① Welche Aufgabe (syntaktische Funktion) erfüllt der hervorgehobene Ausdruck in τοῖς **περὶ ἑαυτὸν** στρατιώταις (Z. 1 f.)? Wie läßt sich οἱ περὶ ἑαυτόν (ohne ein weiteres Substantiv) knapp übersetzen?

② Wovon ist der Genitiv τῶν μυριάρχων (Z. 5 f.) abhängig? Welche Verwendungsweise liegt vor?

③ τοῖς ὑφ' ἑαυτοῖς (Z. 8): Suchen Sie entsprechend Aufgabe ① eine knappe und treffende Übersetzung.

④ Zu welchem Satzglied steht τελευταῖοι (Z. 9) in engerer Beziehung, zum Subjekt oder zum Prädikat? Welcher Zusatz ist bei wörtlicher (= strukturgleicher) Übersetzung im Deutschen nötig? Vergleichen Sie auch: Ἐγὼ μὲν πρῶτος ἦλθον, τελευταῖος δ' ὁ φίλος σου ἀφίκετο.

⑤ Was wird durch die Beifügung von τινες bei οἱ μέν und οἱ δέ (Z. 13/15) ausgedrückt? Versuchen Sie eine angemessene Wiedergabe.

⑥ Welche Sinnrichtung hat der Ausdruck οἷος χρηματίζεσθαι (Z. 17)? Vergleichen Sie L 47 G 2 und R 93. Welcher Modus ist angesichts der Verneinung von τοιοῦτος im Deutschen zu wählen?

⑦ Zu welchem Wort ist μᾶλλον (Z. 18) zu ziehen?

I

Worin gleichen sich die Texte von L 9, 38 und 52?

W 1

Vergleichen Sie Bildungsweise und Bedeutung von ἰδιώτης, δικαστής, στρατιώτης, πολίτης, σοφιστής. Was wird durch die Nachsilbe -της also ausgedrückt?

W 2

Stellen Sie möglichst viele Ableitungen von dem Stamm στρατ- zusammen und untersuchen Sie die jeweilige Bildungsweise. Welcher Verbstamm ist z. B. in στρατ|ηγός enthalten?

G 1

Welche Gemeinsamkeit haben die folgenden Verben:

Präs.:	γι γνώ σκ ω	γί γν ο μαι	δί δω μι
Impf.:	ἐ γί γνω σκ ον	ἐ γι γν ό μην	ἐ δί δου ν
Aor.:	ἔ γνω ν	ἐ γεν ό μην	ἔ δω κα
Perf.:	ἔ γνω κα	γέ γον α/	δέ δω κα
		γε γένη μαι	

Beschreiben Sie den Unterschied zwischen einer **Reduplikation** im **Präsens** und im **Perfekt.**

G 2

Bestimmen Sie mit Hilfe der Formenreihe in G 1 und des Sinnzusammenhangs die im Text vorkommenden Formen von δίδωμι.

Welche der folgenden Formen können Sie, ohne die Grammatik zu Hilfe zu nehmen, eindeutig bestimmen? δίδονται – διδοίην – διδῶτε – ἐδίδομεν – διδόμενα – δίδοσθαι – ἐδίδοντο – ἔδωκε – δῶμεν – ἔδοτο – δός – δεδώκαμεν – ἐδόθη – διδῶται – διδόντες – ἐδίδου – δοῦσα – διδῷ – δοῦναι

△ *Persepolis.* Persischer Leibwächter. Relief von der Haupttreppe zum Palast. Um 500 v. Chr.

53 Solons Gesetzgebung

Aristoteles

Die Wende vom 7. zum 6. Jahrhundert war für Athen eine Zeit heftiger Unruhen. Das starke Gefälle zwischen reich und arm, vor allem zwischen den begüterten Großgrundbesitzern und den verschuldeten Kleinbauern, führte zu sozialen Spannungen, die sich auf dem Wege einer Revolution zu entladen drohten, wenn es nicht gelang, sie durch radikale gesetzgeberische Maßnahmen zu lindern.

Bereits um 620 v. Chr. war **Drakon** mit entsprechenden Vollmachten ausgestattet worden. Da er sich aber im wesentlichen darauf beschränkte, das alte Gewohnheitsrecht schriftlich aufzuzeichnen, konnte er lediglich die Willkür der herrschenden Klasse in ihren gröbsten Auswüchsen beschneiden; nur der Neuordnung des Gerichtswesens, besonders durch die Abschaffung der Blutrache, war ein dauernder Erfolg beschieden.

Die beiden Hauptmißstände jedoch waren geblieben. Aristoteles nennt sie: „Für Anleihen wurde die Person verpfändet (Schuldknechtschaft), und das Land war in den Händen weniger." An diesen Punkten setzte **Solon** ein, als er **594 v. Chr.** zum Archon mit besonderen Vollmachten gewählt wurde.

Τοιαύτης δὲ τῆς τάξεως οὔσης ἐν τῇ πολιτείᾳ καὶ τῶν πολλῶν δουλευόντων τοῖς ὀλίγοις ἀνέστη τοῖς γνωρίμοις ὁ δῆμος. Ἰσχυρᾶς δὲ τῆς στάσεως οὔσης καὶ πολὺν χρόνον ἀντικαθημένων ἀλλήλοις εἵλοντο κοινῇ διαλλακτὴν καὶ ἄρχοντα Σόλωνα καὶ τὴν πολιτείαν ἐπέτρεψαν αὐτῷ.

Κύριος δὲ γενόμενος τῶν πραγμάτων Σόλων τόν τε δῆμον ἠλευθέρωσε καὶ ἐν τῷ παρόντι καὶ εἰς τὸ μέλλον κωλύσας δανείζειν ἐπὶ τοῖς σώμασιν, καὶ χρεῶν ἀποκοπὰς ἐποίησε καὶ τῶν ἰδίων καὶ δημοσίων, ἃς σεισάχθειαν καλοῦσιν ὡς ἀποσεισάμενοι τὸ βάρος.

Πολιτείαν δὲ κατέστησε καὶ νόμους ἔθηκεν ἄλλους, τοῖς δὲ Δράκοντος θεσμοῖς ἐπαύσαντο χρώμενοι πλὴν τῶν φονικῶν. Ἀναγράψαντες δὲ τοὺς νόμους εἰς τοὺς κύρβεις ἔστησαν ἐν τῇ στοᾷ τῇ βασιλείῳ καὶ ὤμοσαν χρήσεσθαι πάντες. Οἱ δ' ἐννέα ἄρχοντες ὀμνύντες πρὸς τῷ λίθῳ κατεφάτιζον ἀναθήσειν ἀνδριάντα χρυσοῦν, ἐάν τινα παραβῶσι τῶν νόμων· ὅθεν ἔτι καὶ νῦν οὕτως ὀμνύουσι.

ὁ διαλλακτής Friedensstifter

δανείζω Geld leihen

ἡ ἀποκοπή Tilgung *(von Schulden)*

ἡ σεισάχθεια „Abschütteln" der Schulden

ἀποσείω abschütteln

οἱ κύρβεις Pfeiler

ὀμνύς, ύντος *Part. Präs. Akt. von* ὄμνυμι

καταφατίζω versichern ὁ ἀνδριάς, άντος Standbild

Impulse und Übungen

AT

① Um welche syntaktische Erscheinung handelt es sich bei τοιαύτης δὲ τῆς τάξεως οὔσης (Z. 1)? Bringen Sie weitere Beispiele dafür aus dem Text.
② Grenzen Sie entsprechend 50 B 2 satzwertige Wortgruppen (prädikatives Partizip/Genitivus absolutus/AcI) gegeneinander sowie gegen die Sätze ab, in die sie eingebettet sind, und geben Sie den Informationsgehalt in Satzform an.
③ Auf welche spezielle Bedeutung werden in Z. 2 πολλοί und ὀλίγοι durch den beigefügten Artikel festgelegt? Berücksichtigen Sie, daß es sich um einen politischen Text handelt.
④ Erschließen Sie das fehlende Beziehungswort zu ἀντικαθημένων (Z. 4); in welchem Nomen könnte es sinngemäß enthalten sein?
⑤ Wie beeinflußt ὡς in Z. 13 den Sinn des Partizips ἀποσεισάμενοι? Nennen Sie weitere Verbindungen von ὡς mit Partizip und erläutern Sie die jeweils gegebene Sinnrichtung.
⑥ Das Partizip in der Verbindung ἐπαύσαντο χρώμενοι (Z. 15 f.) läßt sich mit einem deutschen Infinitiv wiedergeben, doch kann man auch nach dem Modell ἔτυχε παρών *(er war zufällig da)* adverbial übersetzen.
⑦ Begründen Sie das Tempus des Infinitivs χρήσεσθαι (Z. 18) und weisen Sie im Text eine weitere vergleichbare Stelle nach.

I

① Welche Begriffe verwendet der Text zur Kennzeichnung der verschiedenen sozialen und politischen Gruppierungen in Athen?
② Welche Reformen Solons sind im Text genannt, und auf welchem Gebiet wird eine weitere wichtige gelegen haben?
Inwiefern werden erst dadurch wichtige Voraussetzungen der athenischen Demokratie geschaffen?
③ In welchem Punkt hält Solon die Gesetzgebung Drakons bei? Können Sie sich denken, aus welchem Grund? (Beachten Sie den Hinweis in der Einleitung.)

W

Vergleichen Sie: πρᾶξις – πρᾶγμα;
τάξις – στάσις/μάθημα – πάθημα
Was wird durch das **Suffix -σις,** was durch das **Suffix -μα** ausgedrückt?

G

Welche Übereinstimmungen mit L 52 G 1 erkennen Sie:

Präsens:	τίθημι	ἵστημι[1])	ἵσταμαι
Imperfekt:	ἐτίθην	ἵστην	ἱστάμην
Aorist:	ἔθηκα	ἔστησα	ἔστην (→ L 51 G)
Perfekt:	τέθηκα	–	ἕστηκα

K 1

Versuchen Sie, den folgenden Formen von βάλλω die entsprechenden von ἵημι zuzuordnen. Wo helfen Ihnen Übereinstimmungen in der Konjugation, wo die Formenbildung von δίδωμι?
βάλοι – βάλλεται – βάλῃς – βάλλουσιν – ἔβαλον – βαλεῖ – βάλλει – βάλλειν – βάλλων – ἐβάλλομεν – βάλλωμεν – βάλλοιτε – βάλλε – ἔβαλλον
ἵει – ἱέναι – ἱᾶσιν – ἵειν – ἵεσαν – ἱείς – ἧκα – ἱείητε – ἥσει – ἵεμεν – εἵη – ἱῶμεν – ἵησιν – ἧς – ἵεται

K 2

Textausgaben machen oft im Druck keinen Unterschied zwischen ὅτι: *daß/weil* und ὅτι (ὅ τι): *was.* Um welches **ὅτι** handelt es sich in den folgenden Sätzen jeweils:
Δόρκων παρεφύλαξε, ὅτι ἐπὶ ποτὸν ἄγουσι τὰς ἀγέλας ποτὲ μὲν ὁ Δάφνις, ποτὲ δὲ ἡ παῖς (→ L 18, 2 ff.).
Οὐ φρονιμώτερος γέγονας, ὅτι τοὺς συντρέχοντας ἔφθασας (→ L 19, 12 ff.).
Οὐκοῦν οἴει ἄν με ἔχειν, ὅτι εἴπω;
Ἐθέλω μετὰ σοῦ σκέψασθαι, ὅτι ποτέ ἐστιν ἡ ἀρετή (→ L 47, 4 f.).

[1]) lat. si-sto

Wirtschaft und Gesellschaft

Die ökonomische Grundlage der griechischen wie überhaupt der antiken Gesellschaft bildete während der gesamten Zeit ihres Bestehens die Landwirtschaft. In der Frühzeit verfügten über den größten Teil des Bodens wenige adlige Großgrundbesitzerfamilien, denen die Masse der Kleinbauern und Kleinpächter gegenüberstand; daneben existierte eine kleine Schicht von Handwerkern, auch Sklavenhaltung war schon üblich und verbreitet. Im Rahmen dieser Agrargesellschaft bildeten sich zahlreiche städtische Zentren heraus, in denen die aristokratische Gesellschaftsstruktur zumeist erhalten blieb.

Der Gegensatz von arm und reich, in der Geschichte praktisch aller griechischen Städte der bedrückendste und zugleich konstanteste Faktor, der immer wieder zu sozialen Spannungen führte, wurde durch verschiedene Verfassungsreformen, in Athen etwa durch die *Reformen des Solon und des Kleisthenes* (→ Die attische Demokratie), teils gemildert, teils kanalisiert, kaum aufgehoben. Eine neue Stufe erreichten die sozialen Probleme in der Zeit nach dem Sieg über die Perser, d. h. im 5. und 4. Jh. Der Handel im östlichen Mittelmeer hatte schon im 8. Jh. beträchtliche Ausmaße erreicht. Für zahlreiche griechische Städte wurde er wegen des Mangels an fruchtbarem Boden und an Brotgetreide sowie ständig anwachsender Bevölkerungszahlen zur Lebensnotwendigkeit. So entwickelten sich einige Städte wie Korinth, Aigina, Megara, Milet, später erst Athen, im 7. und 6. Jh. aufgrund ihrer geographischen Lage zu großen Seehandelszentren. Als nach den Perserkriegen die Kaufleute des Orients fast völlig aus der Ägäis verdrängt waren, beherrschten griechische Schiffe die Seehandelswege.

In diesen Seehandelszentren änderte sich zwangsläufig die *soziale Struktur der Bevölkerung*. Der Stand der *Kaufleute* gewann mehr und mehr an Bedeutung, die Schicht der *Handwerker* nahm an Zahl und Wirtschaftskraft zu (ihre Betriebe, die ἐργαστήρια, beschäftigten teilweise bis zu einhundert und mehr Arbeitskräfte). Schließlich fand ein einflußreicher Stand von *Geldverleihern* seine Existenzgrundlage in der ausgedehnten Produktions- und Handelstätigkeit.

Die gesteigerte Warenproduktion und deren Austausch im Handel hatte schon in früher Zeit (8./7. Jh.) zu einer revolutionären Erfindung geführt: zur Prägung von Geld aus Edelmetallen. Geld beherrschte von nun an den Markt. Fast jede Polis hatte bald ihre eigene Währung. Die Münzen einiger griechischer Städte gehören zu den großen künstlerischen Leistungen der Antike.

Am bekanntesten ist das *attische Geldsystem: 1 Talent = 60 Minen; 1 Mine = 100 Drachmen; 1 Drachme = 6 Obolen.* Ein persischer Dareikos (→ L 39) war 20 Drachmen wert (zur Kaufkraft s. u.).

Die mit gewerblichen Erzeugnissen bezahlten Nahrungsmittelimporte stellten für den attischen Kleinbauern und Mittelbauern eine tödliche Konkurrenz dar. Rentabler arbeitende Großbetriebe und die Importe zwangen immer mehr

◁ *Schuhmacherwerkstatt.* Bild auf einem schwarzfigurigen Gefäß (Pelike), frühes 5. Jh. v. Chr. Boston

Sklaven bei der Feldarbeit. Nach einer schwarzfigurigen Schale (um 540 v. Chr., Paris) ▷

Bauern zur Aufgabe. Teils suchten sie den Ausweg in der Umstellung auf Oliven- und Weinbau, zum größeren Teil aber blieb nur die Lösung, sich als freie *Tagelöhner* in der Stadt anzusiedeln; so entstand eine weitere breite Schicht der athenischen Bevölkerung. Sie fand Arbeit in den ἐργαστήρια, im Bauhandwerk, im Schiffbau sowie als Hafen- und Lagerarbeiter. Auf diese Weise griff – bei aller äußeren Prachtentfaltung während der „goldenen Jahre" unter Perikles in den Jahrzehnten nach der Mitte des 5. Jh. – die Verarmung innerhalb der unteren Schichten weiter um sich. Zur Zeit Solons (um 590) kostete ein Schaf 1 Drachme, ein Rind 5 Drachmen. Zur Zeit des Perikles war Fleisch zehnmal so teuer. Geht man davon aus, daß einer weniger begüterten Familie dieser Zeit etwa 400, einer mittel begüterten etwa 1200 Drachmen jährlich zur Verfügung stand, leuchtet ein, daß diese Bevölkerungsschichten sich keine großen Sprünge leisten konnten. Der Tageslohn eines Bauarbeiters betrug 1 Drachme; das entsprach den Tagesdiäten eines Amtsinhabers (es gab nur Ehrenämter, kein Berufsbeamtentum). Hatten vor 480 noch 80 % der Athener Bürger (= der in Attika ansässigen männlichen Vollbürger) Landbesitz, waren es um 340 nur noch 20 %; hatten zur Zeit des Perikles noch 50 % der Politen das nötige Einkommen, um sich als Hoplit auszurüsten, waren es 100 Jahre später nur noch 30 %; ein Drittel aller Bürger lebte am Rand des Existenzminimums. In anderen Städten wie Korinth und Megara waren die Verhältnisse noch schlimmer; eine zunehmende Zahl von Tagelöhnern ernährte sich kümmerlich von Gelegenheitsarbeit.

Die soziale Lage der Klein- und Mittelbauern sowie der besitzlosen Freien, insbes. der Tagelöhner, in den See- und Handelsstädten wurde entscheidend vom raschen Aufschwung bestimmt, den die *Sklavenwirtschaft* im 5. Jh. nahm; sie wird zur vorherrschenden Form der Produktion.

Sklaven hat es in der antiken Gesellschaft von frühester Zeit an gegeben. Gleich, ob es Kriegsgefangene waren, im Haus geborene Nachkommen von Sklaven, von Seeräubern und anderen Menschenhändlern auf Sklavenmärkten gekaufte Sklaven, sie galten als „Sache", als Eigentum ihres Herrn ohne alle Rechte.

Mit ihrer zunehmenden Zahl bildeten die Sklaven eine ernste Konkurrenz für die armen Bauern und Tagelöhner, die sich häufig gegenüber wohlversorgten Sklaven geradezu unterprivilegiert fühlten; in der Tat war ein „freier" Tagelöhner nicht minder abhängig als ein rechtlich unfreier Sklave, dessen Besitzer, und sei es nur aus Interesse an seiner Arbeitskraft, immerhin für geregelte Nahrung und Unterkunft sorgte; häufig arbeiteten „freie" Tagelöhner sogar unter Aufsicht eines Sklaven!

Eine Arbeitsteilung zwischen unfreien Sklaven und besitzlosen Freien existierte kaum; bis auf einzelne Ausnahmen (etwa in Bergwerken, wo nur Sklaven eingesetzt waren) übten beide in Gewerbe, Handwerk, Handel und (seltener) Landwirtschaft gleiche Tätigkeiten aus. Bemerkenswerterweise bestand die Polizei von Athen aus 300 skythischen Staatssklaven. Von eigentlicher Arbeit entbunden waren nur die begüterten Angehörigen der freien Klasse.

In der 2. Hälfte des 5. Jh. lebten in Athen und Attika schätzungsweise 200 000 bis 300 000 Menschen. Davon waren etwa 35 000 bis 45 000 vollberechtigte Bürger (πολῖται). Mit ihren Familienangehörigen sowie vielleicht 10 000 bis 15 000 Metöken bildeten sie etwa die Hälfte bis maximal zwei Drittel der Gesamtbevölkerung, den Rest – eine Hälfte bis ein Drittel – bildeten die Sklaven. Über die Insel Chios, einen Hauptumschlagplatz für Sklaven, berichtet Thukydides, daß auf 30 000 Freie etwa 100 000 Sklaven gekommen seien.

△ *Sklaven bei der Tongewinnung in der Tongrube.* Korinthische Tontafel (um 580 v. Chr., Berlin-Ost)

Wenn auch gegen Ende des 5. Jh. Stimmen auftauchten, die die gängige Einschätzung der Sklaven als „Sache" kritisierten und die Gleichheit aller Menschen forderten (→ Text A 9), so fiel es doch niemand ein, seine Sklaven zu entlassen, und auch noch die frühen christlichen Gemeinden fanden Sklavenhaltung selbstverständlich. Eine Alternative – eine Gesellschaft ohne Sklaven – war unvorstellbar. Bei allen Unterschieden im sozialen Gefüge verband die griechischen Gemeinwesen der überall existente Gegensatz zwischen Freien auf der einen und Sklaven, in welcher Form auch immer, auf der anderen Seite; ein Sachverhalt, der die Bezeichnung Sklavenhaltergesellschaft in der Substanz rechtfertigt.

54 Sokrates in Gedanken

Platon

Sokrates, der penetrante Frager, der strenge Mahner, der unerbittliche Gegner alles Scheinwissens, der bissige Ironiker – lauter Spielarten und Möglichkeiten dieses schwer zu begreifenden Mannes. Da ist es gut verständlich, daß die Tradition ihm manches angehängt hat, was ihn dem Kauzigen nähert; und dazu gehören nicht nur die Dispute mit der berüchtigten Xanthippe.

Etwas von diesem Unbegreiflichen an Sokrates läßt auch unser Text durchschimmern. Alkibiades, einer der fähigsten, aber auch skrupellosesten Politiker seiner Zeit, hält am Ende einer durchzechten Nacht eine Rede auf Sokrates. Dabei lobt er dessen fast unglaubliche Selbstbeherrschung, die ihn in jeder Situation, sei es beim Gelage, sei es auf dem Rückzug nach verlorener Schlacht, einen klaren Kopf behalten ließ. Daß Sokrates auch im Krieg mehr als nur Soldat war, zeigt die folgende Episode.

Συννοήσας γὰρ αὐτόθι ἕωθέν τι εἱστήκει Σωκράτης σκοπῶν, καὶ ἐπειδὴ οὐ προὐχώρει αὐτῷ, οὐκ ἀνίει, ἀλλὰ εἱστήκει ζητῶν. Καὶ ἤδη ἦν μεσημβρία, καὶ οἱ ἄνθρωποι ᾐσθάνοντο, καὶ θαυμάζοντες ἄλλος ἄλλῳ ἔλεγεν, ὅτι Σωκράτης ἐξ ἑωθινοῦ φροντίζων τι ἕστηκε. Τελευτῶντες δέ τινες τῶν Ἰώνων, ἐπειδὴ ἑσπέρα ἦν, δειπνήσαντες – καὶ γὰρ θέρος τότε γ' ἦν – χαμεύνια ἐξενεγκάμενοι ἅμα μὲν ἐν τῷ ψύχει καθηῦδον, ἅμα δ' ἐφύλαττον αὐτόν, εἰ καὶ τὴν νύκτα ἑστήξοι. Ὁ δὲ εἱστήκει, μέχρι ἕως ἐγένετο καὶ ἥλιος ἀνέσχεν· ἔπειτα ᾤχετ' ἀπιὼν προσευξάμενος τῷ ἡλίῳ.

ἐξ ἑωθινοῦ = ἕωθεν

τὰ χαμεύνια Decken

τὸ ψῦχος Kälte

ἀνέχω aufgehen

Impulse und Übungen

AT

① Wovon ist τι (Z. 1) abhängig? Vergleichen Sie Z. 6.
② Stellen Sie fest, wieviele Hauptprädikate der erste Satz enthält. Auf welches Subjekt beziehen sich die Verbformen (einschließlich der Partizipien) dieses Satzes größtenteils? Welche macht eine Ausnahme?
③ Vergleichen Sie in Z. 7 τελευτῶντες mit L 52 AT ④ und übersetzen Sie das prädikativ gebrauchte Partizip adverbial.
④ Geben Sie zu der Form ἐξενεγκάμενοι den zugehörigen Indikativ Präsens Aktiv an und überlegen Sie, was an dieser Stelle durch das Medium ausgedrückt wird.
⑤ Zerlegen Sie die Form ἑστήξοι (Z. 11) in ihre Elemente und bestimmen Sie Tempus und Modus.
⑥ Vergleichen Sie zu ᾤχετο ἀπιών (Z. 12) L 53 AT ⑥ und suchen Sie in Ihrer Übersetzung die Bedeutungsähnlichkeit von οἴχομαι und ἄπειμι zu berücksichtigen.

W 1

Vergleichen Sie: φιλόσοφος – φιλοσοφέω
ἄδικος – ἀδικέω
θυμός – ἄθυμος – ἀθυμέω

Was wird hier durch die Verben auf -εω jeweils ausgedrückt? Überprüfen Sie Ihre Ergebnisse an weiteren Verben dieser Gruppe.

G

Ordnen Sie die folgenden Formen von ἵσταμαι sowie der im Präsensstamm gleich konjugierten Verben ἄγαμαι, δύναμαι, ἐπίσταμαι nach Tempus und Modus und bestimmen Sie jeweils Person und Numerus:

ἀγάσεται – ἵστασο – ἐδυνήθη – ἐπίσταται – δυνήσῃ – ἄγασαι – δυνήσονται – ἐπιστηθῶμεν – ἠπίσταντο – ἠγάσθητε – δυνηθείην – ἐπισταῖο – ἵσταντο – δυνώμεθα – ἱστῇ – στήσεσθε – ἐστήσαντο

W 2

Erschließen Sie die Bedeutungen der folgenden Komposita von ἵστημι: συνίστημι – προίστημι – ἀφίστημι – παρίστημι.
Wie sind die entsprechenden Formen des Mediums zu übersetzen?

B

Ersetzen Sie die angegebenen Formen von φοβοῦμαι durch solche von δείδω, δείσομαι, ἔδεισα, δέδοικα/δέδια. Da δέδοικα/δέδια Präsensbedeutung haben, sind gelegentlich mehrere Lösungen möglich.

φοβεῖται – ἐφοβήθη – φοβηθείς – φοβούμενον – ἐφοβεῖσθε – φοβήσονται – φοβούμεθα – φοβῇ – ἐφοβοῦ – μὴ φοβεῖσθε

Ü 1

Aus der Osterliturgie der Ostkirche

Priester: Χριστὸς ἀνέστη.
Gemeinde: Ἀληθῶς ἀνέστη.

Ü 2

Gleichgültigkeit *Stobaios*

Πύρρων[1]) ἔλεγε μηδὲν διαφέρειν ζῆν ἢ τεθνάναι, καί τις ἔφη πρὸς αὐτόν· „Τί οὖν σὺ οὐκ ἀποθνήσκεις;“ Ὁ δέ· „Ὅτι“, εἶπεν, „οὐδὲν διαφέρει.“

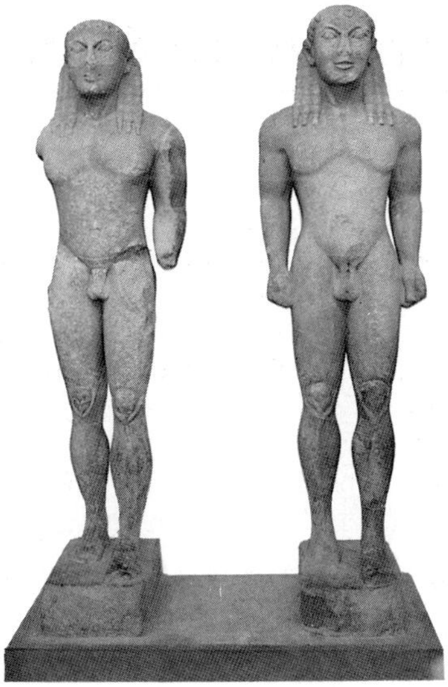

Kleobis und Biton.
Marmor.
Frühes 6. Jh. v. Chr.
Delphi ▷

Ü 3

Kleobis und Biton *Herodot*

Kleobis und Biton hatten ihre Mutter, die Herapriesterin von Argos, auf einem Wagen zum 10 km vor der Stadt gelegenen Heiligtum der Göttin gezogen; die Zugochsen waren nicht rechtzeitig vom Feld zurückgekehrt.

Ἔδειξεν ἐν τούτοις (Kleobis und Biton) ὁ θεός, ὡς ἄμεινον εἴη ἀνθρώπῳ τεθνάναι μᾶλλον ἢ ζῆν. Ἀργεῖοι[2]) μὲν γὰρ περιστάντες ἐμακάριζον[3]) τῶν νεανιῶν τὴν ῥώμην, αἱ δὲ Ἀργεῖαι τὴν μητέρα αὐτῶν, οἵων τέκνων ἐκύρησε[4]). Ἡ δὲ μήτηρ περιχαρὴς[5]) οὖσα τῷ τε ἔργῳ καὶ τῇ φήμῃ[6]), στᾶσα ἀντίον[7]) τοῦ ἀγάλματος ηὔχετο Κλεόβι τε καὶ Βίτωνι τοῖς ἑαυτῆς τέκνοις, οἵ αὐτὴν ἐτίμησαν μεγάλως, τὴν θεὸν δοῦναι, ὃ ἀνθρώπῳ τυχεῖν ἄριστόν ἐστι. Μετὰ ταύτην δὲ τὴν εὐχὴν ὡς ἔθυσάν τε καὶ εὐωχήθησαν, κατακοιμηθέντες ἐν αὐτῷ τῷ ἱερῷ οἱ νεανίαι οὐκέτι ἀνέστησαν, ἀλλ’ ἐν τέλει τούτῳ ἔσχοντο[8]). Ἀργεῖοι δὲ αὐτῶν εἰκόνας ποιησάμενοι ἀνέθεσαν εἰς Δελφοὺς ὡς ἀνδρῶν ἀρίστων γενομένων.

[1]) *Pyrrhon:* einer der radikalsten Zweifler unter den griechischen Philosophen (um 300 v. Chr.)
[2]) οἱ Ἀργεῖοι Einwohner von Argos
[3]) μακαρίζω glücklich preisen
[4]) κυρέω *mit Gen.* erlangen, bekommen
[5]) περιχαρής, ές überglücklich [6]) ἡ φήμη Ruhm
[7]) ἀντίον *mit Gen.* gegenüber
[8]) ἐν τέλει ἔχομαι ein Ende finden

55 Anekdotisches II

Wie schon in L 28 ist auch hier eine bunte Folge von pointierten Aussprüchen bekannter Politiker und Philosophen zusammengestellt.

Für die historische Echtheit dieser Dicta kann sich niemand verbürgen; worauf es ankommt, sind Schlagfertigkeit, Witz und geschliffene Formulierung.

Pyrrhussieg *Plutarch*

Ἐπεὶ δὲ συμβαλὼν Ῥωμαίοις Πύρρος δὶς ἐνίκησε πολλοὺς τῶν φίλων καὶ τῶν ἡγεμόνων ἀπολέσας, „Ἂν ἔτι", ἔφη, „μίαν μάχην Ῥωμαίους νικήσωμεν, ἀπολώλαμεν."

Pyrrhos: König von Epirus im nordwestlichen Griechenland. Wurde 280 v. Chr. von der Stadt Tarent gegen die Römer zu Hilfe gerufen (→ auch L 34 Ü).

Die neue Waffe *Plutarch*

Ἀρχίδαμος καταπελτικὸν ἰδὼν βέλος τότε πρῶτον ἐκ Σικελίας κομισθὲν ἀνεβόησεν· „Ἡράκλεις, ἀπόλωλεν ἀνδρὸς ἀρετά."

Archidamos III.: spartanischer König, der unter anderem auch in Süditalien auf seiten Tarents gegen die Nachbarvölker kämpfte und dabei fiel (338 v. Chr.)

καταπελτικὸν βέλος Wurfmaschine
ἀρετά *(dorisch)* = ἀρετή

Make the best of it! *Plutarch*

Ἀγησίλαον ἔτι παῖδα ὄντα γυμνοπαιδίας ἀγομένης ὁ χοροποιὸς ἔστησεν εἰς ἄσημον τόπον· ὁ δὲ ἐπείσθη καίπερ ἤδη βασιλεὺς ἀποδεδειγμένος καὶ εἶπεν· „Εὖγε· δείξω γάρ, ὅτι οὐχ οἱ τόποι τοὺς ἄνδρας ἐντίμους, ἀλλ' οἱ ἄνδρες τοὺς τόπους ἐπιδεικνύουσι."

Agesilaos: → L 9 und 40
ἡ γυμνοπαιδία spartanisches Fest
ὁ χοροποιός Regisseur, Choreograph
ἄσημος schlecht sichtbar
εὖγε recht so!

Land in Sicht *Diogenes Laertios*

Μακρά τινος ἀναγιγνώσκοντος καὶ πρὸς τῷ τέλει τοῦ βιβλίου ἄγραφόν τι παραδείξαντος „Θαρρεῖτε", ἔφη Διογένης, „γῆν ὁρῶ."

μακρά lange

Diogenes: → L 19

Wissen macht frei *Diogenes Laertios*

Ἀρίστιππος συνιστάντος τινὸς αὐτῷ τὸν υἱὸν παιδεῦσαι πεντακοσίας δραχμὰς ᾔτησεν· τοῦ δὲ εἰπόντος· „Τοσούτου δύναμαι ἀνδράποδον πρίασθαι", „Πρίασο", ἔφη, „καὶ ἕξεις δύο."

***Aristippos:** einer der bedeutendsten Schüler des Sokrates*
συνίστημι zusammenstellen, *hier:* vorstellen

Impulse und Übungen

AT

① Vergleichen Sie συμβαλὼν Ῥωμαίοις (Z. 1) mit den folgenden Sätzen:
Σωκράτης τοῖς φίλοις διελέγετο.
Ὁ ταῦρος τῷ λύκῳ ἐμαχέσατο.
Σύνειμι τοῖς ἀνθρώποις τοῖς ἀγαθοῖς.
Οὐχ ὁμολογοῦμεν τοῖς ἄλλοις.
Was wird hier durch den **Dativ** ausgedrückt?

② Um welches ἄν handelt es sich in Zeile 3? (vgl. 36 G 1–3) Welche Gegebenheiten des Kontexts erlauben eine eindeutige Bestimmung? Vergleichen Sie: Ἂν θεὸς θέλῃ, οὐκ ἂν ἀπολοίμην.

③ Wie ist der **Akkusativ** μίαν μάχην (Z. 3) aufzufassen? Vergleichen Sie auch die folgenden Wendungen: μακρὰν ὁδὸν πορεύεσθαι, πολλοὺς κινδύνους κινδυνεύειν (→ R 53).

④ Welche Aufgabe erfüllt der **Infinitiv** παιδεῦσαι (Z. 18, → R 15)? Dieselbe Verwendungsweise liegt auch vor in:
Πρωταγόρας παρεῖχε ἑαυτὸν ἐρωτᾶν τῷ Σωκράτει.
Σόλων ᾑρέθη διαλλάττειν *(versöhnen)* τοὺς πολίτας.
Κῦρος τοῖς ἄρχουσι ἐπέτρεψε τὰ χρήματα διανέμειν.

⑤ Was drückt der **Genitiv** τοσούτου (Z. 19) aus? Vergleichen Sie L 46 G 2.

▽ *Katapultgeschütz.* Rekonstruktion im Saalburgmuseum

W

Welche Veränderungen hat der Stamm βαλ- in den folgenden Ableitungen erfahren: βάλλω – τὸ βέλος – ὁ διά-βολος – βέβληκα – τὸ πρό-βλημα

G 1

Bestimmen Sie, ggf. mit Hilfe der Grammatik, die folgenden Formen:
δείκνυσιν – δεικνύοιμεν – ἐδείκνυς – δεικνύντας – δείξομεν – δέδεικται – δεδείχατε

G 2

Geben Sie zu den folgenden Formen die entsprechenden von δείκνυμι an:
ὄμνυμεν – ὤμνυσαν – ὀμνύοιμι – ὀμνύωσιν – ὤμνυτε – ὀμώμοκας[1]) – ὤμοσα – ὠμωμόκει
ἀπολεῖς[2]) – ἀπόλλυσθαι – ἀπόλλυσαι – ἀπώλετο – ἀπόλωλεν

Ü 1

Vorsicht

Kreon (→ L 25), von Oidipus (→ L 26) voreilig eines Komplotts gegen ihn bezichtigt, warnt:

Χρόνος δίκαιον ἄνδρα δείκνυσι μόνος.

Ü 2

Der berühmteste Arzt der Antike, ***Hippokrates*** *(etwa 450–350 v. Chr.), über die Behandlung tiefliegender Krebsgeschwüre* (κρυπτοὶ καρκίνοι):

Οἷς κρυπτοὶ καρκίνοι γίγνονται, μὴ θεραπεύειν βέλτιον· θεραπευόμενοι γὰρ ἀπόλλυνται ταχέως, μὴ θεραπευόμενοι δὲ πολὺν χρόνον διατελοῦσιν[3]).

---

[1]) → ἀκήκοα (L 46 G 3) und ἐλήλυθα (L 48, StR 21)
[2]) vgl. στέλλεις – στελεῖς
[3]) διατελέω weiterleben. Subjekt der zweiten Satzhälfte sind die an Krebs erkrankten Menschen.

56 Christentum - Judentum - Heidentum

1 Rein und unrein *Matthäus*

Das jüdische Volk verstand sich als Eigentum Gottes, daher haben seit je im Judentum strenge Reinheitsvorschriften eine zentrale Rolle gespielt. Sie galten für das Händewaschen vor Tisch genauso wie für das sittliche Verhalten. Allerdings wuchs im Lauf der Zeit die Gefahr, daß diese rituellen Vorschriften nur noch in einem äußeren Sinn verstanden wurden. Da alles, was ein Jude außerhalb seiner Gemeinde berührte, ihn unrein machte, mußte er einen großen Teil des Tages mit der eigenen rituellen Reinigung zubringen. Gegen eine solche fehlgeleitete Reinheitsforderung nimmt Jesus Stellung.

Καὶ προσκαλεσάμενος τὸν ὄχλον Ἰησοῦς εἶπεν αὐτοῖς· „Ἀκούσατε καὶ συνίετε· οὐ τὸ εἰσερχόμενον εἰς τὸ στόμα κοινοῖ τὸν ἄνθρωπον, ἀλλὰ τὸ ἐκπορευόμενον ἐκ τοῦ στόματος, τοῦτο κοινοῖ τὸν ἄνθρωπον. Τὰ δὲ ἐκπορευόμενα ἐκ τοῦ στόματος ἐκ τῆς καρδίας ἐξέρχεται, καὶ ταῦτά ἐστιν τὰ κοινοῦντα τὸν ἄνθρωπον, τὸ δὲ ἀνίπτοις χερσὶν φαγεῖν οὐ κοινοῖ τὸν ἄνθρωπον."

ἄνιπτος ungewaschen

2 Massenhysterie *Lukas*

Πάλιν δὲ ὁ Πιλᾶτος προσεφώνησεν αὐτοῖς, θέλων ἀπολῦσαι τὸν Ἰησοῦν· οἱ δὲ ἐπεφώνουν λέγοντες· „Σταύρου, σταύρου αὐτόν."

3 Aufforderung zum Gemeindedienst *Paulus*

Βλέπε τὴν διακονίαν, ἣν παρέλαβες ἐν κυρίῳ, ἵνα αὐτὴν πληροῖς.

4.1 Rechtfertigung durch den Glauben *Paulus*

Ob jüdische und nichtjüdische Christen miteinander oder getrennt leben sollten, war in den frühen Gemeinden ein ernsthaftes Problem. Auch der zum Christentum bekehrte Jude war ja an das jüdische Gesetz gebunden, das ihm das Zusammensein mit Nichtjuden und vor allem die Tischgemeinschaft mit ihnen verbot. Paulus stellt die Gemeinschaft im Glauben über derartige Abgrenzungen. Auf den Glauben, nicht auf die eigenen Taten kommt es an. Und das gilt auch von der Rechtfertigung derjenigen Völker, die von Christus noch gar nichts wissen konnten.

Ἡμεῖς εἰδότες, ὅτι οὐ δικαιοῦται ἄνθρωπος ἐξ ἔργων νόμου, ἐὰν μὴ διὰ πίστεως Ἰησοῦ Χριστοῦ, καὶ ἡμεῖς εἰς Χριστὸν Ἰησοῦν ἐπιστεύσαμεν, ἵνα δικαιωθῶμεν ἐκ πίστεως Χριστοῦ καὶ οὐκ ἐξ ἔργων νόμου, ὅτι ἐξ ἔργων νόμου οὐ δικαιωθήσεται πᾶσα σάρξ.

Abb. Seite 151
Christus. Istanbul, Hagia Sophia, Mosaik von der Südempore. Um 1260 ▷

4.2 Und die Heiden? *Paulus*

Προϊδοῦσα δὲ ἡ γραφή, ὅτι ἐκ πίστεως δικαιοῖ τὰ ἔθνη ὁ θεός, προευηγγελίσατο τῷ Ἀβραὰμ ὅτι „Ἐνευλογηθήσονται ἐν σοὶ πάντα τὰ ἔθνη.“

ἐνευλογέω segnen

Impulse und Übungen

AT

① *1 Rein und unrein*
Der Text enthält einen substantivierten Infinitiv; identifizieren Sie ihn.

② *4.1 Rechtfertigung durch den Glauben*
Führen Sie auf die „Wörterbuchform“ zurück:
εἰδότες – ἐπιστεύσαμεν
Vergleichen Sie die Bildungselemente:
ἐ-δικαιώ-θη-ν: δικαιω-θή-σ-ο-μαι
Um welches Tempus und welche Diathese muß es sich also bei δικαιωθήσομαι handeln? Konjugieren Sie im Singular und Plural des Indikativs.

③ *4.2 Und die Heiden?*
Zu welchem Verbum gehört die Partizipialform προϊδοῦσα? Bilden Sie das entsprechende Maskulinum.

G

Verba contracta auf -όω sind deutlich seltener als solche auf -έω und-άω; für uns genügt daher ein kurzer Einblick in die Regeln der Kontraktion:

ο + ε, ο, ου	**>ου:**	κοίνου (<κοίνοε) – κοινοῦμεν (<κοινό-ομεν)
ο + η, ω	**>ω:**	κοινῶ (<κοινόω) – κοινῶτε (<κοινό-ητε)
ο + ει, οι, ῃ	**>οι:**	κοινοίην (<οοίην) – κοινοῖ (<κοινό-ει/κοινό-ῃ)

Der Inf. Präs. Akt. lautet κοινοῦν (<κοινό-ε-εν, vgl. τιμᾶν).

B

Lösen Sie entsprechend den in G gegebenen Beispielen auch die folgenden Kontraktionen auf:

ἐδούλουν – δικαιοίης – ἐλευθεροῖς – πλήρου – δουλῶν – δουλούμεθα – δουλῶτε – πληροίη – δούλου – ἐδουλοῦ

W

Führen Sie die folgenden Verben auf den jeweiligen Nominalstamm zurück: κοινόω – δικαιόω – ἐλευθερόω – δουλόω
Was drücken Verben auf -όω demnach aus?

57 ΑΒΓΔΕϚΖΗΘΙ...

1 Der Würfel

Ἕξ, ἕν, πέντε, δύο, τρία, τέσσαρα κῦβος ἐλαύνει.

2 Auf einer Sonnenuhr

Ἓξ ὧραι μόχθοις ἱκανώταται· αἱ δὲ μετ' αὐτὰς
γράμμασι δεικνύμεναι ζῆθι λέγουσι βροτοῖς.

ζῆθι = ζῆ

3 Der Zeustempel in Olympia *Pausanias*

Τοῦ ναοῦ δὲ Δώριος μέν ἐστιν ἡ ἐργασία, τὰ δὲ ἐκτὸς περίστυλός ἐστιν. Πεποίηται δὲ ἐπιχωρίου πώρου. Ὕψος μὲν δὴ αὐτοῦ τὸ ἐς τὸν ἀετόν εἰσιν οἱ ὀκτὼ πόδες καὶ ἑξήκοντα, τὰ δὲ ἐς μῆκος τριάκοντα καὶ διακόσιοι. Τέκτων δὲ ἐγένετο αὐτοῦ Λίβων ἐπιχώριος.

Δώριος dorisch ἡ ἐργασία „Machart", Stil
περίστυλος mit Säulen umgeben
ὁ πῶρος Kalkstein
ὁ ἀετός *hier:* Giebel

4 Trinkspruch

Ὑγιαίνειν μὲν ἄριστον ἀνδρὶ θνατῷ.
Δεύτερον δὲ φυὰν καλὸν γενέσθαι,
τὸ τρίτον δὲ πλουτεῖν ἀδόλως,
καὶ τὸ τέταρτον ἡβᾶν μετὰ τῶν φίλων.

θνατός (dorisch) = θνητός
ἡ φυή (dorisch: φυά) Wuchs, Gestalt

5 Einladung

Ἐρωτᾷ σε Ἡραῒς δειπνῆσαι εἰς γάμους τέκνων αὐτῆς ἐν τῇ οἰκίᾳ αὔριον, ἥτις ἐστὶν πέμπτη, ἀπὸ ὥρας θ'.

Ἡραΐς *Mädchenname*

Impulse und Übungen

AT

① Die *Überschrift* des Kapitels zeigt einen Teil der griechischen Zahlzeichen, die zum Unterschied von gewöhnlichen Buchstaben in der Regel mit einem Apostroph (') versehen wurden. Für 6 benützte man ein altes Schriftzeichen **ϛ** (*Stigma,* Lautwert *st*).

② *1 Der Würfel*
Bestimmen Sie das Metrum (→ L 45 M). Die Abfolge der Würfelzahlen scheint willkürlich und ist vielleicht auch durch das Versmaß mit bedingt (so auch κῦβος statt κύβος). Trotzdem ist ein bestimmtes Prinzip gewahrt. Entdecken Sie es?

△ *Symposion.* Rotfigurige Kylix. Um 500 v. Chr. Vatikan

③ *2 Auf einer Sonnenuhr*

Überlegen Sie sich eine passende Überschrift für das kleine Gedicht, ggf. im Vergleich zu Goethes *„Tages Arbeit, abends Gäste" (Der Schatzgräber).* Analysieren Sie das Metrum (→ L 45 M).

④ *4 Trinkspruch*

Vergleichen Sie die Reihenfolge der „Werte", die dieses Gedicht bringt, mit heutigen Wertvorstellungen.
Berücksichtigen Sie dabei, daß das Liedchen von Männern für Männer gesungen wurde.
Wovon ist die Form φυάν in Z. 2 abhängig?
Welche Aufgabe (syntaktische Funktion) erfüllt der Akkusativ?

W

Welche griechische Zahlen stecken in den folgenden Fremd- und Lehnwörtern:
Hexameter – Tetrachlorkohlenstoff – Pentagramm (☆) *– Oktode* (vgl. *Diode*) *– Pfingsten* (ital. *Pentecoste,* fr. *Pentecôte*) *– Hekatombe – chiliastisch – Myriade – Dekagramm*

G

Bilden Sie mit Hilfe der folgenden Ansammlung von Zahlen Zweiergruppen, die jeweils eine **Grundzahl** und die zugehörige **Ordnungszahl** umfassen (z. B.: εἷς – πρῶτος), und ordnen Sie die Gruppen nach Einern, Zehnern und Hundertern.
Woran sind bei den Grundzahlen die Zehner leicht von den Hundertern zu unterscheiden?

ἑξακόσιοι – εἴκοσιν – δέκατος – τέταρτος – εἰκοστός – δέκα – δεύτερος – τρεῖς – ἔνατος – τέτταρες – ἑξακοσιοστός – δύο – ἑξήκοντα – τρίτος – ἐννέα – ἑξηκοστός

Z

Wer Altgriechisch gelernt hat, findet sich im Neugriechischen zumindest bei den Zahlwörtern leicht zurecht:

τετρακόσιοι – εἴκοσι – τρεῖς – δυό – ἕνδεκα – ἔξι – ἐννιά – ἑκατό – ἑβδομῆντα – διακόσιοι – τριάντα – τέσσερες – ἕνας – ὀχτώ – μιά

58 Ansprache an die Söldner

Xenophon

Kyros der Jüngere war 401 v. Chr. von Sardeis aufgebrochen, um den Perserkönig Artaxerxes, seinen eigenen Bruder, zu stürzen (→ L 12).
Bevor es in der Gegend von Babylon zur entscheidenden Schlacht kommt, versucht Kyros den Griechen, die in seinem Heer mitmarschiert sind, Mut zu machen, denn sie werden auf jeden Fall gegen eine zahlenmäßig erdrückende Übermacht zu kämpfen haben.

Ὦ ἄνδρες Ἕλληνες, οὐκ ἀνθρώπων ἀπορῶν συμμάχους ὑμᾶς ἄγω, ἀλλὰ νομίζων ἀμείνονας καὶ κρείττους πολλῶν βαρβάρων ὑμᾶς εἶναι, διὰ τοῦτο προσέλαβον. Ὅπως οὖν ἔσεσθε ἄνδρες ἄξιοι τῆς ἐλευθερίας, ἧς κέκτησθε καὶ ἧς ὑμᾶς ἐγὼ εὐδαιμονίζω. Εὖ γὰρ ἴστε, ὅτι τὴν ἐλευθερίαν ἑλοίμην ἂν ἀντὶ ὧν ἔχω πάντων.

Ὅπως δὲ καὶ εἰδῆτε, εἰς οἷον ἔρχεσθε ἀγῶνα, ὑμᾶς εἰδὼς διδάξω. Τὸ μὲν γὰρ πλῆθος πολὺ καὶ κραυγῇ πολλῇ ἐπίασιν· ἂν δὲ ταῦτα ἀνάσχησθε, τὰ ἄλλα καὶ αἰσχυνεῖσθαί μοι δοκῶ, οἵους γνώσεσθε τοὺς ἐν τῇ χώρᾳ ὄντας ἀνθρώπους.

Ὑμῶν δὲ ἀνδρῶν ὄντων καὶ εὖ τῶν ἐμῶν γενομένων ἐγὼ ὑμῶν τὸν μὲν οἴκαδε βουλόμενον ἀπιέναι τοῖς οἴκοι ζηλωτὸν ποιήσω ἀπελθεῖν, πολλοὺς δὲ οἶμαι ποιήσειν τὰ παρ' ἐμοὶ ἑλέσθαι ἀντὶ τῶν οἴκοι.

Impulse und Übungen

Zur Texterschließung

Der Lektionstext, ein originaler Abschnitt aus Xenophons Anabasis, eignet sich gut, bei der Autorenlektüre wichtige Kenntnisse und Fertigkeiten in ihrer Anwendung an einem „Modellfall" zu erproben und eine Art Strategie für den Umgang mit Originaltexten zu entwickeln.
Die folgende Aufgabensequenz schließt sich in ihrem Aufbau an die von L 50 an. Bei der Bearbeitung der einzelnen Abteilungen sollten die gegebenen Querverweise beachtet werden. Die spezifischen Probleme des Übersetzens werden an ausgewählten Beispielen bewußt gemacht, wobei wir vom Einfacheren zum Komplexeren voranschreiten und die Lösung durch gezielte Impulse erleichtern.

A Semantik

„Inseln des Verständnisses"

Jeder Text enthält relativ viele einfache Wörter und Formen, bei deren Bestimmung Irrtümer ziemlich ausgeschlossen sind, und daneben solche, die durch tatsächliche oder scheinbare Mehrdeutigkeit verwirren oder bei denen die Bestimmung der „Wörterbuchform" schwerfällt. Wo solche „Problemwörter" gehäuft auftreten, sollte man sich nicht zu früh auf bestimmte Lösungen festlegen, sondern sich lieber zuerst die leichter erschließbaren Textabschnitte vornehmen; es ist nämlich keineswegs immer sinnvoll, sich stur von vorn nach hinten durch einen Text durchzukämpfen.

Oft zahlt es sich aus, wenn man die Stellen sucht, von denen sich der Zugang am leichtesten erschließt, die sozusagen „Inseln des Verständnisses" bilden. Man sollte sich aber davor hüten, auf nicht überprüftem, vermeintlichem Verstehen weiterzubauen. Besser ist es, auch einmal ein Wort nachzuschlagen, das man zu kennen glaubt **(→ C).**

Lesen Sie nun den Text durch und versuchen Sie seine Elemente, die Wörter und Wortformen **(→ B),** den folgenden **Schwierigkeitsgruppen** zuzuordnen:

a) **sehr leicht:** das Wort ist häufig, erfährt keine Veränderungen durch Flexion bzw. folgt geläufigen Flexionsmustern, z. B.: ἀλλά, καί, εἰς, Ἕλληνες, συμμάχους.

b) **leicht:** das Wort ist ziemlich häufig, sein Stamm unschwer erkennbar, die Form durch eindeutige Endungen festgelegt, z. B.: νομίζων, ὑμᾶς, ταῦτα.

c) **mittel:** es handelt sich um ein selteneres Wort, dessen Stamm oder Bedeutung nicht auf Anhieb erfaßbar sind, z. B.: αἰσχυνεῖσθαι, γνώσεσθε.

d) **schwer:** die vorliegende Form ist der „Wörterbuchform" sehr unähnlich, z. B.: ἐλοίμην, ἀνάσχησθε.

Folgenschwere Irrtümer lassen sich durch aufmerksame Formenbestimmung – auch Akzente können wichtig sein – und Beachtung des Kontexts ver-

B Syntax

Was einleitend zu A gesagt wurde, gilt sinngemäß auch für den syntaktischen Bereich; „leicht" sind die Abschnitte eines Texts, bei denen es keine Schwierigkeiten macht, die einzelnen Glieder aufgrund ihrer Flexionsendungen einander zuzuordnen.

Eine wichtige Rolle spielen hier auch die „kleinen" Wörter, vor allem die Konjunktionen.

Beispiel:

In Zeile 15 f. erscheint zweimal die Form ὑμῶν. Welche Gegebenheiten des Texts erlauben die Zuordnung dieser Formen zu bestimmten Wortgruppen?

Antwort: Die Konjunktion καί (Z. 15) bezeichnet die Grenze zwischen zwei absoluten Genitiven; das erste ὑμῶν gehört damit zu ἀνδρῶν ὄντων *(wenn ihr...).* Durch das dazwischengeschobene Subjekt ἐγώ wird eine Verbindung des zweiten ὑμῶν mit γενομένων wenig wahrscheinlich; vielmehr ist diese Form ein Teilungsgenitiv, abhängig von τὸν βουλόμενον; der Artikel verallgemeinert hier, Kyros meint also *„jeden, der will".*

Bestimmen Sie nun Abhängigkeit und syntaktische Funktion der folgenden Kasus: ἀνθρώπων (Z. 1) – πολλῶν βαρβάρων (Z. 3) – τῆς ἐλευθερίας (Z. 5) – ὑμᾶς (Z. 10) – κραυγῇ πολλῇ (Z. 11)

Zu ἄξιοι τῆς ἐλευθερίας, ἧς... (Z. 5) bedarf es einer Information: Relativpronomina, die eigentlich im Akkusativ stehen müßten, können im Kasus (Genitiv bzw. Dativ) an ihr Beziehungswort angeglichen werden; gelegentlich wird dieses Beziehungswort auch in den Relativsatz gezogen, z. B.: ἔστε ἄξιοι ἧς κέκτησθε ἐλευθερίας (→ R 128).

Bringen Sie für die *Kasusangleichung des Relativpronomens* ein weiteres Beispiel aus dem Text bei.

Bei εὖ τῶν ἐμῶν γενομένων (Z. 15) ist es wichtig, in welchem *Genus* der absolute Genitiv steht.

In πολλοὺς δὲ οἶμαι ποιήσειν (Z. 18) kann der Akkusativ πολλούς rein formal

C Textbetrachtung/Interpretation

Allein mit Semantik und Syntax läßt sich kein anspruchsvollerer Text völlig erschließen; der Sinn einer Aussage wird oft erst nach sorgfältigem Abwägen und Vergleichen klar, wobei auch von außen kommende Informationen verwertet werden.

Gerade Ausschnitte aus größeren Zusammenhängen bedürfen oft solcher Erläuterung, wie sie in den Einführungen zu den Lektionen dieses Buchs regelmäßig angeboten wurden. Überschriften, Anmerkungen, Hinweise in Kommentaren etc. sind desto wichtiger, je größer der Abstand ist, der den Leser von einem Text trennt; zur rein zeitlichen Ferne kommen oft noch die Fremdheit eines anderen Kulturkreises und dessen spezifische gesellschaftliche Verhältnisse und Denkinhalte.

Das zum Verständnis nötige Vorwissen ist bei philosophischen Texten meist höher anzusetzen als bei erzählenden, besonders, wenn der Erzähler das Geschehene schlicht und ohne rhetorische Ausschmückung darbietet.

Unser Xenophon-Text ist demnach von mittlerer Schwierigkeit, da der Autor einen schlichten Stil schreibt und die gewählte Thematik es auch dem heutigen Leser noch erlaubt, Mutmaßungen über den Inhalt mit einiger Aussicht auf Erfolg anzustellen, etwa im Hinblick auf die Art, in der Kyros seine griechischen Söldner ansprechen, welche Eigenschaften er an ihnen hervorheben und worauf er sie durch seine Rede vorbereiten will.

Überlegen Sie in diesem Zusammenhang: Wen meint Kyros in Z. 10 mit πλῆθος? An welche Situation denkt er? Inwiefern liegt ein Gegensatz vor zwischen πολύ/πολλῇ κραυγῇ und τὰ ἄλλα? Welches – nicht ausgesprochene – Urteil steckt hinter den Worten: οἵους γνώσεσθε τοὺς ἐν τῇ χώρᾳ ἀνθρώπους? In welchem Zusammenhang damit ist αἰσχυνεῖσθαί μοι δοκῶ zu sehen? Mit welchen Kontrastbegriffen werden Griechen und Perser im Text gekennzeichnet? Überprüfen Sie an-

meiden, wie die folgende **Aufgabe** zeigt:

Auf welche Grundform ist ἀπορῶν (Z. 1) zurückzuführen: ἀπορέω – ἄπορος – ἀπορία?
Begründen Sie, weshalb es bei dieser Auswahlaufgabe nur *eine* Lösung gibt, und suchen Sie im Kontext eine Form, die auf gleicher syntaktischer Ebene wie ἀπορῶν, jedoch inhaltlich im Gegensatz (in „Opposition") dazu steht. Welche Wörter signalisieren diesen Gegensatz?
Die folgenden Wörter sind auf die „Wörterbuchform" zurückzuführen:
προσέλαβον (Z. 4) – ἔσεσθε (Z. 4) – ἴστε (Z. 6) – ἑλοίμην (Z. 7) – ἐπίασιν (Z. 11) – ἀνάσχησθε (Z. 12) – οἴκοι[!] (Z. 17) – ἀπελθεῖν (Z. 18) – ἐλέσθαι (Z. 19)
ὅπως hat in Zeile 4 und 9 unterschiedliche Bedeutungen; ermitteln Sie sie aufgrund der folgenden Information:
ὅπως + Konjunktiv: *damit;*
ὅπως + Indikativ Futur (in Gliedsätzen): *daß,* (in Hauptsätzen) *hoffentlich.*
Stellen Sie fest, durch welche syntaktischen Gegebenheiten die Bedeutung von ἄν in Z. 11 festgelegt wird.

als Subjekt (eines AcI) wie als Objekt zu ποιήσειν aufgefaßt werden.
Vergleichen Sie mit Zeile 16 f., beachten Sie den Gegensatz τὸν μέν ... πολλοὺς δέ und erschließen Sie die Bedeutung von ποιήσειν, nachdem Sie die Funktion von πολλούς im Satz geklärt haben.

Die Beschäftigung mit L. 50 und dem letzten Satz des jetzigen Texts hat bereits gezeigt, wie wichtig die richtige Zuordnung der Wörter zu umfangreicheren Satzgliedern wie genitivus absolutus, prädikatives Partizip und AcI ist.

Grenzen Sie die Bereiche solcher Konstruktionen ab und bestimmen Sie besonders Zugehörigkeit und Aufgabe der folgenden Satzglieder: συμμάχους (Z. 2) – τὰ ἄλλα (Z. 12) – ἀπιέναι (Z. 17) – τοῖς οἴκοι (Z. 17) – ἀπελθεῖν (Z. 18) – ἐλέσθαι (Z. 19)

In längeren Satzgefügen ist es von Wichtigkeit, zunächst den Hauptsatz zu ermitteln und sodann die gedankliche Abhängigkeit der zugeordneten Gliedsätze zu klären.
Analysieren Sie mit diesem Ziel das Satzgefüge in Zeile 9 f. und erklären Sie, inwiefern der indirekte Fragesatz gedanklich von *zwei* übergeordneten Sätzen abhängig ist.
Beschreiben Sie den Aufbau des Schlußsatzes und achten Sie dabei vor allem auf Parallelitäten (im Bereich der Voraussetzungen) und auf Gegensätze.

Stilistische Besonderheiten können den Schwierigkeitsgrad eines Texts deutlich erhöhen, z. B.: Τὸ μὲν γὰρ πλῆθος πολὺ καὶ κραυγῇ πολλῇ ἐπίασιν. (Z. 10 f.)
Hier kann nach πολύ die Auslassung *(Ellipse)* von ἐστί und sodann ein Subjektswechsel angenommen werden *(„sie rücken an");* denkbar ist auch eine *„Konstruktion nach dem Sinn":* Trotz neutralem Singular πλῆθος ist das zugehörige Prädikat – weil von vielen Menschen die Rede ist – im Plural gebracht. Wie ist in diesem Fall die syntaktische Funktion von πολύ zu beschreiben?

hand des Texts das folgende, etwas pointiert formulierte Urteil über die Rede:
„Im Grunde tut Kyros nur zweierlei: er bestätigt den Griechen die positive Meinung, die sie von sich selbst haben, und unterstreicht ihre negativen Urteile über die Barbaren."
Offensichtlich im Gegensatz zu dem sonst von Xenophon gezeichneten positiven Perserbild (→ L 12/38/52) bestätigt Kyros im vorliegenden Text Vorurteile der Griechen gegenüber den „Barbaren". Wie läßt sich dieser Widerspruch erklären?

Abb. Seite 157:
Bildnis des Aristoteles (links)
Bildnis des Homer, München, Glyptothek (rechts)

Dichtung und Geschichtsschreibung

Aristoteles **59**

Dichtung und Geschichtsschreibung sind für uns zwei grundsätzlich verschiedene Bereiche. Anders war es bei den Griechen.

Der epische Sänger, der am Anfang der griechischen Literatur steht, galt ihnen ebenso als Überlieferer von Geschichte wie etwa Herodot, der die Geschichte der Perserkriege geschrieben hat; Sage und Mythos standen nicht außerhalb der Geschichte (→ die Einleitungen zu L 27 und 50). Erst in späterer Zeit wurden die Grenzen deutlicher gezogen, so etwa bei **Aristoteles.**

Φανερὸν δὲ ἐκ τῶν εἰρημένων καί, ὅτι οὐ τὸ τὰ γενόμενα λέγειν, τοῦτο ποιητοῦ ἔργον ἐστίν, ἀλλ' οἷα ἂν γένοιτο καὶ τὰ δυνατὰ κατὰ τὸ εἰκὸς ἢ τὸ ἀναγκαῖον. Ὁ γὰρ ἱστορικὸς καὶ ὁ ποιητὴς οὐ τῷ ἢ ἔμμετρα λέγειν ἢ ἄμετρα διαφέρουσιν (εἴη γὰρ ἂν τὰ Ἡροδότου εἰς μέτρα τεθῆναι καὶ οὐδὲν ἧττον ἂν εἴη ἱστορία τις μετὰ μέτρου ἢ ἄνευ μέτρων)· ἀλλὰ τούτῳ διαφέρει, τῷ τὸν μὲν τὰ γενόμενα λέγειν, τὸν δὲ οἷα ἂν γένοιτο.

Διὸ καὶ φιλοσοφώτερον καὶ σπουδαιότερον ποίησις ἱστορίας ἐστίν· ἡ μὲν γὰρ ποίησις μᾶλλον τὰ καθόλου, ἡ δ' ἱστορία τὰ καθ' ἕκαστον λέγει. Ἔστιν δὲ καθόλου μέν, τῷ ποίῳ τὰ ποῖα ἄττα συμβαίνει λέγειν ἢ πράττειν κατὰ τὸ εἰκὸς ἢ τὸ ἀναγκαῖον, οὗ στοχάζεται ἡ ποίησις ὀνόματα ἐπιτιθεμένη· τὸ δὲ καθ' ἕκαστον, τί Ἀλκιβιάδης ἔπραξεν ἢ τί ἔπαθεν.

Impulse und Übungen

Zur Texterschließung

Die folgenden Aufgaben sind entsprechend dem in L 50 und 58 gegebenen Modell aufgebaut; bitte ziehen Sie es ggf. zum Vergleich heran.

A Wortarten, Formen, Bedeutungen

Führen Sie auf die „Wörterbuchform" zurück: εἰρημένων (Z. 1) – τεθῆναι (Z. 7) – ἔπαθεν (Z. 18)
Ermitteln Sie anhand des Kontexts die Bedeutung von: ἔργον (Z. 2) – εἰκός (Z. 4) – διαφέρουσιν (Z. 6) – σπουδαιότερον (Z. 11) – ποίῳ/ποῖα (Z. 14 f.) – ἐπιτιθεμένη (Z. 17)

B Satzbau

Bestimmen Sie Kasus und Abhängigkeit von λέγειν (Z. 5) – ἱστορίας (Z. 12) – τῷ ποίῳ (Z. 14)
Der Text enthält mehrere substantivierte Infinitivkonstruktionen; indentifizieren Sie diese und grenzen Sie jeweils ihren Bereich ab.
Welche Aufgabe erfüllen die im Text vorkommenden Optative?

C Textbetrachtung, Interpretation

In unserem Text wird, wie bereits die Überschrift verrät, Geschichtsschreibung gegen Dichtung abgegrenzt. Stellen Sie fest, wo dies in deutlicher Kontrastierung geschieht und welche tragenden Begriffe die Gegensatzpaare jeweils enthalten. Wo ist von rein hypothetischen Gegensätzen die Rede? Mit welchen Argumenten werden diese nur hypothetisch eingebrachten Annahmen zurückgewiesen?
Stellen Sie mit eigenen Worten dar, wie Aristoteles die spezifischen Merkmale und Aufgaben von Dichtung und Geschichtsschreibung charakterisiert.

Ü 1

Qualität vor Quantität

Λέαινα[1]) ὀνειδιζομένη ὑπὸ ἀλώπηκος[2]) ἐπὶ τῷ διὰ παντὸς τοῦ χρόνου ἕνα τίκτειν „Ἕνα", ἔφη, „ἀλλὰ λέοντα."

Ü 2

Bürgerkrieg *Xenophon*

Thrasybulos, der Führer der 404 v. Chr. aus Athen vertriebenen oder geflüchteten Demokraten, versucht, mit den Anhängern der oligarchischen Partei zu einer friedlichen Lösung zu kommen. „Die Dreißig" sind die von den Spartanern gestützten Oligarchen, die nach dem Ende des Peloponnesischen Krieges die Herrschaft in Athen an sich gerissen hatten (→ L 45).

Αἰδούμενοι καὶ θεοὺς καὶ ἀνθρώπους παύσασθε ἁμαρτάνοντες εἰς τὴν πατρίδα, καὶ μὴ πείθεσθε τοῖς ἀνοσιωτάτοις τριάκοντα, οἳ ἰδίων κερδῶν ἕνεκα ὀλίγου δεῖν πλείους ἀπεκτόνασιν Ἀθηναίων ἐν ὀκτὼ μησὶν ἢ πάντες Πελοποννήσιοι δέκα ἔτη πολεμοῦντες. Ἐξὸν δ' ἡμῖν ἐν εἰρήνῃ πολιτεύεσθαι οὗτοι τὸν πάντων αἴσχιστόν τε καὶ χαλεπώτατον πόλεμον ἡμῖν πρὸς ἀλλήλους παρέχουσιν.

Ü 3

Ἐχρῆν[3]) ἀπολύειν τὸν Σωκράτη.
Es wäre nötig gewesen, Sokrates freizusprechen.

Übersetzen Sie entsprechend:
Δίκαιον ἦν ἀκούειν τοῦ ῥήτορος.
Ἔδει παύεσθαι τοῦ πολέμου.
Καλὸν ἦν τοῖς φίλοις διαλέγεσθαι.
Was fällt bei diesen Beispielen für den Irrealis auf?
Womit dürfte diese Besonderheit zusammenhängen?

---

[1]) ἡ λέαινα zu ὁ λέων [2]) ἡ ἀλώπηξ, ηκος Fuchs
[3]) zu χρή

Textanhang

Erzählendes

A1 Fabeln des Aisopos

Zu Aisopos vgl. die Einleitung L 51.

Strategie der Schwachen

Δρῦν ἄνεμος ἐκριζώσας εἰς ποταμὸν ἔρριψεν· ἡ δὲ φερομένη τοὺς καλάμους ἐρωτᾷ· „Πῶς ὑμεῖς ἀσθενεῖς ὄντες καὶ λεπτοὶ ὑπὸ τῶν βιαίων ἀνέμων οὐκ ἐκριζοῦσθε;“ – Οἱ δὲ εἶπον· „Ὑμεῖς τοῖς ἀνέμοις μάχεσθε καὶ ἀνθίστασθε καὶ διὰ τοῦτο ἐκριζοῦσθε· ἡμεῖς δὲ παντὶ ἀνέμῳ ὑποπίπτοντες ἀβλαβεῖς διαμένομεν.“

A2 Gelübde

Βουκόλος βόσκων ἀγέλην ἀπώλεσε μόσχον· περιελθὼν δὲ καὶ μὴ εὑρὼν ηὔξατο τῷ Διί, ἐὰν τὸν κλέπτην εὕρῃ, ἔριφον αὐτῷ θύσειν. Ἐλθὼν δὲ εἴς τινα δρυμὸν καὶ θεασάμενος λέοντα κατεσθίοντα τὸν μόσχον, περίφοβος γενόμενος ἐπάρας εἰς τὸν οὐρανὸν τὰς χεῖρας εἶπε· „Δέσποτα Ζεῦ, πάλαι μέν σοι ηὐξάμην ἔριφον θύσειν, ἐὰν τὸν κλέπτην εὕρω, νῦν δὲ ταῦρον θύσω, ἐὰν τὰς τοῦ κλέπτου χεῖρας ἐκφύγω.“

A3 Wunschlos im Unglück

Μυῖα ἐμπεσοῦσα εἰς χύτραν κρέως, ἐπειδὴ ὑπὸ τοῦ ζωμοῦ ἀποπνίγεσθαι ἔμελλεν, ἔφη πρὸς ἑαυτήν· „Ἀλλ’ ἔγωγε καὶ βέβρωκα καὶ πέπωκα καὶ λέλουμαι· θνῃσκούσῃ οὐ μέλει μοι.“

A4 Der alte Mann und der Tod

Γέρων ποτὲ ξύλα τεμὼν ἐξ ὄρους κἀπὶ τῶν ὤμων ἀράμενος, ἐπειδὴ πολλὴν ὁδὸν ἐπηχθισμένος ἐβάδισεν, ἀπειρηκὼς ἀπέθετό τε τὰ ξύλα καὶ τὸν Θάνατον ἐλθεῖν ἐπεκαλεῖτο. Τοῦ δὲ Θανάτου εὐθὺς ἐπιστάντος καὶ τὴν αἰτίαν πυνθανομένου, δι’ ἣν αὐτὸν καλοίη, ὁ γέρων ἔφη· „Ἵνα τὸν φόρτον τοῦτον ἄρας ἐπιθῇς μοι.“

A5 Hic Rhodus, hic salta!

Ἀνήρ τις ἀποδημήσας, εἶτα δὲ πάλιν πρὸς τὴν ἑαυτοῦ γῆν ἐπανελθὼν ἄλλα τε πολλὰ ἐν διαφόροις ἀριστεῦσαι χώραις ἐκόμπαζε καὶ δὴ κἀν τῇ Ῥόδῳ πεπηδηκέναι πήδημα, οἷον οὐδεὶς τῶν ἐπ’ αὐτοῦ δυνατὸς ἂν εἴη πηδῆσαι· πρὸς ταῦτα δὲ καὶ μάρτυρας τοὺς ἐκεῖ παρόντας ἔλεγεν ἔχειν. Τῶν δὲ παρόντων τις ὑπολαβὼν ἔφη· „Ὦ οὗτος, εἰ ἀληθὲς τοῦτ’ ἐστίν, οὐδὲν δεῖ σοι μαρτύρων· ἰδοὺ ἡ Ῥόδος, ἰδοὺ καὶ τὸ πήδημα.“

A6 Wer nicht hören will . . .

Ἄνθρωπός τις εἶχεν ἵππον καὶ ὄνον. Ὁδευόντων δὲ ἐν τῇ ὁδῷ εἶπεν ὁ ὄνος τῷ ἵππῳ· „Ἆρον ἐκ τοῦ ἐμοῦ βάρους, εἰ θέλεις εἶναί με σῶν.“ Ὁ δὲ οὐκ ἐπείσθη· ὁ δὲ ὄνος πεσὼν ἐκ τοῦ κόπου ἐτελεύτησε. Τοῦ δὲ δεσπότου τά τ’ ἄλλα πάντα ἐπιθέντος αὐτῷ καὶ αὐτὴν τὴν τοῦ ὄνου δοράν, θρηνῶν ὁ ἵππος ἐβόα· „Οἴμοι τῷ παναθλίῳ, τί μοι συνέβη τῷ ταλαιπώρῳ; Οὐ θελήσας γὰρ μικρὸν βάρος λαβεῖν, ἰδοὺ ἅπαντα βαστάζω καὶ προσέτι τὸ δέρμα.“

A7 Die Fahrt zum Mond *Lukian*

In den *„Wahren Geschichten“* nimmt der Spötter Lukian (2. Jh. n. Chr.) die zu seiner Zeit beliebten Wunder- und Abenteuerromane aufs Korn.

Περὶ μεσημβρίαν δὲ ἄφνω τυφὼν ἐπιγενόμενος καὶ περιδινήσας τὴν ναῦν καὶ μετεωρίσας ὅσον ἐπὶ σταδίους τριακοσίους οὐκέτι καθῆκεν εἰς τὸ πέλαγος, ἀλλ’ ἄνω μετέωρον ἐξηρτημένην ἄνεμος ἐμπεσὼν τοῖς ἱστίοις ἔφερεν κολπώσας τὴν ὀθόνην. Ἑπτὰ δὲ ἡμέρας καὶ τὰς ἴσας νύκτας ἀεροδρομήσαντες, ὀγδόῃ καθορῶμεν γῆν τινα μεγάλην ἐν τῷ ἀέρι καθάπερ νῆσον, λαμπρὰν καὶ σφαιροειδῆ καὶ φωτὶ μεγάλῳ καταλαμπομένην· προσενεχθέντες δὲ αὐτῇ καὶ ὁρμισάμενοι ἀπέβημεν, ἐπισκοποῦντες δὲ τὴν χώραν εὑρίσκομεν οἰκουμένην τε καὶ γεωργουμένην. Ἡμέρας μὲν οὖν οὐδὲν αὐτόθεν ἑωρῶμεν, νυκτὸς δὲ ἐπιγενομένης ἐφαίνοντο ἡμῖν καὶ ἄλλαι πολλαὶ νῆσοι πλησίον, αἱ μὲν μείζους, αἱ δὲ μικρότεραι, πυρὶ τὴν χρόαν προσεοικυῖαι, καὶ ἄλλη δέ τις γῆ κάτω, καὶ πόλεις ἐν αὐτῇ καὶ ποταμοὺς ἔχουσα καὶ πελάγη καὶ ὕλας καὶ ὄρη. Ταύτην οὖν τὴν καθ' ἡμᾶς οἰκουμένην εἰκάζομεν.

Δόξαν δὲ ἡμῖν καὶ ἔτι πορρωτέρω προελθεῖν, συνελήφθημεν τοῖς Ἱππογύποις παρ' αὐτοῖς καλουμένοις ἀπαντήσαντες. Οἱ δὲ Ἱππόγυποι οὗτοί εἰσιν ἄνδρες ἐπὶ γυπῶν μεγάλων ὀχούμενοι καὶ καθάπερ ἵπποις τοῖς ὀρνέοις χρώμενοι· μεγάλοι γὰρ οἱ γῦπες καὶ ὡς ἐπίπαν τρικέφαλοι. Μάθοι δ' ἄν τις τὸ μέγεθος αὐτῶν ἐντεῦθεν· νεὼς γὰρ μεγάλης φορτίδος ἱστοῦ ἕκαστον τῶν πτερῶν μακρότερον καὶ παχύτερον φέρουσι. Τούτοις οὖν τοῖς Ἱππογύποις προστέτακται περιπετομένοις τὴν γῆν, εἴ τις εὑρεθείη ξένος, ἀνάγειν ὡς τὸν βασιλέα· καὶ δὴ καὶ ἡμᾶς συλλαβόντες ἀνάγουσιν ὡς αὐτόν.

Ὁ δὲ θεασάμενος καὶ ἀπὸ τῆς στολῆς εἰκάσας „Ἕλληνες ἆρα," ἔφη, „ὑμεῖς, ὦ ξένοι;" Συμφησάντων δέ, „Πῶς οὖν ἀφίκεσθε," ἔφη, „τοσοῦτον ἀέρα διελθόντες;" Καὶ ἡμεῖς τὸ πᾶν αὐτῷ διηγούμεθα· καὶ ὃς ἀρξάμενος τὸ καθ' αὐτὸν ἡμῖν διεξῄει, ὡς καὶ αὐτὸς ἄνθρωπος ὢν τοὔνομα Ἐνδυμίων ἀπὸ τῆς ἡμετέρας γῆς καθεύδων ἀναρπασθείη ποτὲ καὶ ἀφικόμενος βασιλεύσειε τῆς χώρας· εἶναι δὲ τὴν γῆν ἐκείνην ἔλεγε τὴν ἡμῖν κάτω φαινομένην σελήνην. Ἀλλὰ θαρρεῖν τε παρεκελεύετο καὶ μηδένα κίνδυνον ὑφορᾶσθαι· πάντα γὰρ ἡμῖν παρέσεσθαι, ὧν δεόμεθα. „Ἢν δὲ καὶ κατορθώσω," ἔφη, „τὸν πόλεμον, ὃν ἐκφέρω νῦν πρὸς τοὺς τὸν ἥλιον κατοικοῦντας, ἁπάντων εὐδαιμονέστατα παρ' ἐμοὶ καταβιώσεσθε." Καὶ ἡμεῖς ἠρόμεθα, τίνες εἶεν οἱ πολέμιοι καὶ τὴν αἰτίαν τῆς διαφορᾶς· Ὁ δὲ „Φαέθων," φησίν, „ὁ τῶν ἐν τῷ ἡλίῳ κατοικούντων βασιλεύς – οἰκεῖται γὰρ δὴ κἀκεῖνος ὥσπερ καὶ ἡ σελήνη – πολὺν ἤδη πρὸς ἡμᾶς πολεμεῖ χρόνον. Ἤρξατο δὲ ἐξ αἰτίας τοιαύτης· τῶν ἐν τῇ ἀρχῇ τῇ ἐμῇ ποτε τοὺς ἀπορωτάτους συναγαγὼν ἐβουλήθην ἀποικίαν ἐς τὸν Ἑωσφόρον στεῖλαι, ὄντα ἔρημον καὶ ὑπὸ μηδενὸς κατοικούμενον· ὁ τοίνυν Φαέθων φθονήσας ἐκώλυσε τὴν ἀποικίαν κατὰ μέσον τὸν πόρον ἀπαντήσας ἐπὶ τῶν Ἱππομυρμήκων. Τότε μὲν οὖν νικηθέντες – οὐ γὰρ ἦμεν ἀντίπαλοι τῇ παρασκευῇ – ἀνεχωρήσαμεν· νῦν δὲ βούλομαι αὖθις ἐξενεγκεῖν τὸν πόλεμον καὶ ἀποστεῖλαι τὴν ἀποικίαν. Ἢν οὖν ἐθέλητε, κοινωνήσατέ μοι τοῦ στόλου, γῦπας δὲ ὑμῖν ἐγὼ παρέξω τῶν βασιλικῶν ἕνα ἑκάστῳ καὶ τὴν ἄλλην ὅπλισιν· αὔριον δὲ ποιησόμεθα τὴν ἔξοδον."

„Οὕτως," ἔφην ἐγώ, „γιγνέσθω, ἐπειδή σοι δοκεῖ."

Geschichtsschreibung

A 8 „Ganz Hellas blickt auf uns!" *Thukydides*

Thukydides (ca. 460–ca. 400), der bedeutendste griechische Geschichtsschreiber, stellte in seinem Werk die Geschichte des *Peloponnesischen Krieges* dar (431–404, → Einleitung zu L 9, 40). Die handelnden Politiker versuchte er in wirkungsvollen, freilich im einzelnen nicht authentischen Reden zu charakterisieren. Bei Ausbruch des Krieges herrschte in Griechenland weithin eine athenerfeindliche Stimmung. Den meisten war die Stadt zu mächtig geworden. Die einen wollten von der Herrschaft der Stadt loskommen, die anderen fürchteten, sich ihrer nicht mehr länger erwehren zu können.

Archidamos, der König der Spartaner, nutzt die Gunst der Stunde. Er hat ein Heer gegen Athen – vorwiegend aus Peloponnesiern – gesammelt und es bereits bis zum Isthmos geführt. Hier hält er vor den versammelten Feldherren eine Rede.

„Ἄνδρες Πελοποννήσιοι καὶ ξύμμαχοι, καὶ οἱ πατέρες ἡμῶν πολλὰς στρατείας καὶ ἐν αὐτῇ τῇ Πελοποννήσῳ καὶ ἔξω ἐποιήσαντο, καὶ ἡμῶν αὐτῶν οἱ πρεσβύτεροι

οὐκ ἄπειροι πολέμων εἰσίν· ὅμως δὲ τῇσδε οὔπω μείζονα παρασκευὴν ἔχοντες ἐξήλθομεν, ἀλλὰ καὶ ἐπὶ πόλιν δυνατωτάτην νῦν ἐρχόμεθα, καὶ αὐτοὶ πλεῖστοι καὶ ἄριστοι στρατεύοντες.
Δίκαιον οὖν ἡμᾶς μήτε τῶν πατέρων χείρους φαίνεσθαι μήτε ἡμῶν αὐτῶν τῆς δόξης ἐνδεεστέρους. Ἡ γὰρ Ἑλλὰς πᾶσα τῇδε τῇ ὁρμῇ ἐπῆρται καὶ προσέχει τὴν γνώμην, εὔνοιαν ἔχουσα διὰ τὸ Ἀθηναίων ἔχθος πρᾶξαι ἡμᾶς, ἃ ἐπινοοῦμεν. Οὔκουν χρή, εἴ τῳ καὶ δοκοῦμεν πλήθει ἐπιέναι καὶ ἀσφάλεια πολλὴ εἶναι μὴ ἂν ἐλθεῖν τοὺς ἐναντίους ἡμῖν διὰ μάχης, τούτων ἕνεκα ἀμελέστερόν τι παρεσκευασμένους χωρεῖν, ἀλλὰ καὶ πόλεως ἑκάστης ἡγεμόνα καὶ στρατιώτην τὸ καθ' αὑτὸν αἰεὶ προσδέχεσθαι ἐς κίνδυνόν τινα ἥξειν.
Ἄδηλα γὰρ τὰ τῶν πολέμων, καὶ ἐξ ὀλίγου τὰ πολλὰ καὶ δι' ὀργῆς αἱ ἐπιχειρήσεις γίγνονται· πολλάκις τε τὸ ἔλασσον πλῆθος δεδιὸς ἄμεινον ἠμύνατο τοὺς πλέονας διὰ τὸ καταφρονοῦντας ἀπαρασκεύους γενέσθαι. Χρὴ δὲ αἰεὶ ἐν τῇ πολεμίᾳ τῇ μὲν γνώμῃ θαρσαλέους στρατεύειν, τῷ δ' ἔργῳ δεδιότας παρεσκευάσθαι. Οὕτω γὰρ πρός τε τὸ ἐπιέναι τοῖς ἐναντίοις εὐψυχότατοι ἂν εἶεν, πρός τε τὸ ἐπιχειρεῖσθαι ἀσφαλέστατοι.
Ἡμεῖς δὲ οὐδ' ἐπὶ ἀδύνατον ἀμύνεσθαι οὕτω πόλιν ἐρχόμεθα, ἀλλὰ τοῖς πᾶσιν ἄριστα παρεσκευασμένην, ὥστε χρὴ καὶ πάνυ ἐλπίζειν διὰ μάχης ἰέναι αὐτούς, εἰ μὴ καὶ νῦν ὥρμηνται, ἐν ᾧ οὔπω πάρεσμεν, ἀλλ' ὅταν ἐν τῇ γῇ ὁρῶσιν ἡμᾶς δῃοῦντάς τε καὶ τἀκείνων φθείροντας. Πᾶσι γὰρ ἐν τοῖς ὄμμασι καὶ ἐν τῷ παραυτίκα ὁρᾶν πάσχοντάς τι ἄηθες ὀργὴ προσπίπτει, καὶ οἱ λογισμῷ ἐλάχιστα χρώμενοι θυμῷ πλεῖστα ἐς ἔργον καθίστανται. Ἀθηναίους δὲ καὶ πλέον τι τῶν ἄλλων εἰκὸς τοῦτο δρᾶσαι, οἳ ἄρχειν τε τῶν ἄλλων ἀξιοῦσι καὶ ἐπιόντες τὴν τῶν πέλας δῃοῦν μᾶλλον ἢ τὴν αὑτῶν ὁρᾶν.
Ὡς οὖν ἐπὶ τοσαύτην πόλιν στρατεύοντες καὶ μεγίστην δόξαν οἰσόμενοι τοῖς τε προγόνοις καὶ ὑμῖν αὐτοῖς ἐπ' ἀμφότερα ἐκ τῶν ἀποβαινόντων, ἕπεσθε, ὅπῃ ἄν τις ἡγῆται, κόσμον καὶ φυλακὴν περὶ παντὸς ποιούμενοι καὶ τὰ παραγγελλόμενα ὀξέως δεχόμενοι· κάλλιστον γὰρ τόδε καὶ ἀσφαλέστατον πολλοὺς ὄντας ἑνὶ κόσμῳ χρωμένους φαίνεσθαι."

Philosophie, Politik, Wissenschaft

A 9 Alle Menschen sind gleich *Antiphon*

Der Sophist Antiphon (Ende 5. Jh. v. Chr.) hat den Gegensatz zwischen νόμος und φύσις, der in der ganzen Sophistik eine bedeutende Rolle spielte (→ L 30), besonders scharf zugespitzt. In seinem Werk Περὶ τῆς ἀληθείας vertritt er die These, die überkommenen Wertvorstellungen und Gesetze entbehrten der Legitimation, da sie im Widerspruch stünden zum einzig gültigen Naturgesetz. Zwischen hoch und niedrig, arm und reich, Griechen und Nichtgriechen gebe es keine von der Natur gewollten Unterschiede.

Τοὺς ἐκ καλῶν πατέρων ἐπαιδούμεθά τε καὶ σεβόμεθα, τοὺς δὲ ἐκ μὴ καλοῦ οἴκου ὄντας οὔτε ἐπαιδούμεθα οὔτε σεβόμεθα. Ἐν τούτῳ δὲ πρὸς ἀλλήλους βεβαρβαρώμεθα, ἐπεὶ φύσει πάντα πάντες ὁμοίως πεφύκαμεν καὶ βάρβαροι καὶ Ἕλληνες εἶναι. Σκοπεῖν δὲ παρέχει τὰ τῶν φύσει ὄντων ἀναγκαίων πᾶσιν ἀνθρώποις· πορίσαι τε κατὰ ταὐτὰ δυνατὰ πᾶσι, καὶ ἐν πᾶσι τούτοις οὔτε βάρβαρος ἀφώρισται ἡμῶν οὐδεὶς οὔτε Ἕλλην· ἀναπνέομέν τε γὰρ εἰς τὸν ἀέρα ἅπαντες κατὰ τὸ στόμα καὶ κατὰ τὰς ῥῖνας καὶ ἐσθίομεν χερσὶν ἅπαντες.

Der Eid der athenischen Epheben *Stobaios* A 10

Οὐ καταισχυνῶ ὅπλα τὰ ἱερὰ οὐδ' ἐγκαταλείψω τὸν παραστάτην, ὅτῳ ἂν στοιχήσω· ἀμυνῶ δὲ καὶ ὑπὲρ ἱερῶν καὶ ὑπὲρ ὁσίων καὶ μόνος καὶ μετὰ πολλῶν. Τὴν πατρίδα δὲ οὐκ ἐλάσσω παραδώσω, πλείω δὲ καὶ ἀρείω, ὅσης ἂν παραδέξωμαι· καὶ εὐηκοήσω τῶν ἀεὶ κρινόντων ἐμφρόνως καὶ τοῖς θεσμοῖς τοῖς ἱδρυμένοις πείσομαι καὶ οὕστινας ἂν ἄλλους τὸ πλῆθος ἱδρύσηται ὁμοφρόνως· καὶ ἄν τις ἀναιρῇ τοὺς θεσμοὺς ἢ μὴ πείθηται, οὐκ ἐπιτρέψω, ἀμυνῶ δὲ καὶ μόνος καὶ μετὰ πάντων· καὶ ἱερὰ τὰ πάτρια τιμήσω. Ἴστορες θεοὶ τούτων.

A 11 Eine Staatsutopie *Aristophanes*

Die attische Komödie war in ihrer frühen Zeit (5. Jh. v. Chr.) eine Mischung von Theaterstück, politischem Kabarett und Karnevalsitzung. In einem Stück des Aristophanes, *„Das Frauenparlament“*, reißen die Frauen, unzufrieden mit dem politischen Unvermögen der Männer, die Herrschaft an sich. Ihre Führerin Praxagora erläutert dem Vertreter der Männer, Blephyros, ihre politischen Pläne: Ein Staat, in dem alles Gemeineigentum sei, soll gegründet werden.

Πραξαγόρα Κοινωνεῖν γὰρ πάντας φήσω χρῆναι πάντων μετέχοντας
κἀκ ταὐτοῦ ζῆν, καὶ μὴ τὸν μὲν πλουτεῖν, τὸν δ’ ἄθλιον εἶναι,
μηδὲ γεωργεῖν τὸν μὲν πολλήν, τῷ δ’ εἶναι μηδὲ ταφῆναι,
μηδ’ ἀνδραπόδοις τὸν μὲν χρῆσθαι πολλοῖς, τὸν δ’ οὐτ’ ἀκολούθῳ·
ἀλλ’ ἕνα ποιῶ κοινὸν ἅπασιν βίοτον καὶ τοῦτον ὅμοιον.
Βλέφυρος Πῶς οὖν ἔσται κοινὸς ἅπασιν; [...]
Πρ. Τοῦτο γὰρ ἤμελλον ἐγὼ λέγειν· τὴν γῆν πρώτιστα ποιήσω
κοινὴν πάντων καὶ τἀγροίκων καὶ τἄλλ’, ὁπόσ’ ἐστὶν ἑκάστῳ.
Εἶτ’ ἀπὸ τούτων κοινῶν ὄντων ἡμεῖς βοσκήσομεν ὑμᾶς
ταμιευόμεναι καὶ φειδόμεναι καὶ τὴν γνώμην προσέχουσαι.
Βλ. Πῶς οὖν ὅστις μὴ κέκτηται γῆν ἡμῶν, ἀργύριον δὲ
καὶ δαρεικούς, ἀφανῆ πλοῦτον; **Πρ.** Τοῦτ’ ἐς τὸ μέσον καταθήσει.
Βλ. Καὶ μὴ καταθεὶς ψευδορκήσει· κἀκτήσατο γὰρ διὰ τοῦτο.
Πρ. Ἀλλ’ οὐδέν τοι χρήσιμον ἔσται πάντως αὐτῷ. **Βλ.** Κατὰ δὴ τί;
Πρ. Οὐδεὶς οὐδὲν πενίᾳ δράσει· πάντα γὰρ ἕξουσιν ἅπαντες,
ἄρτους, τεμάχη, μάζας, χλαίνας, οἶνον, στεφάνους, ἐρεβίνθους.
Ὥστε τί κέρδος μὴ καταθεῖναι; Σὺ γὰρ ἐξευρὼν ἀπόδειξον.
Βλ. Οὔκουν καὶ νῦν οὗτοι μᾶλλον κλέπτουσ’, οἷς ταῦτα πάρεστιν;
Πρ. Πρότερόν γ’, ὦταῖρ’, ὅτε τοῖσι νόμοις ἔτ’ ἐχρώμεθα τοῖς προτέροισιν·
νῦν δ’ ἔσται γὰρ βίος ἐκ κοινοῦ, τί τὸ κέρδος μὴ καταθῆναι;

Das Wesen der Polis *Aristoteles* A

Ἐπειδὴ πᾶσαν πόλιν ὁρῶμεν κοινωνίαν τινὰ οὖσαν καὶ πᾶσαν κοινωνίαν ἀγαθοῦ τινος ἕνεκεν συνεστηκυῖαν (τοῦ γὰρ εἶναι δοκοῦντος ἀγαθοῦ χάριν πάντα πράττουσι πάντες), δῆλον ὡς πᾶσαι μὲν ἀγαθοῦ τινος στοχάζονται, μάλιστα δὲ καὶ τοῦ κυριωτάτου πάντων ἡ πασῶν κυριωτάτη καὶ πάσας περιέχουσα τὰς ἄλλας. Αὕτη δ’ ἐστὶν ἡ καλουμένη πόλις καὶ ἡ κοινωνία ἡ πολιτική. Ὅσοι μὲν οὖν οἴονται πολιτικὸν καὶ βασιλικὸν καὶ οἰκονομικὸν καὶ δεσποτικὸν εἶναι τὸν αὐτὸν οὐ καλῶς λέγουσιν [...].

Δῆλον δ’ ἔσται τὸ λεγόμενον ἐπισκοποῦσι κατὰ τὴν ὑφηγημένην μέθοδον. Ὥσπερ γὰρ ἐν τοῖς ἄλλοις τὸ σύνθετον μέχρι τῶν ἀσυνθέτων ἀνάγκη διαιρεῖν (ταῦτα γὰρ ἐλάχιστα μόρια τοῦ παντός), οὕτω καὶ πόλιν ἐξ ὧν σύγκειται σκοποῦντες ὀψόμεθα καὶ περὶ τούτων μᾶλλον, τί τε διαφέρουσιν ἀλλήλων καὶ εἴ τι τεχνικὸν ἐνδέχεται λαβεῖν περὶ ἕκαστον τῶν ῥηθέντων.

Εἰ δή τις ἐξ ἀρχῆς τὰ πράγματα φυόμενα βλέψειεν, ὥσπερ ἐν τοῖς ἄλλοις, καὶ ἐν τούτοις κάλλιστ’ ἂν οὕτω θεωρήσειεν. Ἀνάγκη δὴ πρῶτον συνδυάζεσθαι τοὺς ἄνευ ἀλλήλων μὴ δυναμένους εἶναι, οἷον θῆλυ μὲν καὶ ἄρρεν τῆς γεννήσεως ἕνεκεν [...], ἄρχον δὲ φύσει καὶ ἀρχόμενον διὰ τὴν σωτηρίαν. Τὸ μὲν γὰρ δυνάμενον τῇ διανοίᾳ προορᾶν ἄρχον φύσει καὶ δεσπόζον φύσει, τὸ δὲ δυνάμενον τῷ σώματι πονεῖν ἀρχόμενον καὶ φύσει δοῦλον· διὸ δεσπότῃ καὶ δούλῳ ταὐτὸ συμφέρει [...].

Ἐκ μὲν οὖν τούτων τῶν δύο κοινωνιῶν οἰκία πρώτη, καὶ ὀρθῶς Ἡσίοδος εἶπε ποιήσας „οἶκον μὲν πρώτιστα γυναῖκά τε βοῦν τ’ ἀροτῆρα“· ὁ γὰρ βοῦς ἀντ’ οἰκέτου τοῖς πένησίν ἐστιν. Ἡ μὲν οὖν εἰς πᾶσαν ἡμέραν συνεστηκυῖα κοινωνία κατὰ φύσιν οἶκός ἐστιν [...], ἡ δ’ ἐκ πλειόνων οἰκιῶν κοινωνία πρώτη χρήσεως ἕνεκεν μὴ ἐφημέρου κώμη. Μάλιστα δὲ κατὰ φύσιν ἔοικεν ἡ κώμη ἀποικία οἰκίας εἶναι, οὓς καλοῦσί τινες ὁμογάλακτας, παῖδάς τε καὶ παίδων παῖδας. Διὸ καὶ τὸ πρῶτον ἐβασιλεύοντο αἱ πόλεις, καὶ νῦν ἔτι τὰ ἔθνη· ἐκ βασιλευομένων γὰρ συνῆλθον· πᾶσα γὰρ οἰκία βασιλεύεται ὑπὸ τοῦ πρεσβυτάτου, ὥστε καὶ αἱ ἀποικίαι, διὰ τὴν συγγένειαν. Καὶ τοῦτ' ἐστίν, ὃ λέγει Ὅμηρος „θεμιστεύει δὲ ἕκαστος παίδων ἠδ' ἀλόχων". Σποράδες γάρ· καὶ οὕτω τὸ ἀρχαῖον ᾤκουν. Καὶ τοὺς θεοὺς δὲ διὰ τοῦτο πάντες φασὶ βασιλεύεσθαι, ὅτι καὶ αὐτοὶ οἱ μὲν ἔτι καὶ νῦν οἱ δὲ τὸ ἀρχαῖον ἐβασιλεύοντο, ὥσπερ δὲ καὶ τὰ εἴδη ἑαυτοῖς ἀφομοιοῦσιν οἱ ἄνθρωποι, οὕτω καὶ τοὺς βίους τῶν θεῶν.

Ἡ δ' ἐκ πλειόνων κωμῶν κοινωνία τέλειος πόλις, ἤδη πάσης ἔχουσα πέρας τῆς αὐταρκείας ὡς ἔπος εἰπεῖν, γινομένη μὲν τοῦ ζῆν ἕνεκεν, οὖσα δὲ τοῦ εὖ ζῆν. Διὸ πᾶσα πόλις φύσει ἔστιν, εἴπερ καὶ αἱ πρῶται κοινωνίαι. Τέλος γὰρ αὕτη ἐκείνων, ἡ δὲ φύσις τέλος ἐστίν· οἷον γὰρ ἕκαστόν ἐστι τῆς γενέσεως τελεσθείσης, ταύτην φαμὲν τὴν φύσιν εἶναι ἑκάστου, ὥσπερ ἀνθρώπου ἵππου οἰκίας. Ἔτι τὸ οὗ ἕνεκα καὶ τὸ τέλος βέλτιστον· ἡ δ' αὐτάρκεια καὶ τέλος καὶ βέλτιστον.

Ἐκ τούτων οὖν φανερόν, ὅτι τῶν φύσει ἡ πόλις ἐστί, καὶ ὅτι ὁ ἄνθρωπος φύσει πολιτικὸν ζῷον, καὶ ὁ ἄπολις διὰ φύσιν καὶ οὐ διὰ τύχην ἤτοι φαῦλός ἐστιν, ἢ κρείττων ἢ ἄνθρωπος· [...]. Ἅμα γὰρ φύσει τοιοῦτος καὶ πολέμου ἐπιθυμητής, ἅτε περ ἄζυξ ὢν [...].

Διότι δὲ πολιτικὸν ὁ ἄνθρωπος ζῷον πάσης μελίττης καὶ παντὸς ἀγελαίου ζῴου μᾶλλον, δῆλον. Οὐθὲν γάρ, ὡς φαμέν, μάτην ἡ φύσις ποιεῖ· λόγον δὲ μόνον ἄνθρωπος ἔχει τῶν ζῴων· ἡ μὲν οὖν φωνὴ τοῦ λυπηροῦ καὶ ἡδέος ἐστὶ σημεῖον, διὸ καὶ τοῖς ἄλλοις ὑπάρχει ζῴοις [...].

Ὁ δὲ λόγος ἐπὶ τῷ δηλοῦν ἐστι τὸ συμφέρον καὶ τὸ βλαβερόν, ὥστε καὶ τὸ δίκαιον καὶ τὸ ἄδικον· τοῦτο γὰρ πρὸς τὰ ἄλλα ζῷα τοῖς ἀνθρώποις ἴδιον, τὸ μόνον ἀγαθοῦ καὶ κακοῦ καὶ δικαίου καὶ ἀδίκου καὶ τῶν ἄλλων αἴσθησιν ἔχειν· ἡ δὲ τούτων κοινωνία ποιεῖ οἰκίαν καὶ πόλιν. Καὶ πρότερον δὲ τῇ φύσει πόλις ἢ οἰκία καὶ ἕκαστος ἡμῶν ἐστιν. Τὸ γὰρ ὅλον πρότερον ἀναγκαῖον εἶναι τοῦ μέρους· ἀναιρουμένου γὰρ τοῦ ὅλου οὐκ ἔσται ποὺς οὐδὲ χείρ [...].

Ὅτι μὲν οὖν ἡ πόλις καὶ φύσει καὶ πρότερον ἢ ἕκαστος, δῆλον· εἰ γὰρ μὴ αὐτάρκης ἕκαστος χωρισθείς, ὁμοίως τοῖς ἄλλοις μέρεσιν ἕξει πρὸς τὸ ὅλον, ὁ δὲ μὴ δυνάμενος κοινωνεῖν ἢ μηδὲν δεόμενος δι' αὐτάρκειαν οὐθὲν μέρος πόλεως, ὥστε ἢ θηρίον ἢ θεός.

Die beste Verfassung *Aristoteles* **A13**

Τίς δ' ἀρίστη πολιτεία καὶ τίς ἄριστος βίος ταῖς πλείσταις πόλεσι καὶ τοῖς πλείστοις τῶν ἀνθρώπων; [...].

Ἡ δὲ δὴ κρίσις περὶ ἁπάντων τούτων ἐκ τῶν αὐτῶν στοιχείων ἐστίν. Εἰ γὰρ καλῶς ἐν τοῖς Ἠθικοῖς εἴρηται τὸ τὸν εὐδαίμονα βίον εἶναι τὸν κατ' ἀρετὴν ἀνεμπόδιστον, μεσότητα δὲ τὴν ἀρετήν, τὸν μέσον ἀναγκαῖον εἶναι βίον βέλτιστον, τὸ τῆς ἑκάστοις ἐνδεχομένης τυχεῖν μεσότητος· τοὺς δὲ αὐτοὺς τούτους ὅρους ἀναγκαῖον εἶναι καὶ πόλεως ἀρετῆς καὶ κακίας καὶ πολιτείας· ἡ γὰρ πολιτεία βίος τίς ἐστι πόλεως.

Ἐν ἁπάσαις δὴ ταῖς πόλεσιν ἔστι τρία μέρη τῆς πόλεως, οἱ μὲν εὔποροι σφόδρα, οἱ δὲ ἄποροι σφόδρα, οἱ δὲ τρίτοι οἱ μέσοι τούτων. Ἐπεὶ τοίνυν ὁμολογεῖται τὸ μέτριον ἄριστον καὶ τὸ μέσον, φανερὸν ὅτι καὶ τῶν εὐτυχημάτων ἡ κτῆσις ἡ μέση βελτίστη πάντων. Ῥᾴστη γὰρ τῷ λόγῳ πειθαρχεῖν, ὑπέρκαλον δὲ ἢ ὑπερίσχυρον ἢ ὑπερευγενῆ ἢ ὑπερπλούσιον ὄντα, ἢ τἀναντία τούτοις, ὑπέρπτωχον ἢ ὑπερασθενῆ ἢ σφόδρα ἄτιμον, χαλεπὸν τῷ λόγῳ ἀκολουθεῖν· γίγνονται γὰρ οἱ μὲν ὑβρισταὶ καὶ μεγαλοπόνηροι μᾶλλον, οἱ δὲ κακοῦργοι καὶ μικροπόνηροι λίαν, τῶν δ' ἀδικημάτων τὰ μὲν γίγνεται δι' ὕβριν, τὰ δὲ διὰ κακουργίαν. Ἔτι δὲ ἥκισθ' οὗτοι φυγαρχοῦσι καὶ σπουδαρχιῶσι· ταῦτα δ' ἀμφότερα βλαβερὰ ταῖς πόλεσιν.

Πρὸς δὲ τούτοις οἱ μὲν ἐν ὑπεροχαῖς εὐτυχημάτων ὄντες, ἰσχύος καὶ πλούτου καὶ φίλων καὶ τῶν ἄλλων τῶν τοιούτων, ἄρχεσθαι οὔτε βούλονται οὔτε ἐπίστανται (καὶ τοῦτ' εὐθὺς οἴκοθεν ὑπάρχει παισὶν οὖσιν· διὰ γὰρ τὴν τρυφὴν οὐδ' ἐν τοῖς διδασκαλείοις ἄρχεσθαι σύνηθες αὐτοῖς), οἱ δὲ καθ' ὑπερβολὴν ἐν ἐνδείᾳ τούτων ταπεινοὶ λίαν. Ὥσθ' οἱ μὲν ἄρχειν οὐκ ἐπίστανται, ἀλλ' ἄρχεσθαι δουλικὴν ἀρχήν, οἱ δ' ἄρχεσθαι μὲν οὐδεμίαν ἀρχήν, ἄρχειν δὲ δεσποτικὴν

ἀρχήν. Γίνεται οὖν δούλων καὶ δεσποτῶν πόλις, ἀλλ' οὐκ ἐλευθέρων, καὶ τῶν μὲν φθονούντων, τῶν δὲ καταφρονούντων· ἃ πλεῖστον ἀπέχει φιλίας καὶ κοινωνίας πολιτικῆς· ἡ γὰρ κοινωνία φιλικόν· οὐδὲ γὰρ ὁδοῦ βούλονται κοινωνεῖν τοῖς ἐχθροῖς.
Βούλεται δέ γε ἡ πόλις ἐξ ἴσων εἶναι καὶ ὁμοίων ὅτι μάλιστα, τοῦτο δ' ὑπάρχει μάλιστα τοῖς μέσοις. Ὥστ' ἀναγκαῖον ἄριστα πολιτεύεσθαι ταύτην τὴν πόλιν, ἥ ἐστιν ἐξ ὧν φαμεν φύσει τὴν σύστασιν εἶναι τῆς πόλεως. Καὶ σῴζονται δ' ἐν ταῖς πόλεσιν οὗτοι μάλιστα τῶν πολιτῶν. Οὔτε γὰρ αὐτοὶ τῶν ἀλλοτρίων, ὥσπερ οἱ πένητες, ἐπιθυμοῦσιν, οὔτε τῆς τούτων ἕτεροι, καθάπερ τῆς τῶν πλουσίων οἱ πένητες ἐπιθυμοῦσιν· καὶ διὰ τὸ μήτ' ἐπιβουλεύεσθαι μήτ' ἐπιβουλεύειν ἀκινδύνως διάγουσιν. Διὰ τοῦτο καλῶς ηὔξατο Φωκυλίδης· „Πολλὰ μέσοισιν ἄριστα· μέσος θέλω ἐν πόλει εἶναι."

A14 Eine schlechte Form der Demokratie *Aristoteles*

Ἕτερον δὲ εἶδος δημοκρατίας τὸ παντὶ μετεῖναι τῶν ἀρχῶν, ἐὰν μόνον ᾖ πολίτης [...], κύριον δ' εἶναι τὸ πλῆθος καὶ μὴ τὸν νόμον. Τοῦτο δὲ γίνεται, ὅταν τὰ ψηφίσματα κύρια ᾖ, ἀλλὰ μὴ ὁ νόμος· συμβαίνει δὲ τοῦτο διὰ τοὺς δημαγωγούς. Ἐν μὲν γὰρ ταῖς κατὰ νόμον δημοκρατουμέναις οὐ γίνεται δημαγωγός, ἀλλ' οἱ βέλτιστοι τῶν πολιτῶν εἰσιν ἐν προεδρίᾳ· ὅπου δ' οἱ νόμοι μή εἰσι κύριοι, ἐνταῦθα γίνονται δημαγωγοί. Μόναρχος γὰρ ὁ δῆμος γίνεται, σύνθετος εἷς ἐκ πολλῶν· οἱ γὰρ πολλοὶ κύριοί εἰσιν οὐχ ὡς ἕκαστος ἀλλὰ πάντες [...].
Ὁ δ' οὖν τοιοῦτος δῆμος, ἅτε μόναρχος ὤν, ζητεῖ μοναρχεῖν διὰ τὸ μὴ ἄρχεσθαι ὑπὸ νόμου, καὶ γίνεται δεσποτικός, ὥστε οἱ κόλακες ἔντιμοι, καὶ ἔστιν ὁ τοιοῦτος δῆμος ἀνάλογον τῶν μοναρχιῶν τῇ τυραννίδι. Διὸ καὶ τὸ ἦθος τὸ αὐτό, καὶ ἄμφω δεσποτικὰ τῶν βελτιόνων, καὶ τὰ ψηφίσματα ὥσπερ ἐκεῖ τὰ ἐπιτάγματα, καὶ ὁ δημαγωγὸς καὶ ὁ κόλαξ οἱ αὐτοὶ καὶ ἀνάλογον.

Vom Wesen der Natur *Plutarch* A

Plutarch (um 100 n. Chr.) war einer der bedeutendsten griechischen Schriftsteller seiner Zeit. Seine philosophischen Abhandlungen über die verschiedensten Themen wurden in dem Sammelwerk Ἠθικά (lateinisch: Moralia) zusammengefaßt.

Ἐπεὶ δὲ πρόκειται ἡμῖν τὰ φυσικὰ θεωρῆσαι, ἀναγκαῖον ἡγοῦμαι δηλῶσαι, τί ποτέ ἐστιν ἡ φύσις· ἄτοπον γὰρ πειρᾶσθαι μὲν φυσιολογεῖν, ἀγνοεῖν δ' αὐτὸ τοῦτο, τὴν τῆς φύσεως δύναμιν. Ἔστιν οὖν κατὰ τὸν Ἀριστοτέλην φύσις ἀρχὴ κινήσεως καὶ ἠρεμίας. Πάντα γὰρ τὰ ὁρώμενα, ὅσα μήτε ὑπὸ τύχης μήτε ὑπ' ἀνάγκης μήτε ἐστὶ θεῖα μήτε τοιαύτην αἰτίαν ἔχει, φυσικὰ λέγεται καὶ φύσιν ἰδίαν ἔχει, οἷον γῆ, πῦρ, ὕδωρ, ἀήρ, φυτά, ζῷα. Ἔτι δὲ ταῦτα τὰ γιγνόμενα, ὄμβροι, χάλαζαι, κεραυνοί, πρηστῆρες, ἄνεμοι· ταῦτα γὰρ ἀρχὴν ἔχει τινά· οὐ γὰρ ἐξ αἰῶνος ἕκαστον τούτων ἐστίν, ἀλλ' ἀπό τινος ἀρχῆς γίγνεται· καὶ ταῦτα μέντοι, οἷον ζῷα, φυτά, ἀρχὴν γενέσεως ἔχει. Ἐν δὲ τούτοις ἡ φύσις ἀρχὴ τὸ πρῶτόν ἐστι, καὶ οὐ μόνον κινήσεως, ἀλλὰ καὶ ἠρεμίας. Ὅσα γὰρ ἀρχὴν κινήσεως ἔλαβε, ταῦτα δύναται λαβεῖν καὶ τελευτήν. Διὰ τοῦτο οὖν ἡ φύσις ἀρχὴ κινήσεώς ἐστι καὶ ἠρεμίας.

Aus dem Epos

A16 Nachdem sein bester Freund Patroklos vor Troia gefallen ist, kennt Achilleus keine Gnade mehr. Jeden Troianer, dem er auf dem Schlachtfeld begegnet, ereilt sein Schicksal. So auch den jungen Priamossohn Lykaon, der den ihm weit überlegenen Achilleus um sein Leben anfleht. Vergebens.

Achilleus und Lykaon *Homer*

Ὣς ἄρα μιν Πριάμοιο προσηύδα φαίδιμος υἱὸς
λισσόμενος ἐπέεσσιν, ἀμείλικτον δ' ὄπ' ἄκουσεν·
„Νήπιε, μή μοι ἄποινα πιφαύσκεο μηδ' ἀγόρευε·

πρὶν μὲν γὰρ Πάτροκλον ἐπισπεῖν αἴσιμον ἦμαρ,
τόφρα τί μοι πεφιδέσθαι ἐνὶ φρεσὶ φίλτερον ἦεν
Τρώων, καὶ πολλοὺς ζωοὺς ἕλον ἠδὲ πέρασσα·
νῦν δ' οὐκ ἔσθ', ὅς τις θάνατον φύγῃ, ὅν κε θεός γε
Ἰλίου προπάροιθεν ἐμῇς ἐν χερσὶ βάλῃσιν,
καὶ πάντων Τρώων, πέρι δ' αὖ Πριάμοιό γε παίδων.
Ἀλλά, φίλος, θάνε καὶ σύ· τί ἦ ὀλοφύρεαι οὕτως;
Κάτθανε καὶ Πάτροκλος, ὅ περ σέο πολλὸν ἀμείνων.
Οὐχ ὁράᾳς, οἷος καὶ ἐγὼ καλός τε μέγας τε;
Πατρὸς δ' εἴμ' ἀγαθοῖο, θεὰ δέ με γείνατο μήτηρ·
ἀλλ' ἔπι τοι καὶ ἐμοὶ θάνατος καὶ μοῖρα κραταιή.
Ἔσσεται ἢ ἠὼς ἢ δείλη ἢ μέσον ἦμαρ,
ὁππότε τις καὶ ἐμεῖο Ἄρει ἐκ θυμὸν ἕληται,
ἢ ὅ γε δουρὶ βαλὼν ἢ ἀπὸ νευρῆφιν ὀιστῷ."

17 Sturm auf dem Meer *Homer*

In Abwesenheit Poseidons haben die Götter beschlossen, Odysseus' Irrfahrten ein Ende zu machen und ihn nach Ithaka heimkehren zu lassen. Von Ogygia, wo ihn die Nymphe Kalypso viele Jahre festgehalten hatte, ist er nun auf einem selbstgezimmerten Eloß unterwegs. Aber Poseidon zürnt dem Helden noch immer, weil dieser seinen Sohn Polyphem geblendet hatte. Er bemerkt Odysseus auf dem Meer schon ganz nah bei der Phaiakeninsel, wo er allem Unheil entronnen wäre. Das aber will Poseidon verhindern.

Ὣς εἰπὼν σύναγεν νεφέλας, ἐτάραξε δὲ πόντον
χερσὶ τρίαιναν ἑλών· πάσας δ' ὀρόθυνεν ἀέλλας
παντοίων ἀνεμων, σὺν δὲ νεφέεσσι κάλυψεν
γαῖαν ὁμοῦ καὶ πόντον· ὀρώρει δ' οὐρανόθεν νύξ.
Σὺν δ' Εὖρός τε Νότος τ' ἔπεσον Ζέφυρός τε δυσαὴς
καὶ Βορέης αἰθρηγενέτης μέγα κῦμα κυλίνδων.
Καὶ τότ' Ὀδυσσῆος λύτο γούνατα καὶ φίλον ἦτορ,
ὀχθήσας δ' ἄρα εἶπε πρὸς ὃν μεγαλήτορα θυμόν·
„Ὤ μοι ἐγὼ δειλός. Τί νύ μοι μήκιστα γένηται;
Δείδω, μὴ δὴ πάντα θεὰ νημερτέα εἶπεν,
ἥ μ' ἔφατ' ἐν πόντῳ, πρὶν πατρίδα γαῖαν ἱκέσθαι,
ἄλγε' ἀναπλήσειν· τὰ δὲ δὴ νῦν πάντα τελεῖται.
Οἵοισιν νεφέεσσι περιστέφει οὐρανὸν εὐρὺν
Ζεύς, ἐτάραξε δὲ πόντον, ἐπισπέρχουσι δ' ἄελλαι
παντοίων ἀνέμων. Νῦν μοι σῶς αἰπὺς ὄλεθρος.
Τρὶς μάκαρες Δαναοὶ καὶ τετράκις, οἳ τότ' ὄλοντο
Τροίῃ ἐν εὐρείῃ χάριν Ἀτρεΐδῃσι φέροντες.
Καὶ δὴ ἐγώ γ' ὄφελον θανέειν καὶ πότμον ἐπισπεῖν
ἤματι τῷ, ὅτε μοι πλεῖστοι χαλκήρεα δοῦρα
Τρῶες ἐπέρριψαν περὶ Πηλεΐωνι θανόντι·
τῷ κ' ἔλαχον κτερέων, καί μευ κλέος ἦγον Ἀχαιοί·
νῦν δέ με λευγαλέῳ θανάτῳ εἵμαρτο ἁλῶναι."

Lyrik

Immer wieder begegnet in der frühen griechischen Lyrik das Wort ἀμηχανία. Es bezeichnet die Hilflosigkeit des Menschen gegenüber einem Schicksal, das er nicht ändern kann. Die Götter werden nicht als helfende, sondern als feindliche Mächte empfunden, die den Menschen überwältigen, ohne ihn einen Sinn in dem allen erkennen zu lassen. Die Vorstellung vom φθόνος θεῶν, vom „Neid" der Götter, die bei *Solon, Aischylos* und *Herodot* eine große Rolle spielt, ist ein Erklärungsversuch für dieses Lebensgefühl: Die Götter betrachten menschliches Glück als Schmälerung der eigenen Vorrechte und greifen sofort regulierend ein.
So durchzieht ein pessimistischer Grundton die Dichtung des 7. und 6. Jahrhunderts. Zwar ist er auch dem (älteren) Epos nicht ganz fremd, aber die grundsätzliche Lebensbejahung wird dadurch nicht gemindert. In der Lyrik regt sich die Skepsis stärker. Die Skala reicht von Fatalismus und Resignation bis zum trotzigen Aufbegehren. Der eine begreift seine ἀμηχανία als Herausforderung, das Leben trotzdem zu meistern, der andere flüchtet sich in den Genuß des Augenblicks; der eine wünscht sich, nie geboren zu sein, der andere, durchdrungen vom Glauben an ein letztlich doch gerechtes Regiment der Götter, fordert zu ethischer Neubesinnung auf.

Einsame Nacht *Sappho* A 18

Sappho, von der Insel Lesbos, berühmteste Dichterin der Griechen (um 600 v. Chr.)

Δέδυκε μὲν ἁ σελάννα
καὶ Πληΐαδες, μέσαι δὲ
νύκτες, παρὰ δ' ἔρχετ' ὤρα,
ἔγω δὲ μόνα κατεύδω.

A 19 Laß dich nicht unterkriegen *Archilochos*

Archilochos von Paros gibt aufgrund einer Anspielung auf eine Sonnenfinsternis (fr 74 D) das erste sichere Datum der europäischen Literaturgeschichte, den 6. April 648 v. Chr., wie von den Astronomen errechnet wurde.

Θυμέ, θύμ' ἀμηχάνοισι κήδεσιν κυκώμενε,
ἀνάδυ, δυσμενῶν δ' ἀλέξου προσβαλὼν ἐναντίον
στέρνον ἐνδόκοισιν, ἐχθρῶν πλησίον κατασταθεὶς
ἀσφαλέως· καὶ μήτε νικῶν ἀμφάδην ἀγάλλεο
μηδὲ νικηθεὶς ἐν οἴκῳ καταπεσὼν ὀδύρεο.
Ἀλλὰ χαρτοῖσίν τε χαῖρε καὶ κακοῖσιν ἀσχάλα
μὴ λίην· γίγνωσκε δ' οἷος ῥυσμὸς ἀνθρώπους ἔχει.

A 20 Freudloses Alter *Mimnermos*

Mimnermos aus Kolophon (Kleinasien, 600 v. Chr.)

Τίς δὲ βίος, τί δὲ τερπνὸν ἄτερ χρυσῆς Ἀφροδίτης·
τεθναίην, ὅτε μοι μηκέτι ταῦτα μέλοι,
κρυπταδίη φιλότης καὶ μείλιχα δῶρα καὶ εὐνή·
οἷ' ἥβης ἄνθεα γίγνεται ἁρπαλέα
ἀνδράσιν ἠδὲ γυναιξίν· ἐπεὶ δ' ὀδυνηρὸν ἐπέλθῃ
γῆρας, ὅ τ' αἰσχρὸν ὁμῶς καὶ κακὸν ἄνδρα τιθεῖ,
αἰεί μιν φρένας ἀμφὶ κακαὶ τείρουσι μέριμναι,
οὐ δ' αὐγὰς προσορῶν τέρπεται ἠελίου,
ἀλλ' ἐχθρὸς μὲν παισίν, ἀτίμαστος δὲ γυναιξίν·
οὕτως ἀργαλέον γῆρας ἔθηκε θεός.

A 21 Bitte an die Musen *Solon* (→ L 53)

Μνημοσύνης καὶ Ζηνὸς 'Ολυμπίου ἀγλαὰ τέκνα,
Μοῦσαι Πιερίδες, κλῦτέ μοι εὐχομένῳ·
ὄλβον μοι πρὸς θεῶν μακάρων δότε καὶ πρὸς ἁπάντων
ἀνθρώπων αἰεὶ δόξαν ἔχειν ἀγαθήν·
εἶναι δὲ γλυκὺν ὧδε φίλοισ', ἐχθροῖσι δὲ πικρόν,
τοῖσι μὲν αἰδοῖον, τοῖσι δὲ δεινὸν ἰδεῖν.
Χρήματα δ' ἱμείρω μὲν ἔχειν, ἀδίκως δὲ πεπᾶσθαι
οὐκ ἐθέλω· πάντως ὕστερον ἦλθε δίκη.
Πλοῦτον δ' ὃν μὲν δῶσι θεοί, παραγίγνεται ἀνδρὶ
ἔμπεδος ἐκ νεάτου πυθμένος ἐς κορυφήν·
ὃν δ' ἄνδρες μετίωσιν ὑφ' ὕβριος, οὐ κατὰ κόσμον
ἔρχεται, ἀλλ' ἀδίκοισ' ἔργμασι πειθόμενος
οὐκ ἐθέλων ἕπεται, ταχέως δ' ἀναμίσγεται ἄτη·
ἀρχὴ δ' ἐξ ὀλίγου γίγνεται ὥς τε πυρός,
φλαύρη μὲν τὸ πρῶτον, ἀνιηρὴ δὲ τελευτᾷ·
οὐ γὰρ δὴν θνητοῖσ' ὕβριος ἔργα πέλει.

Graue Haare *Anakreon* A

Anakreon, Lyriker aus Teos in Ionien, lebte um 530 v. Chr.

Πολιοὶ μὲν ἡμὶν ἤδη
κρόταφοι κάρη τε λευκόν,
χαρίεσσα δ' οὐκέτ' ἥβη
πάρα, γηραλέοι δ' ὀδόντες,
γλυκεροῦ δ' οὐκέτι πολλὸς
βιότου χρόνος λέλειπται·
διὰ ταῦτ' ἀνασταλύζω
θαμὰ Τάρταρον δεδοικώς·
Ἀίδεω γάρ ἐστι δεινὸς
μύχος, ἀργαλῆ δ' ἐς αὐτὸν
κάτοδος· καὶ γὰρ ἑτοῖμον
καταβάντι μὴ ἀναβῆναι.

Das Beste *Theognis* A

Theognis von Megara, überzeugter Aristokrat (um 500 v. Chr.)

Πάντων μὲν μὴ φῦναι ἐπιχθονίοισιν ἄριστον
μηδ' ἐσιδεῖν αὐγὰς ὀξέος ἠελίου,
φύντα δ' ὅπως ὤκιστα πύλας Ἀίδαο περῆσαι
καὶ κεῖσθαι πολλὴν γῆν ἐπαμησάμενον.

Vanitatum vanitas *Theognis* A

Οὐδείς, Κύρν', ἄτης καὶ κέρδεος αἴτιος αὐτός,
ἀλλὰ θεοὶ τούτων δώτορες ἀμφοτέρων·
οὐδέ τις ἀνθρώπων ἐργάζεται ἐν φρεσὶν εἰδώς,
ἐς τέλος εἴτ' ἀγαθὸν γίγνεται εἴτε κακόν.
Πολλάκι γὰρ δοκέων θήσειν κακὸν ἐσθλὸν ἔθηκεν,
καί τε δοκῶν θήσειν ἐσθλὸν ἔθηκε κακόν.
Οὐδέ τῳ ἀνθρώπων παραγίγνεται, ὅσσα θέλῃσιν·
ἴσχει γὰρ χαλεπῆς πείρατ' ἀμηχανίης.
Ἄνθρωποι δὲ μάταια νομίζομεν εἰδότες οὐδέν·
θεοὶ δὲ κατὰ σφέτερον πάντα τελοῦσι νόον.

Über allen Gipfeln *Alkman* A

In Sardes geboren, später in Sparta lebend (Mitte 7. Jh.)

Εὕδουσι δ' ὀρέων κορυφαί τε καὶ φάραγγες
πρώονές τε καὶ χαράδραι
φῦλά τ' ἑρπέτ', ὅσα τρέφει μέλαινα γαῖα,
θῆρές τ' ὀρεσκῷοι καὶ γένος μελισσᾶν
καὶ κνώδαλ' ἐν βένθεσσι πορφυρέας ἁλός·
εὕδουσι δ' οἰωνῶν φῦλα τανυπτερύγων.

Epigramme

26 Mit ihren zarten Händen

Εὐκαίρως μονάσασαν ἰδὼν Προδίκην ἱκέτευον,
καὶ τῶν ἀμβροσίων ἁψάμενος γονάτων·
„Σῶσον", ἔφην, „ἄνθρωπον ἀπολλύμενον παρὰ μικρόν,
καὶ φεῦγον ζωῆς πνεῦμα σύ μοι χαρίσαι."
Ταῦτα λέγοντος ἔκλαυσεν· ἀποψήσασα δὲ δάκρυ,
ταῖς τρυφεραῖς ἡμᾶς χερσὶν ὑπεξέβαλεν.

27 Draußen vor der Tür

Νὺξ μακρὴ καὶ χεῖμα, μέσην δ' ἐπὶ Πλειάδα δύνει,
κἀγὼ πὰρ προθύροις νίσσομαι ὑόμενος,
τρωθεὶς τῆς δολίης κείνης πόθῳ· οὐ γὰρ ἔρωτα
Κύπρις, ἀνιηρὸν δ' ἐκ πυρὸς ἧκε βέλος.

28 Anakreons Grab

Ὦ ξένε, τόνδε τάφον τὸν Ἀνακρείοντος ἀμείβων
σπεῖσόν μοι παριών· εἰμὶ γὰρ οἰνοπότης.

Der Hund A 29

Εἰπέ, κύον, τίνος ἀνδρὸς ἐφεστὼς σῆμα φυλάσσεις; –
„Τοῦ κυνός." – Ἀλλὰ τίς ἦν οὗτος ἀνὴρ ὁ Κύων; –
„Διογένης." – Γένος εἰπέ. – „Σινωπεύς." – Ὃς πίθον ᾤκει; –
„Καὶ μάλα· νῦν δὲ θανὼν ἀστέρας οἶκον ἔχει."

Im Tode gleich A 30

Μάνης οὗτος ἀνὴρ ἦν ζῶν ποτε· νῦν δὲ τεθνηκὼς
ἶσον Δαρείῳ τῷ μεγάλῳ δύναται.

Der Boxer A 31

Οὗτος ὁ νῦν τοιοῦτος Ὀλυμπιακὸς εἶχε, Σέβαστε,
ῥῖνα, γένειον, ὀφρῦν, ὠτάρια, βλέφαρα·
εἶτ' ἀπογραψάμενος πύκτης ἀπολώλεκε πάντα,
ὥστε ἐκ τῶν πατρικῶν μηδὲ λαβεῖν τὸ μέρος·
εἰκόνιον γὰρ ἀδελφὸς ἔχων προενήνοχεν αὐτοῦ,
καὶ κέκριτ' ἀλλότριος μηδὲν ὅμοιον ἔχων.

Christliches

32 Bethlehem *Lukas*

Ἀνέβη δὲ καὶ Ἰωσὴφ ἀπὸ τῆς Γαλιλαίας ἐκ πόλεως Ναζαρὲθ εἰς τὴν Ἰουδαίαν εἰς πόλιν Δαυίδ, ἥτις καλεῖται Βηθλέεμ, διὰ τὸ εἶναι αὐτὸν ἐξ οἴκου καὶ πατριᾶς Δαυίδ, ἀπογράψασθαι σὺν Μαριὰμ τῇ ἐμνηστευμένῃ αὐτῷ, οὔσῃ ἐγκύῳ.
Ἐγένετο δὲ ἐν τῷ εἶναι αὐτοὺς ἐκεῖ ἐπλήσθησαν αἱ ἡμέραι τοῦ τεκεῖν αὐτήν, καὶ ἔτεκεν τὸν υἱὸν αὐτῆς τὸν πρωτότοκον· καὶ ἐσπαργάνωσεν αὐτὸν καὶ ἀνέκλινεν αὐτὸν ἐν φάτνῃ, διότι οὐκ ἦν αὐτοῖς τόπος ἐν τῷ καταλύματι.

Weihnacht *Romanos Melodos* A 33

Romanós „der Sänger", Vater der byzantinischen Kirchendichtung, lebte ca. 490–560 und dichtete sog. „Kontákia", liturgische Gesänge, die sich an das Tagesevangelium anschlossen (Betonung nach dem Wortakzent).

Ἡ παρθένος σήμερον   τὸν ὑπερούσιον τίκτει
καὶ ἡ γῆ τὸ σπήλαιον   τῷ ἀπροσίτῳ προσάγει.
Ἄγγελοι μετὰ ποιμένων   δοξολογοῦσι,
μάγοι δὲ μετὰ ἀστέρος   ὁδοιποροῦσι·
δι' ἡμᾶς γὰρ ἐγεννήθη   παιδίον νέον
ὁ πρὸ αἰώνων θεός.

A 34 Aus der Bergpredigt *Matthäus*

Μακάριοι οἱ πτωχοὶ τῷ πνεύματι,
ὅτι αὐτῶν ἐστιν ἡ βασιλεία τῶν οὐρανῶν.
Μακάριοι οἱ πενθοῦντες,
ὅτι αὐτοὶ παρακληθήσονται.
Μακάριοι οἱ πραεῖς,
ὅτι αὐτοὶ κληρονομήσουσιν τὴν γῆν.
Μακάριοι οἱ πεινῶντες καὶ διψῶντες τὴν δικαιοσύνην,
ὅτι αὐτοὶ χορτασθήσονται.
Μακάριοι οἱ ἐλεήμονες,
ὅτι αὐτοὶ ἐλεηθήσονται.
Μακάριοι οἱ καθαροὶ τῇ καρδίᾳ,
ὅτι αὐτοὶ τὸν θεὸν ὄψονται.
Μακάριοι οἱ εἰρηνοποιοί,
ὅτι αὐτοὶ υἱοὶ θεοῦ κληθήσονται.
Μακάριοι οἱ δεδιωγμένοι ἕνεκεν δικαιοσύνης,
ὅτι αὐτῶν ἐστιν ἡ βασιλεία τῶν οὐρανῶν.

A 35 Das Hohe Lied der Liebe

Ἐὰν ταῖς γλώσσαις τῶν ἀνθρώπων λαλῶ
καὶ τῶν ἀγγέλων,
ἀγάπην δὲ μὴ ἔχω,
γέγονα χαλκὸς ἠχῶν
ἢ κύμβαλον ἀλαλάζον.
Καὶ ἐὰν ἔχω προφητείαν,
καὶ εἰδῶ τὰ μυστήρια πάντα
καὶ πᾶσαν τὴν γνῶσιν,
καὶ ἐὰν ἔχω πᾶσαν τὴν πίστιν,
ὥστε ὄρη μεθιστάναι,
ἀγάπην δὲ μὴ ἔχω,
οὐδέν εἰμι.
Κἂν ψωμίζω πάντα τὰ ὑπάρχοντά μου,
καὶ ἐὰν παραδῶ τὸ σῶμά μου,
ἵνα καυθήσομαι,
ἀγάπην δὲ μὴ ἔχω,
οὐδὲν ὠφελοῦμαι.

A 36 Paulus' Romreise *Apostelgeschichte*

Μετὰ δὲ τρεῖς μῆνας ἀνήχθημεν ἐν πλοίῳ Ἀλεξανδρίνῳ, παρασήμῳ Διοσκούροις. Καὶ καταχθέντες εἰς Συρακούσας ἐπεμείναμεν ἡμέρας τρεῖς, ὅθεν κατηντήσαμεν εἰς Ῥήγιον. Καὶ μετὰ μίαν ἡμέραν ἐπιγενομένου νότου δευτεραῖοι ἤλθομεν εἰς Ποτιόλους, οὗ εὑρόντες ἀδελφοὺς παρεκλήθημεν παρ' αὐτοῖς ἐπιμεῖναι ἡμέρας ἑπτά.
Ὅτε δὲ εἰσήλθομεν εἰς Ῥώμην, ἐπετράπη τῷ Παύλῳ μένειν καθ' ἑαυτὸν σὺν τῷ φυλάσσοντι αὐτὸν στρατιώτῃ.
Ἐγένετο δὲ μετὰ ἡμέρας τρεῖς συγκαλέσασθαι αὐτὸν τοὺς ὄντας τῶν Ἰουδαίων πρώτους· συνελθόντων δὲ αὐτῶν ἔλεγεν πρὸς αὐτούς· „Ἐγώ, ἄνδρες ἀδελφοί, οὐδὲν ἐναντίον ποιήσας τῷ λαῷ ἢ τοῖς ἔθεσι τοῖς πατρῴοις δέσμιος ἐξ Ἱεροσολύμων παρεδόθην εἰς τὰς χεῖρας τῶν Ῥωμαίων, οἳ ἀνακρίναντές με ἐβούλοντο ἀπολῦσαι διὰ τὸ μηδεμίαν αἰτίαν θανάτου ὑπάρχειν ἐν ἐμοί. Ἀντιλεγόντων δὲ Ἰουδαίων ἠναγκάσθην ἐπικαλέσασθαι Καίσαρα. Διὰ ταύτην οὖν τὴν αἰτίαν παρεκάλεσα ὑμᾶς ἰδεῖν καὶ προσλαλῆσαι."
Οἱ δὲ πρὸς αὐτὸν εἶπον· „Ἡμεῖς οὔτε γράμματα περὶ σοῦ ἐδεξάμεθα ἀπὸ τῆς Ἰουδαίας, οὔτε παραγενόμενός τις τῶν ἀδελφῶν ἀπήγγειλεν ἢ ἐλάλησέν τι περὶ σοῦ πονηρόν. Ἀξιοῦμεν δὲ παρὰ σοῦ ἀκοῦσαι, ἃ φρονεῖς· περὶ μὲν γὰρ τῆς αἱρέσεως ταύτης γνωστὸν ἡμῖν ἐστιν, ὅτι πανταχοῦ ἀντιλέγεται."

Hymnus für den Gottesdienst A

Μέγα ἐστὶν τὸ τῆς εὐσεβείας μυστήριον·
ὃς ἐφανερώθη ἐν σαρκί,
ἐδικαιώθη ἐν πνεύματι,
ὤφθη ἀγγέλοις,
ἐκηρύχθη ἐν ἔθνεσιν,
ἐπιστεύθη ἐν κόσμῳ,
ἀνελήμφθη ἐν δόξῃ.

Das Vaterunser A

Πάτερ ἡμῶν ὁ ἐν τοῖς οὐρανοῖς,
ἁγιασθήτω τὸ ὄνομά σου,
ἐλθέτω ἡ βασιλεία σου,
γενηθήτω τὸ θέλημά σου,
ὡς ἐν οὐρανῷ καὶ ἐπὶ γῆς.
Τὸν ἄρτον ἡμῶν τὸν ἐπιούσιον δὸς ἡμῖν σήμερον·
καὶ ἄφες ἡμῖν τὰ ὀφειλήματα ἡμῶν,
ὡς καὶ ἡμεῖς ἀφήκαμεν τοῖς ὀφειλέταις ἡμῶν·
καὶ μὴ εἰσενέγκῃς ἡμᾶς εἰς πειρασμόν,
ἀλλὰ ῥῦσαι ἡμᾶς ἀπὸ τοῦ πονηροῦ.

Alphabetisches Verzeichnis des Lernvokabulars

Das folgende Verzeichnis enthält in alphabetischer Reihenfolge den Lernwortschatz aus den Lektionen 1–59 mit Angabe der deutschen Bedeutung.
Die *kursiv* gesetzte Ziffer hinter der Übersetzung gibt die Lektion an, in der das betreffende Wort (oder die betreffende Form) erstmalig vorkommt. Die Angabe [StR + Ziffer] hinter einem griechischen Verbum verweist auf das Stammreihenverzeichnis am Ende des Lektionsvokabulars (StR = „Stammreihe"). Der Hinweis (StR: *LV + Ziffer*) gibt an, wo im Lernvokabular der Lektionen 1–59 Stammreihen zu dem Wort zu finden sind. Ein **?** bedeutet auch hier: Die Bedeutung kann abgeleitet werden.

A

ἀ-(ἀν-) (ἀ-privativum) un-, nicht... *13*
ἀβέβαιος **?** *13*
ἀβουλία, ἡ Ratlosigkeit, Unüberlegtheit *36*
ἀγαθόν, τό 1. das Gute, Erfreuliche, Richtige 2. der Wert *3*
ἀγαθός gut, tüchtig *6*
ἀμείνων *22*
ἄριστος *6*
ἄγαλμα, τό Kostbarkeit, Prachtstück *33*
ἄγαμαι bewundern *36*
ἀγανακτέω sich ärgern, ungehalten sein *25*
ἀγαπάω 1. *jd.* lieben 2. *mit etw.* zufrieden sein *24*
ἀγγέλλω [StR 13] melden *38*
ἤγγειλα *38*
ἄγγελος, ὁ 1. Bote 2. Engel *39*
ἀγέλη, ἡ Herde *7*
ἀγνοέω nicht kennen, nicht wissen *16*
ἀγορά, ἡ Versammlungsplatz, Markt *30*
ἄγραφος **?** *55*
ἄγριος wild, roh *46*
ἀγρός, ὁ Acker, Feld *8*
ἄγω [StR 9] 1. führen, treiben 2. ziehen, marschieren *4*
ἀγών, ὁ 1. Wettkampf 2. Prozeß *45*
ἀδελφή, ἡ Schwester *25*
ἀδελφός, ὁ Bruder *12*
ἀδικέω ich tue *(jd.)* unrecht, kränke *jd. 28*
ἀδικία, ἡ Unrecht *9*
ἄδικος ungerecht *21*
ἄδολος **?** *57*
ἀδύνατος 1. machtlos, unfähig 2. unmöglich *29*
ᾄδω singen, *etw. besingen 36*
ἀεί immer *6*
ὁ ἀεὶ ... der jeweilige... *R47*
ἀετός, ὁ Adler *30*
ἀθάνατος unsterblich 11
Ἀθῆναι, αἱ Athen *44*
Ἀθηναῖος aus Athen, athenisch; *Subst.* Athener *22*
Ἀθήνησιν in Athen *44*
ἀθροίζω sammeln, versammeln *42*
αἰδέομαι Scheu *bzw.* Ehrfurcht empfinden *59*
αἰδώς, ἡ 1. Scheu, Scham 2. Ehrfurcht, Achtung *42*
αἰεί immer *6*
αἴξ, ἡ Ziege *18*
αἱρέομαι wählen *53*
αἱρήσομαι, εἱλόμην *53*
αἱρέω [StR 20] 1. nehmen 2. ergreifen, fangen *25*
εἷλον *25*
αἴρω hochheben *14*
ἦρα *33*
αἰσθάνομαι bemerken, wahrnehmen *24*
ᾐσθόμην *24*
αἰσχρός 1. häßlich 2. schändlich, niederträchtig, gemein *30*
αἰσχίων, αἴσχιστος *30*
αἰσχύνομαι sich schämen, sich scheuen *(Akk.: vor jd.) 58*
αἰσχυνοῦμαι, ᾐσχύνθην *58*
αἰτέω fordern, bitten *55*
αἰτία, ἡ 1. Schuld, Ursache 2. Beschuldigung *31*
αἰτιάομαι beschuldigen *22*
ἄκλητος **?** *49*
ἀκολουθέω folgen *19*
ἀκούω [StR 4] hören *8*
ἀκήκοα *46*
ἀκρόπολις, ἡ Burg *35*
ἄκρος 1. spitz 2. äußerst, höchst *35*
ἀλήθεια, ἡ Wahrheit *33*
ἀληθής wahr, ehrlich *41*
ἁλίσκομαι 1. gefangen werden, erobert werden 2. *(eines Unrechts)* überführt werden *51*
ἑάλων *51*
ἀλλά 1. aber 2. sondern *2*
ἀλλήλων *usw.* einander *34*
ἄλλοθεν anderswoher *29*
ἄλλος ein anderer *7*
ἄλλο τι ἤ nicht wahr? *29*
ἄλλως auf andere Weise *10*
ἅλς, ὁ Salz *20*
ἅμα 1. zusammen 2. zugleich *7*
ἅμα τῇ ἡμέρᾳ mit Tagesanbruch *35*
ἁμαρτάνω (StR: *LV 50)* 1. *etw.* verfehlen, danebentreffen 2. *etw.* falsch machen; *NT:* sündigen *50*
ἀμείνων s. ἀγαθός
ἄμετρος **?** *59*
ἀμύνομαι sich wehren, sich *gegen jd.* verteidigen *51*
ἀμφί um – herum *47*
ἀμφὶ μέσας νύκτας um Mitternacht *47*
ἀμφότεροι beide *14*
ἄν wohl, eventuell *28*
beim Ind. R 71–73, beim Konj. R 86, beim Opt. R 98, beim Inf. R 98
ἀνά auf – hinauf *27*
ἀνὰ τὸν ποταμόν flußaufwärts *27*
ἀνα- 1. hinauf 2. zurück *27*
ἀναβαίνω **?** *51*
ἀνάβασις, ἡ **?** *35*
ἀναβοάω aufschreien *41*
μέγα ἀναβοάω laut aufschreien *41*
ἀναγιγνώσκω 1. wiedererkennen 2. lesen *51 u. 55*
ἀναγκάζω zwingen *5*
ἀναγκαῖος zwingend, notwendig *24*
ἀνάγκη, ἡ 1. Zwang, Notwendigkeit 2. Not *15*
ἀνάγκη (*erg.* ἐστίν) notwendigerweise *15*
ἀναγράφω (öffentlich) aufschreiben, urkundlich festhalten *53*
ἀνάθημα, τό Weihgeschenk *28*
ἀναιρέω 1. aufnehmen, aufheben 2. weissagen 3. zerstören, töten *45*
ἀνεῖλον, ἀνῄρημαι *45*
ἀναμένω 1. bleiben, warten 2. erwarten *7*
ἀναπέμπω **?** *27*
ἀναπηδάω aufspringen *18*
ἀναρπάζω rauben *44*
ἀνατίθημι 1. aufstellen 2. weihen *28*
ἀναφαίνω sehen lassen, zeigen *7*
ἀναφέρω **?** *51*
ἀναχωρέω zurückweichen *34*

ἀνδράποδον, τό Sklave *24*
ἀνδραφόνος, ὁ *? 45*
ἀνδρεία, ἡ Tapferkeit *3*
ἀνεγείρω wecken, aufwecken *27*
ἀνελεύθερος *? 36*
ἄνεμος, ὁ Wind *23*
ἄνευ ohne *13*
ἀνέχομαι aushalten, ertragen *58*
ἠνεσχόμην *58*
ἀνήρ, ὁ 1. Mann 2. Mensch *15*
ἀνθρώπειος *? 6*
ἀνθρώπινος *? 46*
ἄνθρωπος, ὁ Mensch *1*
ἀνιαρός lästig, unangenehm, quälend *37*
ἀνίημι 1. *jd.* loslassen 2. nachlassen *(in einer Bemühung)* *54*
ἀνίσταμαι einen Aufstand machen, sich *gegen jd.* erheben *53*
ἀνέστην *53*
ἀνόσιος *? 59*
ἀντί anstatt *58*
ἀντι- gegen, entgegen *23*
ἀντικάθημαι *? 53*
ἀντιλέγω widersprechen *4*
ἀντίος entgegen; *Subst.* der Gegner *10*
ἀντιπνέω *? 23*
ἄνω 1. hinauf 2. oben *34*
ἄνωθεν *? 34*
ἀξία, ἡ Wert, Wertschätzung *52*
κατ' ἀξίαν *und* πρὸς τὴν ἀξίαν nach Verdienst *52*
ἄξιος wert, würdig *9*
ἀξιόω 1. *jd.* für würdig halten 2. fordern, bitten *50*
ἀπαγγέλλω melden *38*
ἀπαγορεύω 1. verbieten, untersagen 2. *bei etw.* versagen, *(wegen Erschöpfung)* aufhören *45*
ἀπαλλάττω 1. entfernen 2. befreien *7*
ἀπαντάω begegnen *36*
ἅπας 1. jeder 2. insgesamt, ganz und gar *29*
ἀπάτη, ἡ Täuschung, Betrug *8*
ἀπειλέω drohen *25*
ἄπειμι (-ιέναι) *? 54 u. 58*
ἄπειρος *? 36*
ἀπέρχομαι *? 24*
ἀπέχομαι sich fernhalten, sich enthalten *8*
ἀπιστέω 1. nicht trauen, *jd. etw.* nicht zutrauen 2. nicht gehorchen *50*
ἀπό 1. von – her 2. seit *14*
ἀποβάλλω *? 45*
ἀποδάκνω *? 14*
ἀποδείκνυμι 1. vorzeigen, beweisen 2. *(m. dopp. Akk.:) zu etw.* machen, ernennen *55*
ἀποδέχομαι 1. *etw.* annehmen 2. *jd.* aufnehmen *20*
ἀποθνῄσκω [StR 25] sterben *21*
ἀπέθανον *25*
τέθνηκα *45*
ἀποκρίνομαι antworten *17*
ἀποκρύπτομαι *? 18*
ἀποκτείνω [StR 17] töten *12*
ἀποκτενῶ *26*
ἀπέκτεινα *39*
ἀπέκτονα *45*
ἀπολαμβάνω wegnehmen *41*
ἀπόλλυμαι vernichtet werden, zugrunde gehen *26*
(ἀπ)όλωλα *26*
ἀπωλόμην *42*
ἀπόλλυμι (StR: *LV 55)* 1. vernichten 2. verlieren *55*
ἀπολογέομαι sich verteidigen *41*
ἀπολύω *? 27*
ἀποπαύω beendigen *8*
ἀποπαύομαι aufhören *8*
ἀποπέμπω *? 18*
ἀπορέω ratlos sein, Mangel haben *an etw.* *51 u. 58*
ἀπορία, ἡ 1. Ratlosigkeit 2. Mangel *13*
ἄπορος 1. unwegsam, schwierig 2. ratlos *8*
ἀποστέλλω abschicken, wegschicken *39*
ἀποστερέω berauben *32*
ἀποστέρομαι beraubt sein *40*
ἀποφαίνομαι darlegen *11*
ἀποχωρέω *? 20*
ἅπτομαι anfassen, berühren *18*
ἆρα *(leitet eine Frage ein)* *15*
ἄρα also, folglich *2*
ἀργύριον, τό *und* ἄργυρος, ὁ Silber, Geld *17*
ἀρετή, ἡ Tüchtigkeit, Tugend, Tapferkeit *3*
ἀριστερός links *44*
ἄριστος der tüchtigste, beste, tapferste *6*
ἀρκέω 1. genügen 2. abwehren *29*
ἀρκέσω *29*
ἄρκτος, ὁ/ἡ der Bär *12*
ἁρπάζω rauben *44*
ἀρχαῖος alt, ehemalig *22*
ἀρχή, ἡ 1. Anfang 2. Herrschaft, Amt *42*
κατ' ἀρχάς anfangs *42*
ἄρχομαι beginnen *11*
ἄρχω 1. anfangen 2. herrschen *11*
ἄρχων, ὁ der Herrscher, Beamte, Vorgesetzte *52 u. 53*
ἀσέβεια, ἡ *? 51*
ἀσεβέω gottlos sein, freveln *gegen jd.* *50*
ἀσεβής gottlos *34*
ἀσθενής kraftlos, krank *34*
ἀσκέω 1. üben 2. ausüben *27*
ἀσπάζομαι *jd.* begrüßen *9*
ἀσπίς, ἡ der Schild *45*
ἄστρον, τό Stern, Gestirn *2*
ἀστρονομία, ἡ Astronomie *17*
ἄταφος unbestattet *25*
ἅτε da ja *(objektiv begründend)* *42*
ἀτιμάζω verachten, verächtlich behandeln *12*
ἄτιμος verachtet *6*
ἄττα irgendwelche Dinge *59*
αὖ *u.* αὖθις wieder *29*
αὔριον morgen *57*
αὐτίκα sofort *29*
αὐτόθι ebendort *54*
αὐτόματος aus eigenem Antrieb, von selbst *49*
αὐτόνομος nach eigenen Gesetzen lebend, unabhängig *40*
αὐτός 1. selbst; *in den obliquen Kasus:* 2. er, sie, es [R 58 u. 59] *21*
ὁ αὐτός derselbe, der gleiche *11*
αὐτοῦ ebendort *54*
ἀφαιρέω wegnehmen *25*
ἀφανίζω 1. unsichtbar machen 2. vernichten *23*
ἄφθονος 1. neidlos 2. reichlich *27*
ἀφίημι entsenden, freilassen *26*
ἀφῆκα *26*
ἀφικνέομαι ankommen *40*
ἀφικόμην *40*
ἄφρων unbesonnen, unverständig *10*

B

βαδίζω gehen *19*
βαίνω (StR: *LV 51)* gehen 7
βάλλω [StR 14] 1. werfen 2. treffen 7
βαλῶ *35*
ἔβαλον *24*
βέβληκα *45*
βάρβαρος nichtgriechisch; *Subst.* der Barbar *58*
βάρος, τό die Schwere *53*
βασιλεία, ἡ Königtum, Königsherrschaft *13*
βασίλειος königlich *53*
βασιλεύς, ὁ König, Herrscher *4*
βασιλικός königlich *12*
βέβαιος feststehend, fest, zuverlässig *6*
βέλος, τό Pfeil, Geschoß *55*
βελτίων besser *30*
βέλτιστος *30*
βιάζομαι zwingen *34*
βιβλίον, τό *und* βίβλος, ἡ Buch *55*
βίος, ὁ das Leben *6*
βλαβερός schädlich *37*
βλάπτω schädigen *5*
βλέπω blicken, sehen *8*
βοάω rufen, schreien *19*
βοηθέω zu Hilfe eilen, helfen *18*
βοηθός, ὁ *? 18*

βορέας, ὁ 1. Nordwind 2. Norden *23*
βουλή 1. Rat 2. Plan, Absicht 3. Rat(sversammlung) *36*
βουλεύομαι sich beraten *49*
ἐβουλευσάμην ich beschloß *49*
βούλομαι wollen *8*
βούλει (= βούλῃ) *21*
βοῦς, ὁ/ἡ Rind, Kuh *18*
βροτός sterblich *57*
βωμός Altar *51*

Γ

γαῖα, ἡ Erde, Land *8*
γάμος, ὁ Hochzeit, Ehe *57*
γάρ denn, nämlich *2*
γε wenigstens *10*
γελάω lachen *21*
γελοῖος lächerlich, komisch *10*
γενναῖος 1. adlig, edel 2. tüchtig 3. echt, unverfälscht *10*
γένος, τό Geschlecht, Gattung *42*
γέρων, ὁ der alte Mann, Greis *26*
γεωμετρία, ἡ Geometrie *17*
γεωργός, ὁ Bauer *7*
γῆ, ἡ Erde, Land *8*
γίγνομαι [StR 26] werden, entstehen *5*
ἐγενόμην *27*
γεγένημαι/γέγονα *45*
γιγνώσκω (StR: *LV 51)* 1. erkennen, erfahren, einsehen 2. kennen, wissen 3. beschließen *11*
γνώσομαι (StR: *LV 51) 58*
γνώμη, ἡ 1. Verstand, Einsicht 2. Gesinnung, Meinung *11*
γνώριμος bekannt *53*
οἱ γνώριμοι die Einflußreichen *53*
γράμμα, τό Buchstabe, Schrift *57*
τὰ γράμματα die Literatur, die Wissenschaften *57*
γραφή, ἡ die Schrift; NT: die Heilige Schrift *56*
γράφω [StR 6] schreiben, malen *4*
γυμνάζω üben, trainieren *48*
γυμναστέος *48*
γυμνός 1. nackt, leicht bekleidet 2. unbewaffnet *25*
γυνή, ἡ Frau *15*

Δ

δάκνω beißen *14*
δέ aber *1*
δεῖ es ist nötig, erforderlich *10*
δεήσει *29*
τὸ δέον/τὰ δέοντα das Nötige *36*
δείδω fürchten *42*
ἔδεισα *42*
δέδοικα, δέδια *54*
δείκνυμι [StR 38] zeigen *46*
δείξω *55*
ἔδειξα *46*
δειλός 1. furchtsam, feig 2. elend *20*
δεινός furchtbar, gewaltig, tüchtig *17*
δειπνέω die Mahlzeit einnehmen *20*
δεῖπνον, τό Mahlzeit *49*
δέκα zehn *45*
δένδρον, τό Baum *51*
δεξιός rechts *44*
δέομαι [StR 27] 1. *etw.* brauchen, nötig haben 2. *jd.* bitten *10*
ἐδεήθην *27*
δέρμα, τό Haut *18*
δεσμός, ὁ Band, Fessel *42*
δεσπότης, ὁ Herr; Herrscher, Despot *26*
δεῦρο hierher *32*
δεύτερος der zweite *29*
δέχομαι 1. *etw.* annehmen 2. *jd.* aufnehmen *20*
δέω [StR 5] binden *45*
δέδεμαι *45*
δή also, folglich *7*
δῆλος offenbar, klar *35*
δηλόω klarmachen, zeigen *30*
δημιουργικός *? 42*
δημιουργός, ὁ Handwerker *29*
δῆμος, ὁ 1. Gemeinde, Heimatgemeinde 2. Volk *4*
δημόσιος öffentlich, staatlich *8*
δήπου doch wohl, sicherlich *39*
δῆτα wirklich, gewiß *15*
διά 1. *(beim Gen.)* durch – hindurch 2. *(beim Akk.)* wegen *6*
διὰ τοῦτο deshalb *51 u. 58*
διαβάλλω verleumden *31*
διάγω *(Zeit)* verbringen *7*
διαδίδωμι austeilen *52*
διακονία, ἡ Dienst *56*
διακόσιοι zweihundert *57*
διακρίνω = κρίνω *22*
διαλαμβάνω einteilen *24*
διαλέγομαι *mit jd.* reden, sich *mit jd.* unterhalten *8*
διαμένω bleiben, ausharren *38*
διανέμω = νέμω *52*
διανοέομαι 1. denken, bedenken 2. gedenken, beabsichtigen *50*
διενοήθην *50*
διασκοπέω 1. betrachten 2. prüfen *16*
διασῴζω retten, bewahren *22*
διαφέρομαι sich entzweien, *mit jd.* streiten *45*
διαφέρω 1. sich unterscheiden 2. sich auszeichnen *14*
διαφθείρω [StR 15] 1. zugrunde richten, vernichten 2. bestechen *39*
διαφθερῶ, διέφθειρα, διεφθάρην *39*
διαφορά, ἡ 1. Verschiedenheit 2. Meinungsverschiedenheit, Streit *50*
διδάσκαλος, ὁ Lehrer *31*
διδάσκω lehren *17*
ἐδίδαξα, ἐδιδάχθην *27*
δίδωμι [StR 31] geben *24*
δίδωσι *26,* διδόασιν *24,* δός *32* (StR: *LV 52)*
διέρχομαι 1. hindurchgehen, *etw.* durchschreiten 2. *etw.* durchnehmen, behandeln *48*
διηγέομαι *(ein Thema)* ausführen, *etw.* darstellen *40*
δίκαιος gerecht *9*
δικαιοσύνη, ἡ Gerechtigkeit *3*
δικαιόω 1. *etw.* für recht halten, fordern 2. *NT:* für gerecht erklären, rechtfertigen *56*
δικαστήριον, τό Gericht, Gerichtshof *41*
δικαστής, ὁ Richter *41*
δίκη, ἡ 1. Recht 2. Rechtsstreit, Prozeß 3. Strafe *40*
διό 1. weshalb *(relativ)* 2. deshalb *4*
διότι weil, da *28*
δίς zweimal *20*
διώκω 1. verfolgen 2. anklagen *46*
δοκέω 1. meinen 2. scheinen *11*
δοκῶ μοι ich meine, daß ich… *58*
δοκεῖ μοι 1. es scheint mir 2. es scheint mir gut, ich beschließe *15*
δοκεῖ es scheint gut, man beschließt *36*
δόλος, ὁ List, Betrug *57*
δόξα, ἡ 1. Meinung 2. der Ruf; *spez.* der gute Ruf, Ruhm *4*
δοξάζω 1. meinen 2. *NT:* rühmen *34*
δουλεία, ἡ 1. Sklaverei 2. Sklavendienst, Dienst *13*
δουλεύω Sklave sein, dienen *27*
δοῦλος, ὁ Sklave *24*
δουλόω zum Sklaven machen, unterdrücken *40*
δραχμή, ἡ Drachme *45*
δράω tun, handeln *25*
δύναμαι [StR 36] können, imstand sein *10*
δύναμις, ἡ Macht, Fähigkeit *23*
δυνατός 1. mächtig, fähig 2. möglich *9*
δύο zwei *8*
δυσ- schlecht-, übel-, miß- *13*
δύσπορος *? 13*
δώδεκα zwölf *45*

δωρέομαι schenken *30*
δῶρον, τό Geschenk, Gabe *13*

E

ἐάν *u.* ἄν wenn, jedesmal wenn, falls *36*
κἄν *36*
ἑαυτοῦ *usw. (reflexives Personalpronomen)* seiner... *25*
ἐάω lassen: 1. zulassen 2. in Ruhe lassen *11*
ἐγείρω wecken, aufwecken *27*
ἐγκρατής Herr über etw. *(Adj.) 43*
ἐγκώμιον, τό Lobrede, Verherrlichung *9*
ἐγώ *usw.* ich *usw. 4*
ἔγωγε *15*
ἐθέλω wollen *27*
ἔθνος, τό 1. Volk 2. *NT* τὰ ἔθνη: die Nichtchristen, Heiden *33*
ἔθος, τό Gewohnheit, Sitte *14*
εἰ 1. wenn, falls 2. ob *11*
εἴδωλον, τό Abbild, Trugbild *36*
εἴθε wenn doch *40*
εἰκός, τό Wahrscheinlichkeit *59*
εἰκών, ἡ Bild *54*
εἰμί ich bin *6*
ἐστίν *1,* ἔστιν *8* [R 28], εἰσίν *1,* εἶναι *3,* ὤν *20,* ἦν *8,* ἔσομαι *29*
τῷ ὄντι tatsächlich *46*
εἶμι gehen, kommen *49*
εἴπερ wenn wirklich, wenn also *15*
εἰρήνη, ἡ Friede *6*
εἰς in – hinein, gegen *7*
εἰς Ἀγάθωνος (*erg.* οἰκίαν) zu Agathon *49*
εἷς eins, einer *31*
εἰσάγω **?** *29*
εἰσελαύνω **?** *35*
εἰσέρχομαι **?** *24*
εἴσω 1. hinein 2. drinnen *26*
εἶτα dann, danach, darauf *20*
εἴτε – εἴτε sei es (, daß) – oder (daß) *15*
ἐκ 1. aus 2. seit 3. auf Grund von, infolge *2/48*
ἐκ τούτου/τούτων 1. infolgedessen 2. darauf *23*
ἐκ τῶν εἰρημένων auf Grund des Gesagten *59*
ἐκ τῶν ὁμολογουμένων auf Grund des übereinstimmend Festgestellten *48*
ἕκαστος jeder (für sich), jeder einzelne *29*
ἑκάτερος jeder von beiden *36*
ἑκατόν hundert *57*
ἐκβάλλω **?** *24*
ἐκεῖ dort *38*
ἐκεῖθεν **?** *46*
ἐκεῖνος der dort, jener *9*
ἐκλέγω auslesen, auswählen *34*
ἐκλύω **?** *7*
ἑκούσιος freiwillig, absichtlich *27*
ἐκπέμπω **?** *20*
ἐκπλήττομαι *(vor etw.)* erschrecken *35*
ἐξεπλάγην *39*
ἐκπλήττω *jd.* erschrecken *35*
ἐκπορεύομαι **?** *32*
ἐκτός außerhalb *57*
ἐκφέρω **?** *54*
ἑκών freiwillig, absichtlich *27*
ἐλαία, ἡ Ölbaum, Olive *44*
ἐλάττων, ἐλάχιστος s. ὀλίγος
ἐλαύνω 1. treiben, vertreiben 2. ziehen, marschieren *18*
ἤλασα *30*
ἔλεγχος, ὁ 1. Untersuchung, Prüfung 2. Widerlegung *18*
ἐλευθερία, ἡ Freiheit *58*
ἐλεύθερος frei *36*
ἐλευθερόω befreien *27*
ἐλέφας, ὁ 1. Elefant 2. Elfenbein *40*
ἐλεφάντινος **?** *40*
Ἑλλάς, ἡ Griechenland, Hellas *23*
Ἕλλην, ὁ der Grieche, Hellene *10*
Ἑλληνικός griechisch *50*
ἐλπίζω 1. *(Gutes)* hoffen 2. *(Böses)* ahnen *4*
ἐλπίς, ἡ Erwartung, Hoffnung *40*
ἐμαυτοῦ *usw.* meiner *usw. (reflexives Personalpronomen) 31*
ἐμβάλλω 1. hineinwerfen 2. einfallen *20*
ἔμμετρος **?** *59*
ἐμός mein *26*
ἔμπειρος erfahren *36*
ἐμπίπτω **?** *28*
ἐμποιέω **?** *44*
ἔμπορος, ὁ Großkaufmann *16*
ἔμπροσθεν 1. a) von vorn, b) vorn 2. vorher *44*
ἐν in *1*
ἐναντίος entgegen; *Subst.* der Gegner *10*
τοὐναντίον 1. das Gegenteil 2. im Gegenteil *10*
ἐνδεής 1. bedürftig 2. dürftig, mangelhaft *42*
ἕνδεκα elf *45*
ἐνδιατρίβω **?** *36*
ἔνδον drinnen *43*
ἔνδοξος berühmt, allgemein anerkannt *9*
ἔνειμι **?** *24*
ἕνεκα *u.* ἕνεκεν 1. wegen 2. um – willen *8*
τίνος ἕνεκα; weswegen? *17*
ἔνθα hier, da *12*
ἐνθένδε von hier *48*
ἐνθυμέομαι erwägen, überlegen *40*
ἐνιαυτός, ὁ Jahr *8*
κατ' ἐνιαυτόν jährlich *23*
ἔνιοι einige *8*
ἐννέα neun *53*
ἐντεῦθεν von dort *35*
ἔντιμος geschätzt, geehrt *55*
ἐντυγχάνω auf *jd.* treffen, in *etw.* hineingeraten *47*
ἕξ sechs *45*
ἐξάγω **?** *29*
ἔξειμι (-ιέναι) **?** *49*
ἐξέρχομαι **?** *51*
ἔξεστιν es ist möglich, erlaubt *5*
ἐξευρίσκω ausfindig machen *25*
ἐξηγέομαι *(ein Thema)* ausführen, *etw.* darstellen *40*
ἑξήκοντα **?** *45*
ἔοικα 1. gleichen, ähnlich sein 2. scheinen *37*
ἑορτάζω **?** *23*
ἑορτή, ἡ Fest *23*
ἐπαινέω loben *16*
ἔπαινος, ὁ Lob *6*
ἐπανέρχομαι zurückkehren *51*
ἐπεί 1. nachdem, als 2. weil, da ja *8*
ἐπειδάν 1. wenn, sobald als 2. sooft *36*
ἐπειδή 1. nachdem, als 2. weil, da ja *8*
ἔπειμι (-ιέναι) **?** *58*
ἔπειτα dann, danach, darauf *20*
ἐπέρχομαι **?** *25*
ἐπερωτάω fragen *17*
ἐπί 1. *(beim Gen.)* auf – drauf *14*
2. *(beim Dat.)* a) auf *12* b) auf Grund von, wegen *32*
3. *(beim Akk.)* zu – hin, gegen *4*
ἐπιβαίνω **?** *19*
ἐπιβάλλω **?** *19*
ἐπιβουλεύω einen Anschlag planen *(auf jd.), gegen jd.* intrigieren *40*
ἐπιδείκνυμι vorzeigen, vorweisen; *spez. etw.* zur Schau stellen *46*
ἐπιζητέω = ζητέω *33*
ἐπιθυμέω *etw.* begehren, verlangen *16*
ἐπίκειμαι **?** *44*
ἐπιλανθάνομαι *etw.* vergessen *20*
ἐπιμέλεια, ἡ Sorge *für etw.*, Bemühung *um etw. 46*
ἐπίσταμαι [StR 37] sich *auf etw.* verstehen, wissen *13*
ἐπιστάτης, ὁ der zuständige Mann, Leiter, Vorsitzende *48*
ἐπιστέλλω *jd. etw.* auftragen, befehlen *40*
ἐπιστήμη, ἡ Verständnis, Wissen, Erkenntnis *3*

ἐπιστήμων verständig *16*
ἐπιστολή, ἡ Brief *39*
ἐπιστρέφομαι **?** *39*
ἐπεστράφην *39*
ἐπιτήδεια, τά die Lebensmittel *13*
ἐπιτίθημι 1. darauf stellen/legen 2. etw. auferlegen *59*
ἐπιτρέπω *jd. etw.* überlassen *8*
ἐπιτέτραμμαι *44*
ἐπιτροπεύω *etw.* beaufsichtigen, verwalten *15*
ἐπιφέρομαι **?** *12*
ἐπιφωνέω **?** *56*
ἐπιχειρέω 1. *jd.* angreifen 2. *etw.* unternehmen, versuchen *17*
ἐπιχώριος einheimisch, landesüblich *43*
ἕπομαι folgen *26*
εἱπόμην *26*
ἔπος, τό Wort, Erzählung; *Plur. auch:* die Heldenlieder, Epen *43*
ἐπριάμην ich kaufte *30*
ἑπτά sieben *1*
ἐράω 1. lieben 2. *nach etw.* verlangen *40*
ἐργάζομαι arbeiten, verfertigen *8*
εἴργασμαι *41*
ἔργον, τό Werk, Arbeit *6*
ἐρημία, ἡ Einsamkeit, Wüste *13*
ἔρημος einsam, verlassen, leer *35*
ἔρις, ἡ Streit, Wetteifer *47*
ἐριστικός **?** *47*
ἑρμηνεύς, ὁ Erklärer, Dolmetscher *46*
Ἑρμῆς, ὁ Hermes *42*
ἔρχομαι [StR 21] kommen, gehen *22*
ἦλθον *24* ἐλήλυθα *48*
ἐρωτάω fragen *17*
ἠρόμην *24*
ἐς in – hinein, gegen *7*
ἐσθής, ἡ Kleid *29*
ἐσθίω essen *7*
ἔφαγον *33*
ἐδεστέος *48*
ἑσπέρα, ἡ 1. Abend 2. Westen *54*
ἔσω 1. hinein 2. drinnen *26*
ἑταῖρος, ὁ Genosse, Freund *19*
ἕτερος 1. einer *(von zweien)* 2. der andere *(von zweien)* *11*
ἔτι noch *23*
ἔτι καὶ νῦν auch jetzt noch *38*
ἕτοιμος/ἑτοῖμος bereit, vorhanden *24*
ἔτος, τό Jahr *45*
εὖ gut *15*
εὐαγγελίζομαι eine gute Botschaft bringen, *etw.* verkündigen *56*
εὐδαιμονία, ἡ 1. Glück 2. Wohlstand *4*
εὐδαιμονίζω *jd.* für glücklich halten *58*
εὐδαίμων 1. glücklich 2. wohlhabend *19*
εὐδοκιμέω in gutem Ruf stehen, angesehen sein *39*
εὐεργέτης, ὁ Wohltäter *23*
εὐθύς, *Adv.* εὐθύ(ς) 1. gerade, geradewegs 2. sofort *35*
εὔπορος 1. gut gangbar, bequem 2. a) gewandt b) wohlhabend *13*
εὑρίσκω 1. finden 2. erfinden *20*
ηὗρον *25*
εὐτυχέω Glück haben, glücklich sein *11*
εὐφυής begabt *36*
εὐχή, ἡ 1. Bitte 2. Gebet *54*
εὔχομαι 1. beten 2. wünschen *7*
εὐωχέομαι es sich gut schmecken lassen, speisen *29*
εὐωχέω *jd.* gut bewirten *29*
ἐχθρός verhaßt, feindlich; *Subst.* der Feind *9*
ἐχθίων, ἔχθιστος *30*
ἔχω [StR 28] haben, halten *1* εἶχον *7*
ἕξω *32*
ἔσχον *36*
οὕτως ἔχει so verhält es sich *26*
ἕωθεν **?** *54*
ἕως, ἡ Morgenrot, Tagesanbruch *54*

Z

Ζεύς, ὁ Zeus *27*
ζηλόω 1. nacheifern 2. beneiden, bewundern *58*
ζημία, ἡ Strafe *41*
ζητέω 1. suchen, aufsuchen 2. forschen, untersuchen *20*
ζήτησις, ἡ Untersuchung *47*
ζήω leben *25*
ζῶν, ζῶσα *25*
ἔζων *28*
ζωή, ἡ das Leben *32*
ζῷον, τό 1. Lebewesen 2. Tier *2*

H

ἤ 1. oder *7* 2. *(nach Komparativ)* als *9*
ἤ – ἤ entweder – oder *7*
ἦ gewiß *26*
ᾗ 1. wo 2. wie *48*
ἡβάω jung sein, in voller Kraft stehen *57*
ἡγεμών, ὁ Führer *55*
ἡγέομαι 1. führen 2. *(mit Inf.)* meinen, glauben; *(mit dopp. Akk.) für etw.* halten *16*
ἤδη schon, jetzt *8*
ἥδομαι sich freuen *43*
ἡδονή, ἡ Freude, Lust *10*
ἦ δ' ὅς sagte der *49*
ἡδύς angenehm, süß *37*
ἥκω 1. kommen 2. gekommen sein, dasein *2*
ἡλικία, ἡ das (Lebens-)Alter *12*
ἥλιος, ὁ Sonne *2*
ἡμεῖς *usw.* wir *usw.* *4*
ἡμέρα, ἡ Tag *18*
ἡμέτερος unser *29*
Ἡρακλῆς, ὁ Herakles *55*
ἡσυχία, ἡ Ruhe *8*
ἥσυχος ruhig *21*
ἡττάομαι schwächer sein (als…), unterliegen *50*
ἡττήθην *50*
ἥττων schwächer, unterlegen *25*
οὐδὲν ἧττον trotzdem *25*

Θ

θάνατος, ὁ Tod *7*
θάπτω bestatten, begraben *25*
θαρρέω *u.* θαρσέω mutig sein, zuversichtlich sein *33*
θαυμάζω 1. bewundern 2. sich wundern *21*
θαυμάσιος 1. wunderbar 2. wunderlich, seltsam *48*
θεάομαι anschauen *12*
θέατρον, τό Theater *20*
θεῖος **?** *6*
(ἐ)θέλω wollen *27*
-θεν *(Suffix)* von – her *22*
θεός, ὁ (der) Gott *1*
θεραπεύω 1. bedienen 2. verehren 3. pflegen, heilen *55*
θερμός warm *54*
θέρος, τό Sommer *54*
θεσμός, ὁ Gesetz *53*
θεωρέω 1. anschauen 2. erwägen, überlegen *20*
θήρα, ἡ Jagd *12*
θηρίον, τό Tier *12*
θησαυρός, ὁ Schatzkammer, Schatz *32*
θνῄσκω sterben *21*
θνητός sterblich *27*
θόρυβος, ὁ Lärm, Unruhe *19*
θρόνος, ὁ Sessel *44*
θυγάτηρ, ἡ Tochter *15*
θυμός, ὁ 1. Mut, Zorn, Leidenschaft 2. Empfindung, Herz, Gemüt *40*
θύρα, ἡ Tür, Tor *7*
θύω opfern *22*

I

ἰατρική, ἡ Heilkunst *27*
ἰατρός, ὁ Arzt *27*
ἴδιος eigen *36*
ἰδιώτης, ὁ 1. der einzelne 2. der Laie *52*
ἱερεύς, ὁ Priester *48*
ἱερόν, τό 1. Opfer 2. Heiligtum *45*
ἱερός heilig, geweiht *45*
ἵημι [StR 33] in Bewegung setzen, senden *26*
ἱκανός hinreichend, geeignet, fähig *40*

ἱκετεύω um Schutz flehen, *jd.* anflehen *18*
ἱμάτιον, τό Oberkleid, Gewand *29*
ἵνα damit *32*
ἵππος, ὁ Pferd *12*
ἵσταμαι [StR 35] sich hinstellen, *(wohin) treten 51*
ἔστην *51*
ἕστηκα *54*
ἵστημι [StR 34] stellen, hinstellen *43*
στήσω, ἔστησα *43*
ἱστορέω 1. *jd.* fragen 2. forschen, *etw.* erforschen *26*
ἱστορία, ἡ 1. die Forschung, Erforschung 2. die Geschichte *14*
ἱστορικός, ὁ der Historiker *59*
ἰσχυρός stark *21*
ἴσως vielleicht *8*
ἰχθύς, ὁ Fisch *37*

K

καθέζομαι sich setzen *44*
καθεύδω schlafen *20*
κάθημαι sitzen *14*
καθίστημι 1. *etw.* hinstellen, einrichten 2. *(mit dopp. Akk.:) zu etw.* machen *53*
καθόλου im ganzen, im allgemeinen *59*
καί 1. und 2. auch, sogar *1*
καί – καί sowohl – als auch *6*
καίπερ wenn auch, obwohl *55*
καιρός, ὁ 1. der rechte Zeitpunkt 2. günstige Gelegenheit, Vorteil *34*
κατὰ καιρόν zur rechten Zeit *34*
καίτοι und doch, trotzdem *45*
καίω anzünden, verbrennen *41*
κακόν, τό Unglück, Schaden *5*
κακός schlecht, schlimm, böse *5*
κακίων, κάκιστος *30*
κακῶς λέγειν ἰατρόν schlecht von einem Arzt reden, einen Arzt schlechtmachen *28*
καλέω [StR 29] rufen, nennen *18*
ἐκάλεσα *18*
καλούμενος sogenannt *38*
καλός 1. schön 2. gut *6*
καλλίων *30*
κάλλιστος *26*
καρδία, ἡ Herz *56*
κατά 1. *(beim Gen.)* a) von – herab, auf – herab b) gegen *18* 2. *(beim Akk.)* gemäß, entsprechend *3*
καθ' ἕκαστον im einzelnen *59*
κατα- hinab *18*
καταβαίνω herabsteigen *35*
καταβάλλω *? 25*
κατάβασις, ἡ *? 35*
καταγέλαστος lächerlich *36*
καταγελάω über *jd.* lachen, *jd.* auslachen *36*
καταγιγνώσκω (τινός) *jd.* verurteilen 51
κατακοιμάομαι sich schlafen legen, schlafen *54*
καταλαμβάνω 1. einnehmen 2. *jd.* antreffen, ertappen 3. *etw.* begreifen *24*
καταλείπω verlassen, zurücklassen, übriglassen *20*
καταμανθάνω (genau) begreifen *17*
κατανέμομαι unter sich *etw.* aufteilen *8*
καταπίπτω *? 51*
κατασκευάζω bereitmachen, einrichten, arrangieren *4*
κατάσκοπος, ὁ Späher, Spion *39*
καταφρονέω verachten *9*
κατελαύνω *? 18*
κατεσθίω aufessen, verschlingen *51*
κατηγορέω *jd.* anklagen *41*
κατηγορία, ἡ Anklage *41*
κατοικίζω *(Menschen)* ansiedeln, *(Land)* besiedeln, *(eine Stadt)* gründen *29*
κάτω 1. hinab 2. unten *50*
κεῖμαι liegen *6*
κελεύω 1. bitten, auffordern 2. befehlen *20*
κεράννυμι mischen *34*
ἐκέρασα *34*
κερδαίνω gewinnen *34*
κέρδος, τό Gewinn, Vorteil *59*
κεφαλή, ἡ Kopf *21*
κῆρυξ, ὁ Herold, Bote *50*
κηρύττω *(als/durch Herold)* bekanntgegeben *25*
κινδυνεύω 1. gefährdet sein; *Aor.:* in Gefahr geraten 2. scheinen *45*
κίνδυνος, ὁ Gefahr *12*
κινέω bewegen *35*
κλέπτω stehlen *32*
κλῆρος, ὁ 1. Los 2. das *(durch Los zugeteilte)* Stück Land 3. das Erbe *23*
κοιμάομαι sich schlafen legen, schlafen *54*
κοινῇ 1. gemeinsam 2. im Staatsinteresse *53*
κοινός 1. gemeinsam 2. öffentlich *5*
κοινόω 1. a) *jd.* Anteil geben *an etw.* b) *etw.* mitteilen, allgemein bekanntmachen 2. *NT:* gemein machen, verunreinigen *56*
κομίζω *etw.* besorgen, herbeibringen *27*
κομιῶ *29*
-κοντα *(Suffix)* -zig *45*
κόρη, ἡ Mädchen *18*
-κοσιοι *(Suffix)* -hundert *45*
κοσμέω ordnen, schmücken *38*
κόσμος, ὁ 1. Ordnung 2. Schmuck 3. Weltordnung, Welt, Kosmos *1*
κράτιστος der stärkste *12*
κραυγή, ἡ Geschrei *20*
κρείττων stärker, überlegen *22*
κρήνη, ἡ Brunnen, Quelle *40*
κρίνω 1. unterscheiden, aussondern, auswählen 2. entscheiden, urteilen, richten *22*
κρύπτω verbergen, verhehlen *18*
κτάομαι erwerben *17*
κτήσομαι, ἐκτησάμην *58*
κέκτημαι besitzen *58*
κτείνω töten *12*
κτῆμα, τό das Erworbene, der Besitz *30*
κτίζω *(Land)* besiedeln, *(eine Stadt)* gründen *42*
κύβος, ὁ Würfel *57*
κύκλος, ὁ Kreis, Ring *11*
κύριος, ὁ Herr *53 u. 56*
κύων, ὁ/ἡ Hund *10*
κωλύω (ver)hindern, abhalten *5*
κώμη, ἡ Dorf *8*

Λ

λαμβάνω (StR: *LV 52)* nehmen, ergreifen, bekommen *12*
ἔλαβον *24*
ἐλήφθην *41*
λαμπρός glänzend, hell *9*
λανθάνω verborgen sein *(vor jd.) 25*
ἔλαθον *25*
λέγω [StR 22] sagen, reden, nennen *1*
ἐρῶ *43*
εἶπον *24*
εἴρηκα *45*
εἴρημαι *44*
λείπω [StR 7] verlassen, zurücklassen, übriglassen *20*
ἔλιπον *24*
λεπτός dünn, fein, zart *51*
λέων, ὁ Löwe *14*
λίθος, ὁ Stein *44*
λόγος, ὁ 1. Erzählung, Rede, Ausspruch 2. Abrechnung, Kalkulation 3. Begründung, Argumentation, Begriff *2*
λοιδορέω beschimpfen, lästern *36*
λοιπός übrig *20*
λούω waschen *49*
λόχος, ὁ Abteilung *(von etwa 100 Mann) 44*
λύκος, ὁ Wolf *18*
λυπέω betrüben *32*
λύπη, ἡ Leid, Kummer 7

λυπηρός 1. betrüblich 2. betrübt *7*
λύρα, ἡ Lyra, Leier *40*
λύω lösen *7*

M

μάθημα, τό 1. der Lerngegenstand 2. Lehre, Wissenschaft 3. Kenntnis *11*
μαθητής, ὁ der Lernende, Schüler, Student; *NT:* Jünger *31*
μαίνομαι 1. von Sinnen sein, in Ekstase sein 2. toben, rasen, wütend sein *39*
μανοῦμαι, ἐμάνην *39*
μακρός lang, groß *8*
μάλιστα am meisten *3*
μᾶλλον mehr *8*
μᾶλλον δέ vielmehr *8*
μανθάνω 1. lernen 2. zur Kenntnis nehmen, bemerken, begreifen *11*
ἔμαθον *26*
μαντεία, ἡ Weissagung *22*
μαρτυρέω bezeugen *32*
μάχαιρα, ἡ Messer, Dolch *14*
μάχη, ἡ Kampf, Schlacht *50*
μάχομαι kämpfen *18*
μεγαλόδωρος **?** *13*
μέγας groß *13*
μείζων *30*
μέγιστος *29*
μέγα laut *41*
μειράκιον, τό der junge Mann *36*
μέλας schwarz *43*
μέλει μοι *etwas* macht mir Sorge, mir liegt *an etw.* *40*
μέλλον, τό *u.* μέλλοντα, τά die Zukunft *53*
εἰς τὸ μέλλον für die Zunkunft, in Zukunft *53*
μέλλω 1. wollen, im Begriff sein 2. zögern *15*
ἐμέλλησα *27*
μέλος, τό 1. Glied 2. Lied *34*
μέμφομαι tadeln *28*
μέν – δέ (zwar) – aber *3*
ὁ μέν – ὁ δέ der eine – der andere *3*
μέντοι freilich, zwar *22*
μένω 1. bleiben, warten 2. erwarten *7*
μενῶ, ἔμεινα *39*
μεριμνάω 1. besorgt sein, Sorge haben 2. *etw.* besorgen *26*
μέρος, τό Teil, Anteil *42*
μεσημβρία, ἡ 1. Mittag, 2. Süden *54*
μέσος mitten, der mittlere *14*
μεστός voll *13*
μετά 1. *(beim Gen.)* mit *6* 2. *(beim Akk.)* nach *6*
μεταβάλλω 1. ändern 2. sich ändern *49*
μέταλλον, τό 1. Bergwerk 2. Erz, Metall *44*
μεταξύ 1. dazwischen 2. inzwischen *44*
μεταπέμπομαι nach *jd.* schicken, *jd.* kommen lassen *22*
μετέχω Anteil haben *(an etw.)* *36*
μέτριος maßvoll, ausgewogen *9*
μέτρον, τό 1. Maß 2. Versmaß *59*
μέχρι bis *54*
μή nicht *4*
μηδέ und nicht, auch nicht, nicht einmal *8*
μηδείς keiner *31*
μηκέτι nicht mehr *15*
μῆκος, τό Länge, Größe *57*
μήν gewiß *29*
μήν, ὁ Monat *59*
μήποτε niemals *33*
μήτε – μήτε weder – noch *27*
μήτηρ, ἡ Mutter *15*
μηχανή, ἡ 1. der gute Einfall, die Erfindung, der Kunstgriff 2. Werkzeug, Maschine 35
μιαίνω beflecken, beschmutzen, entweihen *50*
μικρός klein *14*
μικρόν ein wenig *14*
μιμέομαι nachahmen *44*
μιμνήσκομαι sich erinnern *7*
μνήμη, ἡ Gedächtnis, Erinnerung *6*
μοῖρα, ἡ 1. Teil, Anteil 2. Los, Schicksal *27*
αἱ Μοῖραι die Schicksalsgöttinnen
μόνον nur *5*
μόνος allein *20*
μουσική, ἡ Musik *17*
μόχθος, ὁ Mühe, Mühsal *57*
μυθέομαι reden, sprechen *48*
μῦθος, ὁ 1. Wort, Rede 2. Sage, Erzählung *48*
μυρίαρχος, ὁ **?** *52*
μύριοι zehntausend *39*
μωρία, ἡ Torheit, Dummheit *34*
μῶρος *u.* μωρός töricht, dumm *34*

N

ναί ja *37*
ναός, ὁ Tempel *57*
ναῦς, ἡ Schiff *23*
ναυτικός **?** *23*
νεανίας, ὁ der junge Mann *23*
νεκρός, ὁ Leichnam *25*
νέμομαι unter sich *etw.* aufteilen *8*
νέμω [StR 16] 1. zuteilen 2. *(das Vieh)* weiden lassen *8*
νεμῶ, ἔνειμα *39,* νενέμημαι *42*
νέος jung, neu *6*
οἱ νέοι die jungen Leute *6*
νεότης, ἡ **?** *32*
νῆσος, ἡ Insel *46*
νικάω siegen, besiegen *19*
νίκη, ἡ Sieg *9*
νομίζω 1. *etw.* als verbindlich anerkennen 2. glauben, *für etw.* halten *1*
νομοθέτης, ὁ Gesetzgeber *45*
νόμος, ὁ 1. Brauch, Sitte 2. Gesetz *10*
νόος, ὁ Sinn, Verstand *1*
νόσος, ἡ Krankheit *42*
νύμφη, ἡ 1. junge Frau, Braut 2. Nymphe *7*
νῦν jetzt *4*
νύξ, ἡ Nacht *20*

Ξ

ξένος, ὁ der Fremde: 1. Gast(freund) 2. Söldner *22*
ξύλινος **?** *14*
ξύλον, τό Holz *14*
ξύν mit *6*

O

ὅδε dieser *26*
ὁ δέ der aber *19*
ὁδός, ἡ Gang, Weg *13*
ὅθεν *(rel.)* woher *53*
οἱ *u.* οἷ *(reflexiv)* ihm, sich *49*
οἶδα wissen *26*
Οἰδίπους, ὁ Oidipus *43*
οἴκαδε nach Hause *58*
οἰκεῖος 1. verwandt 2. eigen, eigentümlich *10*
οἰκέω wohnen, bewohnen *35*
οἰκία, ἡ Haus *8*
οἰκίζω *(Menschen)* ansiedeln, *(Land)* besiedeln, *(eine Stadt)* gründen *29*
οἰκοδομέω *(Häuser)* bauen *29*
οἰκοδόμος, ὁ **?** *29*
οἴκοθεν von zu Hause *22*
οἴκοι zu Hause *58*
οἶκος, ὁ Haus *8*
οἶμαι *u.* οἴομαι glauben, meinen *8*
οἶνος, ὁ Wein *29*
οἷος wie (beschaffen), was für ein *40*
οἷός τέ εἰμι imstande sein *30*
οἴχομαι 1. fortgehen 2. fortsein *54*
οἰχήσομαι *54*
ᾤχετο ἀπιών er ging rasch weg, schnell war er weg *R 123*
ὀκτώ acht *57*
ὄλβιος 1. glücklich, gesegnet 2. reich *43*
ὀλίγοι wenige *4*
ἐλάττων, ἐλάχιστος *30*
ὅλος ganz *8*
ὄλωλα *Perf. zu*

Schiff), segeln *23*
ἔπλευσα *39*
πληγή, ἡ Schlag *36*
πλῆθος, τό Menge *58*
πλήν außer *53*
πληρόω füllen *23*
πλησίον nahe *51*
πλήττω schlagen *35*
πλοῦς, ὁ Schiffahrt, Fahrt *39*
πλούσιος reich *9*
πλουτέω **?** *57*
πλοῦτος, ὁ Reichtum *12*
πνέω hauchen, atmen, wehen *23* ἔπνευσα *23*
πόθεν woher? *8*
πόθος, ὁ Verlangen, Sehnsucht *33*
ποιέω [StR 2] tun, machen *9*
(περὶ) πολλοῦ (πλείονος/πλείστου) ποιοῦμαι hoch (höher/am höchsten) schätzen *41*
ποίησις, ἡ Dichtung, Poesie *59*
ποιητής, ὁ Dichter *59*
ποικίλος 1. verschiedenartig 2. bunt *44*
ποιμενικός **?** *18*
ποιμήν, ὁ Hirte *18*
ποῖος was für ein? *10*
πολεμέω Krieg führen *32*
πολεμικός 1. Kriegs- 2. kriegerisch, kriegserfahren *34*
πολέμιος feindlich; *Subst.* der Feind *9*
πόλεμος, ὁ Krieg *6*
πολιορκέω belagern *35*
πόλις, ἡ Stadt, Staat *15*
πολιτεία, ἡ 1. Staat 2. Staatsverwaltung, Regierung 3. Verfassung *53*
πολιτεύομαι sich politisch betätigen *59*
πολίτης, ὁ Bürger *17*
πολιτικός staatsbürgerlich, politisch; *Subst.* Staatsmann, Politiker *17*
πολλάκις vielfach, oft *32*
πολλαχοῦ an vielen Stellen *30*
πολυδωρία, ἡ **?** *38*
πολύς viel *18*
πλείων/πλέων, πλεῖστος *26,*
πολλοί *1*
οἱ πολλοί die meisten, die Mehrzahl, Masse *30*
πονηρός 1. schlecht, untauglich 2. niederträchtig *16*
πόνος, ὁ Arbeit, Mühe, Strapaze *6*
πορεία, ἡ Reise, Marsch *22*
πορεύομαι reisen, marschieren *22*
πόρος, ὁ Furt, Weg *13*
πόρρω 1. weiter, ferner 2. *(beim Gen.)* fern von *36*
πόρρωθεν **?** *51*
πόσος 1. wie groß? 2. wieviel? *41*
ποταμός, ὁ Fluß *13*
πότε wann? *43*
ποτέ irgendwann (einmal) 7
τί ποτε; was denn eigentlich? *47*
ποτέ – ποτέ bald – bald *18*
πότερον – ἤ (ob) – oder *15*
πότερος welcher von beiden? *15*
ποτόν, τό Trank *18*
ποῦ wo? *10*
πούς, ὁ Fuß *34*
πρᾶγμα, τό 1. Tat 2. Sache *11*
πράγματα παρέχω Schwierigkeiten machen *31*
πρᾶξις, ἡ Tätigkeit, Unternehmung *36*
πρᾶος freundlich, mild, human *9*
πράττω [StR 10] betreiben, tun, handeln *5*
πρακτέος *48*
εὖ/καλῶς πράττω es geht mir gut *22*
πρέπει es gehört sich *12*
πρέσβυς, ὁ der alte Mann *43*
πρεσβύτερος älter *6*
οἱ πρέσβεις die Gesandten *43*
πρίν bevor *18*
πρό 1. vor 2. für *18*
προβαίνω vorrücken, fortschreiten 7
πρόβατον, τό Kleinvieh (Schaf, Ziege) *18*
προευαγγελίζομαι **?** *56*
προέχω *vor jd. etw.* voraus haben *4*
πρόθυμος bereitwillig, eifrig *9*
πρόκειμαι vorliegen *11*
προκείμενος *11*
προοράω **?** *56*
πρός 1. *(beim Gen.)* von – her *26* 2. *(beim Dat.)* a) bei, an b) zusätzlich zu *26* 3. *(beim Akk.)* zu – hin, gegen *4*
προσγίγνομαι 1. dazukommen 2. dabeisein *27*
προσέρχομαι **?** *39*
προσεύχομαι **?** *54*
προσέχω hinlenken *48*
προσέχω τὸν νοῦν achten auf, etw. beachten *48*
προσκαλέομαι **?** *56*
προσλαμβάνω **?** *58*
προστάττω anordnen, befehlen *32*
προστρέπω *jd. etw.* überlassen *8*
προστρέχω **?** *32*
προσφέρω **?** *7*
προσφωνέω **?** *56*
πρότερον früher *19*
προτρέπω antreiben, anregen *zu etw.* *46*
προὔτρεψα *46*
προχωρέω **?** *54*
Πρωταγόρας, ὁ Protagoras *16*
πρῶτον = τὸ πρῶτον 1. zuerst 2. zum ersten Mal *8, 50*
πρῶτος der erste *8*
πτωχός, ὁ Bettler, Armer *32*
πυνθάνομαι 1. sich *nach etw.* erkundigen 2. *etw.* erfahren *8*
πῦρ, τό Feuer *29*
πωλέω verkaufen *16*
πώποτε jemals *31*
πῶς wie? *26*
πως irgendwie *15*

Ρ

ῥέω fließen *40*
ῥητορική, ἡ Redekunst, Rhetorik *17*
ῥήτωρ, ὁ Redner, Rhetor *10*
ῥίπτω werfen *27*
ἔρριψα, ἔρριφα *45*
ῥώμη, ἡ Kraft, Stärke *3*

Σ

σάρξ, ἡ Fleisch *56*
σαυτοῦ *s.* σεαυτοῦ
σαφής deutlich, klar, gewiß *34*
σεαυτοῦ *usw.* deiner *usw.* *(reflexiv) 31*
σέβομαι sich scheuen, *jd.* verehren *9*
σελήνη, ἡ Mond *2*
σημαίνω 1. ein Zeichen geben 2. befehlen *43*
ἐσήμηνα *43*
σήμερον heute *49*
σιτίον, τό *u.* σῖτος, ὁ 1. Getreide 2. Nahrung *29*
σιωπάω schweigen *18*
σκάνδαλον, τό das Anstößige, das Ärgernis *34*
σκέπτομαι 1. betrachten 2. überlegen, prüfen *10*
σκηνή, ἡ 1. Zelt, Hütte, 2. Bühne *20*
σκῆπτρον, τό Stab; *spez.* Szepter *44*
σκοπέω 1. betrachten 2. prüfen *16*
σμικρός klein *14*
σός dein *26*
σοφία, ἡ 1. Geschicklichkeit, Klugheit, Intelligenz 2. ‚Weisheit' *34*
σοφιστής, ὁ Sophist *23*
σοφός, ὁ der Weise, Sachverständige *1*
σοφός 1. geschickt, klug, intelligent 2. ‚weise' *6*
σπεύδω 1. sich beeilen 2. *etw.* eifrig betreiben *33*
σπουδαῖος 1. eilig, eifrig 2. ernst *59*
σπουδή, ἡ 1. Eile, Eifer 2. Ernst *20*
στάδιον, τό 1. Rennbahn, Stadion 2. ‚Stadion'

(ca. 180 m) *19*
στάσις, ἡ Aufstand, Revolution; *spez.* revolutionäre Gruppe, Partei *53*
σταυρόω kreuzigen, ans Kreuz schlagen *56*
στέλλω abschicken, wegschicken *39*
στελῶ, ἔστειλα, ἐστάλην *39*
στερέω berauben *32*
στέρομαι beraubt sein *40*
στέφανος, ὁ Kranz *19*
στοά, ἡ Säulenhalle *14*
Στοά, ἡ die Stoa *(Philosophenschule)* *14*
στόμα, τό Mund *56*
στοχάζομαι *nach etw.* streben, *etw.* zum Ziel nehmen *59*
στρατεύω *u.* -ομαι ins Feld ziehen *20*
στρατηγέω **?** *45*
στρατηγία, ἡ das Amt des Feldherrn, die Heerführung *45*
στρατηγός, ὁ Heerführer; *spez.* Amt des Strategen *22*
στρατιά, ἡ = στρατός, ὁ *22*
στρατιώτης, ὁ Soldat *22*
στρατός, ὁ Heer *11*
στρέφω drehen, wenden, umkehren *7*
σύ *usw.* du *usw.* *4*
συγγνώμη, ἡ Verständnis, Verzeihung *45*
συγκαλέω **?** *40*
συγκεράννυμι **?** *34*
συγχαίρω **?** *34*
συγχωρέω *jd. etw.* zugestehen, erlauben *31*
συζητέω **?** *47*
συλλαμβάνω 1. *etw.* zusammenfassen 2. *(mit Dat., häufig* συλλαμβάνομαι) mit anpacken, helfen 3. *jd.* verhaften *12*
συμβαίνει es ereignet sich, ergibt sich *36*
συμβάλλω 1. zusammenwerfen 2. zusammenstellen, vergleichen 3. zusammentreffen, zusammenstoßen *55*
συμβουλεύομαι (τινί) sich *mit jd.* beraten *22*
συμβουλεύω *jd. etw.* raten *22*
σύμμαχος, ὁ der Bundesgenosse *6*
σύμμαχος, ἡ **?** *6*
σύμπαντες alle zusammen *48*
συμπάσχω **?** *34*
συμπίνω **?** *7*
συμφέρει 1. es trägt sich zu, geschieht 2. es nützt *39*
σύμφορος nützlich, günstig *38*
σύν mit *6*
συνακολουθέω ≈ ἀκολουθέω *22*
σύνειμι (-εἶναι) *mit jd.* verkehren *6*
συνέπομαι **?** *26*
συνεσθίω **?** *7*
συνίημι verstehen, begreifen *56*
συννοέω 1. verstehen, begreifen 2. überlegen, durchdenken *54*
συντρέχω **?** *19*
συχνός 1. dicht gedrängt, zahlreich 2. lang *29*
σφεῖς *usw.* sie (selbst) *usw.* *(reflexiv)* *50*
σφοδρός heftig *51*
σχεδόν beinahe *8*
σχίσμα, τό Spaltung *34*
σῴζω retten, bewahren *22*
ἔσωσα *22*
Σωκράτης, ὁ Sokrates *15*
σῶμα, τό Leib, Körper *16*
σωτήρ, ὁ Retter *37*
σωφρονέω vernünftig sein, maßvoll sein *39*
σωφροσύνη, ἡ Besonnenheit, Verständigkeit, Selbstbeherrschung *3*
σώφρων besonnen, maßvoll, vernünftig *10*

T

τάλαντον, τό Talent *(hohe Geldsumme)* *24*
τάξις, ἡ Aufstellung, Ordnung *35*
ταπεινός niedrig, demütig, bescheiden *9*
τάττω [StR 11] aufstellen, ordnen *44*
τέταγμαι *44*
ταῦρος, ὁ Stier *18*
ταύτῃ, ᾗ 1. dort, wo 2. so, wie *48*
τάφος, ὁ Grab *43*
τάχα *(Adv.)* schnell, bald *43*
ταχύς schnell *40*
ταχέως *18*
τάχιστος *40*
ὡς τάχιστα so schnell wie möglich *R 97*
τε – καί sowohl – als auch *9*
τείνω 1. dehnen, spannen, ausstrecken 2. sich erstrecken *18*
ἔτεινα *18*
τεῖχος, τό Mauer *35*
τέκνον, τό Kind *43*
τέκτων, ὁ Architekt, Baumeister *29*
τέλειος vollendet, vollkommen *4*
τελευταῖος zuletzt *52*
τελευτάω 1. vollenden, beendigen 2. sterben *54*
τελευτή, ἡ Ende *6*
τελέω (StR: *LV 47*) 1. vollenden 2. bezahlen *17*
ἐτέλεσα *24*
τέλος, τό 1. Ende 2. Zweck *54; 55*
τέλος *(Adv.) u.* τὸ τέλος *(Adv.)* endlich *25*
τέμνω schneiden *14*
τέταρτος der vierte *57*
τετρακόσιοι vierhundert *23*
τέτταρες *u.* τέσσαρες vier *57*
τέχνη, ἡ das fachliche Können: a) Handwerk, handwerkliches Können b) das *(theoretisch und methodisch begründete)* Können, die ‚Kunst' *3*
τῇδε 1. hier 2. so *26*
τήμερον heute *49*
τηρέω 1. behüten, bewahren 2. beobachten *18*
τίθημι [StR 32] 1. setzen, stellen, legen 2. *zu etw.* machen *53* (StR: *LV 53; 59*)
νόμους τιθέναι Gesetze geben *53*
τίκτω 1. zeugen 2. gebären *26*
ἔτεκον *26*
τιμάω [StR 3] 1. einschätzen, taxieren 2. schätzen, ehren *6*
τιμή, ἡ 1. a) Preis, Wert b) Schadenersatz, Strafe 2. a) Ehre b) Amt *6*
τιμωρέομαι sich *an jd.* rächen, *jd.* bestrafen *45*
τίς wer? welcher? *9*
τις irgendwer, jemand *5*
ἄττα irgendwelche Dinge *59*
ποῖα ἄττα; Dinge welcher Art? *59*
τοι *u.* τοίνυν also, folglich, gewiß *26*
τοιόσδε derartig, so (beschaffen) *11*
τοιοῦτος derartig, so (beschaffen) *29*
τόπος, ὁ Ort *26*
τοσοῦτος 1. so groß 2. so viel *29*
τότε damals *52; 54; 55*
τράπεζα, ἡ Tisch *14*
τρεῖς drei *24*
τρέπω *etw.* wenden; *spez. jd.* in die Flucht schlagen *8*
τρέφω ernähren, aufziehen *29*
θρέψω *29*
τρέχω laufen *19*
ἔδραμον *32*
τριάκοντα dreißig *24*
τρίς dreimal *39*
τρισμύριοι **?** *39*
τρίτος der dritte *29*
τρόπος, ὁ Art und Weise, Charakter *15*
τίνα τρόπον; auf welche Weise? *29*
τροφή, ἡ Nahrung, Ernährung *7*
τυγχάνω 1. treffen 2. erreichen, bekommen 3. *(mit Part.)* gerade *etw.* tun *36*
ἔτυχον *36*
ἔτυχον παρόντες sie waren gerade da

τύραννος, ὁ (Gewalt-) Herrscher, Tyrann *43*
τύχη, ἡ 1. Schicksal, Zufall 2. Glück; Unglück *4*

Υ

ὑβρίζω 1. übermütig sein, zügellos sein 2. *jd.* mißhandeln *45*
ὑγιαίνω 1. gesund sein 2. bei *(gesundem)* Verstand sein, klug sein *57*
ὑγίεια, ἡ Gesundheit *15*
ὑγιεινός gesund *41*
υἱός, ὁ Sohn *25*
ὑμεῖς *usw.* ihr *usw.* *4*
ὑμέτερος euer *45*
ὑμνέω besingen, preisen *6*
ὑπάρχω 1. anfangen 2. vorhanden sein, zur Verfügung stehen *41*
ὑπέρ 1. *(beim Gen.)* a) oberhalb b) im Interesse von *27* 2. *(beim Akk.)* über – hinaus, über *44*
ὑπισχνέομαι versprechen *17* ὑπεσχόμην *24*
ὑπό 1. *(beim Gen.)* von *5* 2. *(beim Dat.)* unter *30* 3. *(beim Akk.)* unter – hinunter *20*
ὑποβάλλω **?** *14*
ὑποδέω **?** *49*
ὑπόκειμαι 1. darunter liegen 2. zugrunde liegen *51*
ὑπολείπω verlassen, zurücklassen, übriglassen *51*
ὕψος, τό Höhe *57*

Φ

φαίνομαι [StR 19] 1. sich zeigen, erscheinen 2. scheinen *8*
φαίνω [StR 18] sehen lassen, zeigen *7*
φανερός sichtbar, deutlich *38*
φαῦλος minderwertig, schlecht *5*
φέρομαι eilen, stürzen *12*
φέρω [StR 24] tragen, bringen *7* ἤνεγκον *40*
χαλεπῶς φέρω sich ärgern *über etw.* *21*
φεύγω 1. fliehen 2. angeklagt sein *32* ἔφυγον *32*
φημί sagen, behaupten *49* *φησί 14, φασί 31, ἔφη 19, φήσω, ἔφησα 49*
φθάνω *jd.* überholen, *jd.* zuvorkommen *19* ἔφθασα *19*
φθείρω 1. zugrunde richten, vernichten 2. bestechen *39*
φθονέω 1. *jd.* beneiden 2. *jd. etw.* vorenthalten, mißgönnen *31*
φθόνος, ὁ Neid, Mißgunst *27*
φιλέω lieben; küssen *7*
φιλία, ἡ Freundschaft *5*
φίλιππος **?** *12*
φιλόθηρος **?** *12*
φιλοκίνδυνος **?** *12*
φίλος lieb, befreundet; Subst. der Freund *6*
φιλοσοφέω **?** *36*
φιλόσοφος, ὁ Philosoph *1*
φιλόσοφος philosophisch *59*
φιλότιμος ehrgeizig *33*
φοβέομαι fürchten *12*
φοβερός 1. furchtbar 2. furchtsam *9*
φόβος, ὁ Furcht *21*
φοιτάω häufig an einen Ort gehen, jd. regelmäßig besuchen *17*
φονεύω Mörder sein, töten *18*
φονικός **?** *53*
φράζω 1. zeigen 2. sagen *43*
φρονέω 1. seiner Sinne mächtig sein 2. klug sein 3. *etw.* denken *39*
φρόνιμος klug, vernünftig *19*
φροντίζω sich *um etw.* kümmern *11*
φροντιστέος *48*
φρουρά, ἡ Wache, Besatzung *44*
φρουρέω Wache halten, bewachen, schützen *18*
φρουρίον, τό Festung *39*
φρουρός, ὁ **?** *35*
φύλαξ, ὁ Wächter *10*
φυλάττω *u.* φυλάσσω bewachen *32*
φύσις, ἡ Natur *30*
φύσει – νόμῳ von Natur – auf Grund bloßer Übereinkunft (Konvention) *30*
φυτόν, τό Pflanze *2*
φωνή, ἡ Stimme *56*

Χ

χαίρω sich freuen *4*
χαῖρε sei gegrüßt! guten Tag! *4*
χαλεπαίνω entrüstet sein, ungehalten sein *über etw.* *8*
χαλεπός 1. schwierig 2. unangenehm, lästig *10*
χαλεπῶς φέρω sich ärgern *über etw.* *21*
χαρά, ἡ Freude *3*
χαρίεις reizend, hübsch, nett *36*
χαρίζομαι sich gefällig erweisen, *jd.* nachgeben *50*
χάριν *(mit Gen.)* 1. wegen 2. um – willen *36*
χάρις, ἡ 1. a) Gefälligkeit b) Schönheit, Reiz, Charme 2. Dank *12*
χάριν ἔχω dankbar sein *46*
χείρ, ἡ Hand *14*
χείρων geringer, minder *30*
χθές gestern *49*
χθών, ἡ Erde, Land *43*
χίλιοι tausend *59*
χορός, ὁ 1. der (mit Gesang verbundene) Tanz 2. Chor *40*
χρεία, ἡ 1. Bedürfnis 2. Gebrauch, Nutzen *26*
χρέος, τό Schuld, Verpflichtung *53*
χρή es ist nötig, man muß *22*
χρῄζω 1. brauchen 2. wünschen, fordern *33*
χρῆμα, τό Sache *11*
χρήματα, τά Geld, Besitz *11*
χρηματίζομαι Handel treiben, Geldgeschäfte machen *52*
χρήομαι *etw.* gebrauchen *17*
χρήσιμος *u.* χρηστός 1. brauchbar 2. tüchtig, anständig *16*
χρόνος, ὁ Zeit *6*
χρυσίον, τό *u.* χρυσός, ὁ 1. Gold 2. Geld *33*
χρυσοῦς golden *44*
χώρα, ἡ 1. Ort, Platz 2. Land *8*
χωρέω gehen, weichen *20*
χωρίς *(beim Gen.)* getrennt von, ohne *6*
χῶρος, ὁ Ort, Platz *26*

Ψ

ψεύδομαι 1. lügen (*Aor.* ἐψευσάμην) 2. sich täuschen (*Aor.* ἐψεύσθην) *32*
ψευδομαρτυρέω **?** *32*
ψηφίζω *u.* -ομαι 1. abstimmen 2. *(durch Abstimmung)* beschließen *23*
ψόγος, ὁ Tadel *48*
ψυχή, ἡ Seele, Leben *2*

Ω

ὦ *(dient zur Kennzeichnung des Vokativs)* *R 30*
ὧδε so, folgendermaßen *43*
ᾠδή, ἡ Lied, Ode *30*
ὠνέομαι kaufen *16*
ὥρα, ἡ 1. Jahreszeit 2. Stunde *7*
ὡς 1. wie 2. a) daß *7* b) weil 3. als *27*
ὡς τάχιστα so schnell wie möglich *R 97*
ὥσπερ wie 1 (= ὡς 1.)
ὥστε so daß *9*
ὠτακουστέω **?** *38*
ὠφελέω *jd.* nützen, helfen *38*
ὠφέλιμος nützlich *9*

Verzeichnis der Textautoren

Erklärung der Zeichen und Abkürzungen

Für die grammatischen Termini werden die schulüblichen Abkürzungen verwandt.

In den *Impulsen und Übungen* werden folgende Aufgaben- und Übungstypen unterschieden:

A	**Auswählen** (z. B. der richtigen Lösung aus mehreren vorgegebenen oder Aussonderung einer Form, die nicht in eine Reihe paßt)
AT	**Aufgabe zur Texterschließung** in verschiedenen Lernzielbereichen
B	**Bestimmen** von Formen, Kasus, syntaktischen Funktionen
E	**Einsetzen** von Endungen/Ausgängen/Formen
G	Erfassen neuen **Grammatikstoffes**
I	**Interpretation**
K	**Kombination** (Bilden richtiger Formen aus vorgegebenen Elementen bzw. sinnvoller Wortgruppen und Sätzen aus „Rohmaterial"; Problemlösen)
M	Einblick in Regeln der **Metrik**
St	Beobachtungen zu Satzbau und **Stil**
T	**Transformation** (Umwandlung von Formen, Wortgruppen und Sätzen nach Anweisung)
Ü	zusätzlicher Text zur Übung im **Übersetzen**
W	Einblick in **Wortbildung** und **Wortkunde**
Z	**Zusammenfassung** von Erkenntnissen, z. B. zu verschiedenen Kasusfunktionen

Weitere Zeichen und Abkürzungen:

L	Lektion
Z.	Zeile
→	Verweis auf eine andere Stelle
→ L 5, 3	*lies:* siehe Lektion 5, Zeile 3
R	Regel (im Lektionsvokabular)
▶	Verweis auf eine AT-Übung, die sinnvollerweise vor der Erarbeitung des Lektionstextes behandelt werden kann
... ?	Vokabelbedeutung von einem bekannten, schon gelernten Wort ableitbar
NT	im Neuen Testament vorkommende Wortbedeutung
‹ ›	urverwandtes Wort
L, D	verwandtes Wort im Lateinischen bzw. Deutschen
$\sqrt{}$	Wortwurzel
*	nur erschlossene, in Texten nicht vorkommende Wortform
≈	entspricht

Wichtig: Nicht ins Buch schreiben, Übung bzw. Tabelle ins Heft übertragen bzw. im Schülerarbeitsheft bearbeiten!